Sociedad digital, tecnología y educación

ANA SACRISTÁN
Coordinadora

UNIVERSIDAD NACIONAL DE EDUCACIÓN A DISTANCIA

SOCIEDAD DIGITAL, TECNOLOGÍA Y EDUCACIÓN
6390103GR03A01

Librería UNED : c/ Bravo Murillo, 38 - 28015 Madrid
Tels: 91 398 75 60 / 73 73
e-mail: libreria@adm.uned.es

ISBN: 978-84-362-7377-9
Depósito legal: M-18549-2018

Primera edición: agosto de 2018

Impreso en España - Printed in Spain
Maquetación e impresión: Grafo, S.A.
Avda. Cervantes, 51-edificio 21 - 48970 Basauri (Vizcaya)

Ana Sacristán
Departamento de Didáctica
Organización Escolar y Didácticas Especiales
Facultad de Educación, UNED

Antonio Ballesteros
Comisión Europea

Fernando Bordignon
Universidad de Luján, Argentina

María García
Departamento Teoría de la Educación
Facultad de Educación, UNED

Iker Sala
Consultor experto en Seguridad de la Información

Víctor Fernández
Miembro experto evaluador en la Comisión Europea

Federico Ruiz
Analista de Sistemas de Comunicaciones

Marcos Román
Departamento MIDE I
Facultad de Educación, UNED

Daniel Domínguez
Teoría de la Educación y Pedagogía Social
Facultad de Educación, UNED

Sonia María Santoveña Casal
Departamento de Didáctica, Organización Escolar y Didácticas Especiales
Facultad de Educación, UNED

Pedro Tamayo
Departamento de Economía Aplicada y Gestión Pública
Facultad de Derecho, UNED

ÍNDICE

1
PERSPECTIVAS SOCIOTÉCNICAS

2
MUNDO-SOCIEDAD DIGITAL

3
EDUCACIÓN DIGITAL

1
PERSPECTIVAS SOCIOTÉCNICAS

I. Tecnologías y vidas
Ana Sacristán

II. Base material de Internet
Ana Sacristán

I.
TECNOLOGÍAS Y VIDAS[1]

Ana Sacristán

1. HOMO SAPIENS

Quien escribe esto pertenece al género *Homo* y, lo que no deja de ser una responsabilidad, a la especie *Sapiens*. Así definió a los seres humanos el gran naturalista sueco del siglo XVIII Carlos Linneo en su taxonomía de los seres vivos. Linneo se hallaba sometido a una intensa presión por parte de los estamentos clericales y los sectores conservadores europeos, quienes consideraban que un trabajo científico que contemplaba a los humanos desde un punto de vista estrictamente biológico y no como seres creados por Dios a su imagen y semejanza, menoscababa la infinita grandeza de la deidad y rebajaba a su criatura preferida: aquella a quien había conformado «a su imagen y semejanza».

Caracterizar al ser humano como sapiente es, también, un acto de autoproclamación. Nosotros sabemos que sabemos y, además, ¿sabemos que sólo nosotros sabemos y que las demás especies no saben? No sería muy neutral hablar así; los seres humanos no tienen el monopolio del aprendizaje.

Cuando la paleo antropología, de entre las múltiples clases de humanoides registradas, y ya en pleno siglo XX, abordó el problema de fijar un criterio que marcase dentro de la cadena evolutiva el tránsito al género *Homo*, escogió a la especie pionera en construir utensilios, conservarlos y, esto es fundamental, mejorarlos; la llamó *Homo Habilis*. Es decir, situaron la esencia de lo humano en su capacidad técnica. El humano es un animal tecnológico.

Y es un ser social que construyó estructuras sociales complejas. Que se comunicó con sus semejantes utilizando el lenguaje para enseñar,

---

[1] Quiero expresar mi profundo agradecimiento a Federico Ruiz. Él comenzó este texto y yo lo he continuado.

intercambiar, compartir y trasmitir información y conocimientos. «La producción de utensilios tiene pocas consecuencias a menos que esté emparejada con la capacidad de cooperar con muchos otros (...). Homo Sapiens pronto dejó atrás a todas las demás especies humanas y animales en su capacidad de cooperar» (Harari, 2014, pp. 52 y 57). Como dice Richard Sennet (2012, p. 107) «la cooperación natural comienza con el hecho de que no podemos sobrevivir en solitario».

Controlar el fuego situó a la especie *Sapiens* en el disparadero tecnológico; a partir de ahí, los descubrimientos y las innovaciones fueron sucediéndose. Con el transcurso de años y siglos llegaron la rueda, la agricultura, el arco y las flechas, los ábacos, las agujas, los barcos de remos, los espejos, la pólvora, los imperdibles, el ajedrez, las gafas, el termómetro, las transfusiones de sangre, la olla a presión, el automóvil, la dentadura postiza de porcelana... Aunque algunos de ellos puedan parecernos lejanos y rudimentarios, se ha tratado de un proceso continuo de innovaciones tecnológicas en la historia humana, proceso que, claro está, continúa. Y, además, muy importantemente, de cómo se han utilizado las tecnologías en las vidas cotidianas, de cuáles han sido sus formas de uso. Estas formas de uso, aquello que hacemos con las tecnologías, tienen un impacto directo en su evolución.

> «Los artefactos más antiguos supervivientes son los útiles de piedra. Se encuentran al inicio de la serie de artefactos interconectados, ramificados y continuos, configurados por el esfuerzo humano deliberado. Las ramas individuales de la serie pueden haberse detenido en callejones sin salida, pero la corriente más amplia de artefactos no se ha roto nunca. Con toda su complejidad, el mundo tecnológico moderno no es más que la manifestación final de un continuo que se remonta al origen de la humanidad y a los primeros artefactos dotados de forma.» (Basalla, 1991, p. 46)

No debemos contemplar las innovaciones y cambios tecnológicos únicamente en términos de quiénes los inventaron, cuándo ocurrieron, etc., sino de qué forman se difundieron en el tejido social, a qué velocidad, cómo se aceptaron, si provocaron reacciones de hostilidad, rechazo o miedo, la coexistencia de antiguas tecnologías con las más novedosas e, incluso, cuáles desaparecieron y por qué.

«El tiempo siempre ha estado revuelto (...). Siempre hemos utilizado objetos antiguos y nuevos, martillos y taladradoras eléctricas. Conforme a este planteamiento, las tecnologías no sólo aparecen, sino también pueden desaparecer y reaparecer, así como mezclarse y combinarse a lo largo de los siglos. Desde finales de la década de 1960 se han construido más bicicletas al año en todo el mundo que automóviles; (...) la televisión por cable decayó en la década de 1950 para resurgir en la de 1980, y el acorazado, embarcación supuestamente anticuada, participó en más combates en la Segunda Guerra Mundial que en la primera (...) y los niños crecen con las películas de Disney que veían sus padres en su infancia.» (Edgerton, 2007, p. 13)

2. A HOMBROS DE GIGANTES

Isaac Newton, lúcida y modestamente —algo poco habitual en una persona que no se significaba, precisamente, por su humildad—, reconocía en una carta a su colega y (no muy) amigo Robert Hooke: «Si he logrado ver más lejos es porque me he subido a hombros de gigantes».

Pensar que los desarrollos tecnológicos pasados no tienen relevancia frente a un presente ultratecnificado es un error mayúsculo, lamentablemente generalizado. Los inventos, novedades e innovaciones tecnológicas de nuestros antepasados *Sapiens*, así como las consecuencias que de ellos se derivaron, son los hombros de gigantes que nos permiten hoy llegar más lejos. Pasado y presente están interconectados.

Newton era un gigante subido a hombros de gigantes y sobre él subieron otros gigantes, y así sucesivamente; cada vez a mayor altura y con la mirada más amplia y lejana. En esta progresión sin límites prefijados, ciencia y tecnología se han retroalimentado continuamente lo que ha impulsado el desarrollo de ambas. Y cuanto más avanzan las ciencias y las tecnologías, más importancia y presencia tienen en la vida de las personas porque más actividades y experiencias suyas son sustituidas, potenciadas o facilitadas por ingenios novedosos que se incorporan a su vida cotidiana.

(Google *Scholar* —Google Académico en castellano—, ha elegido precisamente como lema: «A hombres de gigantes», aunque sin citar a Newton).

3. RELACIONES MUTUAS ENTRE TECNOLOGÍAS Y ACTIVIDADES HUMANAS. COEVALUACIÓN

El ser humano es un animal tecnológico, decíamos. Con ello queremos indicar que casi todas las actividades humanas están mediadas por tecnologías, esto es, que son operaciones aplicadas a un fin que conlleva el uso de elementos ajenos al propio cuerpo: herramientas, máquinas, animales e, incluso, otros seres humanos. Por ello, hablar de vida, de cultura y de tecnologías viene a ser hablar de una misma cosa, aunque vista desde distintas perspectivas y considerada a distintos niveles.

Imaginemos un esquema en el que la vida humana se compone de cultura y de naturaleza, distinguibles, pero no separadas, porque ambas están en una permanente interrelación. La parte de la naturaleza se refiere a la vida meramente biológica y a sus requerimientos materiales (como comer, dormir, respirar oxígeno), y la de la cultura a las formas de vida social, con sus requerimientos emocionales e intelectuales que tienen una autonomía propia.

La cultura constaría de tres elementos fundamentales que actúan siempre de manera interconectada: el lógico-simbólico (pensamiento puro), el cognitivo (conocimiento del mundo), y el tecnológico (acción sobre el mundo). Para complicarlo más, naturaleza y cultura a veces se presentan fundidas: por ejemplo, las sociedades humanas eligen unas materias primas para su nutrición y repudian con asco otras, existen formas de cocinarlas, de distribuirlas y de ingerirlas muy diversas, hay rituales asociados a la comida, etc. En esas prácticas se entremezclan la reproducción biológica de la especie y la reproducción social de la cultura.

A su vez, un cambio cultural implica algún movimiento tecnológico para adaptarse a él e, incluso, para potenciarlo. Estas respuestas tecnológicas a los cambios culturales suelen presentar dos aspectos. Por un lado, se modifican las tecnologías que están en vigencia, en el sentido de que se mantienen, pero son usadas de otra manera. O, en segundo lugar, se abandonan, aunque siempre en la dirección de un ajuste al cambio social.

Pongamos un ejemplo un poco siniestro. Como sabemos, la guillotina es un aparato de ejecución (un ingenio técnico) que alcanzó gran fama en la Revolución Francesa como sistema de aplicación de la pena capital. Durante los debates de la Asamblea Nacional Constituyente de 1789 el doctor Joseph Guillotin, diputado por París, propuso con éxito que se sustituyeran los métodos tradicionales de ejecución —decapitación para los nobles, ahorcamiento para los plebeyos— por una decapitación «científica» que usara el artefacto aún sin nombre, que poco después fue denominado guillotina.

Parece que no fue muy del agrado del doctor Guillotin ser el epónimo (persona cuyo nombre se emplea para denominar una cosa) de tan poco grato utensilio; su ilustre apellido asociado a cabezas rodantes por los siglos de los siglos. Y es que la justificación del empleo de la guillotina se situó en el ámbito de la Razón Ilustrada: por un lado, apeló a razones humanitarias. En efecto, tanto el hacha como la horca, generalmente debido a una mala praxis del verdugo, ocasionaban con frecuencia tremendos sufrimientos a los reos, cuya agonía a veces se dilataba horas; mientras que con la guillotina la muerte era inmediata, o casi. Por otro lado, se unificaba el procedimiento para que no hubiese diferencias de clase hasta en la hora de que le mataran a uno. Y, aunque esta motivación no se manifestó abiertamente, también contó a su favor la eficiencia del 100% del aguillotinamiento, algo que no sucedía con los métodos antiguos donde a veces el ajusticiado permanecía vivo, aunque, ciertamente, maltrecho a la altura del cuello. Dado que la legislación no contemplaba rematarlo, porque se consideraba como una segunda ejecución para una pena de muerte única, no era infrecuente el desagradable espectáculo de un superviviente de la ejecución andando por las calles con la cabeza en extrañas posiciones.

Los avances de las ideas humanitarias fueron marcando la desaparición progresiva de la pena de muerte (un cambio cultural), en muchos países. Ello significó la desaparición del uso punitivo de la guillotina, aunque una copia a pequeña escala siguió utilizándose en las imprentas y papelerías, conservando su nombre, para cortar papel.

Las relaciones de la tecnología con el resto de las actividades humanas se plantean, así, en términos de acción recíproca. Unas relaciones que a veces son armoniosas, por ejemplo, cuando se trata de salvar y mejorar vidas y a veces conflictivas, como sucedió y sucede con las bombas ultra destructivas. Son, al mismo tiempo, tanto una causa como un efecto de la evolución de las sociedades, aunque el concepto que mejor lo recoge es el de «coevolución». Seres humanos y tecnologías coevolucionan juntos en procesos de interrelación mutua.

> «Podemos imaginar al principal personaje de J.K. Rowling [Harry Potter] con acné, cabellos teñidos de verde o con un *piercing* en la nariz, pero nunca sin sus anteojos. (...) La presbicia, o sea la dificultad para ver objetos cercanos que afecta a casi todas las personas adultas, ya había sido diagnosticada por Aristóteles hace más de 2.400 años. La miopía, en cambio, es un trastorno ocular que se presenta muy rara vez en los pueblos que se dedicaban a la caza y la recolección; sólo los niños provenientes de esas comunidades que fueron educados con libros desarrollaron ese trastorno que impide enfocar los objetos lejanos. Los investigadores están convencidos de que las prácticas de lectura y escritura tuvieron efectos colaterales sobre el sistema visual de las generaciones crecidas con el libro de texto. Y ni hablar de las pantallas: ya es objeto de investigación el llamado síndrome visual informático, una "afección temporal resultante de enfocar los ojos en una pantalla de ordenador durante períodos prolongados e ininterrumpidos".» (Scolari, 2018, pp. 158-159)

4. CAMBIOS TÉCNICOS, CAMBIOS CULTURALES Y CAMBIOS DE MENTALIDAD

Los avances técnicos, al incorporarse a la vida cotidiana de las personas, alteran sus hábitos y comportamientos y sus concepciones sobre el mundo. Los descubrimientos científicos amplían y modifican la cultura entendida como un conjunto de conocimientos, y sus aplicaciones técnicas prácticas hacen lo mismo con la cultura entendida como formas de vida (y formas de pensar sobre la vida).

Imaginemos por un momento un mundo sin teléfonos, sin frigoríficos, sin cine. Es evidente que fue muy diferente a un mundo con ellos; que la radio y la televisión han transformado maneras de vivir y de pensar. La relación con los libros, o con los textos en general, con la música, se modificaron cuando Internet se convirtió en una tecnología de uso masivo.

Del mismo modo, si contemplamos los componentes de valores, opiniones, sentido común, etc., que incluye siempre toda cultura social, vemos que esas concepciones influyen poderosamente, tanto en los descubrimientos científicos, como en los desarrollos tecnológicos que se derivan de ellos. Por ejemplo, la cultura predominante en una época prioriza la investigación en unos campos del saber descartando otros posibles, impone unos enfoques frente a otros alternativos, decide cuál de las diversas aplicaciones prácticas que tiene una innovación científica se desarrolla primero, etc. Se produce, pues, una constante realimentación mutua entre hábitos sociales y desarrollo tecnológico.

> «Cada invento ofrece un espectro de oportunidades, sólo algunas de las cuales se desarrollarán alguna vez durante su evolución. Los primeros usos no son siempre aquellos por los que eventualmente el invento llegó a ser más conocido. (...) El primer uso comercial de la radio era para enviar mensajes inalámbricos codificados entre barcos en alta mar y desde los barcos hasta la costa, y el primer ordenador digital fue diseñado para calcular las tablas de disparo de los cañones de la armada de los Estados Unidos.» (Basalla, 1991, p. 174)

Cuando veíamos la televisión durante el siglo xx, antes de la popularización de los grabadores/reproductores de vídeo, teníamos que ajustar necesariamente nuestro horario al de la programación televisiva. Si no estábamos a la hora de emisión de alguno de nuestros programas favoritos nos los perdíamos, y no había más remedio que recurrir a alguien para que nos los contase. Era algo que considerábamos de sentido común, «natural».

Cerca del primer cuarto del siglo xxi, ya no nos parece así. Queremos ver nuestros contenidos favoritos cuando a nosotros nos venga bien. Es decir, ha cambiado lo que «dábamos por sentado». En nuestros días, lo que damos por sentado, lo que nos parece obvio, es que debemos tener la libertad real de elegir canales, y libertad real para escoger cuándo vemos lo que nos interesa, según sea nuestro deseo o disponibilidad. Queremos libertad de acceso a los contenidos. A nuestros niños les parecerá asombroso el relato de que hubo un tiempo en que debíamos estar a una hora fija frente al televisor para no perdernos algo (Lessig, 2012). Y asombroso que tampoco existiera la posibilidad de que el programa se repitiera, salvo con muchísima suerte y en muy pocos casos. Se ha producido un cambio de mentalidad.

Los cambios sociopolíticos y tecnológicos relevantes que llevan aparejado un cambio de mentalidad, una transformación cultural, son graduales. Cuando su velocidad se acelera bruscamente y suponen un cambio profundo del mundo anterior, se habla de revoluciones. Se presentan de un modo repentino, discontinuo: cuando salieron al mercado los televisores no había nada parecido anterior a ellos, algo de lo que fueran una evolución. Y en el caso de tecnologías nuevas y viejas que realizan la misma función, no hay apenas coexistencia; las nuevas, se supone que mucho más eficientes, suelen sustituir a las viejas. Es posible que éstas subsistan durante un tiempo. Pero la coincidencia cronológica entre ambas no indica en este caso la sustitución automática de una por la otra; tan solo que unos segmentos de la población utilizan una y otros la otra (de ordinario, los socioeconómicos más altos, utilizan la tecnología novedosa).

5. SOBRE REVOLUCIONES INDUSTRIALES

En la Edad Media europea, las innovaciones técnicas eran escasas y muy graduales, si acaso con la excepción de los instrumentos bélicos donde sí hubo novedades importantes, en especial, el uso de la pólvora. Las herramientas de índole tecnológica no se hallaban muy presentes en la vida cotidiana consciente de las personas. Con más exactitud, estaban presentes, pero no se era consciente de ello. Se conocían desde el nacimiento las herramientas y los aperos, como se conocían los ríos y las montañas; algo que estaba allí desde siempre y, seguramente, para siempre. Se aprendía en la niñez o adolescencia una manera determinada de manejarlas, y con esas herramientas y esos modos de usarlas llegaban al final de sus vidas. Si había algún cambio era de escasa entidad, con una adaptación rápida y sencilla que no afectaba apenas al resto de la existencia.

Con las sucesivas revoluciones industriales comenzó a invertirse la situación. Las innovaciones técnico/tecnológicas se situaron en el centro de vidas, costumbres y cambios.

Pensemos en una persona perteneciente a una familia de clase media-baja urbana nacida en España en los años 30 del siglo xx, cuya vida se haya prolongado hasta la primera década del año 2000. En su infancia ya existía la aviación, pero era algo que estaba totalmente fuera de su alcance como usuaria porque se trataba de un medio de transporte sólo al alcance de los sectores más adinerados de la sociedad, y que aún se consideraba algo semi-mítico. Sus propios padres no podían entender que algo tan pesado, ¡y con personas dentro!, pudiera sobrevolar el océano Atlántico. No había televisión. Todos los pagos se hacían en metálico (había cheques, pero no se utilizaban más que en el mundo de los negocios). La telefonía estaba restringida a las clases altas y medio-altas e, incluso para ellas, las comunicaciones interurbanas eran un viacrucis de hablar con operadoras, intentar convencerlas de la urgencia de la llamada y obtener por respuesta la información de que un buitre leonado se había comido un cable a la altura de Villarobledo. La comunicación a distancia consistía para la inmensa mayoría de la población en enviar cartas, y, en casos extraordinarios, telegramas.

Podemos seguir hojas y hojas evocando las tecnologías de la vida cotidiana, por ejemplo, describiendo los electrodomésticos de la época —en muchos casos, quitándoles el prefijo «electro» porque eran totalmente manuales—, los sistemas sanitarios, etc., pero basta una fugaz comparación de lo expuesto con las tecnologías que realizan esas mismas funciones en la segunda década del siglo xxi, y cómo lo hacen. Sin mencionar funciones, actividades y posibilidades totalmente nuevas, como las que proporcionan la informática y las telecomunicaciones.

En cambio, alguien nacido, pongamos, en 1230, reconocería el mundo de su infancia como esencialmente igual, poco antes de morir en 1310. Esa sensación de estabilidad, de reconocimiento del entorno a lo largo de toda su vida, era un componente no desdeñable de su personalidad y de sus concepciones acerca del mundo.

Comparémoslo con los sentimientos de extrañeza —y hasta de hostilidad— de nuestro octogenario, no sólo ante la sucesión de innovaciones tecnológicas específicas aparecidas, sino ante el propio ritmo del cambio tecnológico; ante la evolución vertiginosa de la tecnología y de las innovaciones; de unos aparatos técnicos que se sustituyen unos por otros antes de que haya dado tiempo para asimilarlos, antes de que se haya podido habituar a ellos y los haya integrado.

Y es que a partir de mediados del siglo XVIII el proceso de innovación tecnológica adquiere una velocidad insólita, muy superior a la de tiempos anteriores. Se inicia entonces una serie de lo que se conoce con el nombre de «revoluciones industriales».

En realidad, se trata de un proceso ininterrumpido hasta nuestros días de innovaciones técnicas; una especie de revolución permanente, constituida por la pluralidad de revoluciones secuenciadas. A falta de criterios indiscutibles, la literatura especializada propone un número distinto de revoluciones industriales, según sea el elemento que cada autor juzga más importante; por ejemplo, según cambia la fuente de energía, primaria o secundaria que mueve las máquinas (leña, carbón, petróleo, electricidad), o bien en función de cuáles sean las industrias predominantes (textil, siderurgia, locomoción, química, electrónica), etcétera.

Pero es importante recordar que los cambios tecnológicos que conllevaron lo que ahora llamamos Primera Revolución Industrial, se presentaron sin que nadie les hubiera puesto un nombre de antemano porque no fueron planeadas, ni diseñadas con anticipación: aparecieron. Fue el historiador británico Arnold Toynbee el primero que utilizó el nombre de «revolución industrial», término que hizo fortuna y se popularizó. Y había nacido en 1840, más de una década después de que acabara la primera de ellas.

Dos siglos después, la Primera Revolución Industrial ha recibido el nombre de «primera era de las máquinas». Según esta perspectiva, nosotros empezamos a vivir en la segunda[2].

[2] Erik Brynjolfsson y Andrew McAfee, 2014. The Second Machine Age: Work, Progress, and Prosperity in a Time of Brilliant Technologies.

Es un hecho aceptado ampliamente que el período histórico comprendido entre mediados del siglo XVIII y principios del XIX supuso el mayor conjunto de transformaciones socioeconómicas, tecnológicas y culturales que los seres humanos habían conocido desde los tiempos neolíticos. Esa revolución fue debida a la invención de máquinas, y ocurrió en Gran Bretaña para extenderse poco después por el continente europeo y dar el salto a otros continentes. El telar mecánico, por ejemplo, implicó que donde antes había 20 personas muy especializadas trabajando en un telar, una máquina hiciese el mismo trabajo ella sola. Esos trabajos manuales desaparecieron, junto con muchos otros. Se destruyeron cientos de miles de empleos. Puede comprenderse el cambio irreversible en las vidas, la conmoción vividos por seres humanos que hasta entonces se habían dedicado a la producción manual/artesanal, y conocido la energía de los molinos de agua, los molinos de viento y la tracción animal.

> «Una vez lograda una fuente de energía suficiente, montones de mecanismos giraban, chirriaban y traqueteaban para lleva a cabo todas las partes del proceso sin requerir el auxilio de la mano humana, más allá de las labores de reparación de un hilo roto o la localización del punto en el que el mecanismo dejaba de funcionar con su precisión y perfección habituales.» (Mumford, 2011, p. 277)

Las economías agrícolas dieron paso a las economías de carácter industrial y mecanizado, de ahí el nombre de «revoluciones industriales», con un aumento de la capacidad productiva nunca visto.

La máquina de vapor (un motor de combustión que transforma la energía térmica del agua situada en una caldera en energía mecánica), es considerada la tecnología clave de la Primera Revolución Industrial[3], el hito fundacional de las revoluciones industriales. Sustituyó la energía humana y animal por la que produce la energía del vapor, capaz de mover otras máquinas como locomotoras, motores o bombas.

[3] Para oír el sonido de máquinas de vapor: https://www.soundsnap.com/tags/steam_engine

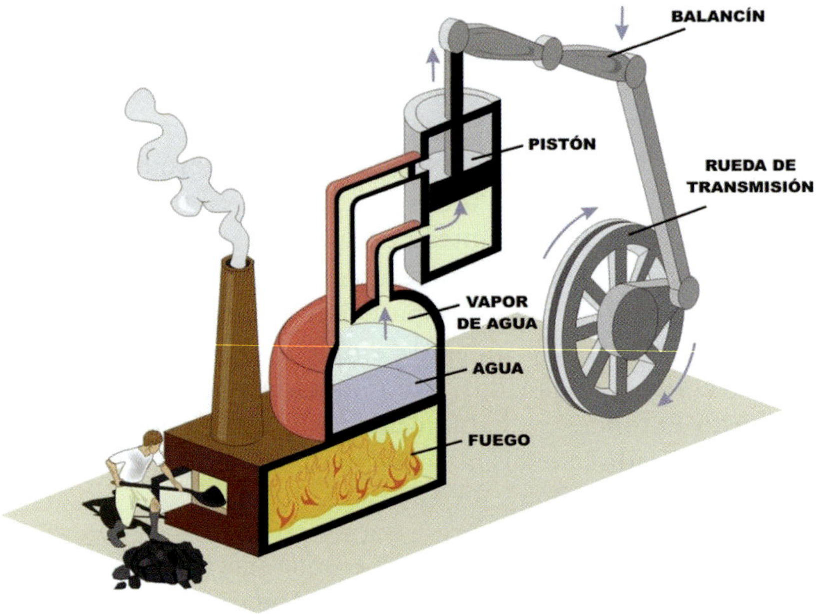

Ilustración del funcionamiento básico de una máquina de vapor

A la llegada del telar mecánico y la máquina de vapor, hay que añadir el ferrocarril y el telégrafo. Nos referiremos a estas dos tecnologías un poco más adelante.

Sin embargo, un erudito de la categoría de Lewis Mumford ha defendido que la tecnología clave de la era industrial no fue la máquina de vapor sino el reloj, que no sólo marcaba el tiempo, sino que sincronizaba las nuevas tareas automatizadas después de miles de años en que no existió una «hora correcta», ni una hora generalizada. Aunque más adelante haremos una referencia breve a la hora y a los relojes en relación con el ferrocarril, no se trata de concepciones antitéticas. Las máquinas de vapor y el reloj, juntos, dieron lugar a enormes modificaciones en la concepción del tiempo que hasta entonces habían tenido los seres humanos, en la aceptación de su medida, en la adquisición de sentido de conceptos como «puntualidad» e «impuntualidad», en el papel central que fueron teniendo al establecer horarios de trabajo y tiempo libre, etc., por poner estos ejemplos significativos.

En la Segunda Revolución Industrial, las innovaciones tecnológicas principales dieron lugar a la producción masiva de acero, petróleo y electricidad (que permitió, por ejemplo, la iluminación de las calles, los ascensores en viviendas y edificios, los electrodomésticos, medios de transporte como tranvías y ferrocarriles, y continuar desarrollando trabajo o actividades durante la noche). Si fuera necesario señalar las cinco innovaciones tecnológicas más importantes, con más repercusiones para los seres humanos, la electricidad estaría incluida entre ellas; lo cambió todo.

Los ascensores, en un ejemplo de tecnologías que acarrean cambios sociales relevantes y cambios de mentalidad, transformaron las vidas de las personas, los hábitats urbanos... Sin electricidad, los últimos pisos de un edificio eran ocupados por quienes tenían menos medios económicos, ya que era necesario subirlos a pie. Detengámonos un momento en el significado de la siguiente canción popular:

> «Desde Santurce a Bilbao /vengo por toda la orilla, /con la falda remangada /luciendo la pantorrilla, /vengo deprisa y corriendo /porque me oprime el corsé, /voy gritando por las calles: / ¡Quién compra! /sardinas frescué. /Mis sardinitas /que ricas son /son de Santurce /las traigo yo. / La del primero me llama /la del segundo también, /la del tercero me dice: /¿a cuánto las vende usted? /Si yo le digo que a cuatro, /ella me dice que a tres, /cojo la cesta y me marcho, /¡Quién compra! /sardinas frescué.»

Sin ascensores, compran las sardinas la del primero y «la del segundo también», más pudientes. Sin embargo, la del tercero ya pregunta el precio e intenta regatear. Un ejemplo más de los cambios en los modos de vida humanos que acarrean las innovaciones tecnológicas, cambios socio-técnicos, que siempre tienen un carácter multidimensional.

La electricidad, sobre todo el sistema de cableado eléctrico, provocó mucho miedo en la población que personajes dados al catastrofismo se encargaron de alimentar. Como ejemplo, tenemos el editorial del periódico *New-York Evening Post*, firmado por Harold P. Brown en su calidad de «ingeniero eléctrico». El titular advertía: «Muerte en los cables», y seguía:

> «A diario nos asaltan las noticias de nuevas vidas segadas tempranamente por la amenaza del cableado eléctrico que ahora pende sobre nuestra ciudad. Jamás en la historia de esta nación se ha introducido

> de forma tan forzosa y caprichosa, en los hogares de nuestras familias y los lugares de recreo de nuestros hijos una tecnología tan peligrosa, y desconocida, con la negligencia que supone además no haberla probado antes ni tener en cuenta su peligrosidad. (...) El hecho de que los ciudadanos deban estar expuestos al riesgo constante de ser víctimas de una muerte súbita con el fin de que una compañía obtenga unos dividendos un poco superiores es simplemente malévolo.» (Moore, 2017, pp. 137-138)

Las innovaciones tecnológicas introdujeron cambios en la percepción, sensibilidad, costumbres, mentalidades, hábitos, creencias, etc., humanas que nos permiten hoy incorporar a nuestra mentalidad sin grandes sobresaltos las tecnologías que nos son contemporáneas. De igual modo que nuestra experiencia escolar temprana como niños que habitan a diario espacios cerrados llenos de personas nos prepara para soportar, sin enloquecer, las estrecheces de los vagones del metro en horario punta llenos de desconocidos, o las de los aviones modernos, así nosotros somos deudores de las transformaciones vitales que supusieron para nuestros antepasados Sapiens los nuevos inventos tecnológicos, las nuevas máquinas y sus usos cotidianos.

La Tercera Revolución Industrial sería la que ocasionó la llegada de Internet y las Tecnologías de la Información y la Comunicación, cuyo acrónimo es TIC.

Hay analistas e investigadores que han comenzado a utilizar el nombre de Cuarta Revolución Industrial. Aunque en medio de amplios desacuerdos sobre lo apropiado, o no, del nombre ya que hay diversas denominaciones compitiendo entre sí para llamar al cambio de época que ha supuesto la era digital. Como mencionamos, se utiliza también el nombre de «segunda era de las máquinas». Estaría empezando actualmente.

Algunos sostienen que no es tanto una revolución nueva como «la transición hacia nuevos sistemas que están construidos sobre la infraestructura de la [anterior] revolución digital» (Perasso, 2016). Para otros, implicaría la convergencia de tecnologías digitales de información y comunicación a gran escala, nanotecnología, inteligencia artificial, robótica, ingeniería genética y sistemas ciber-físicos. Por ejemplo, una combinación de sensores, software, componentes informáticos cuánticos e Internet de las Cosas[4] convergiendo, que continuaría cambiando de modo sustancial nuestro mundo.

Como sucedió con las nuevas máquinas y los procesos de industrialización y mecanización que tuvieron lugar en la Primera Revolución Industrial, se afirma que la Cuarta Revolución Industrial centrada, sobre todo, en la inteligencia artificial y la robótica, más la automatización e informatización generalizados, puede significar la pérdida masiva de puestos de trabajo, incluso en los países más industrializados del mundo. Veamos una predicción centrada en el llamado «riesgo de computarización [informatización]»[5]:

> «El riesgo de computarización es la probabilidad de que determinadas tareas actualmente realizadas por personas pasen a ser realizadas por máquinas (robots, ordenadores, inteligencias artificiales...). Afecta casi por igual a hombres y a mujeres, pero destaca la gran diferencia por nivel educativo. (...) Aproximadamente el 30% de las tareas hoy realizadas por personas con educación universitaria están en riesgo, pero llega hasta el 70% para quienes tienen educación primaria. También destacan las diferencias por nivel de ingresos: las profesiones mejor pagadas en la actualidad son las más protegidas ante el riesgo de ser realizadas por máquinas. Respecto a la situación laboral, aquellas personas que están en paro o estudiando (después de haber tenido un trabajo) están en una posición más vulnerable que aquellas que actualmente están trabajando.»

Las previsiones que se hicieron sobre el crecimiento económico exponencial que ocasionaría la implantación de tecnologías, no se han cumplido. Como muestra el documentado estudio de Acemoglu, Dorn, Hanson & Price (2014), el aumento real de la productividad en empresas con una utilización intensiva de TIC no se ha manifestado tanto en un aumento de la producción, como en una caída del empleo.

---

[4] Internet de las Cosas hace referencia a la cantidad de dispositivos y objetos de uso cotidiano que están/estarán conectados a Internet, como electrodomésticos, automóviles, ropa con sensores, utensilios deportivos, dispositivos médicos que nos monitorizan, pavimentos «inteligentes», etc.

«Soon Lee, ingeniero a cargo del área de innovación en productos, servicios y contenidos de Samsung América, mostró en una presentación ante clientes cómo con sensores muy pequeños, baratos y casi imperceptibles ya se pueden dar «órdenes» a una mesa, una planta o cualquier objeto inanimado de la casa o de la oficina. En una industria que mide al milímetro cada palabra que se dice». La Nación, 18-3-2018. Recuperado de: https://www.lanacion.com.ar/2117759-inteligencia-de-las-cosas-o-el-inicio-de-una-nueva revolucion/amp/2117759?__twitter_impression=true

[5] Gallego, A. (2018). Ocupaciones en transformación: ¿A quién afectará el cambio tecnológico?

> «La confianza de las empresas respecto al incremento de la producción sigue siendo escasa, mientras que la irrupción de la inteligencia artificial hace claramente innecesario emplear a tantas personas como antes. La facción más avanzada de la industria [las grandes compañías tecnológicas] parece haberlo entendido muy bien, lo que explica por qué muchos de los principales inversores tecnológicos se han convertido en partidarios de la agenda de la Renta Básica Universal (RBU).»[6] (Morozov, 2018)

En relación con los empleos que pueden desaparecer en el próximo/medio futuro, se han hecho distintas predicciones, que difieren entre sí. Por ejemplo, la base de datos que se creó centrada en el trabajo de Carl Benedikt y Michael Osborne de 2013 para la universidad de Oxford, detalla el impacto que el desarrollo tecnológico tendrá en el mercado laboral. Para ello indexa prospecciones de futuro de más de 702 tipos de trabajo.

Aunque utiliza profesiones de EE UU, los datos son útiles para otros países. Si se quiere consultar la predicción relativa que hacen respecto a qué tipos de profesiones y trabajos se encontrarían en riesgo, o más cerca de desaparecer, basta con escribir en inglés la rama profesional a la que se pertenece en el siguiente enlace: https://willrobotstakemyjob.com/

La posible futura pérdida de empleos debida a la automatización generalizada[7], a la robótica y al desarrollo de la inteligencia artificial, es un tema enormemente sensible. Las predicciones realizadas evidencian la existencia de un desacuerdo generalizado sobre lo que sucederá, lo que significa que nadie lo sabe a ciencia cierta, aunque los debates van en aumento. Las predicciones varían mucho dentro de un rango optimismo-catástrofe. La siguiente tabla (Winick, 2018) muestra la falta de consenso que existe y la notable disparidad de cifras manejadas por distintos institutos de investigación, organismos internacionales, empresas, servicios de estudios de bancos, etc.

---

[6] De forma simple, la Renta Básica Universal RBU consistiría en que el Estado entregase un salario universal a cada ciudadano, a cambio de nada, para compensar la pérdida de empleos que ocasionaría la convergencia de computarización/robotización/inteligencia artificial, proporcionando a la población unos ingresos mínimos.

[7] La automatización se refiere a procesos, por ejemplo, industriales, que no requieren la intervención humana.

Estimación de empleos creados y destruídos por la automatización

Cuándo	Dónde	Destruidos	Creados	
2016	Global		900.000 1.500.000	Metra Martech
2018	EE. UU	13.852.530	3.078.340	Forrester
2020	Global		1.000.000-2.000.000	Metra Martech
2020	Global	1.800.000	2.300.000	Gartner
2020	15 países	7.100.000	2.000.000	World Economic Forum (WEF)
2021	Global		1.900.000-3.500.000	The International Federation of Robotics
2021	EE. UU	9.108.900		Forrester
2022	Global	1.000.000.000		Thomas Frey
2025	EE. UU	24.186.240	13.604.760	Forrester
2025	EE. UU	3.400.000		ScienceAlert
2027	EE. UU	24.700.000	14.900.000	Forrester
2030	Global	2.000.000.000		Thomas Frey
2030	Global	400.000.000-800.000.000		McKinsey
2030	EE. UU	58.164.320		PWC
2033	EE. UU	67.876.460		Oxford University
2035	EE. UU	80.000.000		Bank of England
2035	Reino Unido	15.000.000		Bank of England
Sin Fecha	EE. UU	13.594.320		OECD
Sin Fecha	Reino Unido	13.700.000		IPPR

Fuente: Erin Winick, *MIT Technology Review*, 2017-2018, publicado por Opinno.

Los valores porcentuales se han convertido en números absolutos en función del número de trabajos en EE UU cuando la predicción fue realizada

Grafitti de Bansky.
«No future», Sin futuro

Grafitti de Bansky.
«There is always hope»,
Siempre hay esperanza

6. SOBRE INNOVACIONES TECNOLÓGICAS, TIEMPO, ESPACIO Y DISTANCIA. UNA PROGRESIVA ACELERACIÓN

En nuestro mundo físico, los objetos materiales tienen en el espacio altura, anchura y profundidad. También, los objetos materiales están separados unos de otros en el espacio de modo que hay una distancia a recorrer entre ellos, por mínima que sea. No podemos pensar en ningún objeto material sin enmarcarlo en un espacio físico. Pero tampoco es posible considerar el espacio físico como algo ajeno a las construcciones socioculturales humanas: porque se territorializa y se divide en áreas geográficas (continentes, valles), culturales (comunidades, naciones), o políticas (Estados), atendiendo a diversos criterios de ordenación de las experiencias sociales.

Por su parte, el tiempo transcurre. El tiempo es duración y tiene, como movimiento cronológico continuo que es, una trayectoria de sentido único que va siempre de lo antiguo a lo nuevo. Aunque el tiempo subjetivo, vital, no se rige por los mismos parámetros de medida que el tiempo cronológico donde un minuto tiene la duración de un minuto. El tiempo subjetivo se alarga con experiencias vitales penosas, ante el miedo, el peligro, la enfermedad, la ejecución de un trabajo odiado, y se acorta cuando somos felices, estamos muy entretenidos o hacemos tareas que nos resultan apasionantes. («El tiempo se me ha hecho eterno», o «se me ha pasado en un suspiro», o «el tiempo es relativo» decimos, por ejemplo).

La revolución de la imprenta (mediados del siglo xv) ya había permitido la comunicación mediante textos, haciendo posible transmitir informaciones en el espacio y en el tiempo, a personas de tierras lejanas (otra cosa distinta era el tiempo de transporte), y de épocas futuras; por eso nos es posible leer hoy a autores de hace muchos siglos. La impresión de caracteres alfanuméricos, dibujos e imágenes superó así las limitaciones del lenguaje hablado o gestual. Como toda tecnología, tuvo consecuencias no previstas para las vidas humanas:

> «Libros de ciencia difundieron ideas acerca del sol, y no de la tierra, como figura central de la galaxia. Las palabras de la Biblia regaron Europa gracias a Gutenberg, y las lenguas vulgares buscaron legitimarse en el papel, fijando ortografías y creando autoridades para reglamentarlas. El papel, la imprenta y la palabra cambiaron el mundo, y ese cambio, que ahora vemos tan positivo, no lo fue para quienes lo sufrieron. Quijano, nos dijo Cervantes, enloqueció leyendo libros, quedó totalmente desconectado del universo duro, sucio y mundano que lo rodeaba. En su cabeza inventó otro basado en lo que leía. (...) Peor aún que el libro fueron los panfletos, y los periódicos. Papeles que esparcían herejías y manifiestos. Gracias a la imprenta Lutero pudo diseminar su mensaje, protestar contra el poder de Roma y fragmentarlo. Y si antes las noticias de la comunidad se transmitían desde el púlpito en las reuniones de los domingos, ahora ya no estaba en manos de clérigos sino de una nueva industria de la información y sus incansables trabajadores: los periodistas. Ya no fue suficiente saber lo que le pasaba al vecino, lo importante era enterarse de las noticias de los centros de poder.» (Cortés Conde, 2010)

Por otro lado, la extensión de la alfabetización textual también provocó miedo, el rechazo de las personas analfabetas, prácticamente el total de las clases populares. Dado que las autoridades estatales comenzaron con el tiempo a imponer papeleo a rellenar, por ejemplo, para la recaudación de impuestos, todo el asunto les resultó hostil, odioso. La escritura les llegó como una maldición que amenazaba por un nuevo flanco una vida ya de por sí muy dura y los hacía, en su condición de analfabetos, aún más vulnerables y dependientes. Sentir la imposición que chocaba con un sistema de creencias muy estructurado, provocaba profundos sentimientos de angustia y rechazo que podemos entender muy bien los habitantes de sociedades digitales cuando nos enfrentamos a la amenaza de máquinas que no llegamos a comprender, o no sabemos manejar.

Un momento histórico estelar en el cambio de la concepción espacio-temporal de los seres humanos fue el que introdujo el ferrocarril en las primeras décadas del siglo XIX. «Es difícil exagerar el efecto de las máquinas de vapor, el ferrocarril y el telégrafo en la experiencia de compresión espaciotemporal de la gente» (Wajcman 2017, p. 64).

El ferrocarril imprimió velocidad a viajes y trayectos que, hasta entonces, se medían por el tiempo que llevaba llegar de un lugar a otro en un carruaje tirado por caballos y, cuando la tierra firme se acababa, el tiempo de los barcos conducidos por velas y remos. Con la reducción del tiempo, también se contrajo el espacio, la distancia percibida entre pueblos y ciudades, que pasó a ser vivida como menor. Los lugares se acercaron más unos a otros en la experiencia humana sobre distancias y tiempo que llevaba recorrerlos. Así, el tiempo y el espacio socioculturales, se modificaron.

> «Hasta que llegó el ferrocarril, cada ciudad marcaba su hora en función del sol del mediodía. No existía la puntualidad. En España, no sólo Madrid y Barcelona tenían diferente horario, muchos pueblos vivían en el suyo porque se regían por el campanario de su iglesia. Minutos arriba o abajo en función al amanecer. Y si llegaba un forastero, ajustaba su reloj a la hora local.
>
> En realidad, daba igual la hora que fuera. Por qué iba a importarle a los vecinos qué marcaban los relojes de las torres de la iglesia o del ayuntamiento del resto del país. (...) Hasta que las vías del tren hicieron el mundo más pequeño, la vida era profundamente local. Y hasta que la electricidad alargó los días, éstos duraban lo que la luz solar.
>
> Fue la locomotora de vapor la que le arrebató al sol la potestad de fijar la hora en la Revolución Industrial. No es casualidad que el primer país en estandarizar la hora a nivel nacional fuera el Reino Unido, también pionero en la implantación del ferrocarril.» (García Aller, 2017)

Como siempre sucede con la llegada de tecnologías nuevas, también se modificaron costumbres, mentalidades y formas de vida. La vida humana se hizo más extensa. Moverse ya no fue algo exclusivo de personas con alto status socioeconómico; significó la posibilidad de hacer viajes para quienes hasta entonces habían estado excluidos de esa experiencia. Más tarde, la aviación comercial supuso, de igual modo, una democratización de los viajes.

> «Los aristócratas odiaban el concepto entero del tren porque alentaría a las clases bajas a moverse por el mundo y así no estarían siempre disponibles.
>
> (...) Hasta ese momento, solo los más pudientes podían permitirse el viaje. Recorrían el país o el continente en carroza o caravana; e incluso cruzaban el océano en lujosos vapores por el mero placer de cruzarlo. Los demás recorrían trayectos. Las caravanas, los carromatos, las diligencias eran medios de transporte y, cuando ese trayecto era lo suficientemente largo como para necesitar el barco, entonces embarcaban para emigrar. Para no volver.» (Kodak, 2017)

La instalación posterior de la red telegráfica supuso otro profundo cambio en la concepción que los seres humanos tenían sobre el espacio, el tiempo y las distancias. Su implantación causó un asombro y una euforia generales tanto por sus consecuencias —unas comunicaciones prácticamente instantáneas— como por los procedimientos técnicos implicados: la proeza tecnológica que supuso tender miles de kilómetros de cables bajo el océano entre Europa y América, uno de los grandes hitos en la historia de la ingeniería humana.

> «Por primera vez, una máquina de comunicación podía desligar la comunicación del transporte, permitiendo que la información se moviera independientemente del transporte, y mucho más deprisa que este. De manera muy similar a como hace hoy Internet (...) El surgimiento de un espacio global no es tan nuevo como pensamos. (...) Es bien conocido el papel del telégrafo en el establecimiento de la denominada "hora del ferrocarril" estándar. (...) La adopción de la hora de Greenwich agrupó todo el mundo bajo unas mismas coordenadas temporales, eliminando los sistemas locales más antiguos de marcar el paso del tiempo. Del mismo modo, las unidades estándar de distancia y medición territorial vinieron a incorporar el espacio en un régimen de medición único.» (Wajcman, 2017, pp. 73-74)

La telegrafía puede considerarse el primer sistema de telecomunicación electrónica. Después de dos intentos fallidos debido a multitud de problemas (rotura de los cables, blindaje insuficiente del cableado, tormentas en alta mar, etc.), a la tercera fue la vencida y en 1858 se tendió el primer cable submarino transoceánico en el lecho marino del océano Atlántico, desde la costa occidental de Irlanda hasta Terranova, en Canadá, uno de los hitos de la nueva era tecnológica. Medía algo más de 4.000 kilómetros y pesaba 7.000 toneladas. Financiada la expedición por capital privado (que suponía pérdidas enormes cuando las cosas no salían bien), los gobiernos británico y norteamericano pusieron los barcos. Fueron necesarios dos buques de guerra reacondicionados, el HMS Agamenón, de la marina inglesa y el USS Niágara, norteamericano, porque no existía ningún barco capaz de cargar él sólo con todo ese peso.

El primer telegrama entre Norteamérica y Europa lo envió la Reina Victoria de Inglaterra para felicitar al presidente norteamericano James Buchanan por su victoria electoral. La transmisión del telegrama duró diecisiete horas.

> «El cable fue destruido un par de semanas después cuando Wildman Whitehouse, un cirujano inglés y «experimentador eléctrico por vocación» aplicó demasiado voltaje al cable para aumentar su velocidad y lo quemó.» (Moll, 2018)

El periódico británico *The Times*, de línea tan comedida, nada sensacionalista, comparó la importancia de la hazaña que supuso el tendido del primer cable telegráfico transoceánico con el descubrimiento de América por Colón, afirmando que desde el descubrimiento no había sucedido nada tan memorable. La implantación de tecnologías nuevas ha solido asociarse a un gran entusiasmo debido al logro que, se piensa, supondrán para conseguir una mejor vida colectiva. Algo que continúa vigente; «hacer del mundo un lugar mejor» es el deseo muchas veces manifestado por las grandes compañías tecnológicas actuales.

En nuestra época, Amazon y Google, por ejemplo, no se quedan atrás en lo que podríamos llamar autocomplacencia[8].

---

[8] Cada vez es más evidente, sin embargo, que el negocio básico de grandes empresas tecnológicas (en palabras de Morozov, «abrumadoramente estadounidenses», gigantescas), como Facebook y Google son los datos de los usuarios. Conocen direcciones físicas, datos de localización (sitios donde se ha estado y por cuánto tiempo), conversaciones realizadas desde distintos dispositivos (incluido el teléfono), información sobre contactos, búsquedas hechas y enlaces (también en YouTube, propiedad de Google), tarjetas de crédito, correos electrónicos, conocimiento de las aplicaciones que se usan y cuándo se han abierto, etc. Además de que los datos tienen un valor mercantil porque se trafica con ellos y se obtienen ganancias publicitarias, también significan posibilidades de control y vigilancia antes nunca conocidas. La Comisión Europea ha puesto cifras al valor del negocio de los datos: más de 300.000 millones de euros, y en alza. Para 2020 estiman que subirá a 736.000 millones. (Final results of de European Data Market study measuring the size and trends of the EU data economy, 2017. Disponible en https://ec.europa.eu/digital-single-market/en/news/final-results-european-data-market-study-measuring-size-and-trends-eu-data-economy

> «Algunas de estas compañías [tecnológicas] se han autodenominado de acuerdo con sus aspiraciones ilimitadas. Amazon, nombre en inglés del Amazonas, el río más caudaloso del mundo, tiene un logotipo que señala de la A a la Z; Google deriva de googol ("gúgol"), un número (un uno seguido de cien ceros) que los matemáticos emplean como referencia abreviada de cantidades inimaginablemente grandes.» (Foer, 2017, p. 13)

A pesar de que el primer cable submarino no duró casi nada y fueron necesarios más años para normalizar el servicio, quedó atrás la época en que las cartas desde Europa tardaban en llegar al continente norteamericano un mínimo de diez días, que a menudo se prolongaba un mes, tiempo al que había que sumar uno equivalente para recibir una respuesta, siempre y cuando el régimen de vientos lo permitiera. El tiempo de comunicación se redujo a minutos para convertirse pronto en casi instantáneo.

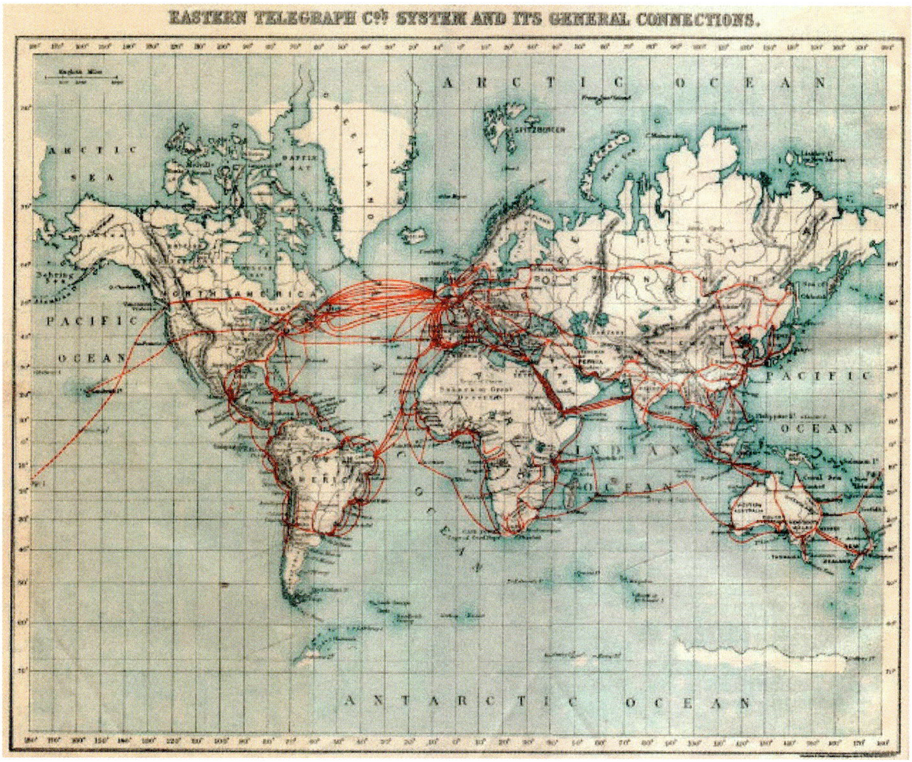

Fuente: The Eastern Telegraph Company. Dominio público. Mostrado en: Alfabetización digital crítica, Inés Bebea.

Mapa de la Red de cables de telégrafo publicado por la Easter Telegraph Company en 1901

Los cables bajo el lecho marino no son ajenos a la comunicación de los seres humanos que vivimos en las sociedades digitales porque Internet no está en las nubes; cuando hablamos de «la nube», utilizamos una metáfora. La infraestructura física de Internet, muy compleja, consta de miles de millones de ordenadores y dispositivos conectados y miles de kilómetros de cables terrestres y submarinos que conectan los continentes, cuya importancia para el funcionamiento de la Red es muy superior a la de los satélites de telecomunicaciones, como se verá en el tema dos: «Base material de Internet». Un porcentaje mayoritario del tráfico de Internet se realiza bajo el mar, a través de cables. No ya cables de cobre, como utilizó el telégrafo rodeando el planeta tierra, sino de fibra óptica. También, la infraestructura de Internet que permite una computación global, acceso instantáneo a la información en cualquier momento, depende de «millones de servidores procesando y gestionando tremendas cantidades de datos veinticuatro horas al día en almacenes gigantescos». (Finn, 2018, p. 235).

7. PRIMERAS TECNOLOGÍAS ELÉCTRICO-ELECTRÓNICAS

Y pasaron casi 20 años desde el tendido de cables submarinos en el Atlántico hasta que se realizó la primera conexión telefónica; fue en los Estados Unidos, lugar, junto con Canadá, donde las líneas telefónicas se desarrollaron a mayor velocidad y extensión que en Europa. El telégrafo transmitía mensajes a largas distancias, pero no posibilitaba que la voz humana lo hiciera. La invención del teléfono en 1876 lo logró; además, permitía comunicaciones más rápidas y eficaces. Reducido su uso en los inicios a la pequeña parte de la población que podía pagar algo tan caro, en el siglo xx ya tuvo un papel central en el sistema de telecomunicaciones mundial.

En sus orígenes, a la sociedad le llevó un tiempo adaptarse a su uso y generó miedo y hostilidad, como ha sucedido con casi todos los comienzos tecnológicos.

> «Las preocupaciones anunciadas en los periódicos [estadounidenses], (y tal vez por la Western [Company] que quería mantenerse con su negocio de telegrafía) estaban de moda. ¿Tener un teléfono sería como dejar entrar un espía en su casa? ¿Podría oír la gente que estuviera en la

> línea, lo que uno conversara? Si la electricidad llevaba las voces por una línea, ¿también podría llevar enfermedades? ¿Podría el teléfono hacerle algún daño? ¿Podría la gente volverse sorda o enloquecer? ¿Qué pensaría Dios de todo esto? Había gente que encontraba versos en la Biblia que parecieran prohibir el uso del teléfono dos años antes de que se hubiera inventado.» (Kodak, A. J., 2016)

La fractura con la concepción acostumbrada del espacio y del tiempo fue enorme. Gracias a la telegrafía, y después a la telefonía, se experimentó en gran medida, si no la quiebra del espacio físico, sí su enorme contracción. Pensemos en la diferencia que suponía para personas geográficamente separadas comunicarse por cartas cuyo tiempo de entrega era largo e incierto, como incierta era la propia entrega, frente a hablar por teléfono. Al menos comparado con la correspondencia, era «como estar juntos» (con restricciones, claro). Se hablaban, se respondían, se cortaban, utilizaban las posibilidades prosódicas del habla de las que carece la escritura, etc. Puede afirmarse que el teléfono trastocó la concepción del espacio comunicativo, hasta entonces constreñido físicamente por la necesaria contigüidad de los hablantes.

> «A finales del siglo XIX, por ejemplo, la cultura angloamericana se sintió fascinada por la capacidad del telégrafo y del teléfono de enviar mensajes sin esfuerzo y al instante, aniquilando el espacio con el tiempo. (...) La sensación de velocidad creciente o aceleración ha sido un rasgo central de los análisis sociales al menos desde la época decimonónica.» (Wajcman, 2017, p. 43)

El teléfono pertenece a la primera oleada de las nuevas tecnologías eléctrico-electrónicas (tecnologías que reciben, transmiten y procesan información), que incluyen también el cine, la radio y la televisión. Juntas determinaron la progresiva instauración de un «espacio de información» frente al espacio físico tradicional, y distinto de él, lo que significó la suma de una nueva dimensión espacial a la vida humana (Manovich, 2015, p. 224). Fue un cambio cognitivo/perceptivo decisivo que continuaron después el ordenador y los dispositivos digitales ubicuos; (la percepción humana se ha basado tradicionalmente en realidades y experiencias físicas tangibles ligadas a un territorio y utilizando los sentidos).

Además, la simultaneidad o cuasi-simultaneidad entre emisión y recepción que poseen radio y televisión, condiciona un determinado modo de consumo cognitivo-emocional de la información que trajo importantes consecuencias socio culturales. Aunque no es objetivo de este texto detenerse en ellas, entre esas consecuencias se encuentran el crecimiento del individualismo, la distracción como elemento perceptivo[9] dominante, y el auge del espectáculo y del entretenimiento asociados a estrategias permanentes para captar nuestra atención. También son dignos de señalar el «show del yo» y la «exhibición pública de la intimidad» (Sibilia, 2008) expandidos a comienzos del siglo xxi.

El cine, con su capacidad de mostrar imágenes en movimiento (una carrera disputada e intensa para lograrlo después de las imágenes fijas conseguidas por la fotografía que lograban la magia de poder conservar rostros amados), dio otra vuelta de tuerca a la experiencia humana con el tiempo; podía contemplarse su transcurso, por ejemplo, en el aspecto físico de actores que una misma película mostraba jóvenes y ya adultos, o en un montaje que jugase con pasado y presente avanzando y retrocediendo en el tiempo, y hasta para inventar lo que no sucedió porque también podía simularse la (no) realidad; como podía reconstruirse y mostrarse el pasado de épocas antiguas. Fotografía y cine hicieron posible «capturar el tiempo» en imágenes fijas o en movimiento, independientemente de la existencia temporal física de los seres humanos, sujeta de modo inevitable a la cronología, al tiempo que pasa.

El tiempo vivido durante siglos por los seres humanos que tenía, por ejemplo, el sentido de la duración asociado a los ciclos de la naturaleza, cambió hacia la aceleración, la velocidad, hacia la instantaneidad. Y con la instantaneidad desaparecieron las fronteras geográficas. El lema «está pasando, lo estás viendo» de la cadena CNN ilustra el significado de «estar ahí», de «estar presente», de recibir información e imágenes en tiempo real a través de las retransmisiones en directo desde los lugares más remotos o dispares.

> «Si se puede transmitir la información con la misma velocidad desde cualquier punto, los propios conceptos de cerca y lejos, horizonte,

---

[9] La percepción propia, ligada a la subjetividad, está íntimamente vinculada a formas de concebir el mundo, de ser y de estar en él. Algunos ejemplos de este texto muestran que la subjetividad no es una entidad, ni fija, ni inmutable, ni ahistórica.

distancia y espacio pierden cualquier tipo de significado. (...) Conduce inevitablemente a una política en tiempo real, la cual necesita reacciones instantáneas a hechos que se transmiten a la velocidad de la luz y que, en definitiva, sólo pueden ser manejados con eficiencia por [dispositivos conectados].» (Manovich, 2015, pp. 232-233)

8. MEDIOS DE COMUNICACIÓN DE MASAS

Cine, radio y televisión, juntos, dieron lugar a los «mass media»[10], la industria de los medios de comunicación de masas y, desde ella, a la cultura de masas. El contenido cognitivo principal de la cultura de masas es la enorme cantidad de informaciones que, demandadas o no, recibe la mayoría de la población proporcionada por los medios de comunicación.

Para cumplir su función de vehicular la producción de cultura, los media debían poseer una serie de rasgos específicos, de los que destacaremos tres. Uno es el formato audiovisual de los contenidos informativos, frente al texto escrito de la cultura tradicional.

El segundo atributo crucial de los medios de comunicación de masas en relación a las tecnologías del siglo xx es su unidireccionalidad y su transmisión de contenidos en estrella del centro a la periferia; del emisor (medios) a los múltiples receptores (público). El emisor es el elemento activo, recopila los mensajes y los transmite, mientras que los receptores han de aceptar pasivamente lo que les llega por las ondas o los cables, con la única alternativa de apagar el aparato que ve o escucha.

Además, los emisores son quienes seleccionan las informaciones, las relatan, comentan o introducen con sus propias palabras, arropándolas con connotaciones de todo tipo: entonación, música de fondo, imágenes impactantes, etc., de modo que controlan tanto los contenidos intelectuales como las asociaciones emocionales. Todo esto confiere a los mensajes una enorme persuasividad y a los emisores una poderosa influencia en la opinión pública. En cualquier caso, esta unidireccionalidad no representó un retroceso respecto a los medios de comunicación pública anterio-

[10] El término en inglés es «mass media», o medios de comunicación de masas. Para referirnos a estos medios escogemos el plural latino «media».

res; los libros, revistas y periódicos también transmitían sus contenidos en un solo sentido.

Por fin, el tercer rasgo es obvio: la ubicuidad de los media, derivada de su coste asequible para (casi) todos los bolsillos y de su condición de bien necesario: hoy en día quien no consume —escucha, ve sus contenidos/informaciones, en un sentido amplio que va mucho más allá de los informativos y que abarca la vida entera— se torna un ser excluido de facto de su entorno social, prácticamente aculturado. Y, además, puede suceder que se aburra y tenga la ocurrencia de pensar por su cuenta.

No olvidemos en este escenario la importancia radical de las industrias de la información y la comunicación, propietarias de canales de radio, televisión y de prensa escrita. En la actualidad y según datos de la Plataforma en Defensa de la Libertad de Información (PDLI), «dos tercios de los estados europeos tienen el 80% de la propiedad de sus medios [de comunicación] concentrada en menos de cuatro grupos» (Del castillo, 2018).

> «Una perogrullada que pocas veces obtiene el reconocimiento que merece es que, así como somos lo que comemos, también lo que pensamos y hacemos depende de la información a la que estamos expuestos. Usted ¿cómo escucha la voz de los líderes políticos? ¿De quién es el dolor que siente? Y ¿de dónde vienen sus aspiraciones, sus sueños de una buena vida? Todos estos son productos del ambiente de la información. (...) A veces tratamos a las industrias de la información como a cualquier otro tipo de empresas. No lo son: su estructura determina quién es escuchado.
>
> (...) Una nueva realidad [identificada] de la era de la información masiva [se refiere al] poder que tenían los medios concentrados para reducir la conversación nacional a ciertos temas.» (Wu, 2016, pp. 26 y 245)

9. TECNOLOGÍAS DE LA INFORMACIÓN Y LA COMUNICACIÓN (TIC) Y CIBERESPACIO

Las Tecnologías de la Información y la Comunicación (TIC), surgieron a partir de la convergencia de las infraestructuras de telecomunicaciones, de la electrónica y de la informática, así como del desarrollo de una serie de tecnologías precursoras: la telegrafía, la telefonía, la radiodifusión y la televisión.

Supusieron la realización de procesos de digitalización a gran escala que significó convertir datos, informaciones, contenidos que estaban en formato analógico (en soporte papel o cualesquiera otros de carácter físico como discos e imágenes), a un formato digital. El proceso de digitalización exige utilizar un lenguaje que puedan entender las máquinas. Es un lenguaje de programación, un código (existen diferentes sistemas de codificación), que «representa» las funciones de los caracteres alfanuméricos que utilizamos los seres humanos en el lenguaje ordinario para comunicarnos.

> «Asociado al ordenador (hardware) apareció un lenguaje (software) (...) compuesto por elementos binarios, un código digital. Esto quiere decir que para que cualquier información pueda ser asimilada por un ordenador debe ser previamente digitalizada. Un procesador de textos, por ejemplo, digitaliza las palabras traduciendo las combinaciones de letras y sílabas a los "0" y "1" del código [que sea]. Lo que el ordenador procesa, por tanto, no son las palabras, sino el código. Lo mismo ocurre con el sonido o la imagen real cuando se traducen en sonido o imagen digital» (García Vázquez, 2004, p. 174)), lo que permite su tratamiento informático.

Los procesos de digitalización y computerización, por ejemplo, de grandes volúmenes de documentación en papel, no es universal. Ocasiona problemas serios en empresas e instituciones que intentan digitalizar sus documentos, sus bases de datos, procesos de gestión, etc., en sistemas informáticos, como paso previo para la integración de nuevas aplicaciones digitales que les permitan no quedarse atrás.

En un sentido técnico, en las Sociedades de la Información y del Conocimiento actuales, las TIC incluyen las tecnologías de transmisión digital de datos a alta velocidad a través de cables u ondas aéreas, y el tratamiento informático de esos datos por medio de programas especializados ejecutados por una enorme variedad de ordenadores y dispositivos. Los datos digitalizados permiten tanto su almacenamiento como su transmisión a través de redes interconectadas de alcance global.

La dimensión espacio-temporal que generan esas redes mundiales de telecomunicaciones conectadas entre sí constituye el «ciberespacio». Un espacio no territorializado, transnacional ya que no tiene fronteras geográficas, ni tampoco referentes con el espacio físico, o material, donde las distancias desaparecen con la trasmisión de informaciones y comunicaciones en tiempo real.

Datos, informaciones, contenidos multimedia, mundos virtuales, conversaciones e interacciones de redes sociales, chats, foros, correos electrónicos, mensajerías digitales, blogs, etc., se desarrollan en el ciberespacio. Es un espacio eminentemente social porque si se activaran todos los servidores y tecnologías existentes, pero no hubiera ninguna persona detrás que teclease o mandase algo (contenidos, mensajes), o hiciese algo (jugar con un videojuego que requiera conexión a la Red, por ejemplo,) el ciberespacio estaría vacío. Es como si WhatsApp no tuviera ningún contacto agregado, o si en Twitter ningún usuario hubiese creado una cuenta. O el ciberespacio es social, o no es[11].

En lo que se refiere a las comunicaciones, lo que añadieron las TIC a sus antecesoras fue, sobre todo, ductilidad. Mientras que la telefonía únicamente soportaba la transmisión de voz, y el correo la de textos escritos, las TIC permiten ambas, alternativamente o de modo combinado, añadiendo una velocidad incomparablemente superior. El gran avance en este campo fue la telefonía móvil que se comercializó en la última década del siglo xx, ya en pleno apogeo de las TIC, y a la que hay que darle la característica de innovación revolucionaria.[12]

> «Durante dos décadas —los ochenta y los noventa [del siglo xx], una serie de famosos ejecutivos de los medios acumularon la mejor tecnología que pudieron reunir para posicionarse en el nuevo mundo que veían

[11] Debo este párrafo a una conversación con Daniel Domínguez.

[12] Puede pensarse que usamos el término «revolución» o «revolucionario» en este texto un tanto frívolamente, o demasiado. Aun reconociendo la gravedad del concepto cuando se refiere a eventos históricos de la enjundia de la Revolución Francesa o la Soviética, partimos de un criterio o regla bastante sólidos para adjudicar esa característica a una innovación tecnológica. Consiste en determinar si hay un antes y un después de su implantación y propagación para la mayoría de la población, o para amplios sectores de ella. A modo de criterio, basta imaginar qué se contestaría en una encuesta significativa a preguntas del tipo: ¿cree usted posible que tal o cual tecnología desaparecieran?, e incluso: ¿puede usted imaginar con facilidad como sería su vida sin tal o cual tecnología? Es fácil pensar en el resultado de una encuesta así en el caso, por ejemplo, del teléfono móvil o de Internet.

venir. Gastaron cientos de miles de millones de dólares comprándose unos a otros para aumentar de volumen.

(..) ¿En qué se equivocaron todas esas personas tan inteligentes y ricas? Pensaban en los dispositivos equivocados. (...) Predecían que la convergencia [tecnológica] se produciría en el ordenador personal. (...) Por el contrario, son el teléfono inteligente y la tableta táctil los que están impulsando todos los cambios.

(...) Pensemos en el impacto individual del libro, el periódico, el teléfono, la radio, la grabadora, la cámara, la videocámara, la brújula, el televisor, el vídeo y el DVD, el ordenador personal, la videoconsola (...) El teléfono inteligente es todas estas cosas en un único artilugio que cabe en el bolsillo.» (Vogelstein, 2015, pp. 9-10)

10. UN NUEVO ENTORNO DIGITAL PARA LOS MEDIOS DE COMUNICACIÓN

En el caso de los medios de comunicación de masas, el escenario se transformó debido a que la llegada de Internet fue una poderosísima contrafuerza que modificó las condiciones generales desde las que operaban. Y no nos referimos aquí a lo específicamente técnico: de hecho, considerando ese aspecto concreto las TIC incorporan las mismas funciones que las tecnologías previas: se puede trasmitir radio y televisión, sencillamente digitalizando las señales de audio y vídeo y empleando la infraestructura de transporte de Internet; el televidente o el radioyente, ve y escucha su emisora preferida en el ordenador o, si quiere una mejor calidad de recepción, pueden conectarlo a pantallas y equipos de sonido. Pero Internet, los entornos web y las redes sociales han obligado a los medios de comunicación a adaptarse para sobrevivir.

Grandes diferencias con respecto al anterior modelo donde éramos solo «espectadores» son, por ejemplo, la multidireccionalidad de las comunicaciones e interacciones en red donde los usuarios utilizan simultáneamente varios canales comunicativos que les proporcionan también experiencias diferentes, y la entrada en escena de las grandes plataformas de contenidos en *streaming*[13] contemporáneas. Las industrias

[13] Es la distribución digital de contenido multimedia de un modo continuo, sin interrupción.

tecnológicas que proporcionan contenidos bajo demanda han cambiado los modos de producción, consumo y circulación de contenidos tras la generalización de Internet. «Si antes los televidentes tenían que esperar una semana para ver un episodio de su serie preferida, en la televisión *post-broadcasting* pueden ver una temporada completa durante un fin de semana» (Scolari, 2017).

La televisión ha ido desarrollando procesos de convergencia con las TIC e Internet. El «*talent show*» «Operación Triunfo» de 2017-18, es un buen ejemplo de la incorporación exitosa de estrategias digitales por parte de la televisión. Su éxito se apoyó en el uso intensivo de redes sociales como Twitter e Instagram donde se desarrollaron innumerables conversaciones cruzadas e interacciones, así como en el canal que el programa ha tenido en You Tube, canal emitiendo 24 horas en directo, que permitió conocer de cerca y seguir a los concursantes. Las galas de Operación Triunfo consiguieron ser *Trending Topic* nacional durante meses.

Las antiguas cadenas de valor y rentabilidad, propias de industrias de radiodifusión y telecomunicaciones aisladas y unidireccionales han cambiado. Además de las transformaciones en relación con la publicidad como modelo económico dominante tras la llegada de las plataformas de contenidos bajo demanda, en el ecosistema televisivo digital se han introducido múltiples actores/usuarios interconectados y participativos; aunque continúan existiendo programas televisivos de carácter unidireccional.

Así, los «medios sociales» actuales (Social Media en inglés), constituyen el máximo ejemplo del cambio de paradigma que se ha producido.

«Son plataformas de comunicación en línea donde el contenido es creado por los propios usuarios mediante la publicación y el intercambio de información. (...) Los medios sociales de comunicación son distintos de los medios de comunicación industrial, tales como periódicos, canales de televisión y emisoras de radio. Los medios sociales usan herramientas, algunas relativamente baratas, que permiten a cualquier persona, publicar y tener acceso al contenido, mientras que los medios industriales en general, requieren un capital financiero para iniciar operaciones, activos como máquinas sofisticadas para la impresión, equipos y antenas para una emisora de radio o la concesión de una licencia del espectro radioeléctrico.

Una característica que comparten los medios sociales y los medios de comunicación de masas es la capacidad de llegar a un público grande, aunque decidan dedicarse a un pequeño nicho; por ejemplo, una publicación o un programa de TV de un medio tradicional pueden llegar a millones de personas en muchas partes del mundo»[14].

Los usuarios no son «todos» los usuarios, como resulta obvio. Los datos muestran una persistente desigualdad en el acceso a los contenidos culturales de Internet, basada en los niveles de renta. «Mientras que la mitad de las personas pertenecientes al 25% de la población con más ingresos consumen o descargan juegos, películas, imágenes o música a través de internet, solo un 28% de la población del quintil más pobre lleva a cabo estas prácticas». CTXT/ Observatorio Social «la Caixa», 2018).

Nuevas formas de participación cultural

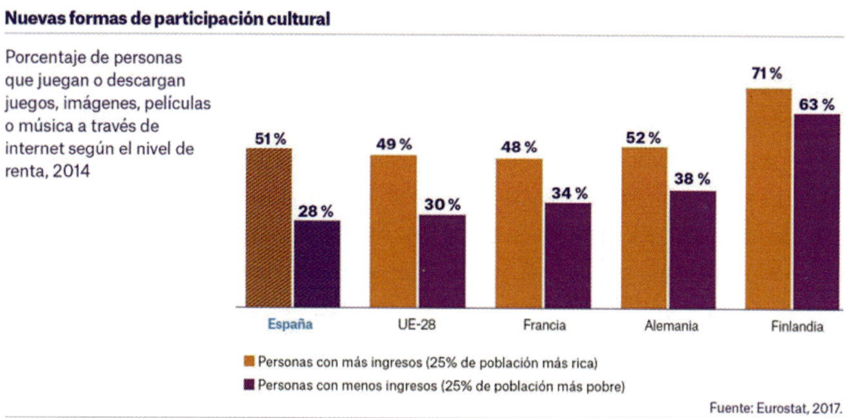

Infodatos. Observatorio Social de «La Caixa»

En otro ejemplo de que «usuarios» no significa todos, el informe del Consejo Económico y Social España (CES) (2016), además de señalar que una quinta parte de la población española no usa Internet, afirma que una tercera parte de los que sí lo hacen carecen de competencias o habilidades digitales.

[14] Wikipedia (sin fecha). Recuperado de: https://es.wikipedia.org/wiki/Medios_sociales

11. LOS NOMBRES DE NUESTRAS SOCIEDADES CONTEMPORÁNEAS

Internet, la digitalización y las redes interconectadas de alcance global caracterizan a las sociedades contemporáneas. Todo ello ha dado lugar a enormes cambios socio-técnicos. Para ilustrarlos nuestras sociedades reciben los nombres de «Sociedad digital», «Sociedad Red», «Sociedad del Big Data», «Sociedad de la Información» y «Sociedad del Conocimiento», utilizados indistintamente en la gran mayoría de las ocasiones, aunque con significados no idénticos. También se utiliza la palabra «era»: era de la información, era digital, etc. De forma general, la disponibilidad masiva de información y de herramientas para procesarla, así como el conocimiento adquirido, son los rasgos centrales que distinguen las sociedades actuales de las sociedades anteriores, aunque estas no hayan sido, en absoluto, sociedades del «desconocimiento». La cantidad de datos que la humanidad acumuló durante toda su historia, por ejemplo, hasta 2002, se generó en el año 2014 en diez minutos.

El término Sociedad de la Información se ha utilizado para poner de manifiesto las implicaciones que las tecnologías actuales han tenido, en particular, sobre la economía y la evolución del mercado de trabajo, así como las repercusiones socio-técnicas producidas por la cantidad y velocidad de la circulación de datos e informaciones a lo largo del planeta. Hoy en día la magnitud que alcanzan los datos es casi inconmensurable y, además, se duplican cada 1´2 años transmitiéndose a la velocidad de la luz.

La base tecnológica digital de la Sociedad de la Información posibilitó una economía globalizada (cada vez menos dependiente de los sistemas políticos), así como el despegue de los mercados financieros, iniciado en la década de 1980, generalizado en los años 90 e hipertrofiado en los 2000. Hasta el punto de primar en muchos aspectos sobre la economía «real», la economía «productiva», aquella que produce y distribuye bienes y servicios.

La dinamización que han propulsado las tecnologías de la Sociedad de la Información en las operaciones de pagos monetarios y, sobre todo, en las transacciones de activos financieros —las compraventas de bonos y acciones en las bolsas— es enorme. De modo que puede afirmarse que el fenómeno económico más importante de los últimos treinta y cinco años, la financiarización, no habría sido posible sin las tecnologías digitales; sin la capacidad que tienen de registrar los cambios de cotización de millones de títulos y de generar decenas de miles de órdenes de compra o de venta en tiempo real. También por esto (pero no sólo), Manuel Castells (2000) habló de lo que parece un oxímoron, el «tiempo intemporal», refiriéndose a esta característica definitoria de nuestra época.

Una consecuencia social derivada de la globalización económica ha sido la reestructuración del trabajo. Es innegable que, por diversas razones, el exceso de fuerza de trabajo que se ha producido en los países más desarrollados y que se exacerbó notablemente con la crisis general iniciada en 2007, ha introducido cambios notables en los empleos. Ejemplos significativos son la precarización laboral, el incremento de la temporalidad y la bajada de salarios.

Además, esa reestructuración del trabajo implica el crecimiento de profesiones muy cualificadas en la gestión de procesos que utilizan intensivamente tecnologías, y el consiguiente decrecimiento de profesiones con menor cualificación.

> «Uno de los primeros en utilizar la expresión "Sociedad de la Información" fue el economista Fritz Machlup en 1962 para referirse a una sociedad con un mayor número de empleos basados en el manejo de información frente a los relacionados con algún tipo de trabajo físico. A partir de 1995 esta expresión fue incluida en las agendas del G7, la Comunidad Europea, la OCDE, por el Gobierno de Estados Unidos y el Grupo Banco Mundial, entre otros. En 2003 y 2005 la Unión Internacional de Telecomunicaciones y la ONU nombran las Cumbres Mundiales utilizando este término. Sociedad de la Información se refiere al desarrollo tecnológico como acelerador de la globalización económica.
>
> (...) A finales de los años 90, la UNESCO adoptó el término Sociedad del Conocimiento dentro de sus políticas institucionales, en un intento de abrir la dimensión económica de Sociedad de la información a las dimensiones de transformación social, cultural, económica, política e institucional.» (Bebea, 2015, p. 9)

La cantidad de datos e informaciones en circulación define nuestra época contemporánea, al mismo tiempo que los procesos generadores de conocimiento nuevo surgidos a partir del análisis, interpretación, descubrimiento de conexiones, realización de predicciones, etc., realizados al estudiar esos datos; porque los datos no hablan por sí mismos, hay que saber preguntarles. Son procesos que siempre requieren de aprendizaje y por eso el nombre de Sociedad del Conocimiento quiere poner el énfasis en la importancia de la educación, del aprendizaje permanentes. Una educación que no queda limitada por el período de la educación obligatoria, sino que se extiende a toda la vida. Porque el futuro, aunque es más impredecible que antaño, incorporará la dimensión digital y es necesario contar con personas que tengan las necesarias competencias digitales.

En 2006, el Parlamento Europeo y el Consejo de la Unión Europea hicieron las siguientes recomendaciones generales sobre las bases de la competencia digital en su relación con el aprendizaje permanente:

> «La competencia digital entraña el uso seguro y crítico de las tecnologías de la Sociedad de la Información para el trabajo, el ocio y la comunicación. Se sustenta en las competencias básicas en materia de TIC: el uso de ordenadores para obtener, evaluar, almacenar, producir, presentar e intercambiar información, y comunicarse y participar en redes de colaboración a través de Internet.» (INTEF, 2016)

Para que el conocimiento se produzca, los datos deben convertirse en informaciones comprensibles; eso es, debe habérseles dado sentido.

Los datos fluyen sin cesar recolectados por todo tipo de dispositivos digitales en tiempo real, como cámaras (de reconocimiento facial, intensidad del tráfico, lectura de matrículas de automóviles, por ejemplo), radares, termostatos que miden humedad y temperatura (por ejemplo, en cultivos de invernadero), sensores de luminosidad en las ciudades (que activan las farolas cuando anochece), sensores de tráfico, receptores de GPS (que permiten nuestra geolocalización), satélites metereológicos, telescopios, aparatos médicos de diagnóstico, máquinas para la secuenciación del ADN, actividad de nuestros teléfonos conectados, transacciones y pagos con tarjetas de crédito o móviles, etc.) El análisis y tratamiento de datos sirven para explicar y analizar lo que sucede, para realizar predicciones, tomar decisiones informadas, etc., e implica la utilización inteligente de información y de conocimiento que, a su vez, aumentan el valor del conocimiento disponible.

En el lenguaje ordinario el uso del conocimiento se asocia a un saber de rango más alto que la mera información; datos e informaciones vendrían a ser como la materia prima a través de las cuales el intelecto «construye» conocimiento. Una actividad que no tiene por qué ser exclusiva de los humanos; los programas informáticos avanzados de Inteligencia Artificial basados en aprendizaje automático y redes neuronales, producen resultados que pueden llamarse intelectuales. Realizan operaciones muy complejas aprendiendo de sus errores, con la ventaja de que son capaces de manejar volúmenes de datos imposibles de procesar por la más extraordinaria inteligencia humana.

Es un hecho pues que, tanto la cantidad de datos informativos disponibles como las posibilidades de procesarlos y extraer de ellos nuevos conocimientos, caracterizan las sociedades digitalizadas contemporáneas. Nunca ha habido tantos conocimientos al alcance de tantas personas.

Pero no deberíamos quedarnos sólo ahí. En primer lugar, que haya una cantidad inabarcable de informaciones y contenidos circulando en la Red es totalmente independiente de que algunos de ellos sean ciertos. Y con informaciones falsas se crea conocimiento erróneo, que, por lo general, es peor que el desconocimiento. Con frecuencia no tenemos medios para saber cuáles buscan honestamente proporcionarnos un saber, y cuáles manipularnos. Sólo en redes sociales, hay al menos 48 millones de cuentas falsas en Twitter y 60 millones en Facebook (Hansen, 2018). Remitimos al capítulo de este libro sobre las «noticias falsas».

Hay que añadir también la paradoja de que cuanto más aumentan datos, informaciones y conocimientos, más incierto es el futuro. «Nadie sabía hace 25 años que íbamos a ir siempre con un pequeño ordenador en el bolsillo y nadie sabe qué llevaremos dentro de otros 25, cómo serán nuestros cuerpos» (Rodríguez, 2018).

En las sociedades contemporáneas digitalizadas, el progreso socioeconómico y cultural, la adquisición de nuevos conocimientos, están asociados al uso de tecnologías que manejan datos significativos como base para realizar procesos de innovación y, según hemos señalado, toma de decisiones. Los entornos de trabajo que vayan adaptándose a la transformación digital, deben desarrollar estructuras organizativas y de gestión acordes; por ejemplo, sin que sea una pirámide profesional jerarquizada de carácter vertical/cerrado quien domine, donde la información no fluye ni se comparte, sino que permanece en las manos de muy pocas personas.

> «Las tecnologías digitales cambian rápidamente, pero las organizaciones y las capacidades no evolucionan al mismo ritmo. (...) Hay un desajuste creciente entre unas tecnologías digitales que avanzan rápidamente y unos seres humanos que cambian lentamente.» (Brynjolfsson y McAfee, 2013, p. 42)

A pesar de que tanto la información como el conocimiento se han convertido en los factores productivos más decisivos, no todos los sectores, instituciones o países se incorporan a este entorno con la misma velocidad. Los más lentos o rezagados corren el riesgo de quedarse atrás conformando segundas y terceras divisiones que tendrán dificultades para operar en contextos globalizados. En nuestras sociedades «quedarse atrás» no tiene el mismo significado que en épocas históricas anteriores, dada la velocidad de las transformaciones. Quienes están en vanguardia avanzan a un ritmo acelerado en campos como la neurobiología, las tecnologías de aprendizaje automático, inteligencia artificial o la robótica, por mencionar esos ejemplos, y en temas de tanto calado como la detección de tumores cancerígenos con tecnologías de imagen avanzadas, los vehículos autónomos, la traducción bidireccional de idiomas en tiempo real, diseños medioambientales sostenibles, etc.

12. TECNO-OPTIMISMO Y TECNO-PESIMISMO

Sin entrar en el complicado y espinoso asunto que plantea la existencia o inexistencia de valores morales universales e intemporales, parece indiscutible que, dentro de la cultura de cada sociedad, hay valores muy generalizados que establecen, por ejemplo, qué es bueno y qué malo, qué aceptable o no, etc., de modo que tienen lugar jerarquías morales aceptadas y seguidas por la gran mayoría de la población.

Uno de los valores que ha prevalecido en nuestras sociedades desde el giro que supusieron la Ilustración y la creación de una clase social «burguesa» tras las primeras revoluciones industriales, es la preferencia por lo que suele llamarse el «bien común». El bienestar de todos si fuera posible y, en el mundo real, la preferencia por el bienestar de la mayoría respecto al de una minoría cuyo propio bienestar se consiga a costa del malestar de otros muchos.

El principio del bien común aún se mantiene, a pesar de que existan distintas evoluciones socioeconómicas. Hay coincidencia en señalar que existe un incremento sustancial de la importancia de lo tecnológico en nuestras sociedades, así como de su carácter ubicuo. La discrepancia surge de la valoración de los efectos que las tecnologías tienen en la actualidad, y los que podrían tener en un futuro previsible, en lo que se refiere al avance o al retroceso del bien común.

El protagonismo de la tecnología ha provocado que las polémicas en torno ella se hayan extendido y diversificado hasta llegar a ser una de las más enardecidas de la actualidad.

Hay dos posiciones básicas en conflicto: el tecno-optimismo y el tecno-pesimismo. Se trata de dos grupos de opiniones y propuestas amplios y diversos. En el interior de cada una de ellas se dan planteamientos más moderados y otros más extremos. Por ejemplo, entre los pesimistas, los hay moderados que son escépticos con las tecnologías, y radicales que auguran catástrofes y distopías sin cuento.

Transversal al eje tecno-optimismo versus tecno-pesimismo y estrechamente vinculado con él, encontramos un tema igual de relevante: el llamado «determinismo tecnológico». Con esta expresión se designan tres conceptos relacionados, aunque distinguibles. Uno alude a la idea de que la tecnología influye decisivamente en la conformación de las sociedades humanas y los cambios históricos. Esto es evidente y universalmente aceptado. Lo específico aquí de la posición determinista es que sustituye «influir» o «condicionar» por «determinar», que no es lo mismo. Aunque no siempre resulta sencillo distinguir en la práctica que un hecho condicione a otro, o que lo determine, el ejemplo que pone Pierre Lévy (2007, pp. 9-11)) resulta esclarecedor:

> «Una técnica se produce dentro de una cultura y una sociedad se encuentra condicionada por sus técnicas. Digo condicionada, no determinada. Esa diferencia es fundamental. La invención del estribo permitió el desarrollo de una forma de caballería pesada a partir de la que se han edificado el imaginario de la caballería y las estructuras políticas y sociales del feudalismo. Sin embargo, el estribo, en cuanto que dispositivo

> material, no es la causa del feudalismo europeo. (...) No hay una causa para un estado de cosas social y cultural, sino un conjunto infinitamente complejo y parcialmente indeterminado de procesos en interacción que se auto apoyan o se inhiben. Podemos decir (...) que sin el estribo es difícil concebir cómo los caballeros con armadura hubieran podido sostenerse sobre sus caballos y cargar con la lanza hacia adelante... el estribo condiciona efectivamente la caballería e, indirectamente, todo el feudalismo. Pero no los determina. Que la técnica condiciona significa que abre ciertas posibilidades, que ciertas opciones culturales o sociales no se podrían considerar en serio sin su presencia. Pero se abren varias posibilidades, y no todas serán escogidas. Las mismas técnicas pueden integrarse en conjuntos culturales muy diferentes.»

Para la segunda noción de determinismo tecnológico, los procesos científico-técnicos son autónomos respecto a la dinámica social. Así, el desarrollo tecnológico, en íntima conexión con el conocimiento científico —aunque puedan sufrir presiones políticas, económicas o culturales—, sigue una lógica propia y evoluciona de acuerdo a ella. La ciencia decidiría a dónde y por dónde hay que ir, y dirigiría a la tecnología para que esta construya y tienda las vías prácticas que llevan a ese destino, y además fabrique el tren que hace el viaje. Desde fuera se podría empujar o frenar la locomotora o intentar desviar los vagones, aunque sería inútil porque el recorrido está prefijado sin nada que pueda hacerse para cambiar la dirección.

La tercera noción de determinismo tecnológico es más ligera que las anteriores, aunque juega un papel cada vez más relevante en la época de las Sociedades de la Información y el Conocimiento. Consiste en la existencia de una propensión de las personas a utilizar cualquier tecnología nueva precisamente porque es novedosa, aunque sus beneficios sean mínimos o no estén demostrados, y aunque sus funciones puedan cubrirse usando técnicas anteriores. Sería debido a la fascinación por la tecnología, a la percepción de que todo lo nuevo es mejor, a la moda, a la influencia de la publicidad, etc. Antiguamente, recordamos, era lo nuevo lo que daba miedo a las gentes, lo que provocaba suspicacias y angustia.

Si combinamos la enorme presencia de las tecnologías en las sociedades actuales con la idea de que lo tecnológico tiene un desarrollo autónomo, ajeno a los procesos sociales, ajeno a los deseos y necesidades humanos, nos encontramos con un determinismo duro que considera a las sociedades humanas sometidas a las tecnologías. Eso atrae a los tecno-optimistas y repele a los tecno-pesimistas, abrumados ante un futuro que conduce a la tragedia de una humanidad guiada por fuerzas incontrolables.

Puede parecer que estamos ante posturas extremas y absolutamente inconciliables, lo que sería cierto para los defensores de las formas extremas de cada posición. Pero entre ellas hay una gradación de planteamientos más moderados, eclécticos o mixtos, muy abundantes.

El tecno-optimismo y el tecno-pesimismo son actitudes teóricas y prácticas ante el avance de las nuevas tecnologías en general; no de tal o cual innovación. Uno puede ser muy tecno-pesimista sin que ello sea obstáculo para aplaudir la instalación en los hospitales de escáneres de última generación que detectan tumores precozmente. O ser tecno-optimista y deplorar lo que considera ciberpiratería.

En la mayoría de los casos la implantación y el uso de una innovación tecnológica tiene partes negativas y otras positivas; es decir, hay que pagar o sacrificar algo para adoptarla. Existen muchas excepciones, especialmente en el campo de la salud. Sin duda, a los sistemas de alcantarillado, las vacunas y los trasplantes de corazón es difícil hallarles contrapartidas negativas. Pero en otros ámbitos, la parte negativa es evidente a poco que se mire algo más allá de lo inmediato. Por ejemplo, resulta claro el caso de los motores alimentados por combustibles fósiles y sus emisiones de gases tóxicos, generadores o propiciadores de enfermedades del sistema respiratorio y de gases de efecto invernadero (CO_2, básicamente), principales causantes del cambio climático que vivimos.

Muy pocas novedades tecnológicas, por muy amigables y benéficas que puedan parecer, se libran de ser utilizables para hacer el mal a otros de un modo más eficaz que antaño. Internet está muy bien porque permite la interconexión de personas que adoran compartir temas de ciencia ficción, pero también interconecta a quienes quieren aprender a fabricar bombas de pequeña o mediana potencia en su propia casa y con ingredientes fáciles de conseguir. Además, la combinación de efectos beneficiosos y perjudiciales de las tecnologías no se distribuye al azar ni afecta simultáneamente de forma idéntica a distintos grupos sociales.

Hay ganadores y perdedores en la propagación práctica de las innovaciones técnicas. Uno de los ejemplos más clásicos es la implantación de máquinas en las actividades económicas como complemento del trabajo humano, desde los martillos eléctricos hasta los robots. Se implementan porque incrementan la productividad de las empresas, reduciendo gastos de explotación por unidad de producto. Puede pensarse que benefician a los propietarios de esas empresas. La contrapartida es que ese ahorro de costes se consigue reduciendo la masa salarial, lo que implica despedir trabajadores. El beneficio de unos supone el perjuicio de otros.

Por ejemplo, la introducción de nuevas máquinas con las primeras revoluciones industriales dio lugar a grandes movilizaciones populares en su contra. El movimiento más conocido es el «ludita», desarrollado sobre todo en el norte de Inglaterra (Yorkshire y Nottinghamshire), a lo largo de la segunda década del siglo xix (1811-1817). En el tecnologizado siglo xxi se ha cumplido su bicentenario. Consistió en una sucesión de disturbios acompañados de la destrucción de los nuevos telares mecánicos, llevada a cabo por obreros y pequeños artesanos de la industria textil que veían como esas nuevas máquinas que sustituían a las anteriores (totalmente manuales), les dejaban sin trabajo. El movimiento fue muy duramente reprimido por el gobierno británico. Hubo condenas a muerte y exilios de por vida en Australia. La palabra ludita, incluso en nuestros días, se adjudica a las personas que se oponen, dudan o cuestionan la tecnología[15].

---

[15] «Si te opones a la implantación de algún tipo de tecnología por los motivos que sea, eres un ludita que cuestiona el progreso. Al menos es así según la Fundación para la Tecnología de la Información e Innovación de Estados Unidos (ITIF por sus siglas en inglés).

Este "lobby" financiado por grandes compañías tecnológicas como Google, Dell y Microsoftt considera la innovación tecnológica "la fuente de progreso económico y social" y desde 2015 otorga los Premios Luditas. Según ITIF, los "neo luditas" buscan "convencer al público y a los políticos de que la innovación tecnológica es algo que debe ser temido y contenido" y quieren un mundo que esté "en gran medida libre de riesgo, innovación o cambios incontrolados".

Entre los nominados se encuentra quienes buscan prohibir los "robots asesinos", los que prefieren usar taxis en vez de Uber (aunque los motivos para hacerlo sean numerosos), el gobierno francés por su "ley antiAmazon" que impide a la multinacional vender libros por debajo del precio fijado por la ley y el estado de Nueva York por "ponerse duro con Airbnb y sus anfitriones" porque el 72% de las reservas viola la ley estatal.

Los ganadores del Premio Ludita 2015 fueron Stephen Hawking y Elon Musk (cofundador de Paypal, Tesla y SpaceX) por alertar de los peligros de la inteligencia artificial. ¿Cómo pueden ser considerados Musk y Hawking personas que consideran la innovación de forma negativa?» (Fermín Grodira, 2017).

El hecho de que la ciencia no sea algo parecido a una revelación divina sino el resultado del trabajo de científicos e investigadores, ya pone de manifiesto la imposibilidad de una autonomía de lo científico/técnico respecto a lo social. El científico clásico de la iconografía romántica: un personaje solitario; excéntrico rayano en lo chiflado; que trabaja sólo o a lo sumo con algún ayudante; que se construye él mismo su instrumental o se lo construyen a medida artesanos pagados con su dinero; que puede permitirse el lujo de pensar de un modo autónomo y dejarse llevar por su voluntad, sus fantasías o su sed de verdad; ese ser aislado de la sociedad a la que trasladará sus descubrimientos e inventos, es una figura que nunca fue realmente así y que en la actualidad constituye una imagen por completo descabellada.

No nos parece defendible un determinismo científico-técnico radical. Todo lo dicho hasta ahora en este texto va en la dirección contraria y esperamos haber expuesto evidencias y ejemplos suficientes. Ciencia y tecnología pertenecen al ámbito de lo social y de lo humano. Son las personas quienes encaminan las tecnologías por unas sendas y no por otras. La tecnología es un producto de la actividad humana-social, esto es, de humanos socializados, socialmente condicionados o como se quiera decir, pero humanos, en cualquier caso. La tecnología no tiene vida propia, al menos de momento, hasta que se cree una vida desde la técnica y no desde la biología. Cuando el humanoide fabricado por Víctor Frankenstein regrese del Polo Norte, los replicantes atraviesen la puerta de Tannhäuser, a los robots superen en todo a los seres humanos, volveremos a considerar todo esto.

Mientras tanto, defender un determinismo tecnológico es defender también el determinismo de las vidas humanas. Aunque la técnica se moviera de un modo espontáneo e independiente de los humanos, ello sería una consecuencia de la decisión previa de algunos seres humanos —con el poder para hacerlo— de cederle el control y la iniciativa. Lo que sí puede ocurrir es una pérdida de control voluntaria o involuntaria sobre los efectos de algunas tecnologías. Por supuesto, significa jugar con fuego porque una vez que se pierde el control sobre algo, es probable que no se pueda recuperar.

Finalmente, para aligerar el conflicto entre una determinación tecnológica fatal porque sería independiente de lo humano, frente a nuestro libre albedrío, es posible señalar un factor nada despreciable en los avances tecnológicos y en los efectos de su aplicación: el azar.

Una típica manifestación del azar son las llamadas «serendipias», que ocurren cuando se busca una cosa y se encuentra inesperadamente otra mejor. Una de las serendipias más notables es la que ocurrió con los «post-it». Los investigadores de la macro empresa química 3M estaban tratando de fabricar un pegamento potente. Uno de ellos cometió un error con la manipulación de los componentes y lo que se obtuvo fue una sustancia adhesiva que se podía utilizar varias veces sin producir ningún deterioro en los objetos donde se fijaba. Alguien tuvo la brillante idea de que era algo útil para pegar señaladores o notitas de papel en cualquier sitio. Poco después 3M empezó a facturar por los post-it más que por su anterior producto estrella, los estropajos «scotch brite».

REFERENCIAS BIBLIOGRÁFICAS

Acemoglu, D.; Dorn, D.; Hanson, G.; Price, B. (2014). ¿Return of the Solow Paradox? IT, Productivity, and Employment in US Manufacturing. *American Economic Review,* 104 (5): 394-99.

Basalla, G. (1991). *Le evolución de la tecnología*. Barcelona: Crítica.

Bebea, I. (2015) *Alfabetización digital crítica. Una invitación a reflexionar y a actuar*. Ondula.

Benedikt Frey, C.; Osborne, M. (17-09-2013). *The future of Employment*. Working Paper. Oxford Martin Programme on Technology and Employment, University of Oxford. Recuperado de: https://www.oxfordmartin.ox.ac.uk/downloads/academic/future-of-employment.pdf

Brynjolfsson, E.; McAfee, A. (2013). *La carrera contra la máquina*. Barcelona: Antoni Bosch, editor.

— (2014). *The Second Machine Age: Work, Progress, and Prosperity in a Time of Brilliant Technologies*. W. W. Norton & Company.

Castells, M. (2000). *La era de la información*. Vol. 1, «La sociedad red», 2.ª ed. Madrid: Alianza Editorial.

Consejo Económico y Social España (2016). Nuevos hábitos de consumo, cambios sociales y tecnológicos. Informe número 04/2016. Madrid: Consejo Económico y Social. Recuperado de http://www.ces.es/documents/10180/3557409/Inf0416.pdf

CTXT/ Observatorio Social «la Caixa» (1-2-2018). Recuperado de: http://ctxt.es/es/20180131/Firmas/17607/acceso-cultura-internet-rentas-espana-ue.htm

Cortés Conde, F. (2010). *El lenguaje en Internet. La búsqueda de la lengua perfecta y el miedo a los nuevos medios*. Recuperado de http://docplayer.es/5731432-El-lenguaje-en-internet-la-busqueda-de-la-lengua-perfecta-y-el-miedo-a-los-nuevos-medios-dra-florencia-cortes-conde-goucher-college.html

Del Castillo, Carlos (30-01-2018). ¿Quién controla los medios? No quieren que lo sepas, pero hay formas de rastrearlo. Diario *Publico.es* Recuperado de: http://www.publico.es/politica/controla-medios-no-quieren-sepas-hay-formas-rastrearlo.html

Edgerton, D. (2007). *Innovación y tradición. Historia de la tecnología moderna.* Barcelona: Crítica.

European Commision (2-05-2017). Report/Study. Final results of the European Data Market study measuring the size and trends of the EU data economy. Recuperado de https://ec.europa.eu/digital-single-market/en/news/final-results-european-data-market-study-measuring-size-and-trends-eu-data-economy

Fermín Grodira (7-3-2017). Recuperado de https://www.xataka.com/historia-tecnologica/la-verdadera-historia-de-los-luditas-no-era-tecnofobia-era-lucha-de-clases

Finn, E. (2018). *La búsqueda del algoritmo. Imaginación en la era de la informática*. Salamanca: Alpha Decay.

Foer, F. (2017). *Un mundo sin ideas. La amenaza de las grandes empresas tecnológicas a nuestra identidad*. Barcelona: Paidós.

Gallego, A. (2018). *Ocupaciones en transformación: ¿A quién afectará el cambio tecnológico?* Recuperado de https://observatoriosociallacaixa.org/es/-/ocupaciones-en-transformacion-a-quien-afectara-el-cambio-tecnologico

García Aller, M. (24-3-2017). *Cómo el mundo se obsesionó con el tiempo*. Recuperado de https://www.elindependiente.com/tendencias/2017/03/24/como-el-mundo-se-obsesiono-con-el-tiempo/

García Vázquez, C. (2004). *Ciudad hojaldre. Visiones urbanas del siglo xxi*. Barcelona: Gustavo Gili Editorial.

Hansen, M. (27-01-2018) *The follower Factory*. nytimes.com Recuperado de: https://www.nytimes.com/interactive/2018/01/27/technology/social-media-bots.html

Harari, Y. N. (2014). *De animales a dioses. Breve historia de la humanidad*. Barcelona: Debate.

Instituto Nacional de Tecnologías Educativas y de Formación del Profesorado (INTEF). (2016). Ministerio de Educación, Cultura y Deporte. España. Recuperado de: http://blog.educalab.es/intef/2016/09/26/marcos-de-competencia-digital-en-la-educacion/

Kodak, A. J. (2016) *De viajes y trenes*. Recuperado de http://www.jotdown.es/2016/06/de-viajes-y-trenes/

Lessig, L. (2012). *Remix. Cultura de la remezcla y derechos de autor en el entorno digital*. Barcelona: Icaria Editorial.

Lévy, P. (2007). *Cibercultura. Informe al Consejo de Europa*. Barcelona: Anthropos.

Manovich, L. (2015) *El lenguaje de los medios de comunicación. La imagen en la era digital*. Barcelona: Paidós.

Moll, J. (2018) Deep Carbon. Recuperado de https://researchvalues2018.wordpress.com/2018/01/03/joana-moll-deep-carbon/amp/?__twitter_impression=true

Moore, G. (2017). *La luz de la noche*. México, Lumen.

Morozov, E. (2018) *Capitalismo Big Tech. ¿Welfare o neofeudalismo digital?* Madrid: Enclave de Libros.

Mumford, L. (2011). *El pentágono del poder: el mito de la máquina II.* Logroño: Pepitas de Calabaza Editorial.

Perasso, Valeria. (12-10-2016). Qué es la cuarta revolución industrial (y por qué debería preocuparnos). *BBC Mundo.* Recuperado de: http://www.bbc.com/mundo/noticias-37631834

Rodríguez, D. (7-01-2018). *Redes: Internet ha complicado mucho el futuro*. Recuperado de http://www.eldiario.es/cultura/tecnologia/Redes-Internet-complicado-futuro_0_725827537.html

Sennet, R. (2012). *Juntos. Rituales, placeres y política de cooperación*. Barcelona: Anagrama.

Scolari, C.A. (16-12-2017). La lucha por la #netneutrality en 10 puntos. Recuperado de https://hipermediaciones.com/2017/12/16/la-neutralidad-de-la-red-en-10-puntos/

— (2018). *Las leyes de la interfaz*. Barcelona: Gedisa.

Sibilia, P. (2008). *La intimidad como espectáculo*. Buenos Aires: Fondo de Cultura Económica.

Vogelstein, F. (2015). *Guerra de titanes. Apple y Google, la rivalidad que inició una revolución.* Madrid: Cúspide.

Wajcman, J. (2017). *Esclavos del tiempo. Vidas aceleradas en la era del capitalismo digital.* Barcelona: Paidós.

Winick, E. (30-01-2018). Recuperado de https://www.technologyreview.es/s/9955/cuantos-empleos-destruiran-los-robots-nadie-lo-sabe-segun-este-grafico

Wu, T. (2016). *El interruptor principal. Auge y caída de los imperios de la información*. México: Fondo de Cultura Económica.

II.
BASE MATERIAL DE INTERNET

Ana Sacristán

Resulta imposible hacer una fotografía de todo Internet, dada su vastedad casi infinita y la inaprensibilidad física de algunos de sus niveles constituyentes. Lo que sí puede lograrse, como la imagen que viene a continuación pone de manifiesto, es realizar cartografías, visualizaciones imaginarias de Internet basadas en sus características.

Visualización de Internet, perteneciente al Opte Proyect. Foto: Barret Lyon

Esta imagen tiene parecido con la red neuronal del sistema nervioso de un cerebro humano. Se ha utilizado muchas veces la analogía de Internet y las redes neuronales por el interés que tiene comparar las ramificaciones e interconexiones de Internet con el funcionamiento de las neuronas humanas, conectadas entre ellas a través de señales electroquímicas que reciben y transmiten información dentro del cuerpo. La imagen forma parte de la colección del Museo de Arte contemporáneo de Nueva York (MoMa).

1. NIVELES DE INTERNET

Hablamos de Internet como si se tratase de un todo homogéneo. Aunque su poder de fascinación y su influencia decisiva en las vidas humanas actuales tienen una dimensión que escapa a cualquier medida, pueden diferenciarse en su arquitectura diversos niveles, o capas, unas más opacas que otras, unas más conocidas que otras, unas más idealizadas que otras, con características diversas: Infraestructura, hardware, software, contenidos, y medios sociales (Social Media, en inglés) (Zukerfeld, 2014).

— La infraestructura de Internet incluye cables submarinos, tendidos de fibra óptica, satélites de comunicaciones y centros de datos, principalmente.
— El hardware está constituido por los elementos físicos de un sistema informatizado; por todo lo que podemos tocar, por los equipamientos. Máquinas, ordenadores, routers, dispositivos, pantallas, ratones, cables de conexión, módems, servidores, periféricos, etc.
— El software se compone de programas informáticos que permiten que hagamos cualquier tarea con nuestros dispositivos digitales. Incluye navegadores, buscadores, páginas web, correo electrónico, protocolos de red para la conectividad y transferencia de datos como TCP/IP, aplicaciones web para la edición de textos, para organizar y compartir documentos, edición gráfica, edición fotográfica, almacenamiento, escritura hipertextual, gestión de tareas y proyectos, plataformas sociales, herramientas de trabajo colaborativo, etc.
— Los contenidos son textos, imágenes, audios, vídeos, datos, informaciones, interacciones comunicativas, música, vídeo y televisión bajo demanda, etc.
— Medios sociales (Social Media). Hay usuarios de redes sociales como Twitter, Facebook, etc., pero también medios sociales colaborativos e interactivos distintos como blogs, foros, marcadores (posibilitan desde plataformas/redes específicas indexar contenidos para que después puedan ser buscados y encontrados por sus

usuarios), fotos e imágenes compartidas, prensa digital, herramientas multimedia de audio y vídeo como YouTube, podcasts, etc., que constituyen el campo de los medios sociales. Las redes sociales no ocupan todo el ámbito de los «Social Media».

Internet está rodeado de un imaginario (el imaginario no pertenece al ámbito de lo real, sino al de la imaginación compartida), que remite a imágenes de ligereza o liviandad, a lo etéreo, lo inmaterial, a cielos, a mirar hacia arriba; se representa en incontables ocasiones como una nube. Decimos que hemos puesto nuestros datos en «la nube», por ejemplo. Es una metáfora porque la infraestructura de Internet es material, física. Precisamente por ser más desconocida en relación con las demás capas que hemos señalado; por su relevancia, y porque no está definida por la participación e interacción sociales que estamos acostumbrados a asociar con Internet, vamos a ocuparnos aquí del nivel de la infraestructura.

2. INTERNET Y LOS PROTOCOLOS BÁSICOS TCP/IP

> Hace algunos años todavía podía definirse [a Internet] como una red de redes computarizadas que empleaban un mismo protocolo de comunicación (el protocolo IP)[1]. Hoy, los portales también conectan a ciertas redes que utilizan protocolos diferentes. Es más, la Red no se compone sólo de computadoras conectadas con otras computadoras: hay, además, terminales comerciales, cámaras, robots, telescopios, teléfonos móviles, televisores y otros dispositivos conectados a Internet. (...) En 1995, el Federal Networking Council, organismo encargado de administrar las redes federales de los Estados Unidos, dictó una resolución donde el término «Internet» quedaba definido de la siguiente manera: Internet hace referencia a un sistema global de información que: i) está relacionado lógicamente por un único espacio de direcciones globales basado en el protocolo de Internet o en sus extensiones; ii) es capaz de soportar comunicaciones usando el conjunto de protocolos TCP/IP[2] o sus extensiones

---

[1] Significa «Internet Protocol» y es un número que identifica un dispositivo digital (ordenador, impresora, router, etc.) en Internet. Es único, no se duplica.

[2] Muchos programas dentro de una red de datos compuesta por redes de computadoras, pueden usar TCP para crear «conexiones» entre sí a través de las cuales puede enviarse un flujo de datos. El protocolo garantiza que los datos serán entregados en su destino sin errores y en el mismo orden en que se transmitieron. https://es.wikipedia.org/wiki/Protocolo_de_control_de_transmisi%C3%B3n

u otros protocolos compatibles con el IP; y iii) emplea, provee o hace accesible, de manera privada o pública, servicios de alto nivel en capas de comunicaciones y otras infraestructuras relacionadas aquí descritas. (Sassen, 2013, p. 413)

IP (Internet Protocol) es uno de los protocolos básicos de Internet. En lenguaje sencillo, los protocolos (conjuntos de normas) de Internet permiten la transmisión masiva de información. En palabras más técnicas, un protocolo en este contexto es un procedimiento de intercambio de mensajes entre dos ordenadores conectados entre sí, que comparten la información necesaria para encontrar la ruta mejor que dirija correctamente los datos hacia su destino. La IP es un número que identifica un dispositivo digital (ordenador, impresora, router [3]etc.,) en Internet, una dirección. Igual que los teléfonos tienen un número que permite identificar cada uno, la dirección IP tiene el mismo sentido.

IANA (*Internet Assigned Numbers Authority*) es el organismo responsable de supervisar y garantizar que la dirección IP asignada a cada ordenador sea única en el mundo. Para ello reparte jerárquicamente un rango distinto de posibles direcciones a cada una de sus cinco divisiones regionales y éstas hacen algo similar, en cascada, en su ámbito.

El rango de direcciones asignado a los dispositivos de nuestra casa puede variar con el tiempo: nuestro Proveedor de Servicios de Internet nos los asigna entre los que tiene disponibles, cuidando de que en un mismo momento no se use por duplicado.

IPv4 es el nombre del acuerdo global en nuestro planeta de asignación de direcciones, vigente desde 1983. Fija que las direcciones IP se representan como una secuencia de 32 bits. Si en la numeración de la Lotería los billetes sólo tienen 5 cifras decimales, se pueden vender (sin acudir a nuevas cifras en forma de serie o fracción), a lo sumo 10^5 = 100.000 distintos. Un número binario compuesto por 32 bits «sólo» puede etiquetar 2^{32} = 4.294.967.296 direcciones IP públicas distintas. Y ya se están repartiendo las últimas que quedan; hacen falta muchas más. Afortunadamente, desde 1999 las máquinas pueden intercambiar entre sí sus direcciones en un esquema complementario más amplio: Ipv6, que

[3] Un «router» es un equipo que envía paquetes de datos entre redes informáticas; los routers dirigen el tráfico de Internet.

coexiste hasta el momento con el anterior y que codifica las direcciones como una secuencia de 128 bits. Es decir, el número de dispositivos conectados se prevé tan grande (quizá desde nuestra cocina, nuestro coche o nuestra ropa), que se inició ya al comienzo de este siglo un esquema que diferencia hasta 2^{128} (aproximadamente 10^{38}) direcciones[4].

> «Según un estudio reciente publicado por CISCO, en 2020 se necesitarían más de 5 millones de años para ver la cantidad de vídeos que cruzarán las redes IP globales cada mes, es decir, a un ritmo de un millón de minutos por segundo. Menos de la mitad de este tráfico web se atribuirá a los seres humanos; un enorme 56% del tráfico web ya está generado por bots, impostores, herramientas de hacking, scrapers y spammers[5].» (Stevens 2017, citado por Joanna Moll, 2018)

En cuanto al protocolo TCP (*Transmission Control Protocol*), en la transmisión de un gran documento, o de una foto, por ejemplo, no es eficiente mantener el canal ocupado hasta que toda esa enorme secuencia de bits pase de un ordenador a otro. Entonces los datos se trocean en paquetes pequeños de bits y se van enviando por separado, cuando conviene. Esto requiere un esquema de numeración de esos fragmentos, necesario para poder recomponer después completo el mensaje que nos llega. No es necesario entrar en más detalles técnicos aquí. Basta señalar que los paquetes de datos circulan numerados (algo imprescindible cuando se fragmentan), que su transmisión puede utilizar rutas distintas a lo largo del mundo (por ejemplo, ir vía Japón) y que el protocolo TCP permite: a) la correcta identificación de los pequeños paquetes de datos transmitidos y, b) que nuestra máquina recomponga de forma segura la información.

---

[4] Debo este párrafo a José Luis Fernández Vindel, profesor de la Escuela Superior de Informática de la UNED.

[5] «Bot», proviene de la palabra robot; son programas informáticos que simulan el comportamiento humano. Los «impostores» o suplantadores son aquellos que utilizando correo electrónico o manipulando URLs, se hacen pasar por alguien de confianza para conseguir informaciones que luego utilizarán en su propio provecho. Los «scrapers» son programas tipo bot que imitan a usuarios y que acceden a las webs para recopilar información sobre ellas, no necesariamente para usos ilegales. Por ejemplo, seleccionan en Instagram los links de cada foto de un famoso y luego programan un comentario. Los «spammers» se dedican a enviar correo basura (no deseado ni pedido) a listas de usuarios, conseguidas legal o ilegalmente. Las «herramientas de hacking» son programas utilizados para atacar o acceder de forma remota a otros ordenadores. Sus muy variadas funciones son las apropiadas para el hackeo: descubrimiento de redes, desciframiento y rotura de contraseñas, búsqueda de vulnerabilidades en aplicaciones o sistemas, generadores de ataques DDoS (de denegación de servicio, que convierten un servicio en inaccesible para usuarios legítimos), propagadores de virus, etc.

3. LA COLUMNA VERTEBRAL DE INTERNET

Los datos, informaciones y comunicaciones en Internet circulan a través de redes, pero no todas ellas poseen la misma relevancia. Internet tiene una «columna vertebral» formada por el cableado troncal de las redes interconectadas (son los «*backbones*», columna vertebral en inglés), cuya relevancia es estratégica porque alberga las más grandes y principales rutas de datos existentes. Desde ellas los datos se transmiten a alta velocidad a redes regionales y locales más pequeñas a lo largo de todo el planeta.

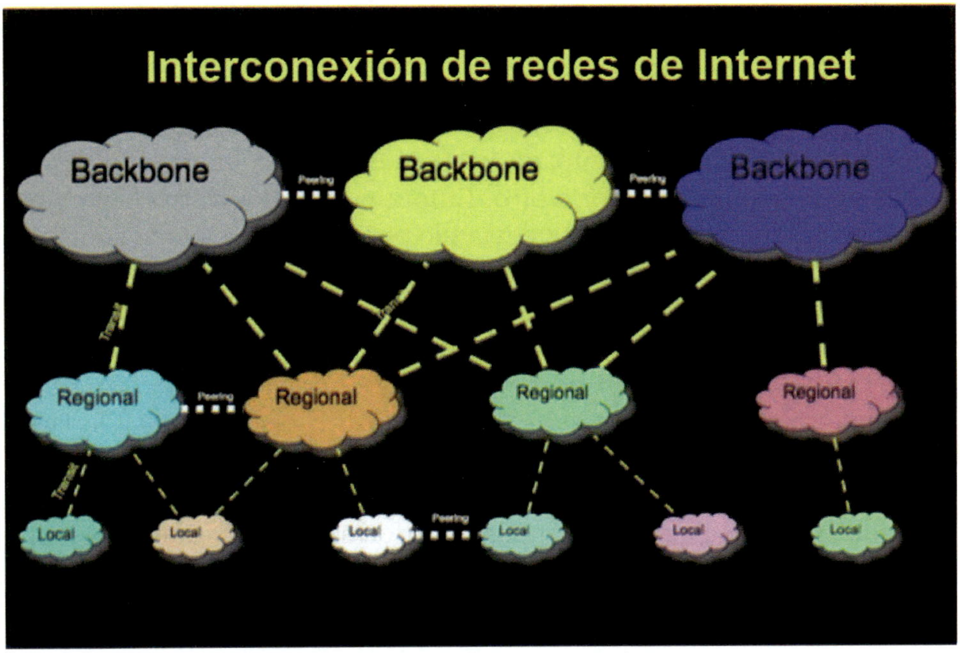

(*Peering* =Interconexión de redes separadas que comparten los datos de usuarios de cada red)

Por los *backbones* circula, por ejemplo, casi toda la navegación web y las transmisiones de vídeo. Los *backbones* tienen una seguridad tremenda y están especialmente vigilados. Suelen ser propiedad de importantes compañías tecnológicas privadas que han construido, y construyen, los suyos propios, llegando a acuerdos comerciales muy complejos con otras empresas para compartirlos. Hemos dicho que tienen una relevancia estratégica; por ejemplo, gobiernos autoritarios que controlan los *backbones* situados en su territorio, pueden cerrar Internet a los ciudadanos por razones políticas.

Nuestros ordenadores no suelen conectarse directamente a un *backbone*, sino que lo hacen los proveedores de servicio de Internet, es decir, las empresas de telecomunicaciones con las que contratamos nuestras tarifas de Red para voz y datos. El primer *backbone* de Internet fue el de la *National Science Foundation* (NSF) de los Estados Unidos, construido en 1986.

3.1. La neutralidad de la Red (Net Neutrality)

Los *backbones* tienen una importancia crucial en el mantenimiento de la llamada «Neutralidad de la Red» que significa, básicamente, que el acceso libre a Internet debe garantizarse y estar abierto a todos sin restricciones; que no se implementarían carriles rápidos con ofertas diferenciadas que favorecerían a algunas empresas con un trato preferente para sus contenidos según se pague, reduciendo la velocidad de acceso a compañías y personas si no se hace. Consideramos que un Internet abierto e igualitario es esencial para el intercambio de información y de conocimiento. Así es como Internet se creó.

Conviene distinguir entre dos tipos distintos de grandes empresas en Internet: los proveedores de los servicios de conexión (los ISP según sus siglas en inglés, y los dueños de los cables, como Telefónica), y los proveedores de contenidos (los dueños de los servidores y de lo que hay dentro como Google, Facebook, Netflix o Amazon). Aunque estos dos tipos de empresas se están mezclando porque unas compran parte de las otras.

> «La neutralidad de la red es el principio según el cual los proveedores de servicio de Internet deben tratar todos los datos de la misma manera, sin discriminar ni cobrar de manera diferente por usuario, contenido, sitio web, plataforma, aplicación, tipo de equipo o forma de comunicación. Por ejemplo, bajo estos principios los proveedores de servicio de Internet no pueden bloquear, ralentizar o cobrar intencionalmente por sitios o contenidos en línea específicos.»[6]

[6] Wikipedia, traducido de https://en.wikipedia.org/wiki/Net_neutrality

La Red sin neutralidad contaría con el permiso legal que tendrían los proveedores de conexión de primar más la velocidad de los contenidos que ellos decidan. Bien porque, por ejemplo, Google acabe pagando un plus a Telefónica para que priorice sus servicios frente a los de Apple, o porque Telefónica quiera ralentizar el acceso a cualquier servidor que no sea de su entramado empresarial.

Hay planteada una batalla enorme de presión sobre las legislaciones nacionales de los diversos países para que Internet no sea neutral que ha comenzado en los Estados Unidos. Por ejemplo, la Comisión Federal de Comunicaciones (FCC) estadounidense aprobó en Diciembre de 2017 cambiar las normas que permiten la neutralidad de la Red porque consideran que, sin ella, los dueños de los cables podrán rentabilizar mejor las enormes inversiones que tienen que hacer. En cambio, Europa (y también todos los grandes proveedores de contenidos del mundo) se resisten a ello porque piensan que la Red ha sido útil precisamente debido a su neutralidad: las primeras pruebas de los «locos visionarios» que empezaron Google o Amazon no se podrían haber hecho en un escenario en el que las empresas que comienzan hubieran tenido que pagar mucho dinero a los proveedores para que no les ralentizaran sus contenidos, frente a las empresas que hubiesen estado en disposición de pagar para que a ellos no les afectase.

La guerra ha comenzado y no sería faltar a la verdad decir que la neutralidad de la Red está en peligro hoy en día. Existe un gran interés por parte de empresas propietarias de la infraestructura esencial de la Red en que esas infraestructuras sean usadas pagando «peajes» para transitar por ellas, no como hasta el momento, de modo que ni el acceso a Internet, ni a los buscadores, ni a los contenidos, tendrían un tratamiento igualitario. Por añadidura, la supresión de la neutralidad iría acompañada de una importante implantación de dispositivos de control de tráfico de Red que haría posible su filtraje por protocolos, y hasta por destinos, de modo que, por ejemplo, se podría discriminar comunicaciones p2p (*peer to peer*)[7] y establecer una censura de hecho.

---

[7] Redes de igual a igual donde no hay un servidor exclusivo, a diferencia de las redes cliente/servidor. Significa que cada una de las partes puede compartir sus contenidos y recursos de modo libre.

«¿Cómo se puede limitar la neutralidad de la red? A través de varios procedimientos. Uno de ellos es la **discriminación a través del protocolo,** por ejemplo, cuando Comcast limitó a sus usuarios el acceso al sistema BitTorrent para la descarga de archivos *peer-to-peer*. Otra manera es la **discriminación a través de la dirección IP;** en este caso el operador puede limitar el acceso a ciertas webs (por ejemplo, cuando en algunos países o instituciones no se puede acceder a YouTube o Facebook). También existe la **discriminación económica**: las operadoras pueden cobrar una cifra mayor por uso de su infraestructura (por ejemplo, cuando Orange en Francia pactó con Google una compensación económica dado que YouTube y otros sitios de la empresa estadounidense ocupaban casi el 50% del tráfico) o, de la misma manera, **privilegiar a ciertas empresas en lugar de otras** acelerando el acceso de los usuarios a sus contenidos.

(...) En pocas palabras: en este nuevo orden saldrán favorecidas las grandes corporaciones mientras que los actores más débiles o marginales corren el riesgo de quedar limitados a una Red más lenta, pobre o incluso censurada. Infinidad de movimientos sociales y políticos, además de muchos actores económicos emergentes, podrán ver severamente recortadas sus posibilidades expresivas y radios de acción.» (Scholari, 2017)

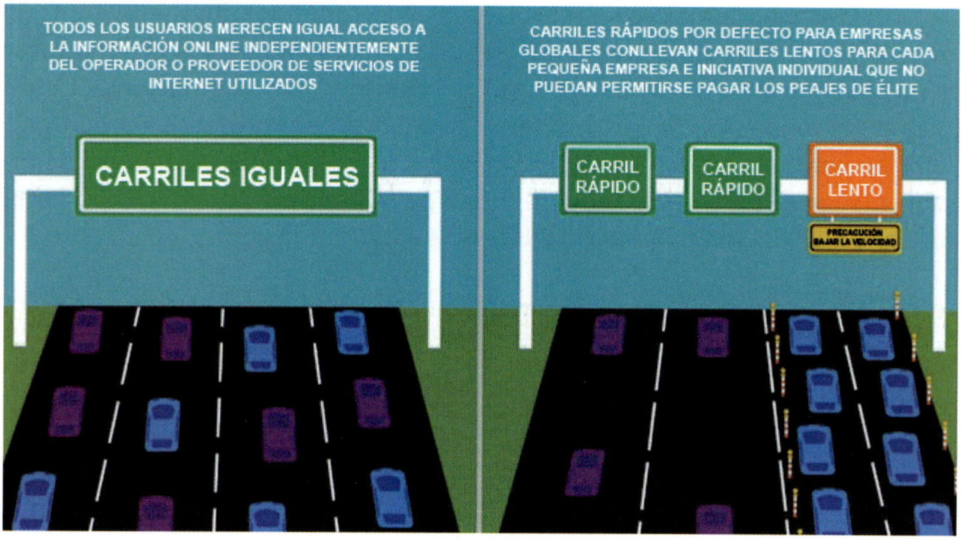

Fuente, Carlos Scholari 2017, Hipermediaciones. Traducción propia.

En su origen, la Red tuvo un diseño basado en estándares abiertos, libres, comunes, descentralizados —sin un control central de la información o de las comunicaciones—, con las leyes de la propiedad fuera de su ámbito porque la circulación de informaciones no tendría que verse limitada por nadie, dado su valor universal, y porque el desarrollo de la ciencia, de la cultura, del conocimiento, de su divulgación, no debía tener propietarios, etc. En resumen, si quienes defienden una Red sin neutralidad logran sus objetivos, estarían en condiciones de restringir lo que puede buscarse, descargarse, leer, ver, compartir, etc., en Internet.

4. APUNTE SOBRE REDES LOCALES

Hemos comentado someramente la columna vertebral de Internet, o backbones. Pero ella sola, sin más, no asegura la interconexión entre dispositivos. Un ordenador ejecuta programas de forma autónoma o participa en un diálogo cooperativo con otros ordenadores cuando la tarea requiere compartir información. La red local más simple se construye con dos ordenadores conectados por un elemento pasivo de transmisión, por ejemplo, un cable o una conexión inalámbrica. Una red ampliada, quizá con 5 ordenadores conectados entre sí, requeriría que de cada uno de ellos salieran cables a los otros cuatro.

No obstante, para crear redes locales con muchos ordenadores existe una solución más eficiente. Consiste en conectar todos los ordenadores a un dispositivo específico de red, un «router» (un enrutador), el cual recibe los mensajes dirigidos de un ordenador concreto a otro concreto, y los encamina a su destino. En esta estructura de conexión cada ordenador entrega al enrutador tanto el mensaje que quiere transmitir como la dirección IP del ordenador final al que desea que llegue.

Si desde mi red local se quiere cooperar con otra red local tampoco es necesario disponer cables hacia cada uno de los ordenadores de ésta. Para ello basta establecer un único enlace, de nuevo alámbrico o inalámbrico, entre mi enrutador y el enrutador de la otra red. Sólo se necesita llegar a acuerdos con la otra red en torno a un esquema de direcciones común y conocido por ambas redes. Si se dispone de ello, es fácil enviar un mensaje desde uno de mis dispositivos a otro localizado en la otra red: se envía a mi enrutador, que detecta en la dirección facilitada que se desea mandar información a la otra red, de modo que se la entrega al enrutador de esta última, que finalmente lo pasa al dispositivo destinatario. Los servicios postales de todo el mundo llevan siglos haciendo algo similar.

5. CABLES Y SATÉLITES

La infraestructura de Internet tiene un atributo esencial: exige la inversión de enormes sumas de capital y está en las manos privadas de un pequeño número de empresas. Al revés de lo que suele creerse, en su mayor parte (alrededor del 85-90%), las informaciones digitales mundiales entre continentes, las transmisiones, llamadas internacionales, mensajes, etc., se realizan mediante cables submarinos. Suman más de un millón de kilómetros de extensión rodeando nuestro planeta y constituyen la base de las telecomunicaciones mundiales. El porcentaje restante corresponde a los satélites, con velocidades de conexión inferiores.

> «Los cables de comunicación submarinos permiten el intercambio de flujos masivos de datos en una cantidad de tiempo increíblemente reducido. Podemos enviar grandes cantidades de información en microsegundos. (...) Sin embargo, la eficiencia (cuantificada por la velocidad de rendimiento) tiene un enorme impacto medioambiental. Los cables submarinos están lejos de ser inofensivos para los hábitats submarinos que colonizan. (...) La emisión de ruido, la disipación de calor, la aparición de campos electromagnéticos, la contaminación y las perturbaciones, se han identificado como cinco posibles problemas ambientales críticos derivados de la instalación, el funcionamiento y el mantenimiento de los cables submarinos.
>
> El ruido está causando potencialmente efectos dramáticos en los animales que dependen del sonido para comunicarse. Las ballenas, por ejemplo, usan el sonido para navegar, monitoreando sus alrededores y hablando entre sí a través de cientos de kilómetros de agua. El sonar de las ballenas les permite adquirir alimentos, viajar con seguridad confundiendo a los depredadores y evitar obstáculos geográficos, lo que facilita las migraciones a zonas de cría seguras. Por otro lado, hay una gran cantidad de especies submarinas que dependen de los campos magnéticos de la Tierra para orientarse. Como resultado, los campos magnéticos

generados por los cables pueden potencialmente afectar la orientación de los peces y mamíferos marinos durante sus migraciones o incluso redirigir la migración, causando efectos devastadores para la supervivencia de varias especies. En febrero de 2017, un total de cincuenta y seis delfines y ballenas fueron encontrados muertos en las costas de Irlanda, considerado el mayor número registrado hasta la fecha.» (Moll, 2018)

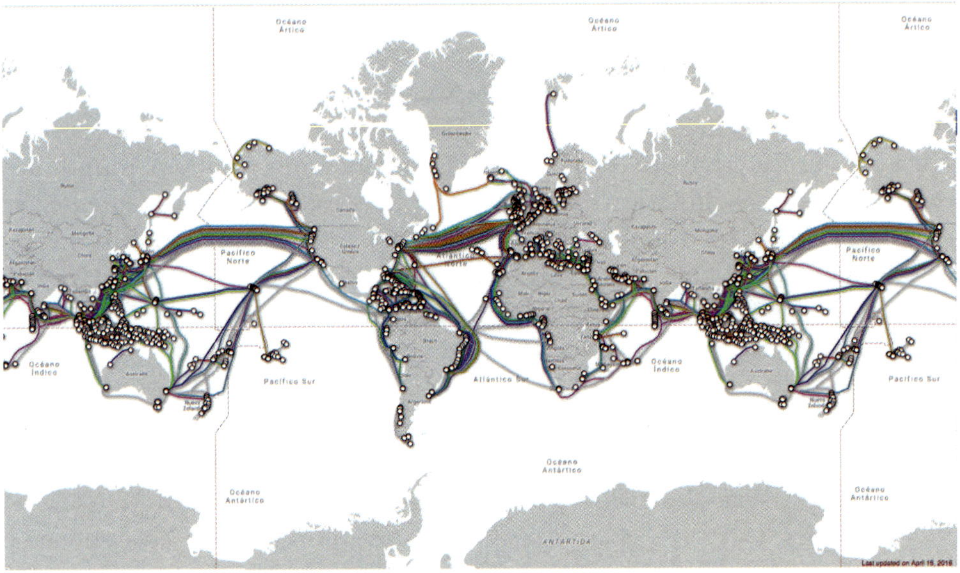

Cableado submarino mundial. Fuente Datos de mapas Google 2018, INEGI[8]

Pero Internet no ocupa la totalidad de los cables submarinos que cruzan los lechos marinos. Una parte de ellos son utilizados por redes privadas de grandes compañías y, un porcentaje pequeño, por el teléfono.

«Los cables no son indestructibles. Se suelen romper por avalanchas, maremotos, corrientes, movimiento de las placas continentales, mordiscos de tiburón, ciertas actividades de pesca, anclas de barcos e incluso piratas que los roban para venderlos. Cuando algo de esto ocurre puede afectar a millones de usuarios.»[9]

---

[8] Recuperado de https://www.xataka.com/otros/asi-es-el-mapa-de-todos-los-cables-submarinos-que-le-dan-forma-a-internet

[9] Recuperado de https://www.taringa.net/posts/ciencia-educacion/10064340/Los-impresionantes-cables-submarinos-Mega-Post.html

Por ejemplo, en 2008 dos barcos, de nacionalidades iraquí y coreana que navegaban en medio del mediterráneo, soltaron sus anclas provocando daños a los cables situados bajo el mar. Repararlos cuesta mucho dinero a las compañías propietarias, que no se quedan de brazos cruzados. Transcurridos unos meses fueron enviadas facturas a ambos barcos por valor de 60.000 y 350.000 dólares. ¿Cómo supo la operadora de cable submarino propietaria que los daños habían sido ocasionados precisamente por esos barcos y no por otros? Utilizaron imágenes de satélites que mostraron sus movimientos en el mar. El nivel de precisión que tiene que tener una imagen de satélite para conseguir averiguar algo con ese nivel de detalle suscitó muchas controversias, algunas de ellas centradas en su poder de vigilancia sobre personas.

Proporcionamos otro ejemplo significativo, seguido de algunas reflexiones. El marco es el accidente ocurrido en el canal de Suez, a principios de 2008, que rompió cables submarinos:

> «Significó que 60 millones de personas se quedaran sin Internet en la India, 12 millones en Pakistán, 6 millones en Egipto, 4,7 millones en Arabia Saudita, 1,7 millones en los Emiratos Árabes Unidos, 0,8 millones en Kuwait y 0,3 millones en Qatar. [85 millones de personas en total]. (...) Por supuesto, en pocos días el flujo de [información] pudo restablecerse, pero estamos hablando de la respuesta ante un accidente y no ante un ataque militar tácticamente planeado. (...) [Está] claro que actualmente la infraestructura es un punto crítico de Internet. Si se averían o, por el motivo que fuere, algunos tendidos [submarinos] salen de circulación, en muchos casos no hay vías alternativas inmediatas.
>
> (...) Una primera reflexión es que la infraestructura no es infinita ni fácilmente reemplazable en todos los casos. Una vez aceptado esto, aparece la pregunta crucial: ¿quién produce los tendidos submarinos y los satélites? ¿quién los controla? ¿Son una multiplicidad de actores, como ocurre con las páginas web? La respuesta es, definitivamente, no. Se trata de unas pocas empresas con alguna participación gubernamental en algunos casos. (...) La infraestructura es un punto crítico no sólo porque los tendidos y satélites no son tantos sino, ante todo, porque es dominada por unos pocos proveedores privados.» (Zukerfeld, 2010)

¿Por qué los cables submarinos ganan la partida a los satélites en el sistema de telecomunicaciones mundial?

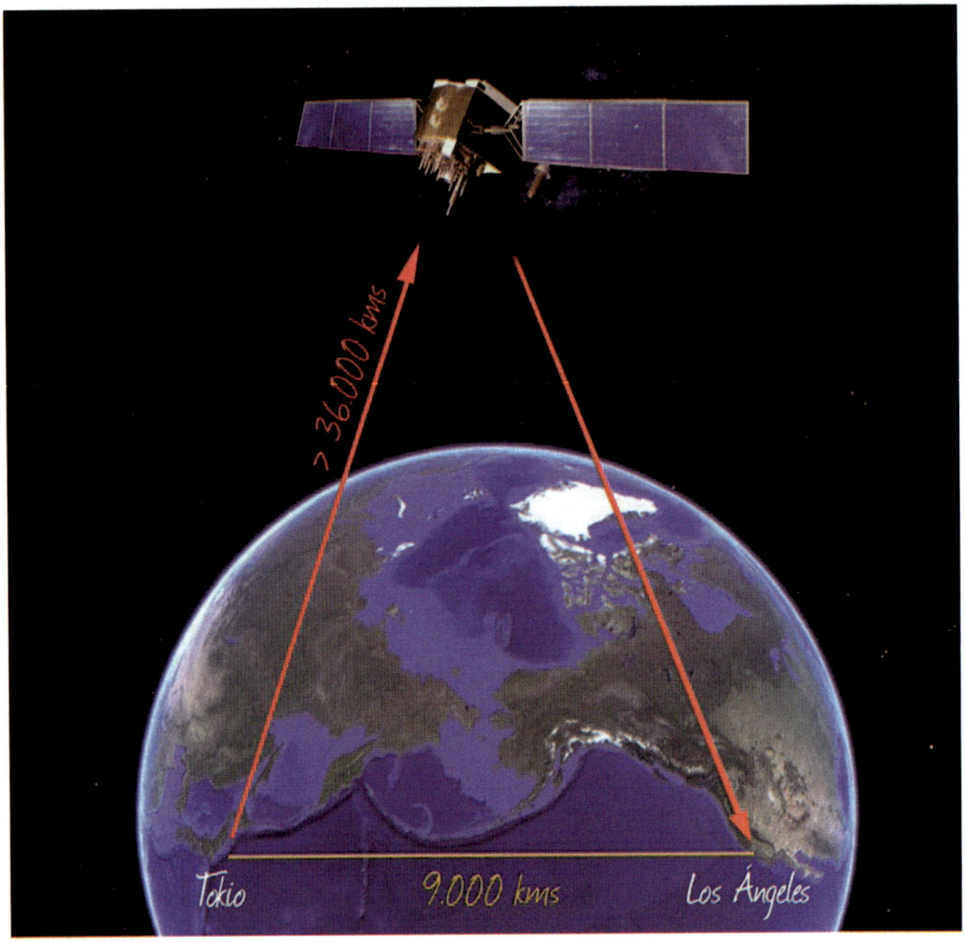

Fuente: Xataca.com

> «Debemos de tener en cuenta el recorrido total a realizar por parte de los datos. La circunferencia [de la tierra] mide alrededor de 40.000 kilómetros, y la distancia entre dos puntos que necesitan estar bien comunicados como Japón y Estados Unidos es de unos 9.000 kilómetros. Cubrir ese tramo con cable de fibra resulta siempre un recorrido más corto que la distancia hasta un satélite, que suele estar por encima de los 36.000 kilómetros (la información tiene que subir y bajar, es el doble de recorrido).» (Kote, 2016)

Y acerca de los cables en tierra:

«De forma similar a la red eléctrica, la red de telecomunicaciones cuenta con un nutrido cableado bajo el asfalto. Los cables tienen una longitud determinada, ya que al pasar por ellos las señales eléctricas se atenúan, es decir, pierden potencia. Los cables van de un lugar a otro: de los almacenes que contienen datos y software (servidores), pasando por los núcleos que ordenan las comunicaciones (centrales de conmutación) a los edificios de viviendas, oficinas, escuelas, hospitales, etc. (...) Algunas de las empresas que mantienen en funcionamiento todo este sistema son las operadoras de telecomunicaciones, como por ejemplo Telefónica.

(...) Los cables de telecomunicaciones que van de una ciudad a otra se sitúan muchas veces junto a las vías de tren: en España, Adif posee 16.000 kilómetros de fibra óptica a lo largo del tendido ferroviario y enlaza las principales ciudades españolas.» (Bebea, 2015)

6. ¿DÓNDE ESTÁN LOS DATOS?

¿Dónde están físicamente, y dónde se procesan los datos? Parte de los datos se transmiten por la red de extremo a extremo, con equipos de almacenamiento intermedio de corto plazo. Una parte muy significativa se encuentra en los llamados «Centros de Datos» (del inglés Data Center). Son los lugares donde se guardan físicamente miles de procesadores y memorias de alta capacidad interconectados —las «granjas de servidores»— que contienen conjuntos enormes de datos que no pueden ser tratados por las aplicaciones informáticas convencionales, por lo que se emplean programas especializados que buscan, procesan y ponen los datos a disposición de las aplicaciones y servicios que llegan al usuario final. «Cada vez que subimos una imagen a Facebook, Twitter o Instagram, esta información se envía y se almacena en uno o varios servidores de uno de estos centros de datos gestionados por la empresa, repartidos por todo el mundo» (Moll, 2018).

«Nuestros datos no flotan, son ceros y unos grabados en una unidad de almacenamiento gestionada por un sistema y alojada en un ordenador y el vapor es en realidad millones de ordenadores haciendo 3.785 transacciones por segundo, intercambiando miles de millones de gigabytes y consumiendo más del 3% de la energía mundial y produciendo más del 2% de los gases. (...) Por no hablar de "la nube personal", referencia de datos personales e íntimos alojados en el ordenador de una empresa desconocida gestionada por extraños en un país donde no nos protege ninguna ley.» (Peirano, 2017)

En 2012, el artista suizo Yann Mingard recibió autorización para fotografiar el Swiss Fort Knox, Mount 10, en Suiza, una granja de datos extremadamente segura ubicada en el interior de una montaña, que compañías y gobiernos usan para alojar y procesar sus datos.

Monte 10 Suiza. Fotos: Yann Mingard

Google tiene varios centros de datos alrededor del mundo, lo mismo que Facebook y otras grandes compañías.

«Google es conocida por buscar ubicaciones cuanto menos peculiares para alojar su red de centros de datos, aprovechando las condiciones meteorológicas y naturales del terreno para ahorrar energía y refrigerar mejor sus equipos. Así, Google cuenta con un CPD [Centro de Proceso de Datos] nada menos que en Finlandia (en Hamina) en el que hacen suya la fría agua del mar para refrigerar sin gastar apenas energía toda la instalación, una antigua fábrica de papel que casualmente contaba con a un viejo túnel conectado al Golfo de Finlandia.

Fuente: Xataca.com

Interior del centro de datos de Google en Hamina, Finlandia

(...) Google anunció hace un par de años sus intenciones de construir CPD [Centros de Proceso de Datos] movibles en barcos o plataformas cercanas a la costa, alimentadas exclusivamente de energía hidroeléctrica y refrigerada también con la propia agua infinita que las rodearía.

Tan orgullosos están en Google de sus centros de datos que crearon una página web en la que detallan el funcionamiento de ocho de sus (...) centros [de datos], con fotografías y recorridos virtuales por ellos. Cabe cuestionarse si, en el futuro, los turistas cambiarán Paris o Roma por visitar un centro de datos de Google por dentro...» (Iglesias Fraga, 2014)

La enorme cantidad de datos e informaciones generados hoy en día, que se duplica cada 1'2 años, como ya se ha dicho en otro tema, obliga a construir más centros de datos que puedan procesarlos. Las grandes compañías tecnológicas buscan emplazamientos idóneos. Cuando se escribe este texto, Dinamarca cuenta con dos centros de datos de Facebook, que abrirá próximamente un tercero en la ciudad de Ostende, la tercera ciudad del país. Su clima es idóneo para mantener más fría la temperatura de los servidores[10]. La electricidad del país procede en una gran parte de la energía eólica, lo que conseguirá que los servidores se refrigeren mediante energías renovables, y cuenta con una población cualificada para operar el centro de datos.

Facebook tiene además centros de datos en Cloone, Irlanda y en Lulea, Suecia, lugar situado en zona ártica; fue su primer centro de datos abierto fuera de los Estados Unidos. Por su parte, Apple también ha escogido Dinamarca para su enorme centro de datos que busca mejorar la experiencia de sus usuarios con *iCloud*. En concreto, eligió la región de Jutland. El calor de los servidores se utilizará para la calefacción de las casas, en lo que se considera como un ejemplo de movimiento «friendly», amistoso, por parte de la compañía hacia las comunidades locales.

Los centros de datos cuentan con un sistema de niveles (del 1 al 4) que establecen su nivel de seguridad y de fiabilidad. El máximo nivel es llamado «Tier IV Gold» sólo logrado por pocos Data Centers en el mundo. El de Telefónica, en Alcalá de Henares, es uno de ellos.

> «Para que una instalación se gane este emblema debe contar, entre otras cosas, con una doble fuente de alimentación eléctrica independiente y activa a la vez, ser completamente modular (cada sala debe ser independiente de las demás en caso de error) y con una doble cometida de fibra que enlaza con 2 centrales de comunicación distintas, para que siempre esté una en funcionamiento en caso de que la otra haya fallado.» (Iglesias Fraga, 2014)

[10] Un servidor «es un ordenador de alta potencia que permanece conectado a una red las 24 horas del día y que almacena datos que pueden ser recuperados desde otros ordenadores» (Avogrado, 2018).

7. INTERNET HA IDO MUTANDO

Tal y como suele suceder con las tecnologías a lo largo del tiempo, hoy Internet no es lo mismo que fue; ha ido transformándose y mutando. Ya no es tan abierta, ni tan común a todos, la privatización de las redes es un hecho y su centralización aumenta conforme lo hace el poder extraordinario de las compañías tecnológicas dominantes, tan cercano al oligopolio: es el caso, por ejemplo, de Google, Amazon, Twitter y Facebook (que alberga en su red social la apoteósica cifra de más de dos mil millones de personas). Su propio fundador, Mark Zuckerberg, afirma sin ningún tipo de complejo que tiene más semejanza con un gobierno que con una empresa. La jerarquización de noticias que los algoritmos de Facebook realizan no es algo banal, en absoluto, ya que inciden en uno de los problemas esenciales de la modernidad:

> nuestra incapacidad de escudriñar los montones crecientes y siempre acechantes de información. En teoría, ¿quién mejor que nuestros amigos para recomendarnos lo que deberíamos leer y ver?
>
> (...) Por desgracia, nuestros amigos no pueden hacer más para seleccionar noticias para nosotros. Resulta que les gusta compartir muchas cosas. (...) Así pues, Facebook toma sus propias decisiones sobre lo que deberíamos leer. Los algoritmos de la empresa reducen los miles de cosas que el usuario de Facebook podría ver a un lote más reducido de artículos para elegir. Y luego, entre esas docenas de artículos, decide lo que podría gustarnos leer en primer lugar. (Foer, 2017)

Facebook acumula un enorme poder. En el informe «Tendencias de Internet» de Mayo de 2017 la analista Mary Meeker señala que tanto Google como Amazon también lo acumulan. Controlan ya el 85% del mercado publicitario web y móvil en los Estados Unidos, donde los ciudadanos están conectados a la Red desde sus dispositivos móviles y sus ordenadores un promedio de 5´6 horas diarias. La televisión está a punto de perder su predominio en el mercado de la publicidad, en favor de Internet. Según Mary Meeker, ni siquiera falta medio año para que esto ocurra (Meeker, 2017).

Tim Berners-Lee, creador de la World Wide Web (WWW) en 1991 —que funciona sobre Internet y está basada, dicho sumariamente, en los hipervínculos, o enlaces que conectan informaciones—, imaginó la web y su alcance mundial como un espacio abierto en el que todos pudieran compartir información, cooperar entre sí e intercambiar conocimientos sin limitaciones ni censuras, más allá de cualquier frontera física o cultural.

Sin embargo, 30 años después, en relación con la libertad de expresión, las autoridades estatales de diversos países realizan detenciones de usuarios basadas, por ejemplo, en publicaciones y mensajes en redes sociales, que van desde afirmar algo considerado delictivo, hasta compartir determinadas informaciones, o dar un «me gusta» a contenidos específicos. Se recolectan nuestros datos por doquier con fines de comercialización y vigilancia, nuestra privacidad no se encuentra salvaguardada, se monitoriza el tráfico de informaciones y mensajes, las informaciones pasan por muchos más filtros algorítmicos hasta llegar a nosotros, etc. Algunos capítulos de este libro se ocupan con más extensión y profundidad de estos aspectos y a ellos remitimos para saber más.

Terminamos con dos elocuentes citas:

> «La libertad y la universalidad asociadas fácilmente a la red global de información fueron promesas propias de los inicios del teléfono, la radio, el cine y la televisión, si se les entiende como una sucesión de medios de comunicación abiertos y optimistas, cada uno de los cuales, con el tiempo, se convirtió en una industria cerrada y controlada.» (Wu, T., 2016)
>
> «Cada innovación pionera promete liberar la tecnología de las garras de los monopolistas, crear una nueva red tan democrática que transformará la naturaleza humana. (...) En lugar de comportar redistribuciones profundas de poder, las nuevas redes son captadas por los monopolios, cada uno más sofisticado y poderoso que el anterior.» (Foer, 2017, p. 38)

REFERENCIAS BIBLIOGRÁFICAS

Avogrado, M. (2018). Diccionario de Nuevas Tecnologías de la Información y la Comunicación (NTIC). *Razón y palabra*, México, 15-04-2018, n.º 60. Recuperado de http://www.razonypalabra.org.mx/comunicarte/2008/marzo.html

Bebea, I. (2015). *Alfabetización digital crítica. Una invitación a reflexionar y a actuar*. Ondula.

Boer, F. (2017). *Un mundo sin ideas. La amenaza de las grandes empresas tecnológicas a nuestra identidad*. Barcelona: Paidós.

Iglesias Fraga, A. (2014). *Estos son los centros de datos más importantes del mundo*. Recuperado de https://blogthinkbig.com/centros-de-datos

Meeker, M. (2017) *Internet Trends 2017 – Code Conference*. Recuperado de http://www.kpcb.com/internet-trends

Moll, J. (2018) *Deep Carbon*. Recuperado de https://researchvalues2018.wordpress.com/2018/01/03/joana-moll-deep-carbon/amp/?__twitter_impression=true Traducción propia.

Peirano, M. (30-12-2017). *Intimidad, y el algoritmo gobernará nuestras vidas*. Recuperado de https://www.eldiario.es/sociedad/algoritmo-gobernara-vidas_0_724077806.html

Kote, P. (15-03-2016). *1.000 millones de cables submarinos son los responsables de que tengas Internet en casa*. Recuperado de https://www.xataka.com/historia-tecnologica/1-000-millones-de-metros-de-cable-submarino-son-los-responsables-de-que-tengas-internet-en-casa

Sassen, S. (2013). *Territorio, autoridad y derechos. De los ensamblajes medievales a los ensamblajes globales*. Buenos Aires: Katz Editores, 3.ª reimp.

Scholari, C. (16-10-2017). La lucha por la #netneutrality en 10 puntos. Recuperado de https://hipermediaciones.com/2017/12/16/la-neutralidad-de-la-red-en-10-puntos/

Stevens, J. (17-08.2017). *Internet Stats & Facts for 2017*. Recuperado de https://hostingfacts.com/internet-facts-stats-2016/

Taringa. *Los impresionantes cables submarinos*. Recuperado de https://www.taringa.net/posts/ciencia-educacion/10064340/Los-impresionantes-cables-submarinos-Mega-Post.html

Wu, T. (2016). *El interruptor principal. Auge y caída de los imperios de la información*. México: FCE, México 2016, contraportada.

Zukerfeld, M. (2010). De niveles, regulaciones capitalistas y cables submarinos. Una introducción a la arquitectra política de Internet. *Virtualis,* n.º 1, enero-junio. Recuperado de http://aplicaciones.ccm.itesm.mx/virtualis

— (2014). Todo lo que usted quiso saber sobre Internet y nunca se atrevió a Googlear. *Hipertextos,* vol. I, n.º 2, Buenos Aires.

2
MUNDO-SOCIEDAD DIGITAL

III.
¿SOCIEDAD DE LA DESINFORMACIÓN? PERSPECTIVAS SOBRE LAS NOTICIAS FALSAS

Antonio Ballesteros

La mentira vuela, y la verdad la persigue renqueante, de modo que cuando los hombres llegan a desengañarse, es ya demasiado tarde

(Jonathan Swift, El arte de la mentira política, 1710)

«Por cómo se ha utilizado mi trabajo para dividir a las gentes en lugar de unirlas, pido perdón y me esforzaré en hacerlo mejor»

(Mark Zuckerberg, 2017)

1. INTRODUCCIÓN

A decir de muchos, la conversación y el discurso aparecen en nuestra sociedad contemporánea cuestionados, asaltados y a veces dominados por falsedades que se propagan extensa, veloz y eficazmente a través de Internet, repercutiendo sobre aspectos esenciales como el funcionamiento democrático de las comunidades políticas o el fundamento empírico y científico de las decisiones personales y sociales. Se habla de la pujanza de bulos (*hoaxes*), noticias falsas (*fake news)* y teorías de la conspiración; simultáneamente, pierden prestigio los actores e instituciones que tenían encomendada la misión social de mostrar la verdad y orientar la acción (científicos y expertos, medios de comunicación establecidos, organismos estatales e internacionales). Todo ello tiene lugar en el marco de Internet: paradójicamente, si hace pocos años se anunciaba una red universal rebosante de promesas de colaboración, solidaridad, conocimiento y emancipación, hasta el punto de que en 2007 la revista *Time* nos designaba a «nosotros» personaje del año,[1] hoy se critica aquel «utopismo

[1] «A mediados de la pasada década, durante el auge de la Web 2.0, el comentarista Henry Jenkins afirmaba que Internet estaba creando una "cultura de la participación" en la cual la hege-

tecnológico» y se temen los efectos de la desinformación que esa misma red parece estar nutriendo; hasta el punto de que, en una publicación dedicada por el Foro Económico Mundial a los riesgos mundiales, se consideraba ya la «desinformación omnipresente en las redes sociales» como una de las principales amenazas a nuestra sociedad.[2]

El fenómeno de las *fake news* propagándose por Internet, así como la reflexión al respecto, que empezaban a adquirir importancia en EE.UU., saltan al primer plano de la actualidad durante la elección presidencial de 2016, en la que aparecen como armas de lucha política que pueden entrañar una amenaza para la democracia.[3] Noticias falsas célebres durante aquella campaña fueron:

— El Papa Francisco asombra al mundo apoyando la candidatura de Donald Trump a la presidencia.
— Un agente del FBI que estaba investigando el uso de un servidor privado de correo electrónico por parte de Hillary Clinton en su época de Secretaria de Estado se suicida después de matar a su mujer.
— Hillary Clinton dirige una red de pedofilia desde una pizzería.

Por otra parte, numerosas noticias de falsedad contrastada parecen reflejar profundas divisiones ideológicas, más allá de la opción por uno u otro candidato en un proceso electoral:

— Un grupo de negros relacionados con Black Lives Matter rocía de gasolina y prende fuego a dos hombres blancos (vídeo falso).
— Inmigrante musulmán golpea a un joven holandés con muletas (vídeo falso).

---

monía de los avariciosos propietarios de los medios de comunicación sería sustituida por una red horizontal de "prosumidores" aficionados dedicados a un intercambio magníficamente democrático de información en el ciberespacio. Un ágora epistémica que permitiría al mundo entero congregarse en un espacio sin jerarquías. Google, Facebook, Twitter y otros alcanzaron su paradójica condición de guardianes, situándose como plataformas neutrales que liberaron el potencial democrático de Internet empoderando a los usuarios.» (Chen, 2017).

[2] Howell (2013): «El riesgo mundial de una desinformación digital masiva ocupa el centro de una constelación de riesgos tecnológicos y geopolíticos que van desde el terrorismo a los ciberataques y el fracaso de la gobernanza mundial.

[3] El protagonismo de las noticias falsas en la vida política y social y la investigación en torno a ese fenómeno se desarrollan intensamente primero en los EE.UU. Europa apenas empieza ahora a despertar a esa nueva realidad. Por ello, la mayor parte del material y la bibliografía utilizados en este trabajo proceden de aquel país.

Por supuesto, el fenómeno de las noticias falsas no se circunscribe a los EE.UU.

— Francia: La campaña de Macron, financiada en un 30% por Arabia Saudí.
— Argentina: El sueldo de los presos es un 46% más alto que el de los jubilados.
— Reino Unido: «We're from Europe, Let Us In», foto de portada del Daily Mail con inmigrantes saliendo de la trasera de un camión (pie de foto falso).
— España: la anciana que aparece siendo trasladada por guardias civiles en un colegio electoral de Cataluña se hizo una foto con Otegui (foto falsa).

Tampoco se limita a la información política o de contenido ideológico:

— Un alienígena es visto subiendo a un OVNI en Rumanía (vídeo).
— Emilio Botín no murió de un infarto en casa, sino que fue asesinado por el amante de su hija.
— Pierde el miembro viril por intentar violar a una chica que llevaba el «condón-trampa».

2. UN INTENTO DE DEFINICIÓN. NOTICIAS FALSAS, BULOS Y TEORÍAS CONSPIRATIVAS

Denominamos noticias falsas a aquellas informaciones escritas o audiovisuales que, siendo verificablemente falsas en todo o en parte, se confeccionan, aun a sabiendas de su falsedad, y difunden deliberadamente, dotándolas de una apariencia informativa auténtica que las presenta como noticias serias; su objetivo es engañar, manipular o aprovecharse de sus destinatarios, generalmente con fines económicos o políticos. Algunas son enteramente falsas, mientras que otras contienen o parten de una verdad (en cuyo caso, como sucede con toda mentira, resultan más eficaces).

En nuestra sociedad, las noticias falsas se difunden principalmente a través de Internet y, en particular, de las redes sociales, hecho que les confiere una potencia y repercusión históricamente sin precedentes.

Las noticias falsas están emparentadas con otros fenómenos de difusión de contenidos falsos, o desinformación, como los *hoaxes* (bulos) y las teorías conspirativas, que pueden coexistir y combinarse con ellas de diversas maneras. En ocasiones, noticias falsas, bulos y teorías conspirativas nacen de intenciones, responden a fines y surten efectos similares, o se mezclan unos con otros. Asimismo, los perfiles de los distintos tipos de desinformación a veces se difuminan y pueden confundirse, aunque cabe establecer algunas distinciones relevantes.

Así, «*hoax*» es definido por el diccionario Merriam Webster como un acto realizado con el propósito de engañar, pero también, simplemente, como impostura, algo aceptado o establecido «por fraude o invención», por ejemplo, el monstruo del Lago Ness; Por su parte, la Wikipedia lo distingue de las leyendas urbanas, los rumores y la pseudociencia (que a menudo nacen o se transmiten de buena fe), por su carácter deliberado.[4] En ese carácter deliberado, al igual que en su amplia y acelerada propagación por Internet, los bulos coinciden con las *fake news*; éstas, sin embargo, se distinguen por su apariencia de auténticas noticias de actualidad, mientras que los bulos pueden surgir como advertencias, exhortaciones, consejos o explicaciones, y a veces se propagan por canales distintos de los propios de las noticias falsas, por ejemplo, las cadenas de mensajes.

En cuanto a las teorías conspirativas, son explicaciones de un acontecimiento o conjunto de circunstancias que se considera el resultado de un complot urdido en secreto por un poderoso y relativamente reducido grupo de personas que persigue generalmente un objetivo siniestro. Las teorías conspirativas son notoriamente resistentes a la refutación, pues «añaden nuevas capas de conspiración para racionalizar cada nueva prueba que se aduce para refutarlas» (Wood, M.; Douglas, K. y Sutton M. (2012). Ejemplos de teorías conspirativas son que una célula descontrolada del MI6 asesinó a la Princesa Diana, que el virus del SIDA se creó en un laboratorio militar estadounidense o que la llegada a la luna fue un montaje. Las teorías conspirativas a veces inspiran noticias falsas (por ejemplo, la red de pedofilia que Hillary Clinton supuestamente dirigía desde la pizzería Comet Ping Pong[5]) o bulos. Sin embargo, no siempre

---

[4] Hoax. En Wikipedia (EN). Obtenido en mayo de 2017 de https://es.wikipedia.org/wiki/Wikipedia:Citar_Wikipedia

[5] https://www.snopes.com/pizzagate-conspiracy/

responden a una intención deliberada de engañar, en ocasiones son verdaderas y, como decimos, resultan difíciles de comprobar o son simplemente inverificables.

Las noticias falsas se suelen distinguir también de las informaciones meramente sesgadas o tendenciosas, por ejemplo, los titulares de prensa sensacionalista cuya falsedad puede ser menos inequívoca, así como de los errores informativos involuntarios (por ejemplo, la información de que Trump había retirado un busto de Martin Luther King del Despacho Oval a su llegada a la Casa Blanca).

También se suelen distinguir las noticias falsas de las informaciones o noticias de carácter satírico, de las que abundan los ejemplos, en particular en medios especialmente dedicados a ellas, como *The Onion* o *El Mundo Today*. La diferencia estriba en la finalidad humorística o crítica de estas últimas. Sin embargo, es frecuente que una información que se aleja de la verdad con fines humorísticos se descontextualice y transmita como verdadera, convirtiéndose así, por su repercusión y efectos, en «fake news».

3. UN POCO DE HISTORIA QUE SE REPITE

Aunque hoy muchos hablan de noticias falsas y desinformación, el fenómeno dista de ser nuevo: Noticias falsas, bulos y teorías conspirativas existen desde hace siglos. Sin necesidad de remontarse a la campaña de descrédito contra Marco Antonio durante el Segundo Triunvirato o a los bulos sobre judíos que asesinaban a niños para beber su sangre en la Europa de la Edad Media, en el siglo XVII, mucho antes de las redes sociales, «bulos y falsedades alimentaban pasquines y gacetas en Europa» e «informaciones sin fundamento corrían por los parques de Francia hasta alcanzar las primeras páginas» (Darnton, 2017).

Desde un principio, las noticias falsas han tendido a la exageración y el sensacionalismo. Con frecuencia eran informaciones sobre brujas o engendros, como el monstruo con cabeza de furia, escamas, alas de murciélago y cola de dragón, transportado en barco desde Chile a España en la década de 1780. Los desastres naturales se presentaban a menudo como castigo a los pecadores, mientras que muchos supervivientes debían su vida a la intervención divina: en las «*relações de sucesos*», un nuevo género de panfleto surgido tras el terremoto de Lisboa de 1755, se narraban historias de personas salvadas por apariciones de la Virgen; este fenómeno, por cierto, incitó a Voltaire a convertirse en azote de bulos religiosos. En la ola del progreso científico, casi un siglo después, en 1835, el *New York Sun* publicaba una serie de artículos de gran repercusión sobre el descubrimiento de vida en la luna, incluido material gráfico.

A veces, las noticias falsas, teorías conspirativas y bulos han buscado inflamar pasiones y prejuicios, llegando a generar acciones violentas. Por ejemplo, en EE.UU, durante el siglo xix, las numerosas noticias sobre crímenes o levantamientos de esclavos negros provocaron violentas reacciones contra las comunidades afroamericanas. En ese mismo país, la campaña de desinformación sobre el hundimiento del crucero Maine lanzada desde los medios de prensa del magnate Hearst creó un estado de opinión favorable a la guerra contra España en Cuba.

En el siglo xx, las noticias falsas se han utilizado abundantemente como instrumentos de la propaganda política de los Estados. Su uso se exacerbó ya durante la Primera Guerra Mundial. Unos años más tarde, en *Mein Kampff,* Hitler (2017) se refiere a ella:

> «La propaganda no debe investigar la verdad objetivamente...sino solo presentar el aspecto de la verdad que es favorable al propio bando (...) las facultades receptoras de las masas son muy limitadas, y sus conocimientos, débiles. Además, las masas enseguida olvidan.»

Durante la Segunda Guerra Mundial, en colaboración con el servicio británico de inteligencia y con el objetivo de desmoralizar y confundir al enemigo, Sefton Delmer difundía noticias falsas en un programa de radio que se captaba en Alemania y alcanzó notable audiencia; en él Delmer denunciaba la corrupción en Alemania, como consecuencia de la cual, por ejemplo, soldados alemanes heridos estaban recibiendo transfusiones de sangre de prisioneros eslavos infectada de sífilis.

Durante la Guerra Fría, el término utilizado fue «desinformación», aparecido en la Segunda Guerra Mundial simultáneamente en ruso *(dezinformatsiya)* e inglés: una información deliberadamente falsa para sembrar la discordia entre las filas enemigas. La Gran Enciclopedia Soviética la describía en 1953 como «diseminación a través de prensa, radio, etc. de informaciones falsas con el fin de engañar a la opinión pública», y acusaba a los Estados Unidos de utilizarla contra la URSS. De hecho, la desinformación fue un arma habitual de las superpotencias. Por ejemplo, fue ampliamente utilizada por la CIA[6] a través de la prensa iraní en la operación para llevar al poder a Reza Palevi en los años 50. Años después tuvo lugar la célebre Operación «Infektion», en denominación de los servicios de inteligencia de Alemania del Este. El KGB[7] sembró una teoría conspirativa sobre el origen del SIDA según la cual el virus se había originado en un laboratorio estadounidense de armas biológicas. La campaña empezó con una carta anónima enviada a un pequeño diario indio, *The Patriot*, del que después se descubriría que recibía financiación soviética. En julio de 1983, ese mismo periódico titulaba en primera plana: «El SIDA puede invadir la India: Misteriosa enfermedad creada por experimentos estadounidenses». Dos años más tarde, la información era recogida por un influyente semanario soviético, *Literaturnaya Gazeta*. De ahí pasó a una cincuentena de medios de prensa internacionales, incluidos CBS News, tabloides británicos, prensa afroamericana y gay y publicaciones críticas con la CIA. El antiguo presidente de Sudáfrica, Thabo Mbeki, llegó a utilizarla para negarse a aceptar el uso de medicamentos antirretrovirales contra la enfermedad[8].

También hay ejemplos en el pasado de noticias falsas nacidas con finalidad humorística y que, tras descontextualizarse, se difunden como verdaderas: la invasión de los marcianos radiada por Orson Welles en 1938 o la declaración unilateral de independencia de Flandes, retransmitida en directo y con amplio despliegue informativo por la televisión pública belga de lengua francesa en diciembre de 2006.

En el último medio siglo se multiplican las teorías conspirativas con implicaciones políticas. En Estados Unidos, muchos creyeron o siguen creyendo que Roosevelt supo del ataque contra Pearl Harbour antes de que este se produjera, que Johnson participó en el asesinato de Kennedy o que el Gobierno estuvo implicado en los atentados del 11 de septiembre de 2001. Otro atentado, el del 11 de marzo de 2004 en España, dio origen a teorías conspirativas lanzadas desde varios medios de comunicación sobre las circunstancias, instrucción y juicio de aquellos sucesos.

---

[6] Agencia Central de Inteligencia de los EE.UU.

[7] Comité para la Seguridad del Estado de la Unión Soviética.

[8] Véase Qiu (2017).

Asimismo, es una constante histórica muy anterior a Internet que el progreso tecnológico favorece la pujanza de las noticias falsas y otros modos de desinformación. Por ejemplo, con la invención de la imprenta en 1439 o la modernización tecnológica de los medios de comunicación en la revolución industrial.[9]

4. ¿POR QUÉ HABLAMOS AHORA DE ELLAS?

Si el fenómeno de las noticias falsas es antiguo y conocido, ¿por qué se convierte ahora en foco de atención, análisis, debate y preocupación?

Probablemente es por el salto cuantitativo en la proliferación de las noticias falsas mediante Internet y las redes sociales: World Wide Web, posteriormente Web 2.0 y hoy plataformas como Facebook, YouTube o Twitter, aceleran en cuantía sin precedentes la multiplicación de la información falsa transmitida, así como el número de sus destinatarios y de sus emisores. El problema, suele decirse, no son las noticias falsas, sino la facilidad y rapidez de su propagación.

Otro factor es el manifiesto, brutal y repentino impacto de las noticias falsas y la desinformación sobre la vida política, especialmente en las democracias desarrolladas, y muy particularmente, en los Estados Unidos, donde, en opinión de muchos, fueron clave en la elección presidencial de 2016. Innumerables informaciones, análisis, y comentarios pueblan el debate público, intentando describir, explicar o interpretar el fenómeno o buscando protegerse contra él. También los poderes políticos y las grandes empresas tecnológicas fijan su atención en este problema, y cunde el temor a que la eficacia de la desinformación ponga en peligro los fundamentos mismos de la democracia.[10]

---

[9] Allcott y Gentzkow (2017). Así, la multiplicación del número de diarios y periódicos sensacionalistas e hiperpartidistas a principios del siglo XIX no habría sido posible sin la tecnología de las nuevas imprentas y el papel prensa de bajo coste. También en otros momentos la democracia estadounidense se ha visto a sí misma amenazada por cambios en la tecnología de los medios de comunicación. Cuando la radio y la televisión se hicieron dominantes cundió el temor a que las nuevas plataformas perjudican el debate político serio y profundo en beneficio de candidatos carismáticos o telegénicos, y concentran el poder en manos de unas pocas grandes empresas.

[10] La publicación *Journal of Democracy* dedicaba en abril de 2017 un monográfico a la elección presidencial de 2016. El primer capítulo tiene por título «¿Puede la democracia sobrevivir a Internet»? En la introducción el autor comenta con perplejidad: «Quienes nos leen desde hace tiempo repararán en que esta es la primera vez que *Journal of Democracy* dedica una serie de artículos a la situación de la democracia en los Estados Unidos». (Persily (2007.)

5. FUENTES Y DIFUSIÓN

Por lo general, el ciclo de vida de una noticia falsa nace en una web o página dedicada a la elaboración y publicación de contenidos falsos. Algunos de tales sitios han sido creados con el único propósito de publicar artículos falaces. Sus nombres a menudo se escogen para asemejarse a fuentes de información legítimas, por ejemplo, ABCnews.com.co o Denver Guardian. Otros contienen una mezcla de informaciones con fuerte sesgo partidista junto con noticias patentemente falsas, por ejemplo, Infowars o Conservative 101. Un tercer grupo publica noticias satíricas que, sacadas de contexto, pueden ser interpretadas literalmente y difundidas como auténticas.

Una vez creada, la noticia falsa es redifundida por webs similares, recogida en los resultados de motores de búsqueda y, sobre todo, transmitida y multiplicada a través de las redes sociales; cuando la propagación alcanza gran velocidad y proporciones se habla de «viralización»; es decir, la noticia sigue los patrones de transmisión y multiplicación infecciosa típicos de los virus. Además, la difusión no solo procede de participantes humanos. La automatización ha llegado a la propagación de falsas noticias con el uso de *bots* sociales[11] programados para gestionar cuentas en plataformas como Twitter. El primer estudio empírico cuantitativo que muestra el papel desempeñado por los bots sociales en la difusión de noticias falsas analizó 14 millones de mensajes, que redifundieron 400.000 afirmaciones procedentes de conocidas webs de noticias falsas (Shao, Ciampaglia y otros: 2017)[12]

En algunos casos, los propios medios de comunicación convencionales terminan recogiendo o citando una noticia falsa así generada y difundida; a veces, tras una deficiente comprobación, la toman erróneamente

---

[11] Un tipo de *bot de charla* que se utiliza en las redes sociales para generar automáticamente mensajes (p.ej., tweets) o defender ciertas ideas, campañas de apoyo y relaciones públicas, actuando como «seguidor» o incluso como cuenta falsa que reúne a seguidores. Social Bot (sin fecha). En *Wikipedia*, obtenido el 24 de enero de 2018 de https://en.wikipedia.org/wiki/Social_bot).

[12] «Encontramos pruebas de que los bots sociales desempeñan un importante papel en la difusión de noticias falsas. La probabilidad de que una cuenta dedicada activamente a difundir desinformación fuera un bot resultó significativamente más alta. Las cuentas automáticas son especialmente activas en las primeras fases de la difusión de contenidos virales y tienden a tomar por blanco a usuarios influyentes. Los seres humanos son vulnerables a esta manipulación, y retuitean a los bots que han publicado noticias falsas. Las fuentes de afirmaciones falsas y sesgadas de mayor éxito gozan de un fuerte apoyo de bots» (Shao, Ciampaglia y otros, 2017).

por auténtica y la publican; en otros casos, la denuncian, comentan o refutan.

6. DIMENSIÓN E IMPACTO

Millones de personas, particularmente en los EE.UU., utilizan las redes sociales para informarse, y una parte las prefiere a los medios de comunicación establecidos como prensa, radio o televisión. En un trabajo para el Pew Research Center, Shearer y Gottfried (2017) observaron que dos tercios de los adultos de aquel país (67%) recibía noticias e información a través de las redes sociales, lo que representaba un aumento de 5 puntos porcentuales respecto del año anterior. Una quinta parte lo hacía a menudo (Fig. 1).

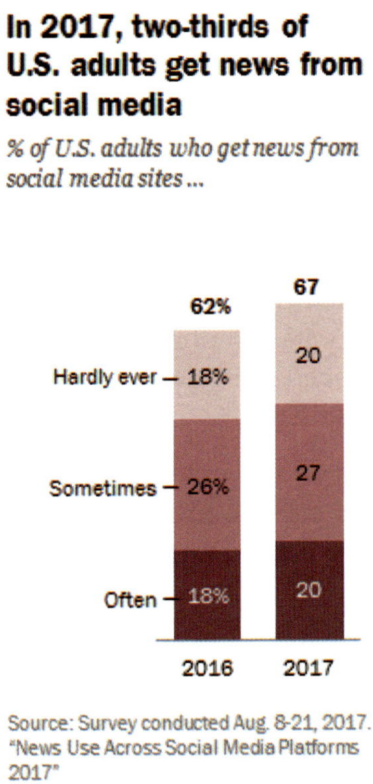

Fuente: Encuesta realizada los días 8-21 de agosto de 2017.
«Uso de noticias en las plataformas de medios sociales 2017» Pew Research Center

Figura 1. Porcentaje de adultos estadounidenses que se informan a través de los medios sociales

Como principal proveedor de noticias, sobresale Facebook. Una encuesta de Ipsos realizada para BuzzFeed News en 2016 reveló que un 23% de los encuestados utilizaba Facebook como principal fuente de noticias, y un 27%, como fuente secundaria (Silverman y Singer-Vine, 2016).

Ahora bien, sucede que las noticias falsas parecen propagarse más y mejor que las auténticas, particularmente por las redes sociales. Silberman (2016) descubrió que, entre agosto y noviembre de 2016, las 20 noticias falsas sobre la elección presidencial procedentes de webs de bulos y blogs hiperpartidistas consiguieron mayor interacción o *engagement*[13] en Facebook que las 20 noticias con mayor participación procedentes de los 19 principales medios de comunicación establecidos, incluidos el New York Times, el Washington Post, el Huffington Post y NBC News (Fig. 2).[14]

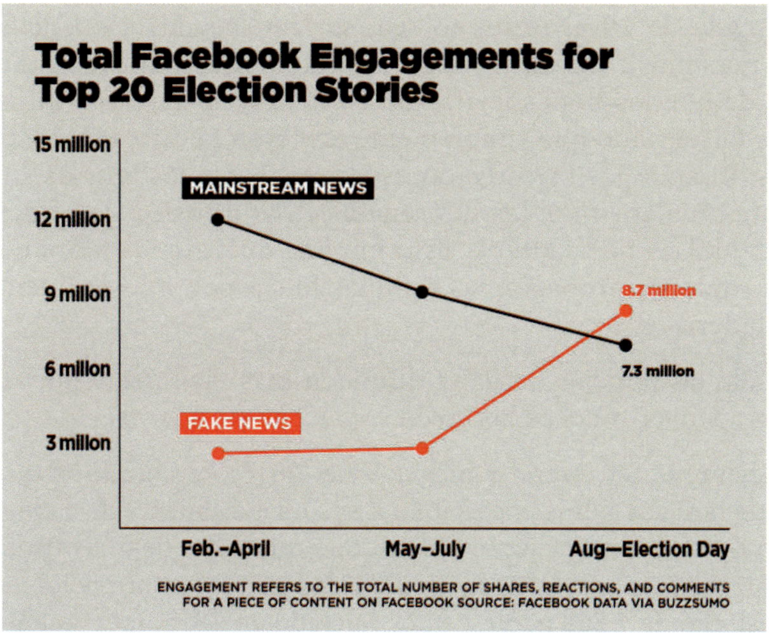

Fuente: Datos de Facebook a través de BuzzFeed News.

Figura 2. Interacción total en Facebook en relación con las 20 noticias electorales más vistas. Por interacción (engagement) se entiende el total de acciones relativas a un contenido publicado en Facebook como compartir, reacciones y comentarios

[13] En Facebook, el *engagement* se refiere a la suma de acciones «Me gusta», «Comentar» y «Compartir».

[14] 8.711.000 interacciones frente a 7.367.000.

En un estudio de gran alcance publicado en *Science*, Vosoughi, S.; Roy, D. y Aral, S. (2018) investigaron el diferencial de difusión en Twitter de un gran número de noticias comprobadamente auténticas y falsas entre 2016 y 2017.[15] Los datos consistieron en 126.000 noticias tuiteadas 4,5 millones de veces por tres millones de personas. Los resultados son reveladores: «La falsedad se difundió significativamente más lejos, más deprisa, con más profundidad y más ampliamente que la verdad en todas las categorías de información». Por ejemplo, la probabilidad de que una noticia falsa sea retuiteada es un 70% mayor que la de una noticia verdadera; las noticias verdaderas casi nunca se difundieron a más de 1.000 personas, mientras que el 1% más difundido de noticias falsas llegaron a entre 1.000 y 1.000.000 personas. Asimismo, las noticias verdaderas necesitaron seis veces más tiempo que las falsas para llegar a 1.500 personas y 20 veces más para realizar una cascada de 10 usuarios (o sea, ser retuiteadas secuencialmente por 10 personas). Otro resultado notable del estudio es el descubrimiento de que los bots sociales no contribuyen más a la difusión de noticias falsas, sino que simplemente aceleran la difusión de todas las noticias: Cuando los investigadores eliminaron a los bots de sus datos mediante un algoritmo, las diferencias en la difusión de noticias verdaderas y falsas no se alteró. Esto implica que son los humanos, y no los bots, quienes propagan las noticias falsas con más frecuencia que las verdaderas.

No solo las noticias falsas se difunden más fácilmente por las redes sociales; además, muchos las creen.

Por ejemplo, Silverman y Singer-Vine (2016) descubrieron que los titulares de noticias falsas engañaban a sus encuestados 3 de cada 4 veces. No es la única investigación empírica que muestra que a los usuarios les cuesta juzgar correctamente la credibilidad de una información en línea. En un estudio de 7.800 adolescentes iniciado en 2015, mucho antes de la controversia sobre las noticias falsas y su influencia, investigadores del Stanford History Education Group llegaron a la conclusión de que los alumnos no distinguían los contenidos patrocinados de las noticias propiamente dichas, ni siempre reconocían el sesgo político de los mensajes

[15] Los autores definen la noticia falsa como información inexacta presentada como verdadera o una opinión presentada como información fáctica.

en las redes sociales.[16] Sam Wineburg, el autor principal, comentaba un tiempo después: «Muchos suponen que el hecho de que los jóvenes utilicen los medios sociales con fluidez los hace perceptivos respecto de lo que se encuentran en ellos. Nuestro trabajo demuestra justamente lo contrario».

Al mismo tiempo, desde hace varios decenios se viene observando en los Estados Unidos un acusado descenso de la credibilidad de los medios de comunicación establecidos. Art Swift (2016), en un estudio para Gallup (Fig. 3), señala:

> «La confianza de los estadounidenses en que los medios de comunicación «informan de manera completa, exacta y ecuánime» ha caído a su nivel histórico más bajo desde que el instituto examina esta cuestión: tan solo el 32% de los encuestados dice confiar mucho o bastante en los medios de comunicación, lo que representa una caída de 8 puntos porcentuales con respecto al año anterior.»

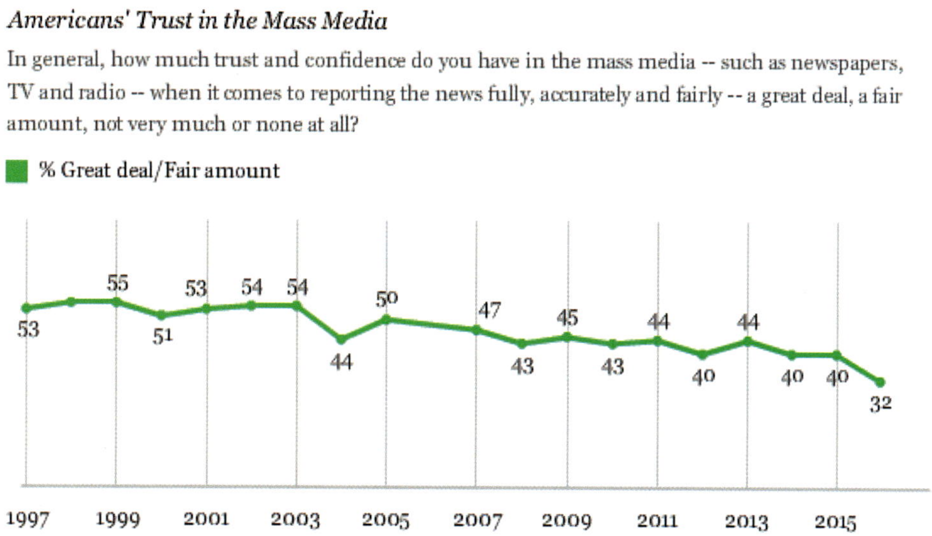

Fuente: Gallup.

Figura 3. ***Confianza de los estadounidenses en los medios de comunicación.*** **En general ¿En qué medida confía usted en que los medios de comunicación, como periódicos, televisión y radio, informan de manera completa, exacta y ecuánime? Mucho-Bastante-Poco-Nada**

[16] https://ed.stanford.edu/news/stanford-researchers-find-students-have-trouble-judging-credibility-information-online

En España, la prevalencia de las redes sociales como fuentes de noticias es menor que en Estados Unidos, pero está aumentando. Según el capítulo del *Digital News Report* 2017 dedicado a España, para los internautas «las redes sociales y blogs crecen como medio preferido de noticias (16%): superan a las webs y aplicaciones de diarios y revistas (15%) y son los únicos que crecen entre las fuentes online (39%)». La televisión sigue siendo el medio preferido para informarse. Por otra parte, la confianza en las noticias alcanza al 51% de los internautas, entre los que «las marcas periodísticas tradicionales siguen siendo los referentes informativos», a pesar de que el escepticismo es mayor entre los jóvenes y los que prefieren las redes sociales para informarse (Fig. 4).[17]

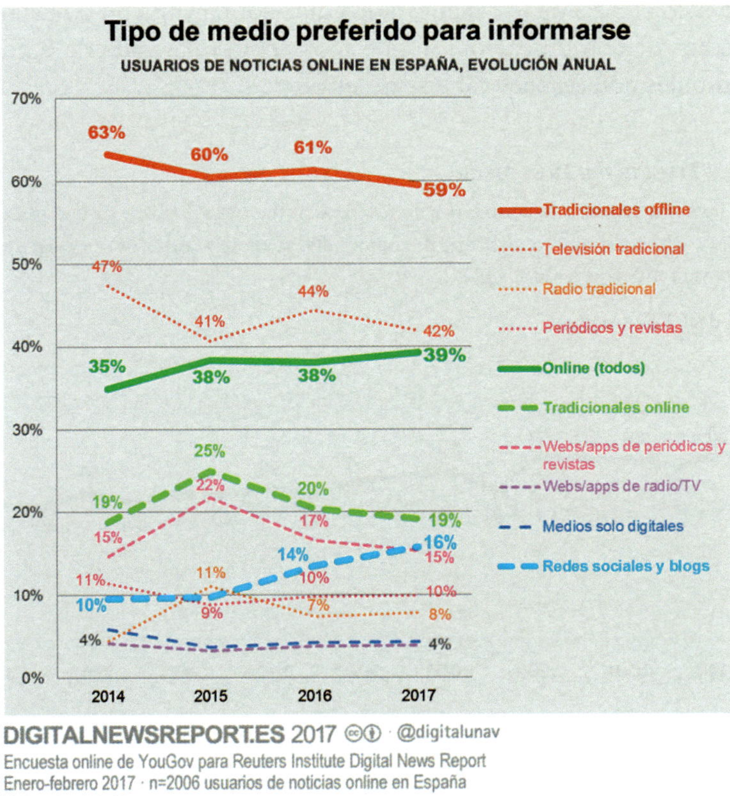

Fuente: Reuters Institute.

Figura 4

---

[17] Vara-Miguel, A Negredo, S y Amoedo, A. Eds (2017).

7. EFICACIA PSICOLÓGICA

La prevalencia de las noticias falsas aconseja preguntarse por sus causas. Estas probablemente deban buscarse en una confluencia de factores psicosociales, políticos y económicos que operan e interactúan dentro del entorno tecnológico de Internet. Dichos factores a la vez condicionan y están condicionados por ese entorno tecnológico.

En una primera aproximación, dos elementos parecen contribuir al éxito de las noticias falsas.

En primer lugar, su falsedad puede ser difícil de detectar. A esto contribuye, obviamente, la habilidad de sus autores para disfrazarlas y hacerlas aparecer como auténticas; también otros aspectos, como el formato comúnmente utilizado en las redes sociales: contenidos fragmentarios leídos en teléfonos o ventanas de noticias que pueden dificultar el juicio sobre la veracidad de una información (Allcott y Gentzkow, 2017).

Últimamente está cundiendo la inquietud ante las posibilidades de utilización de la inteligencia artificial para encubrir noticias falsas. Por ejemplo, en julio de 2017, utilizando técnicas de manipulación de imagen y sonido con ayuda de inteligencia artificial, investigadores de la Universidad de Washington consiguieron asociar mensajes hablados a movimientos faciales con gran realismo, lo que les permitió crear un vídeo falso de una persona diciendo cosas que jamás había dicho. La revista *Wired* habla de «Fake News 2.0» y advierte de que, en 2018, el actual temor a las noticias falsas palidecerá en comparación con la nueva tecnología capaz de mimetizar cualquier voz humana.[18]

Claro que no solo hay que fijarse en los productores de noticias y sus aptitudes. Hay que considerar también la capacidad del usuario para detectar la desinformación, que ya hemos visto que no abunda. Parecen faltar criterio y habilidad para enjuiciar la información y ello podría estar relacionado con carencias educativas; se suele hablar de una insuficiente alfabetización digital o informacional.[19]

---

[18] Melser (2018).

[19] Véase más adelante la sección Alfabetización digital .

Por otra parte, está el atractivo que ejercen las noticias, bulos y contenidos falsos similares. Las noticias falsas parecen poseer más atractivo que las verdaderas. Varios aspectos pueden contribuir a la popularidad de una información o un rumor: su novedad, su potencial para entretener o divertir, su carácter salaz, o controvertido, etc. que las verdaderas no poseen en la misma medida. «Es más fácil ser novedoso y sorprendente cuando uno no está vinculado por la realidad», en palabras de Roy, coautor de Vosoughi, S.; Roy, D. y Aral, S. (2018), quienes especulan en su estudio con la idea de que la falsedad se difunde más rápidamente porque satisface nuestro deseo de novedad. «Cuando la información es novedosa, no solo es sorprendente, sino también más valiosa, tanto desde la perspectiva de la teoría de la información (ayuda en mayor medida a la toma de decisiones) como desde la perspectiva social (transmite el estatus social del que «está al tanto» o tiene acceso a información privilegiada».[20]

Por otra parte, como apuntaba el psicólogo Kruglanski (2007) en frase cargada de resonancias aristotélicas: «Nadie desea deliberada y conscientemente información falsa». ¿Cuáles son entonces las causas de la gran aceptación de que goza la desinformación en el mundo contemporáneo?

Kruglanski busca la respuesta en el terreno de la motivación, recordando que, además del deseo consciente de información verdadera, el proceso de formación de creencias está influido por otros motivos más o menos inconscientes. Entre ellos destaca dos: la necesidad de certeza y la necesidad de un determinado resultado. En la medida en que estén presentes, el individuo propenderá a aceptar más fácilmente un mensaje dado sin embarcarse en demasiadas comprobaciones.

Así, si necesita certeza, la persona podrá sentirse atraída por mensajes simplistas (por ejemplo, los inmigrantes son la causa de todos los males de la sociedad).

Además, las personas tienden a buscar información que corrobore sus propias creencias. Esto se conoce como «sesgo de confirmación»,

[20] Todavía está por realizar, que sepamos, el estudio semiótico del relato de las *fake news*, en contraposición al de la noticia auténtica. Tal vez las noticias falsas contengan en mayor medida elementos comunes con el cuento popular, el folclore, las leyendas, etc. con su gran capacidad de atracción sobre la psicología humana.

un concepto esencial en la psicología y la economía comportamental acuñado en los años 60 por Peter Wason. El sesgo de confirmación, una forma de sesgo cognitivo, se define como la tendencia a buscar, interpretar, favorecer o recordar la información que coincide con nuestras creencias previas, rechazando o infravalorando aquella que las contradice[21].

Mecanismos de sesgo de confirmación son habituales en relación con opiniones políticas, estereotipos sociales, teorías conspirativas y, llamativamente, temas científicos (realidad del cambio climático, relación entre vacunas y autismo), etc. Se ha observado incluso que la presentación de hechos o argumentaciones contrarios a una creencia puede resultar no solo ineficaz para refutarla, sino incluso contraproducente. Brendan Nyhan y Jason Reifler (2016) relatan: «En ninguno de los cuatro experimentos (...) los subgrupos ideológicos modificaron sus creencias cuando se les presentó información correctora que contradecía sus predisposiciones. De hecho, en varios casos descubrimos que dichas correcciones reforzaban las opiniones erróneas (*misperceptions*) en los sujetos (ideológicamente) más comprometidos». Es decir, la presentación de hechos y argumentaciones tuvieron un efecto contraproducente (*backfire effect*)[22].

A menudo, el sesgo de confirmación no es un fenómeno estrictamente individual, sino que tiene un importante componente psicosocial, basado en el hecho de que los individuos propenden a identificarse con las creencias de los grupos a que pertenecen. Así, Kahan (2007) afirma que la adscripción a un determinado grupo

> «puede afectar a cómo las personas procesan la información sobre casi toda clase de estímulos en el mundo social. Los individuos tienden

[21] El concepto está relacionado con el de disonancia cognitiva, un «estado de tensión que se produce cuando una persona sostiene dos cogniciones psicológicamente incoherentes». La noción general de «razonamiento motivado» se refiere al enraizamiento de los procesos cognitivos en las emociones. En particular el deseo de reducir la disonancia cognitiva.

[22] En uno de los experimentos, los sujetos recibieron artículos de prensa falsos sobre la existencia de armas de destrucción masiva en Irak. Cuando posteriormente se les entregó otro artículo en que se corregía esa información mostrando que tales armas nunca se habían encontrado, los opositores a la guerra aceptaron el nuevo artículo y rechazaron el antiguo, mientras que los conservadores que la apoyaban hicieron lo contrario, es más: manifestaron estar incluso más convencidos que antes de la existencia de las armas en cuestión, argumentando que el nuevo artículo solo demostraba que Saddam Hussein las había destruido u ocultado.

a adoptar las creencias comunes a los miembros de los grupos a que pertenecen. Asimismo, se resisten a revisar dichas creencias cuando se encuentran con información fáctica contraria, especialmente si dicha información proviene de un grupo del cual no forman parte...Para evitar la disonancia y el extrañamiento de los grupos valorados, los individuos se resisten subconscientemente a la información fáctica que amenaza los valores que los definen».

Un año antes de la elección presidencial en EE.UU., Caitlin Dewey publicaba su última columna semanal en el Washington Post, *What was fake on the Internet this week,* con un regusto a derrota. Allí recogía unas palabras de Walter Quattrociocchi, jefe del Laboratorio de Ciencia Social Computacional del IMT, que estudia desde hace tiempo la propagación de desinformación y teorías conspirativas por Internet:

> «La desconfianza en las instituciones es actualmente tan alta, y el sesgo cognitivo es siempre tan poderoso, que las personas engañadas por bulos y noticias falsas a menudo solo están interesadas en consumir aquella información que se ajuste a sus opiniones, aunque sea demostrablemente falsa.»

La suspicacia se extiende por amplios sectores de la población y se dirige a instituciones como el Estado o los poderes económicos y financieros, y también a los científicos y expertos [23], así como a los medios de comunicación. Sobre estos últimos, Craig Silverman, creador de BuzzFeed, resaltaba la divergencia de perspectivas entre quienes trabajan en los medios y su público destinatario en una entrevista a Le Soir:[24]

> «Cuando conversas con periodistas, estos se refieren a su profesión hablando de buscar la verdad, informar a sus lectores o servir de contrapoder. Pero si se pregunta a los ciudadanos, la percepción es radicalmente distinta: Muchos consideran a los medios como una pieza del gran engranaje compuesto también por el Estado y las grandes empresas. Existe entre la opinión pública una tendencia generalizada a pensar que los medios no están de su parte.»

---

[23] «Las gentes de este país están hartas de los expertos», en célebre frase de Michael Gove durante la campaña del Brexit. Véase también Nichols (2017).

[24] Le Soir, 8 de mayo de 2017.

8. PERSONALIZACIÓN TECNOLÓGICA Y DESINFORMACIÓN

Internet y los medios sociales han adquirido una capacidad sin precedentes para personalizar los contenidos que ofrecen, adaptándolos a los perfiles e intereses de sus usuarios. Los gigantes de la Red, como Google o Facebook, poseen las herramientas de personalización de mayor impacto, aunque la práctica es común y se extiende continuamente.

Tras iniciar la personalización con grupos limitados de usuarios en 2005, Google amplió sus algoritmos de personalización a todas las búsquedas en 2009. Fue el fin del Google estándar, basado en un algoritmo único de pertinencia. Los nuevos algoritmos utilizan decenas de categorías de datos, como historiales de navegación, búsquedas anteriores, localización, preferencias seleccionadas por el usuario, marca y modelo del dispositivo, etc., para seleccionar y ordenar los resultados, que automáticamente nos proporcionarán lo que supuestamente nos interesa ver o conocer.

Por otra parte, Facebook define como «alta calidad» ofrecer «el contenido pertinente a la persona adecuada en el momento oportuno». Se trata de mostrar todo lo que el usuario desea ver, en el orden en que quiere verlo. Para ello, se busca y registra todo el material publicado en la semana anterior por cada uno de los amigos, seguidos, grupos a que se pertenece y páginas que han gustado. Sobre esa base, el algoritmo ordena cada noticia o contenido nuevo para mostrarlos en función de lo que supone que el usuario valora.

En «The Filter Bubble: What the Internet is Hiding From You», Eli Pariser (2001) acuñó el término «burbuja filtrante» (*filter bubble*) para designar cómo las vidas en línea personalizadas algorítimicamente nos aíslan de las opiniones y perspectivas contrarias a la nuestra: Los algoritmos que nos proporcionan contenidos «pertinentes» pueden limitar la información a que tenemos acceso, por ejemplo, haciendo que la información que recibimos se ajuste a nuestras creencias previas y aislándonos de las que son contrarias, agudizando los sesgos de confirmación. Una noción similar es la de «cámara de eco» (*echo chamber*). Metáfora de las cámaras acústicas cerradas que se utilizan para producir reverberación en los estudios de grabación, se define como una situación grupal en que la información, ideas y creencias se rebotan y amplifican entre los individuos que se encuentran en su interior, siendo las opiniones discrepantes censuradas o pasadas por alto».

El día después del referéndum británico sobre la permanencia en la UE, el activista de internet Tom Steinberg narraba en Facebook su experiencia con el poder de la burbuja filtrante. (Viner, K, 2016):

> «Estoy buscando en Facebook a personas que estén celebrando la victoria del Brexit, pero la burbuja filtrante es TAN fuerte y está TAN extendida en cosas como la búsqueda personalizada de Facebook que no puedo encontrar a nadie feliz por el resultado, ***a pesar de que más de la mitad del país está celebrándolo*** y de que estoy buscando activamente a alguien de esa mitad para ver lo que está diciendo.»

Los mecanismos de funcionamiento y personalización de las redes sociales en relación con los sesgos de confirmación y las cámaras de eco son objeto de un creciente interés de los investigadores.

En un amplio estudio, Schmidt *et al.* (2017) examinaron la difusión de noticias por las redes sociales y sus efectos. Al resumir el estado de la cuestión, señalaban que la polarización en las redes y la polarización social se reflejan y fomentan recíprocamente:

> «Numerosas investigaciones han abordado el consumo de noticias en las redes sociales y su efecto polarizador sobre la opinión pública... La comunicación se ha vuelto cada vez más personalizada...Una serie de estudios recientes demuestran empíricamente el papel fundamental que desempeñan el sesgo de confirmación y la exposición selectiva en la dinámica social en línea... Los usuarios tienden de hecho a centrarse en relatos específicos y unirse a grupos polarizados (cámaras de eco) donde terminan reforzando su visión del mundo [incluso si los contenidos son deliberadamente falsos...]y descartando la información contraria.»

Utilizando datos de 920 fuentes de noticias y 370 millones de usuarios recogidos durante un período de 6 años (2010-2015), Schmidt *et al.* (2017) llegan a la siguiente conclusión:

> «Los participantes en las redes sociales tienden a desarrollar comunidades sólidas y bien definidas en torno a las fuentes de noticias que les interesan y a establecer conexiones con personas de opiniones similares.»

En otro estudio experimental, Quattrociocchi *et al.* (2016) se preguntaban si realmente existen las cámaras de eco en las redes sociales. Sus resultados apuntan a una respuesta afirmativa:

«El examen de cómo un conjunto de usuarios italianos y estadounidenses de Facebook reaccionaron a dos relatos distintos (uno relacionado con teorías conspirativas y otro con afirmaciones científicas) aporta datos cuantitativos que lo demuestran. Las causas tienen que ver con la tendencia de los usuarios a favorecer sus relatos preferidos y, de este modo, formar grupos polarizados. El sesgo de confirmación ayuda a explicar las decisiones de los usuarios sobre si difundir o no un contenido, lo que crea cascadas informativas en el interior de comunidades identificables. Al mismo tiempo, la acumulación de esa información preferida dentro de dichas comunidades refuerza la exposición selectiva y la polarización del grupo.»

9. MODELO DE NEGOCIO Y BENEFICIARIOS, ASPECTOS JURÍDICOS Y ÉTICOS

La explosión cuantitativa y el auge de las noticias falsas son posibles gracias a las tecnologías de Internet. Esas tecnologías permiten niveles de propagación y personalización de la información varios órdenes de magnitud por encima de todo lo visto hasta hoy. Ahora bien, para comprender el fenómeno de la desinformación no basta considerar la tecnología digital o cómo esta interactúa con ciertos procesos psicológicos o psicosociales. Es necesario también tener en cuenta cómo la realidad económica nacida de la revolución digital condiciona los fines y circunstancias de sus creadores, transmisores, receptores y beneficiarios.

9.1. Los creadores

El enorme volumen de información falsa en circulación no sería posible sin el desplome que la revolución digital ha provocado en los costes de producción y difusión de la información. Cualquier individuo o pequeño grupo puede hoy, desde un simple blog, una web o una cuenta de Facebook o Twitter, llegar a gran número de destinatarios, a veces tantos como la *CNN*, *Le Monde* o *El País*. En particular, puede beneficiarse económicamente gracias a los ingresos publicitarios: basta situar anuncios en las páginas o provocar los clics de los lectores. El efecto multiplicador de las redes, que tampoco acarrea apenas coste económico para el usuario (retuitear es prácticamente gratuito), hace el resto.

Allcott y Gentzkow (2017) hablan de un descenso de las «barreras de entrada» al mercado de la información para referirse a la reducción de los costes fijos que acarrea el mantenimiento de un medio de información. Ello convierte en rentables las estrategias de pequeña escala y corto plazo típicas de los productores de noticias falsas, que ni siquiera necesitan alcanzar credibilidad o proteger su reputación, pues en todo momento pueden crear nuevas webs o cuentas desde las que proseguir sus actividades.

Esto contribuye a dos fenómenos:

— Se pasa de un modelo con un emisor y muchos receptores a otro con múltiples emisores, lo que difumina la responsabilidad y protege al creador original de una noticia falsa.
— La información circula directamente entre los usuarios. De este modo, desaparecen los intermediarios, los guardianes de la información que eran los medios tradicionales, con sus directores y redacciones, y con ellos, todo filtro, comprobación o línea editorial, sustituidos por las preferencias de los usuarios o los algoritmos de las plataformas de Internet.

El motivo principal que impulsa a muchos creadores de noticias falsas es el económico. En efecto, en la medida en que una información atrae lectores, genera ingresos publicitarios. Cuando se viraliza, dichos ingresos se multiplican. Ahora bien, hace algunos años, una serie de emprendedores de Internet se dieron cuenta de que pocas cosas atraen tráfico y clics con mayor eficacia que los contenidos que inflaman o reivindican los sesgos de sus lectores. Así, el dueño de Nbc.com.co y otras webs de noticias falsas se puso a inventar noticias para provocar reacciones fuertes en los lectores de mediana edad e ideología conservadora (Dewey (2015). Dado que estos son usuarios intensivos de Facebook, constituían la audiencia ideal.

Durante la campaña presidencial de 2016, sendas investigaciones de BuzzFeed y The Guardian revelaron la existencia de 140 webs dedicadas a la publicación de noticias falsas dirigidas por jóvenes y adolescentes desde la pequeña ciudad de Veles, en Macedonia. A veces, las noticias favorecían a Trump, otras a Clinton. El incentivo era económico: el clic en un anuncio de un usuario estadounidense de Facebook produce cuatro veces más ingresos que el de un usuario de otro país. En un caso similar, la página *Ending the Fed*, propiedad de un rumano de 24 años, resultó ser el origen de cuatro de las diez noticias falsas más compartidas en Facebook durante la campaña (casi tres millones de interacciones), incluida la relativa a que el Papa Francisco apoyaba a Trump (Townsend, 2016).

9.2. Las plataformas de Internet

De las noticias falsas y otros tipos de desinformación no se lucran económicamente solo quienes las producen. Las plataformas por las que se propagan, como Facebook, Google o Twitter, son propiedad de empresas cuyo modelo de negocio se basa en rentabilizar la actividad y la interacción de los usuarios (los clics en los anuncios de Google, el *engagement* de Facebook, etc.).

Como esas empresas se benefician materialmente de la difusión de contenidos que llaman la atención del usuario y lo mantienen conectado y activo, sus potentes algoritmos tienden a favorecer dicha difusión. Ahora bien, como sabemos, la psicología humana parece encontrar las noticias falsas, bulos y teorías conspirativas más interesantes y «compartibles» que otros tipos de información más sobria y digna de confianza. De este modo las noticias falsas se convierten en una importante fuente de ingresos para las grandes plataformas de Internet, al margen de si sus propietarios las aborrecen o lamentan sus efectos. Dado el peso de estas últimas en la economía mundial,[25] se ha acusado al «capitalismo digital contemporáneo» de haber convertido en extremadamente rentables la producción y difusión de relatos falsos (Morozov, 2017).

Es necesario fijarse también en el concepto que estas plataformas tienen de sus propios fines y actividad. Facebook, Google o Twitter se autodefinen en contraposición a los proveedores de contenidos, como son los medios de comunicación tradicionales. Ellas no crean contenido, sino que proporcionan vías de acceso a los contenidos producidos por otros. Google tiene por lema «organizar la información del mundo y hacerla universalmente accesible y útil». La misión original de Facebook era hacer «el mundo más abierto y conectado».

---

[25] Por poner un ejemplo, Facebook, con 2.000 millones de usuarios mensuales activos generó, solo en el primer semestre de 2017, más de 17.000 millones de dólares en ventas.

Lo anterior tiene profundas implicaciones. Algunas son de naturaleza económica y jurídica, y afectan a la distribución de ingresos y la atribución de responsabilidades; por ejemplo, Google obtiene un ingreso cuando enlaza a un contenido en el que hace clic un usuario; sin embargo, siempre ha sostenido ante otras empresas, así como ante las autoridades y los tribunales que: a) no tiene que compartir los ingresos que obtiene con los propietarios del contenido al que da acceso b) tampoco es responsable de ese contenido enlazado. Análogamente, Facebook se ha autodefinido en el pasado como «una empresa tecnológica, no un medio de comunicación», que no es responsable del contenido, sino solo de las «cañerías» por las que este circula. Esas posturas se fundamentan jurídicamente en una disposición de la *Communications Decency Act* de 1966 en virtud de la cual «ningún proveedor o usuario de un servicio informático interactivo será tratado como el editor o autor (*speaker*) de ninguna información facilitada por otro proveedor de información. (Sección 230, c). Esta disposición desempeña un papel esencial en el modo en que se organiza Internet.

También existen implicaciones éticas o filosóficas. Si la misión de estas plataformas consiste en hacer accesible la información, cabe sostener en principio que ellas mismas deberían mantenerse, en la medida de lo posible, neutrales respecto de los contenidos que circulan en su interior, sin privilegiar o penalizar unos u otros.

De hecho, el temor ante la enorme capacidad de influencia de estas plataformas ha motivado que a menudo se les haya reclamado enérgicamente neutralidad desde diferentes sectores sociales. Sin embargo, esa neutralidad resulta también problemática desde muchos puntos de vista. Por ejemplo, desde los poderes públicos se viene exigiendo a las plataformas de Internet que controlen la circulación de contenido ilegal, como la pornografía infantil o la incitación al odio o la violencia. Por otra parte, la consideración de «ilegal» depende de la legislación de cada país, lo cual plantea un problema cuando los gobiernos de algunos Estados intentan aplicar mecanismos de censura contrarios a los derechos humanos. La clausura por parte de Google de sus servicios de búsqueda en China en 2010 tras negarse a seguir aplicando la legislación de censura de Internet fue un caso de gran repercusión.

El tema de la neutralidad afecta decisivamente al fenómeno de las noticias falsas. Por ejemplo, en mayo de 2016 la revista Gizmodo recogía una denuncia de antiguos empleados de Facebook según la cual los equipos humanos encargados de elaborar los *trending topics* suprimían indebidamente opiniones e historias de interés para los usuarios conservadores. Ante semejante acusación de parcialidad, Facebook optó por sustituir totalmente dichos equipos por algoritmos, en aras de garantizar la neutralidad. Sin embargo, como sabemos, ello contribuyó a favorecer la difusión de contenidos radicalmente partidistas y desinformación por la red.

Esta compleja situación ayuda a comprender los motivos por los que Facebook, en especial, se ha resistido a entrar demasiado en las controversias relativas a los contenidos difundidos en su plataforma, llegando incluso a restar importancia a este hecho. Así, en una primera reacción dos días después de las elecciones presidenciales de 2016, Zuckerberg calificaba de «bastante absurda» («pretty crazy») la idea de que las noticias falsas en Facebook —influyeran de alguna manera en el resultado electoral. Dos días después, insistía:

> «Determinar la verdad es difícil…Confío en que podamos encontrar modos para que nuestra comunidad nos diga qué contenido es más significativo, pero creo que debemos ser extremadamente cautos con respecto a la posibilidad de convertirnos nosotros mismos en árbitros de la verdad.»[26]

Sin embargo, ante la avalancha de críticas recibidas en los meses posteriores y a medida que se fue revelando la dimensión del problema, el 22 de junio de 2017 Zuckerberg se retractaba: «Nuestra sociedad sigue dividida. Ahora creo que tenemos una responsabilidad de hacer más. No basta conectar el mundo.»[27]

10. INTENCIONES Y EFECTOS POLÍTICOS

La creación y difusión de noticias falsas y otros tipos de desinformación motivadas económicamente pueden afectar a la vida política de las sociedades. Sin embargo, la publicación de noticias falsas responde a ve-

[26] https://www.facebook.com/zuck/posts/10103253901916271

[27] https://www.facebook.com/photo.php?fbid=10103818114983761&set=a.612287952871.2204760.4&type=1&theater

ces directamente a motivos ideológicos o políticos: sus autores o quienes las propagan buscan deliberadamente influir en las actitudes públicas en relación, por ejemplo, con una cuestión o un candidato, sin que exista necesariamente ánimo de lucro; en ocasiones, el objetivo aparece con nitidez, por ejemplo, favorecer o atacar a un candidato en una elección o la reputación de un personaje o partido, fomentar una ideología o corriente política, crear estados de opinión. Otras veces se trata de algo más indefinido: impulsar la polarización, desestablizar, dividir la sociedad, provocar la desmovilización política, la confusión, el desengaño o el abstencionismo.

Refiriéndose a la campaña presidencial de 2016, Nathaniel Persily (2017) describe:

> «Utilizadas como propaganda, las noticias falsas pueden originarse en cualquier nodo de las difusas redes de los partidos y organizaciones de campaña...Pueden proceder de organizaciones de campaña oficiales, grupos de presión próximos, medios de comunicación y webs propicias, agentes extranjeros, incluso el propio candidato. En la era de las redes sociales, las noticias falsas rebotan de uno a otro de esos nodos, en línea y fuera de línea, conforme las organizaciones de campaña, los partidarios del candidato y los medios las repiten y reproducen. A menudo, la complejidad de la red que genera y retransmite esas noticias falsas dificulta la identificación de sus fuentes. Esto es particularmente cierto cuando el propio candidato crea o divulga falsedades.»

Las noticias falsas han irrumpido en todo tipo de situaciones y crisis políticas: Invasión de Ucrania, Brexit, elecciones en el Reino Unido, Países Bajos, Francia, Alemania, crisis catalana, etc. El fenómeno no se limita al mundo occidental. En Oriente Próximo, por ejemplo, las noticias falsas y teorías conspirativas son moneda corriente desde hace años. Numerosos gobiernos y organizaciones se sirven de ellas para confundir a sus enemigos externos (Arabia Saudí en el conflicto con Qatar) o someter a sus propios ciudadanos. Refiriéndose a esta región, Jean Marc Rikli, del King's College de Londres y el Centro de Política de Seguridad de Ginebra, advertía hace poco: «el potencial explosivo de las webs de noticias falsas es incluso mayor en las sociedades inestables o débiles, o que ya están divididas por líneas de fractura sectarias...Esas tácticas de la guerra fría que usaban la «fuerza de la política» en lugar de la «política de la fuerza» podrían utilizarse con gran eficacia en la región» (McKernan, 2017).

El papel de Estados extranjeros, especialmente Rusia, en maniobras de desinformación preocupa y se ha convertido en un elemento importante del debate político en numerosos países occidentales. La *Evaluación de la «Comunidad de Inteligencia»* de EE.UU, de la cual se ha publicado una versión expurgada, concluye que el Gobierno ruso intervino abundantemente en la campaña presidencial estadounidense de 2016:

> «Los objetivos de Rusia eran minar la confianza de la opinión pública en el proceso democrático estadounidense, denigrar a la Secretaria de Estado Clinton y dañar sus posibilidades de ser elegida presidenta. Entendemos también que Putin y el Gobierno ruso desarrollaron una clara preferencia por el presidente electo Trump. Estas conclusiones nos merecen un alto grado de confianza.»

Hay varias investigaciones en curso sobre la interferencia de Rusia en las elecciones presidenciales norteamericanas por parte, por ejemplo, del Senado y el FBI. En ellas se han revelado datos significativos sobre ataques cibernéticos e intrusiones en sistemas informáticos, uso de medios públicos de comunicación rusos como Sputnik o Russia Today para la difusión de bulos y noticias falsas, compra de anuncios en las redes sociales y motores de búsqueda para ahondar en la división ideológica y religiosa (Shane, 2017) y utilización masiva de bots y fábricas de *trolls*.[28]

La utilización de noticias falsas en el marco de campañas contra estados extranjeros (una vez más, por parte de Rusia) está también documentada en Europa, aunque no de forma tan abundante. Algunos ejemplos son la campaña de desinformación y propaganda contra Ucrania, la inflamación de sentimientos nacionalistas, antiucranianos y antioccidentales en Polonia, o el intento de influir en las elecciones francesas y alemanas. En el Reino Unido, investigadores de la Universidad de Edimburgo

---

[28] Por ejemplo, Facebook cree que 120 páginas rusas de noticias falsas publicaron 80.000 posts, que fueron recibidos directamente por 29 millones de estadounidenses, e indirectamente por muchos más; también rastreó el origen de 3.000 anuncios hasta la Agencia de Investigación de Internet, empresa rusa dedicada a operaciones de influencia y propaganda por Internet por cuenta del gobierno. Twitter ha desvelado 200 cuentas relacionadas con otras cuentas rusas en Facebook, y Google menciona anuncios de origen ruso por valor de decenas de millones de dólares publicados en sus páginas durante el período electoral .

descubrieron más de 400 cuentas falsas de Twitter dedicadas a la política británica vinculadas a la Agencia de Investigación de Internet, y la junta electoral intenta establecer si Rusia intentó utilizar ilegalmente las redes sociales para influir en la campaña del referéndum sobre el Brexit. Se ha alegado también que Rusia podría haber interferido en la crisis independentista de Cataluña. Rusia, por su parte, ha calificado tales acusaciones de «ataques de histeria».

10.1. ¿Causa o síntoma?

La proliferación de noticias falsas con intenciones o efectos políticos es evidente. Ahora bien, ¿hasta qué punto su acción es eficaz? ¿Realmente pueden las noticias falsas alterar un resultado electoral o contribuir a la división de la sociedad? Hemos visto que, inicialmente, Mark Zuckerberg calificó de absurda tal posibilidad al referirse a la elección del presidente Trump, aunque posteriormente se retractaría.

Allcott y Gentzkow (2017) llegan a la conclusión, basándose en datos cuantitativos, de que no es probable que las noticias falsas cambiaran el resultado en la elección de 2016: «Las redes sociales fueron una fuente de noticias importante, pero no dominante, en el período previo a las elecciones... Incluso las noticias falsas que más circularon fueron vistas solo por una pequeña fracción de estadounidenses.»

A una conclusión similar llegan Guess *et al.* (2018), en su estudio sobre el consumo de noticias falsas entre el 7 de octubre y el 14 de noviembre de 2016. Según estos autores, «la cámara de eco es profunda», pero también estrecha: aunque uno de cada cuatro estadounidenses visitaron alguna web de noticias falsas durante el período considerado, los mayores consumidores de esas noticias constituyeron solo el 10% de la población.

Por otra parte, no es lo mismo llegar a las personas que influir sobre ellas. Determinar tal influencia presenta notables dificultades, como hace años se puso de manifiesto cuando se quiso investigar si los medios de comunicación influían sobre las creencias de los individuos o más bien eran un reflejo de estas. En el caso de las noticias falsas que circulan por Internet, hay además una particularidad: como sabemos, el propio entorno de burbujas filtrantes y cámaras de eco donde prosperan refuerza los sesgos de confirmación y favorece las opiniones previas; lo cual no facilita precisamente cambios de la intención de voto. Otra cosa, obviamente, es el efecto que puedan ejercer sobre quienes todavía no tienen formada una opinión o bien sobre el afianzamiento y la radicalización de creencias y opciones preexistentes.

Tampoco el sentido de la relación entre la desinformación y la polarización ideológica, política o social parece claro. Si bien cabe decir que las noticias falsas y los mecanismos por los que se propagan contribuyen a la polarización, también parece que la desinformación florece allí donde previamente existe una situación fracturada.

Así, los Estados Unidos son desde hace tiempo una sociedad muy divida. Esto se observa especialmente en la vida política, donde, por ejemplo, la polarización y la hostilidad en el electorado se ha agudizado hasta igualar o superar la polarización racial (Iyengar y Westwood, 2015). Como muestra una reciente encuesta del *Wall Street Journal*/NBC, esas divisiones se extienden a otros ámbitos, como la cultura, el tejido social, la economía, etc. El fenómeno se remonta en el tiempo y es muy anterior al ascenso de Donald Trump. También en Europa aumenta la polarización desde mucho antes de la explosión de las noticias falsas, como se observa tanto en los mapas electorales (ascenso de movimientos radical-populistas de distinto signo) como en el referéndum del Brexit o en la respuesta de las poblaciones frente a la inmigración. Acompañándolo todo, quizás subyaciendo en ello, la desigualdad económica, que aumenta desde los años 80 del siglo xx (Pickety, 2013) y se acentúa tras la Gran Recesión de 2008.

En una reciente entrevista a Le Soir,[29] el ensayista político y experto en comunicación François Bernard Huyghe resaltaba la agudización de las dicotomías sociales entre élites y masas, expertos y legos, globalistas y nacionalistas, habitantes urbanos y rurales. En ese marco dibujaba una caricatura de cómo se perciben a veces los dos tipos básicos de consumidores de noticias: «una clase instruida, compuesta de personas que creen en los periódicos y se consideran muy críticos, y otra poco educada que se informa por Facebook y se deja engañar por la propaganda populista o putiniana».

[29] Le Soir, 29 de noviembre de 2017.

Dicho lo anterior, la opinión dominante sigue siendo que las noticias falsas y modos similares de desinformación ejercen un aciago influjo sobre la cohesión social y representan una amenaza para la democracia, tanto por sus posibles efectos inmediatos sobre los procesos electorales como por su influjo a largo plazo. En ello coinciden numerosos investigadores académicos, comentaristas y medios de comunicación. También políticos, que instan a Facebook o Google a que controlen el flujo de información falsa, así como gobiernos y organismos supranacionales, que investigan el fenómeno, alertan de sus peligros y empiezan a organizarse para su defensa. Las plataformas de Internet parecen compartir también esa preocupación, aunque sea desde hace poco y, al menos en parte, por efecto del aluvión de críticas recibidas o el perjuicio que perciben para su modelo de negocio. También la opinión pública empieza a mostrarse inquieta, por ejemplo en los EE.UU., donde una encuesta del Pew Research Center tras la campaña presidencial mostraba que el 88% de los adultos creen que las noticias falsas han «sembrado confusión» en torno a «hechos básicos de la actualidad» (Bartell, M.; Mitchell, A. y Holcomb, J., 2016).

11. RESPUESTAS

A primera vista, la respuesta que cabe dar a una información falsa parece simple: hay que desmentirla o refutarla con eficacia. Así, conforme han proliferado bulos y noticias falsas, lo han hecho también las webs y recursos dedicados a rebatirlas. Hace diez años, Politifact fue de los primeros dedicados a esa labor. Su creador, Bill Adair, recuerda cómo en aquellos primeros tiempos se pasaba los fines de semana refrescando la página en espera de algo nuevo.[30] Hoy la situación es muy distinta. Numerosas webs y páginas, algunas patrocinadas por medios de prensa y otras independientes, refutan diversos tipos de desinformación. Muchas gozan de gran reputación, como Politifact, FactCheck.org o Snopes en EE.UU., LeMonde Décodeurs o Liberation Désintox en Francia, o Full Fact en el Reino Unido. En España cabe citar a Maldito bulo, Cazabulos o StopBulos. En ellas trabajan periodistas y voluntarios. Las visitan par-

[30] https://ijnet.org/en/blog/fact-checking-army-waging-war-fake-news

ticulares que dudan de la veracidad de alguna información y también son utilizadas por las grandes plataformas de Internet.

A pesar de su indudable utilidad, esta respuesta a las noticias falsas adolece de limitaciones.

En primer lugar, existe el problema del tiempo de reacción. La refutación solo puede llegar después de que la noticia falsa o el bulo se hayan publicado. Además, desenmascarar la desinformación suele costar más esfuerzo que producirla. Por ejemplo, apenas se supo de la matanza causada por un francotirador en Las Vegas en octubre de 2017, empezaron a circular bulos y noticias falsas según los cuales el francotirador era un «liberal» hostil a Trump, el FBI había relacionado al asesino con el Estado Islámico pero los medios de prensa tradicionales estaban intentando tapar la información, etc. (Roose, 2017). Esas noticias aparecieron prominentemente en Facebook y Google, a pesar de las medidas que ambas plataformas habían introducido tras los sucesos de la elección presidencial un año antes.

En segundo lugar, sabemos que la presentación de hechos y argumentos que contradicen creencias previas de alguien a menudo resulta ineficaz para modificarlas, y puede incluso resultar contraproducente. Ello se aplica también a los sitios de verificación. De hecho, en el último estudio cuantitativo publicado sobre el consumo de noticias falsas durante la campaña presidencial de 2016 (Guess *et al.*, 2018), se concluye que la verificación de noticias apenas alcanzó a los consumidores de noticias falsas. «Casi nunca observamos que los encuestados consultaran verificaciones relativas a un artículo falso que hubiesen leído previamente». Es como si los lectores escogieran también los sitios de verificación dependiendo de sus orientaciones preexistentes, o bien no los utilizaban en absoluto.

11.1. Respuesta de los poderes públicos

La preocupación de las autoridades ante el fenómeno de la desinformación está detrás de debates e iniciativas para intentar controlar de alguna manera las fuentes de informaciones falsas o regular las plataformas de internet por las que estas últimas se propagan. En ese contexto cabe interpretar, por ejemplo, los intentos de países y organizaciones occidentales como los Estados Unidos y la Unión Europea[31], para vigilar y contrarrestar el influjo de la desinformación y propaganda extranjera, particularmente de origen ruso; también algunos intentos de represión legislativa que empiezan a producirse, como la reciente iniciativa del presidente Macron de presentar en Francia un proyecto de ley de lucha contra las noticias falsas en período electoral.

No obstante, tales medidas se adentran en un terreno erizado de dificultades. En primer lugar, la naturaleza transnacional de Internet protege a las fuentes de noticias falsas de la actuación represiva de los Estados. En segundo lugar, el intento de controlar las noticias falsas o su circulación afecta a las libertades fundamentales, en especial la libertad de expresión. Y atentar contra la libertad de expresión puede causar un daño a la sociedad democrática aun mayor que la desinformación. Por ese motivo, muchos se muestran reacios a la implantación de mecanismos de censura o similares. Es el caso de la nueva comisaria europea de Economía y Sociedad Digital Mariya Gabriel quien, en una reciente entrevista, rechazaba cualquier medida legislativa, una «línea roja para la Comisión», propugnando en su lugar un «equilibrio entre la libertad de expresión-pluralismo de los medios y el derecho de los ciudadanos a recibir información fiable».[32]

11.2. Respuesta de las plataformas de Internet

Pero donde la mirada de los gobiernos se fija cada vez más intensamente es en las plataformas de Internet. Existe un consenso político creciente de que estas, tras no haber frenado la desinformación sino, por el contrario, contribuido a potenciarla, han de asumir de una vez su parte de responsabilidad en la solución del problema. A dicha opinión puede contribuir la circunstancia de que empresas como Facebook, Google o Twitter están sujetas a la capacidad reguladora de los Estados en mucha mayor medida que las webs en que los contenidos falsos se originan.

---

[31] Por ejemplo, la iniciativa East Stratcom de la Unión Europea, la consulta pública realizada en 2017-2018 y la creación del grupo de alto nivel sobre noticias falsas en el que participan, entre otros, representantes de Maldito Bulo. Véase https://ec.europa.eu/digital-single-market/en/fake-news

[32] Le Soir 29 de noviembre de 2017.

¿Hablaremos entonces de regulación? ¿O tal vez de autorregulación? Por una parte, regular las plataformas desde el Estado para limitar la difusión de desinformación puede poner en riesgo la libertad de expresión. Por otra, la mera amenaza de regulación, que las empresas casi nunca desean, crea un incentivo económico para que ellas mismas se autorregulen; es decir, evitar la regulación se convierte en un factor de rentabilidad.

Ya sea por la amenaza de la regulación para el modelo de negocio, en respuesta a las críticas recibidas o por sentido de la responsabilidad social, el caso es que las plataformas de internet han tomado ya diversas medidas para atajar el flujo de desinformación en su seno.[33] Entre ellas:

— Avisos y consejos automáticos a los usuarios sobre cómo detectar noticias falsas.
— Prohibición expresa de las noticias falsas en las políticas de uso.
— Más información a los usuarios sobre las fuentes de lo que leen y comparten.
— Facilidades para que los usuarios alerten de contenidos falsos.
— Uso de sitios de verificación.
— Modificación de los algoritmos de selección y jerarquización de contenidos.[34]
— Uso de inteligencia artificial.
— Contratación de personal adicional para vigilar la difusión de noticias falsas.

Sin embargo, existen dificultades técnicas, teóricas, prácticas y económicas:

---

[33] Un aspecto que facilita la acción de las plataformas de Internet en este ámbito es que, al tratarse de entidades privadas, no tienen prohibido limitar las manifestaciones de sus usuarios, al contrario que los poderes públicos, obligados constitucionalmente en una democracia a proteger la libertad de expresión.

[34] Por ejemplo, Google ha modificado su algoritmo de búsqueda para privilegiar fuentes autorizadas de noticias. Los temas que son tendencia en Facebook han dejado de seleccionarse en función de la interacción en torno a un artículo o una publicación, sino que se tiene en cuenta cuántas personas están publicando sobre un mismo tema y la interacción que se genera. Además, la lista de esos temas es idéntica para una determinada región geográfica, y ha dejado de estar personalizada en función de los intereses del usuario.

— La rapidez de respuesta ante noticias y bulos que se difunden a gran velocidad por las redes.[35]
— La dificultad de distinguir lo verdadero de lo falso mediante un algoritmo.[36]
— La dificultad de dar con la respuesta idónea. Por ejemplo, Facebook optó recientemente por retirar las etiquetas que introdujo en diciembre de 2016 para alertar de que un contenido era «disputado», tras descubrir que podían tener un efecto contraproducente: «Colocar una imagen fuerte, por ejemplo, una bandera, al lado de un artículo, puede reforzar preconcepciones muy arraigadas– justamente el efecto que queremos evitar», señalaba la Jefa de Producto de Facebook.[37] En su lugar se mostrarán contenidos adicionales verificados, con la esperanza de que los lectores decidan dirigirse hacia fuentes de información dignas de confianza.
— Son necesarias inversiones que suponen costes sustanciales, y algunas medidas pueden afectar negativamente a la rentabilidad[38].

[35] Se habla de futuros mecanismos basados en inteligencia artificial capaces de verificar noticias en tiempo real.

[36] En Sobre redes sociales y control de la información, Enrique Dans escribe: «Algunos creen de manera ingenua que «los algoritmos» pueden diferenciar una noticia verdadera de una falsa, como si las inteligencias artificiales fuesen capaces, de la noche a la mañana, de superar a las naturales empleadas en tal propósito. No es así. Los algoritmos pueden llegar a reconocer determinados patrones de difusión, probablemente a crear señales y etiquetas de alarma si detectan una difusión exageradamente rápida o entre personas con perfiles muy afines. Pueden posiblemente pero no de manera sencilla, reconocer cuentas falsas o con una actividad sospechosa, o comparar versiones de una misma noticia y relacionarlas, como hace Google en Google News constantemente. Pero de ahí a etiquetar con decisión lo que es verdad y lo que no lo es, va un tramo, y dado que no todas las verdades son hechos comprobables y en estos temas hablamos muy a menudo de opinión, la frontera se muestra enormemente escurridiza.»

[37] Lyons, Tessa (2017).

[38] Es demasiado pronto para valorar el efecto de tales medidas sobre los ingresos y la rentabilidad de las plataformas de Internet a largo plazo. Sin embargo, un posible anticipo del impacto económico de algunas medidas contra las noticias falsas se pudo observar, por ejemplo, con ocasión de la decisión de Facebook, hecha pública el 12 de enero de 2018, de modificar el News Feed para reducir la presencia de publicaciones de medios, páginas y marcas y dar más prioridad a las de amigos y familia. Esta medida respondía al «reto personal» de Zuckerberg de «arreglar» Facebook en 2018, reduciendo la interferencia ilegítima en las elecciones y la proliferación del acoso en la red. El mercado interpretó que ello reduciría el *engagement* de los usuarios, lo que precipitó una caída del 5% en la valoración bursátil de la empresa en un solo día. Semanas después, Facebook anunciaba que, como consecuencia de los cambios introducidos a fines de 2017, por ejemplo, mostrar menos vídeos virales, se había registrado una disminución de 50 millones de horas diarias en el tiempo que pasan los usuarios en el sitio.

Con estos planteamientos y actuaciones, las plataformas se siguen alejando de su aspiración inicial de neutralidad, asumiendo un papel más próximo al de los distribuidores de información y desplegando un comportamiento más intervencionista y mayores responsabilidades en la protección del interés público. El cambio de formulación en la misión de Facebook en junio de 2017 es revelador: la antigua «Hacer el mundo más abierto y conectado» pasó a «Desarrollar la infraestructura social para dar a las personas la capacidad de crear una comunidad mundial que nos sirva a todos».

11.3. Alfabetización digital

Estudios como los citados anteriormente de la Universidad de Stanford y el Pew Research Center apuntan a una falta de conocimientos, recursos y estrategias de los usuarios para enjuiciar críticamente los contenidos que reciben por Internet; esto los hace especialmente vulnerables a las noticias falsas y otros modos de desinformación.

Abundan los consejos genéricos al usuario sobre actitudes y estrategias que puede adoptar para hacer frente a la desinformación. Un ejemplo es la lista de acciones que propone Facebook para detectar noticias falsas: Escepticismo ante los titulares, atención a la URL, investigación de la fuente, examen de las fotos, etc.[39].

Se conoce como alfabetización digital (*digital literacy*) el conjunto de competencias necesarias para participar plenamente en la sociedad del conocimiento. La alfabetización digital incluye la destreza en el uso de herramientas tecnológicas, la capacidad para encontrar información rápidamente, la aptitud para colaborar, compartir y crear, etc. También, cada vez más, la capacidad de interpretar críticamente la información y evaluar su calidad.

Esta última capacidad puede considerarse también parte de la «alfabetización mediática e informacional» (MIL)[40], concepto auspiciado

---

[39] El director de Snopes recomienda precaverse contra las propias emociones: «Al leer el titular, pregúntate qué emociones experimentas. ¿Te sientes rabioso, espantado, frustrado, quieres compartirlo con todos, que el mundo entero sepa lo que está pasando? Si la respuesta es afirmativa, comprueba tus fuentes http://www.bbc.com/news/blogs-trending-39592010

[40] http://www.unesco.org/new/es/communication-and-information/media-development/media-literacy/mil-as-composite-concept/

por la UNESCO con el que se pretende empoderar a las personas para fomentar el acceso equitativo a la información, incluida la información digital.

Ya en 2010, el pionero de la noción de alfabetización mediática Len Masterman manifestaba en una entrevista al *Center for Media Literacy*:

> «La forma más eficaz de enseñar sobre los medios no es centrarse en los contenidos, sino aplicar un marco conceptual que ayude a los alumnos a interpretar cualquier texto mediático. Y eso se aplica tanto para las nuevas tecnologías digitales como para los antiguos medios de comunicación de masas.»[41]

De estos planteamientos han nacido proyectos concretos, como *The News Literacy Project*[42], patrocinado por una organización estadounidense políticamente neutral y sin ánimo de lucro que tiene por misión que la alfabetización informacional entre a formar parte de la experiencia educativa. A tal fin, «trabaja con educadores y periodistas para enseñar a los alumnos de final de primaria y secundaria a distinguir los hechos de la ficción en la era digital», mediante actividades de clase, extraescolares, así como clases virtuales y aprendizaje electrónico. De este modo se confía en que los alumnos lleguen a valorar el periodismo fidedigno y adquieran las habilidades necesarias para convertirse en participantes activos en una vigorosa democracia.

Lo anterior no debe hacer olvidar que el problema no se limita a una carencia educativa, sino que encierra un importante componente emocional y social que puede ser inmune a las habilidades que suelen considerarse en la alfabetización digital. Para paliar en alguna medida esta dificultad, se ha recomendado, por ejemplo, no plantear la cuestión de la relación de un relato con la verdad, sino más bien enseñar a deconstruirlo[43] con preguntas como ¿qué argumentos se proponen?, ¿con qué tipo de soporte audiovisual?, ¿qué retórica se utiliza?

---

[41] http://www.medialit.org/reading-room/voices-media-literacy-international-pioneers-speak-len-masterman-interview-transcript

[42] http://www.thenewsliteracyproject.org/about/our-mission

[43] Di Prima , C. y Van Reeth, C. (2018) «L'éducation aux médias, remède face aux théories du complot?»

12. PARA FINALIZAR

Hace muy poco, el *Pew Research Center* iniciaba un artículo titulado «El futuro de la verdad y la desinformación en Internet» (Anderson, J. y Rainie, L., 2017) con las siguientes palabras:

> «Los expertos están divididos a partes iguales a la hora de predecir si en el próximo decenio se reducirá la presencia del relato falso en Internet. Quienes prevén una mejora de la situación depositan sus esperanzas en actuaciones tecnológicas y soluciones sociales. Los otros creen que la tecnología potenciará el lado oscuro de la naturaleza humana, más que refrenarlo.»

Ese futuro se producirá en un contexto doblemente paradójico:

Por una parte está, una vez más, la paradoja democrática. En palabras de Alana Moceri (2016): «Las democracias dependen de una información completa y veraz, pero también dependen de la libertad de expresión, que hace posible una información que no siempre es completa ni veraz».

Por otra, Internet es un arma de doble filo: a la vez es utilizada para propagar información falsa y brinda los medios para desenmascarar esa falsedad.

Las actuaciones emprendidas o debatidas hasta ahora en relación con la desinformación parecen necesarias. Verificación de contenidos, adaptación de algoritmos y uso de inteligencia artificial, sensibilización social, responsabilidad de las plataformas, vigilancia de los poderes públicos, alfabetización mediática y digital.

Sin embargo, las raíces del problema parecen ir más allá: Hay la respuesta emocional de la persona a lo que percibe como un ataque contra sus creencias individuales y grupales profundas, a la que se superpone una polarización ideológica y política vinculada a fracturas sociales y una creciente desigualdad económica. Así, cabe preguntarse de qué forma o con qué eficacia las soluciones tecnológicas, educativas o de simple sensibilización que se están proponiendo o aplicando pueden ser suficientes, mientras no nos adentremos en ámbitos alejados de la tecnología, la educación y la actuación política a corto plazo y que afectan a nuestro modelo de sociedad.

REFERENCIAS BIBLIOGRÁFICAS

Allcott, H. y Gentzkow, M. (2017): Social Media and Fake News in the 2016 Election, *National Bureau of Economic Research Working Paper*, n.º 23089, marzo de 2017. Obtenido de http://www.nber.org/papers/w23089

Anderson, J. y Rainie, L. (19 de octubre de 2017): The future of truth and misinformation on line, *Pew Research Center octubre* de 2017. Obtenido de http://www.pewinternet.org/2017/10/19/the-future-of-truth-and-misinformation-online/

Bakshy, Eytan, Solomon Messing, and Lada A. Adamic. 2015. Exposure to ideologically diverse news and opinion on Facebook. *Science* 348(6239): 1130-1132. Obtenido de http://science.sciencemag.org/content/348/6239/1130

Bartell, M, Mitchell, A y Holcomb, J (2016). Many Americans Believe Fake News Is Sowing Confusion. *Pew Research Center*. http://www.journalism.org/2016/12/15/many-americans-believe-fake-news-is-sowing-confusion/

Brook, D. (22-11-2017): Stanford researchers find students have trouble judging the credibility of information online. *Stanford Education News Center*. Obtenido de https://ed.stanford.edu/news/stanford-researchers-find-students-have-trouble-judging-credibility-information-online

Chen, A. (4-9-2017): The Fake-News Fallacy. *The New Yorker*. Obtenido de https://www.newyorker.com/magazine/2017/09/04/the-fake-news-fallacy

Chengcheng Shao, Giovanni, Luca Ciampaglia, Onur Varol, Alessandro Flammini, Filippo Menczer: *The spread of misinformation by social bots* (Cornell University Library, 2017). Obtenido de arXiv:1707.07592v3

Dans, E. (19-11-2017): *Sobre redes sociales y control de la información*. Obtenido de https://www.enriquedans.com/2017/11/sobre-redes-sociales-y-control-de-la-informacion.html

Darnton, R. (13-2-2017): The True History of Fake News, *The New York Review of Books*. (Trad. española: La verdadera historia de las noticias falsas, *El País*, 30-4-2017. Obtenido de https://elpais.com/cultura/2017/04/28/actualidad/1493389536_863123.html

Dewey, C. (18-12-2015): «What was fake on the Internet this week: Why this is the final column», *The Washington Post*. Obtenido de https://www.washingtonpost.com/news/the-intersect/wp/2015/12/18/what-was-fake-on-the-internet-this-week-why-this-is-the-final-column/?utm_term=.9f432bb9d93a

Di Prima , C. y Van Reeth, C. (9-1-2018) «L'éducation aux médias, remède face aux théories du complot?». *Le soir*. Obtenido de http://plus.lesoir.be/133016/article/2018-01-09/leducation-aux-medias-remede-face-aux-theories-du-complot

Gottfried, J. y Shearer, E. (7-11-2017) News Use Across Social Media Platforms. *Pew Research Center*. Obtenido de http://www.journalism.org/2017/09/07/news-use-across-social-media-platforms-2017/

Guess, A.; Nyhan, B.; Reifler, J. (2018): *Selective Exposure to Misinformation: Evidence from the consumption of fake news during the 2016 U.S. presidential campaign*. European Research Council. Obtenido de https://www.dartmouth.edu/~nyhan/fake-news-2016.pdf

Hitler, A. (2017) *et al.*: *Mein Kampf: Eihe kritische Edition*. Institut für Zeitgeschichte, Munich. Traducción española (texto sin aparato crítico): *Mi lucha*. Real del catorce editores, Madrid, 2016).

Howell, L. (2013): Digital wildfires in a hyperconnected world. *Technical Report Global Risks* 2013, World Economic Forum, 2013. Obtenido de http://reports.weforum.org/global-risks-2013/risk-case-1/digital-wildfires-in-a-hyperconnected-world/

Iyengar, S. y Westwood, S.: Fear and Loathing across Party Lines: New Evidence on Group Polarization. *American Journal of Political Science*, Vol. 59, N. 3, Julio de 2015, Pp. 690-707. Obtenido de https://pcl.stanford.edu/research/2015/iyengar-ajps-group-polarization.pdf

Kahan, D. M.; Braman, D.; Gastil, J.; Slovic, P. y Mertz, C. K. (2007), Culture and Identity-Protective Cognition: Explaining the White-Male Effect in Risk Perception. *Journal of Empirical Legal Studies*, 4: 465-505. doi: 10.1111/j.1740-1461.2007.00097.x. Obtenido de http://digitalcommons.law.yale.edu/fss_papers/101/

Kruglanski, A. (15-9-2017): Why do people believe in fake news? Hufftington Post. Obtenido de https://www.huffingtonpost.com/entry/why-do-people-believe-fake-news_us_59bc73dde4b06b71800c396f

Lyons, T. (2017): *News Feed FYI: Replacing Disputed Flags with Related Articles*. Obtenido de https://newsroom.fb.com/news/2017/12/news-feed-fyi-updates-in-our-fight-against-misinformation/

McKernan, B. (10-9-2017): How fake news in the Middle East is a powder keg waiting to blow. *The Independent*. Obtenido de http://www.independent.co.uk/news/world/middle-east/middle-east-fake-news-consequences-israel-saudi-arabia-syria-lebanon-hezbollah-mossad-qatar-uae-a7936621.html

Melser, W. (8-1-2018): Fake news 2: AI will soon be able to mimic any human voice. *Wired*. Obtenido de http://www.wired.co.uk/article/fake-voices-will-become-worryingly-accurate

Mercier, H.; Sperber, D. (2011): Why do humans reason? Arguments for an argumentative theory. *Behavioral and Brain Sciences* (2011) 34, 57-111 doi:10.1017/S0140525X10000968. Obtenido de https://www.dan.sperber.fr/wp-content/uploads/2009/10/MercierSperberWhydohumansreason.pdf

Moceri, A. (29-12-2016): La llamada «posverdad» no es nada nuevo. *Esglobal.* Obtenido de https://www.esglobal.org/la-llamada-posverdad-no-nada-nuevo/

Morozov, E. (8-1-2017): Moral panic over fake news hides the real enemy – the digital giants. *The Guardian.* Obtenido de https://www.theguardian.com/commentisfree/2017/jan/08/blaming-fake-news-not-the-answer-democracy-crisis)

Nichols, Tom (2017) *The Death of Expertise. The Campaign Against Established Knowledge and Why it Matters.* Oxford University Press.

Nickerson, Raymond S.: Confirmation bias (1998): A Ubiquitous Phenomenon in Many Guises. *Review of General Psychology* 1998, Vol 2, n 2, 175-220. Obtenido de http://dx.doi.org/10.1037/1089-2680.2.2.175

Nunez, N. (5-9-2016): Former Facebook Workers: We Routinely Suppressed Conservative News, *Gimzodo.* Obtenido de https://gizmodo.com/former-facebook-workers-we-routinely-suppressed-conser-1775461006

Nyhan, B. y Reifler, J. (2006): «When Corrections Fail: The persistence of political misperceptions» *Political Behaviour.* Obtenido de https://link.springer.com/article/10.1007/s11109-010-9112-2

Office of the Director of National Inteligence (2017): *Assessing Russian Activities and Intentions in Recent US Elections. Intelligence Community Assesment.* Obtenido de https://www.dni.gov/files/documents/ICA_2017_01.pdf

Pariser, E. (2011): *The filter bubble. What the Internet is hiding from you.* Londres. Penguin.

Persily, N. (2007): Can Democracy Survive the Internet?. *The 2016 US Election,* Journal of Democracy, Abril de 2017. Obtenido de https://www.journalofdemocracy.org/article/can-democracy-survive-the-internet

Pew Research Center (12 de junio de 2014): Political Polarization in the American Public. Obtenido de http://www.people-press.org/2014/06/12/political-polarization-in-the-american-public/

Pickety, T. (2013): *Le Capital au XXIe siècle.* París, Seuil). Hay traducción española: *El capital en el siglo XXI.* Fondo de Cultura Económica.

Roose, K. (2 de octubre de 2017): After Las Vegas Shooting, Fake News Regains Its Megaphone. *The New York Times.* Obtenido de https://www.nytimes.com/2017/10/02/business/las-vegas-shooting-fake-news.html?_r=1

Schmidt, A.; Zolloa, F.; Vicario, Michela; Bessi, A.; Scala, A.; Caldarellia, G.; Stanley He.; Quattrociocchi, W. (2017): Anatomy of news consumption on Facebook. *PNAS,* 21 de marzo de 2017. https://pdfs.semanticscholar.org/cc55/ebfc58efe2c5b2cbadef7acb68df337e981c.pdf

Quattrociocchi, W.; Scala, A.; Sunstein, Cass R. (2016): Echo Chambers on Facebook. Obtenido de https://papers.ssrn.com/sol3/papers.cfm?abstract_id=2795110

Qiu, L. (2017): Fingerprints of Russian Disinformation: From AIDS to Fake News. *The New York Times*. Obtenido de http://normasapa.com/como-referenciar-articulos-de-periodico/

Reuters Institute (2017): Digital News Report 2017, University of Oxford 2017. Obtenido de https://reutersinstitute.politics.ox.ac.uk/sites/default/files/Digital%20News%20Report%202017%20web_0.pdf

Salas, J. (25 de octubre de 2017): La oscura utilización de Facebook y Twitter como armas de manipulación política. *El País*. Obtenido de https://elpais.com/tecnologia/2017/10/19/actualidad/1508426945_013246.html

Shane (1 de noviembre de 2017): These Are the Ads Russia Bought on Facebook in 2016. *The New York Times* (https://www.nytimes.com/2017/11/01/us/politics/russia-2016-election-facebook.html?_r=0)

Shearer, E.; Gottfrued, J. (2017): News Use Across Social Media Platforms 2017. *Pew Research Center*, obtenido de http://www.journalism.org/2017/09/07/news-use-across-social-media-platforms-2017/

Shearer E.; Shermer, M. (2017): When facts backfire: Why worldview threats undermine evidence (*Scientific American*, enero de 2017)

Silverman, C. (16 de noviembre de 2016): This Analysis Shows how Fake Election News Stories Outperformed Real News on Facebook.» *BuzzFeed News*.

Silverman, C.; Singer, J. (7 de diciembre de 2016): Most Americans Who See Fake News Believe It, New Survey Says, *BuzzFeed News*. Obtenido de https://www.buzzfeed.com/craigsilverman/fake-news-survey?utm_term=.xlYqW6KO6#.xrbA4EYlE

Subramanian, S. (15 de febrero de 2017): Inside the Macedonian Fake News Complex, *Wired*. Obtenido de https://www.wired.com/2017/02/veles-macedonia-fake-news/

Swift, A. (2016): Americans' Trust in Mass Media Sinks to New Low, *Gallup News*, September 2016. Obtenido de http://news.gallup.com/poll/195542/americans-trust-mass-media-sinks-new-low.aspx

Townsend, T. (2016): The Bizarre Truth Behind the Biggest Pro-Trump Facebook Hoaxes. Obtenido de https://www.inc.com/tess-townsend/ending-fed-trump-facebook.html

Vara-Miguel, A.; Negredo, S.; Amoedo, A. (eds.) (2017): Digital News Report ES 2017, Noticias en manos de la audiencia (Coordinado por el Reuters Institute for the Study of Journalism de la Universidad de Oxford). Universidad de

Navarra. Obtenido de https://issuu.com/navarracapital/docs/digital-news-report-espana-2017

Vinerk K. (12 de julio de 2016): How technology disrupted the truth. *The Guardian*. Obtenido de https://www.theguardian.com/media/2016/jul/12/how-technology-disrupted-the-truth

Vosoughi, S.; Roy, D.; Aral S. (2018): The spread of true and false news online. *Science* 9 de marzo de 2018: vol. 359, Issue 6380, pp. 1146-1151. Obtenido de http://science.sciencemag.org/content/359/6380/1146.full

Wineburg, S.; McGrew, S.; Breakstone, J.; Ortega, T. (2016): Evaluating Information: The Cornerstone of Civic Online Reasoning. Stanford Digital Repository. Obtenido de http://purl.stanford.edu/fv751yt5934

Wood, M.; Douglas, K.; Sutton M. (2012): Dead and Alive: Beliefs in Contradictory Conspiracy Theories, Social Psychological and Personality Science, 25 de enero de 2012. Obtenido de http://journals.sagepub.com/doi/abs/10.1177/1948550611434786

Zollo F. *et al.* (2015) Debunking in a world of tribes. arXiv:1510.04267. Obtenido de https://arxiv.org/abs/1510.04267

IV.
RASTROS, HUELLAS Y FILTROS DIGITALES

Fernando Bordignon[1]

1. AL EMPEZAR

Según indica Manuel Castells, el paradigma tecnológico que ha ido sustituyendo (en parte) al industrialismo es el denominado «informacionalismo». Ha proporcionado las bases para el desarrollo de un modelo de estructura social que Castells denominada «sociedad red». Lo esencial de este paradigma son las tecnologías informáticas que le dan sustento, la digitalización de la información, y su tratamiento automatizado por parte de los dispositivos digitales conectados.

Como se ha venido diciendo en tems anteriores, se ha producido un crecimiento de la capacidad humana de procesamiento de la información nunca antes visto. Este se apoya sobre tres rasgos principales: 1) la capacidad de las tecnologías computacionales para ampliar el procesamiento de información en volumen, complejidad y velocidad; 2) capacidad recombinatoria, a partir de la facilidad que ofrecen para enlazar recursos y recombinarlos y 3) su flexibilidad distributiva, basada en la facilidad de conexión y acceso a través de pantallas múltiples (Castells, 2002:112).

Desde la perspectiva de este texto, los cambios más importantes derivados del paso de una cultura analógica a una digital se han dado a partir del desarrollo de una serie de elementos que aumentan el nivel de complejidad de la sociedad actual en las siguientes direcciones:

---

[1] Fernando Raúl Alfredo Bordignon es profesor asociado regular en la Universidad Pedagógica Nacional (UNIPE) en Argentina. Es doctor en Educación (UNED), magister en Redes de Datos (UNLP) y licenciado en Sistemas de Información (UNLu). En la UNIPE dirige la Especialización en Educación Mediada por Tecnologías de la Información y la Comunicación y coordina el proyecto «Más Allá de las Pantallas». Su objetivo es explorar y promover nuevas formas de creación y expresión con tecnologías digitales interactivas en escuelas secundarias públicas, que promuevan la fluidez digital y los usos efectivos de la tecnología. *Fernando.bordignon@unipe.edu.ar*

— *Distribución e intercambio de información en tiempo real.* Las posibilidades de cobertura e intercambios instantáneos que permiten las redes de datos, sumados a la expansión y ubicuidad de las pantallas, posibilitan la circulación de informaciones de forma casi ilimitada. Se trata de un hecho nuevo en la historia de la humanidad, que está generando un espacio mundial de intercambio instantáneo, automatizado en una buena parte.
— *Mayor dinamismo en la propagación de la cultura.* Dadas las características de los «objetos digitales», en particular los relacionados con la posibilidad de copia y acceso instantáneo, la propagación de la cultura se expande a un ritmo mucho mayor, con una difusión altamente fluida.
— *Modelos nuevos de negocio.* Por las características propias que definen las tecnologías digitales, se rompe con los modelos de negocio tradicionales, basados en la centralización de la producción y la distribución. Hoy el modelo de negocio se orienta más al servicio que al producto, pero a su vez, como una paradoja, puede centralizarse sobre una misma interfaz[2]. Ese hecho no es percibido como un beneficio en algunos países, por considerarlo una intrusión en sus economías (por ejemplo, los servicios de la empresa UBER).
— *Nuevos analfabetismos.* Hoy, para que los ciudadanos puedan participar en los procesos de transformación digital de sus sociedades, deben adquirir nuevos saberes y habilidades vinculados con los ecosistemas digitales. En caso de no ser así, y dependiendo de la situación geográfica y social de las personas, pueden llegar a convertirse en los nuevos marginados de esta época.
— *Estimulación de la creatividad.* En el ciberespacio existen nuevas formas de creación y expresión. Casi cualquier ciudadano,

[2] «*La interfaz de usuario es el espacio donde se producen las interacciones entre seres humanos y máquinas. El objetivo de esta interacción es permitir el funcionamiento y control más efectivo de la máquina desde la interacción con el humano. Las interfaces básicas de usuario son aquellas que incluyen elementos como menús, ventanas, contenido gráfico, cursor, los beeps y algunos otros sonidos que la computadora hace, y en general, todos aquellos canales por los cuales se permite la comunicación entre el ser humano y la computadora*». https://es.wikipedia.org/wiki/Interfaz_de_usuario

También, La interfaz es una superficie de contacto entre dos máquinas o sistemas de distinto tipo, que les proporciona un soporte común para la comunicación.

con saberes básicos y posibilidades de acceso, puede coger, crear, editar, etc., recursos digitales. Esto también es nuevo en la historia del ser humano, dado que las limitaciones más importantes, en general, hoy pasan por lo cognitivo más que por la facilidad de acceso. La co-creación y la co-autoría como formas culturales de creación y desarrollo colectivo se han ido desarrollando, con la consiguiente puesta en cuestión del antiguo paradigma que definía separadamente a los productores y a los consumidores.

— *Relaciones interpersonales expandidas*. Las tecnologías digitales han supuesto una nueva serie de posibilidades de relación entre personas a lo largo del planeta. Desde el correo electrónico hasta la mensajería instantánea personal se ha recorrido un camino basado en la interconexión, que está llevando a nuevas maneras de expresión, organización y construcción de conocimientos.

Los conceptos anteriores ilustran algunos de los aspectos centrales de la configuración socio técnica actual del mundo globalizado.

2. HUELLAS Y RASTROS DIGITALES. NO TAN LEJOS DE LA HISTORIA DE HANSEL Y GRETEL

Cuántas veces ha sucedido que un usuario normal haya realizado una búsqueda precisa en Internet sobre cualquier bien o servicio (un automóvil, electrodomésticos, días de descanso en un destino turístico, etc.). Utiliza para ello un servicio de búsqueda web. Terminado su período de indagación, el usuario nota que, durante un período de tiempo, las páginas de los sitios que visita con regularidad (por ejemplo prensa en línea, blogs temáticos de su interés, redes sociales, etc.), empiezan a cambiar la publicidad ofrecida, en una línea acorde con sus búsquedas anteriores. Este ejemplo real, muestra de un modo básico cómo nuestros gustos e intereses se rastrean, se almacenan, y se analizan en Internet.

Somos observados, vigilados, nuestros datos cuantificados, y registrados. Hoy casi nada de lo que sucede en el mundo digital es ignorado. Un «me gusta», un comentario, un compartir en Facebook, un *retweet* en Twitter, un «me gusta» en Instagram, la búsqueda y visualización de vídeos en YouTube, son ejemplos de acciones que se registran por parte de quienes nos dan acceso «gratuito» a tales servicios alimentando enormes bases de datos construídas con perfiles de usuarios. Por otro lado, nuestras «huellas digitales» aumentan, gracias a los teléfonos inteligentes y a la posibilidad constante e inmediata de conexión.

Una empresa líder mundial en la recopilación y sistematización de datos de usuario es Google. Cada vez que, como usuarios, utilizamos servicios y aplicaciones tales como Chrome, YouTube, Gmail o su servicio de búsqueda, estamos dejando rastros concretos de nuestros intereses y gustos (horarios, localización geográfica, necesidades de información, entretenimientos favoritos, lecturas, etc.). Por ejemplo, las aplicaciones robots[3] de Google, leen y analizan los mensajes que enviamos a través de un servicio de correo como Gmail para ofrecernos publicidad personalizada en relación con los temas que nos interesan, detectados a partir de nuestros mensajes. De alguna manera, al acceder a sus servicios abiertos y «gratuitos» estamos pagando con parte de nuestros datos personales, que es lo mismo que decir que estamos entregando nuestra privacidad en cuotas.

En la imagen siguiente, se muestran a título de ejemplo los 70 datos que Mark Zukerberg, «reconoce tener de un usuario». Una lista elocuente.

[3] Una aplicación robot es un programa informático, con cierto grado de autonomía, que realiza tareas que pueden emular a un operador humano.

Los 70 datos que Mark Zuckerberg reconoce tener de un usuario

	¿Qué información posee Facebook?	¿En qué consiste?
1	Acerca de mí	Datos que agregan los usuarios en la sección "Información" de su biografía:. relaciones, empleo, formación académica, dónde vive, etc. Incluye actualizaciones o los cambios que los miembros de la red realizan con anterioridad y lo que actualmente mantienen escrito.
2	Historial de estados de la cuenta	Fechas en las que se reactivó, desactivó, inhabilitó o eliminó una cuenta.
3	Sesiones activas	Muestra todas las sesiones activas almacenadas: fecha, hora, dispositivo, dirección IP e información sobre el navegador y las cookies.
4	Anuncios en los que hiciste clic	Identifica la fecha, hora y títulos de los anuncios en los que alguien hizo clic.
5	Dirección	Contiene la dirección actual y las direcciones anteriores que estuvieron asociadas a una cuenta.
6	Temas de los anuncios	Lista de temas por los que se podría segmentar a un usuario en función de sus gustos e intereses que especificó,
7	Nombre alternativo	Son los nombres alternativos que han puesto en una cuenta, por ejemplo, un apodo.
8	Aplicaciones	Todas las aplicaciones que fueron asociadas registrándose con facebook o utilizadas dentro de la red.
9	Visibilidad de tu fecha de nacimiento	Muestra cómo aparece la fecha de nacimiento de los usuarios en su biografía.
10	Chat	Facebook conserva un historial de las conversaciones que un usuario ha sostenido a través del chat de Facebook.
11	Visitas	Es un registro de todos los lugares en los que un miembro de la red ha hecho "check in".
12	Conexiones	Muestra datos asociados, por ejemplo, a las personas que indicaron un like en el fanpage de otro usuario de la red social, respondieron a la invitación de un evento, instalaron la aplicación diseñada por otro miembro de la comunidad o visitaron un lugar publicitado en la plataforma en un plazo máximo de 24 horas desde que vieron o hicieron clic en un anuncio patrocinado.
13	Tarjetas de crédito	Si un usuario realiza compras al interior de la red social, le facilita a Facebook el número de su tarjeta de crédito.
14	Divisa	Muestra la divisa preferida de un miembro. Si alguien usa los pagos de Facebook, se utilizará la información asociada para mostrar los precios y hacer cargos en tus tarjetas de crédito.
15	Ciudad actual	Muestra la ciudad que fue agregada a la sección "Información" dentro de la biografía.
16	Fecha de nacimiento	La fecha que se agrega como fecha de nacimiento en la misma sección anterior.
17	Amigos eliminados	Identifica a las personas que un usuario eliminó de su lista de amigos.
18	Formación	Guarda toda la información que alguien agregó en el campo "Formación académica" de su biografía.
19	Correos electrónicos	Mantiene las direcciones de correo electrónico que fueron agregadas a una cuenta, incluso las eliminadas.
20	Eventos	Permite ver los eventos a los que un cibernauta de la red social se unió o fue invitado.
21	Datos de reconocimiento facial	Facebook logra identificar el rostro de las personas utilizando sus rasgos faciales en las fotografías que se han etiquetado.
22	Familiares	Señala quiénes son los amigos de una persona que han sido mencionados como familiares de ella.
23	Citas favoritas	Muestra la información de las citas favoritas sobre películas, libros, canciones u otros.
24	Seguidores	Lista de las personas que siguen a un usuario.
25	Siguiendo	Lista de las personas a las que sigue un miembro de la comunidad.
26	Solicitudes de amistad	Deja ver las solicitudes de amistad enviadas y recibidas.
27	Amigos	Revela la lista completa de los amigos de un usuario.
28	Sexo	Muestra el sexo que una persona dijo poseer en la sección "Información" de su biografía.
29	Grupos	Lista de los grupos a los que un usuario pertenece en Facebook.
30	Elementos ocultados en la sección de noticias	Muestra todos los amigos, aplicaciones o páginas que un usuario de la red ocultó de su sección "Noticias".
31	Ciudad de origen	Corresponde al lugar que agregó una persona en su biografía como ciudad de origen.
32	Direcciones IP	Es una lista de las direcciones IP desde las que se inició sesión en una cuenta de Facebook.
33	Última ubicación	Al mantener la localización activa en los dispositivos desde los que se utiliza Facebook, se le entregan los datos de su última ubicación.
34	Veces que indicaste que te gustan las publicaciones de otros	Publicaciones, fotos u otro contenido que a un miembro de la red le gustan.
35	Personas a las que les gustan tus publicaciones	Corresponden a otros usuarios que han indicado que les gustan las publicaciones, fotos u otro contenido de un miembro.
36	Veces que hiciste clic en "Me gusta" en otros sitios	Muestra las veces que una persona hizo clic en "Me gusta" en sitios fuera de Facebook.
37	Cuentas vinculadas	Es un listado de las cuentas que un usuario asoció utilizando su perfil de Facebook.
38	Idioma	Idioma de uso de Facebook que seleccionó una persona para su perfil.
39	Inicios de sesión	Dirección IP, fecha y hora asociados a los inicios de sesión de una cuenta de Facebook.
40	Cierres de sesión	Dirección IP, fecha y hora asociados a los cierres de sesión de una cuenta de Facebook.
41	Mensajes	Muestra los mensajes que fueron enviados y recibidos en Facebook. No incluye los mensajes eliminados.
42	Nombre	Nombre del perfil de una cuenta de Facebook.
43	Cambios de nombre	Registra todos los cambios que realizó un usuario en su nombre de Facebook, desde el original a la fecha.
44	Redes	Registra las afiliaciones a colegios, universidades o lugares de trabajo de los miembros.
45	Notas	Almacena todas las "Notas" que se escribieron y publicaron en una cuenta.
46	Configuración de las notificaciones	Es una lista de todas las preferencias de notificaciones registradas por un usuario.
47	Páginas que administras	Lista de las páginas que administras.
48	Solicitudes de amistad pendientes	Solicitudes de amistad enviadas y recibidas que están pendientes.
49	Números de teléfono	Es un registro de todos los números de teléfono celular que un usuario incluyó en su perfil.
50	Fotos	Guarda todas las fotos que se subieron a una cuenta.
51	Metadatos de fotos	Es el almacenamiento de la información oculta que guardan las fotografías que sube un usuario a Facebook. Por ejemplo, dispositivo desde el que toman la fotografía, lugar, fecha, hora y otros.
52	Elementos físicos	Insignias que un usuario agrega a su cuenta.
53	Toques	Es la lista de las personas que le dieron un toque a un usuario y también, las que éste proporcionó a otros miembros.
54	Ideología política	Guarda toda la información que una persona agregó a la ideología política en la sección "Información" de su biografía.
55	Tus publicaciones	Almacena todo lo que se ha subido a un perfil: fotos, videos y actualizaciones de estado.
56	Publicaciones de otras personas	Muestra todo lo que terceros han publicado en la biogtrafía de una persona.
57	Publicaciones en otras personas	Muestra todo lo que un usuario ha publicado en la biografía de terceros.
58	Configuración de la privacidad	Revela todos los aspectos de la configuración de privacidad determinada por un usuario.
59	Actividades recientes	Muestra todas las acciones que un usuario llevó a cabo y las interacciones que sostuvo recientemente.
60	Fecha de registro	Fecha en la que alguien se unió a Facebook.
61	Creencias religiosas	Son todos los datos actuales que una persona agregó en las creencias religiosas de su perfil en facebook.
62	Amigos eliminados	Guarda el registro de las personas que un usuario eliminó de su lista de amigos.
63	Nombres de usuario	Nombres de usuario que se agregaron a una cuenta y el servicio con el que están asociados.
64	Búsquedas	Es un registro de todas las búsquedas que un usuario realizó en Facebook.
65	Contenido compartido	Muestra todo el contenido que una persona compartió con otros usuarios de la red social utilizando el botón "Compartir".
66	Idiomas conocidos	Además del idioma de origen, registra todos los idiomas que un usuario asoció a los idiomas que conoce en su biografía.
67	Actualizaciones de estado	Almacena todas las actualizaciones de estado que publicaste.
68	Empleo	Muestra la información más reciente que un usuario agregó al apartado de "empleo" en su biografía.
69	URL personalizada	Es la dirección personalizada que utliza un usuario en Facebook, por ejemplo www.facebook.com/LasUltimasNoticias.
70	Videos	Muestra todos los videos que un usuario agregó en su biografía.

Fuente: https://www.eldiario.es/tecnologia/datos-Facebook-reconoce-saber-publicamente_0_754174714.html

Los rastros digitales proceden de:

— *Correo electrónico*. Los mensajes personales que se reciben quedan almacenados en los dispositivos y servidores que prestan servicios tipo webmail. Por otro lado, los servidores de mail, durante un tiempo, almacenan algunos datos de registro de los correos.
— *Contenidos visuales y de audio* (por ejemplo capturas de audio, fotografías y vídeos) suelen quedar almacenados en las memorias internas de los equipos de captura, más allá de cuál fuera su uso primario. Nótese la evolución del procesamiento aplicado a la detección de patrones en imágenes. Esta tarea (antes manual) se realiza de manera automática por medio de algoritmos[4] que utilizan modelos basados en inteligencia artificial.
— Los *archivos multimedia* (audio, fotografías y vídeos) suelen tener *una serie de datos extras* (llamados «metadatos»), que almacenan información sobre el contexto de la captura (por ejemplo, tipo de hardware, hora, fecha, posición geográfica, etc.).
— En los servicios en línea, particularmente en las redes sociales, toda información que dejemos, aunque luego la borremos, queda siempre almacenada por quien presta el servicio.
— *Wifi*. Al conectarnos a un proveedor externo de servicios de red vía WIFI, nuestras comunicaciones pueden ser interceptadas, quedando además registro de nuestra participación en la Red.
— *Teléfonos* móviles, en particular, por configuración del fabricante, van dejando un rastro de nuestra posición geográfica a lo largo del día y esa información es almacenada por el operador. Así, el teléfono móvil puede ser visto como el Caballo de Troya de la intimidad de las personas (Mattelard y Vitalis, 2015:166).
— Cuando enviamos archivos a la *papelera de borrado*, siempre quedan rastros de los mismos y con un software específico se puede recuperar el contenido original, en algunos casos.
— *Compras en línea*. Cuando realizamos suscripciones a servicios o compras de productos en línea, son solicitados datos personales sensibles por el prestador del servicio. Esa información pasa a

[4] Un algoritmo es un conjunto ordenado de instrucciones que indican cómo llevar a cabo una actividad. En un ejemplo cotidiano, una receta de cocina sería un algoritmo. Traducido a un lenguaje de computación, es un programa que un dispositivo digital puede entender y ejecutar.

formar parte de nuestro perfil de usuario de red y pueden compartirse con otras empresas.

— *Buscadores.* Los servicios de búsqueda de contenidos registran en cada consulta y revisión de resultados las acciones que realiza el usuario. Por un lado, sus fines se dirigen a mejorar el servicio y, por otro, a entender con profundidad cuales son nuestros intereses, geolocalización geográfica, etc., para hacer más eficaz la propaganda que nos muestran, como ya hemos señalado. También se comercializan los datos de los usuarios, en general vendidos como grupos homogéneos de consumo.

Hoy, en la era denominada de los grandes datos (Big Data), las corporaciones económicas y los gobiernos de los estados pueden analizar enormes volúmenes de datos obtenidos a partir de nuestras huellas digitales y utilizarlos en función de sus intereses particulares, no de los nuestros.

También nuestros rastros o huellas digitales laborales pueden ser utilizados por nuestros empleadores. Les ofrecen la posibilidad de saber dónde estamos y que hacemos, en tiempo real, o de monitorizar nuestra actividad al utilizar los dispositivos localizados en sus instalaciones. Desde luego, pueden hacer una importante contribución al panóptico digital[5] donde estamos inmersos.

Como regla básica, aunque un usuario pague por un producto o un servicio digital, nadie le garantiza que no será rastreado, ni sus datos comercializados.

3. COOKIES, LOS LADRILLOS DE LA INFRAESTRUCTURA DE LA RECOLECCIÓN DE DATOS DE USUARIO

En la tecnología web, el uso de un recurso llamado «cookie» permite a los dueños de sitios web obtener una serie de datos extras de sus usuarios, a partir de la identificación y las acciones de navegación que realizan en su sitio. Esos datos, en general, permiten facilitar posteriores

5 Un panóptico es una construcción basada en un diseño específico, donde un observador central, desde un único punto, puede observar la totalidad de un espacio. En general, este tipo de estructuras se utilizaron para inspirar edilicios carcelarios.

experiencias de navegación, pero también registran información destinada al marketing personalizado, o sirven para comercializar los perfiles de usuario con vistas a campañas de marketing llevadas por otras compañías.

Técnicamente una *cookie* es un archivo de datos que se descarga automáticamente en el dispositivo del usuario cuando visita un sitio web; (puede ser en una tableta, un lector de libros, un smartphone, etc.). En ciertas ocasiones el uso de *cookies* permite mejorar la experiencia de usuario mediante análisis posteriores de cómo se ha realizado, ya que almacena y recupera información sobre las costumbres de navegación de un usuario, o de su equipo informático. Un caso muy común es que las *cookies* se utilicen para reconocer a un usuario que retoma una sesión de trabajo interrumpida, sin necesidad de que se acredite nuevamente. Pero, en otros casos, las *cookies* se emplean para obtener información del perfil de usuario.

En España, como elemento de protección de la privacidad de la navegación de sus ciudadanos, existe una regulación nacional que aborda el tema *cookies*. En particular, el artículo 22 de la Ley de Servicios de la Sociedad de la Información y de Comercio Electrónico, en su modificación por el Real Decreto-ley 13/2012, indica:

> «Los prestadores de servicios podrán utilizar dispositivos de almacenamiento y recuperación de datos en equipos terminales de los destinatarios, a condición de que los mismos hayan dado su consentimiento después de que se les haya facilitado información clara y completa sobre su utilización, en particular, sobre los fines del tratamiento de los datos, con arreglo a lo dispuesto en la Ley Orgánica 15/1999, de 13 de diciembre, de Protección de Datos de Carácter Personal.
>
> Cuando sea técnicamente posible y eficaz, el consentimiento del destinatario para aceptar el tratamiento de los datos podrá facilitarse mediante el uso de los parámetros adecuados del navegador o de otras aplicaciones, siempre que aquél deba proceder a su configuración durante su instalación o actualización mediante una acción expresa a tal efecto.
>
> Lo anterior no impedirá el posible almacenamiento o acceso de índole técnica al solo fin de efectuar la transmisión de una comunicación por una red de comunicaciones electrónicas o, en la medida que

resulte estrictamente necesario, para la prestación de un servicio de la sociedad de la información expresamente solicitado por el destinatario.»

En su implementación práctica, cuando una persona accede a una web por primera vez, debe dar su consentimiento a la instalación de *cookies* por parte del dueño del espacio web que sea. Por otro lado, este último, debe desarrollar acciones que faciliten tal consentimiento. En general, consiste en información sobre aspectos como: tipo de *cookies* que se instalarán, fines de utilización de las *cookies* y forma de desactivarlas.

Para comprender mejor la operación de recuperación de datos de usuario mediante la técnica de *cookies,* presentamos el ejemplo siguiente sacado de un servicio de prensa digital.

Supongamos que el periódico digital D usa *cookies* para rastrear a sus internautas. El diario ofrece noticias propias y enlaces a otras noticias tomadas de fuentes externas. Si es la primera vez que una persona accede al sitio del diario D, en general, recibirá noticias cercanas geográficamente a su zona de navegación (establecida por su dirección de red IP[6]). También se dejará en el dispositivo del usuario una *cookie* de seguimiento. Cada vez que el usuario vuelva a visitar la web del diario desde el mismo dispositivo, el software de navegación de Internet enviará al sitio del diario una respuesta a la *cookie* que tiene almacenada desde el acceso anterior.

Ahora, supongamos que el usuario hizo clic sobre un determinado enlace del diario y accedió a una nueva página P (propia o no de esa web). Al abrir la página P el navegador envía una respuesta a la *cookie* del diario D donde le indica qué nueva página se abrió. De este modo, el diario D recupera información de navegación del usuario que le brinda un panorama completo de seguimiento de sus acciones de navegación.

Del análisis de esos datos se obtiene información sobre gustos, preferencias, motivaciones, intereses del usuario, etc. Esta forma de segui-

---

[6] Dirección IP es una identificación numérica única de computadora, que se utiliza para definir su participación y localización geográfica en Internet.

miento y recuperación de información de usuario está tan generalizada que hay acuerdos de colaboración entre empresas de contenidos y servicios web para intercambiar información sobre usuarios, y también para alojar *cookies* de otros proveedores en sus sitios (ISOC, 2011).

El siguiente ejemplo profundiza en la técnica de *cookies*. Pensemos en un usuario registrado en un sitio web. Cuando se dio de alta, dejó una serie de datos personales (como fecha de nacimiento, ciudad de residencia, número de teléfono, estado civil, etc.) para poder obtener sus credenciales de acceso (nombre de usuario y clave). También, en el proceso de alta, recibió una *cookie* de seguimiento que quedó almacenada en su dispositivo. A partir de ahora, y a diferencia del primer ejemplo, el usuario es un «recurso» con mucha más información y valor de marketing que el del primer ejemplo, dado que ya no son las rutas y patrones de navegación de una persona anónima las registradas, sino las de un ciudadano concreto, con nombre y apellidos, identificable y ubicable. Sus datos valen mucho, mucho más que en el primer caso.

> Dos de cada tres usuarios de Facebook en Europa están expuestos a campañas de publicidad segmentadas a partir de datos personales privados. En el caso de España, el porcentaje al que la plataforma asigna alguna de esas etiquetas es el 74 por ciento, el equivalente al 43 por ciento de la población. Las preferencias las asigna Facebook en función de etiquetas relacionadas con términos como comunismo, islam, Corán, Biblia, prevención de suicidios, socialismo, homosexualidad, oncología, inmigración ilegal, identidad de género, salud reproductiva, embarazo o nacionalismo, entre otros.
>
> Facebook, la segunda mayor plataforma de publicidad digital en el mundo después de Google, fue recientemente multada por la Agencia Española de Protección de Datos (AEPD) con el pago de 1,2 millones de euros por recoger, almacenar y utilizar datos, especialmente sensibles para fines publicitarios sin el consentimiento previo de los usuarios para hacerlo. (...) Facebook maneja datos sensibles del 25 % ciudadanos europeos para publicidad. (Agencia EFE, 2018)[7]

[7] Recuperado de https://www.eldiario.es/cultura/tecnologia/Facebook-sensibles-ciudadanos-europeos-publicidad_0_744375741.html

4. LOS TERCEROS QUE ESTÁN TRAS NUESTROS RASTROS DIGITALES

Los principales actores del sector de la recolección de datos en Internet para su uso comercial y, especialmente, para el marketing son: las redes sociales, los anunciantes que tienen servicios o productos que comercializar, los agregadores o brokers de datos (empresas cuyo fin es la comercialización de datos de usuarios), y las plataformas encargadas de la edición de contenidos en línea (webs de juegos, buscadores, diarios y revistas, etc.).

Cuando los anunciantes necesitan una precisión mayor sobre los destinatarios de su publicidad dirigida utilizan los servicios de agregadores. Empresas como BlueKai, Gravity, Rio, OutBrain o Dataium proporcionan esos servicios. Idealmente su trabajo se basa en recopilar información anónima de internautas que utilizan para dirigir publicidad al público más apropiado.

Un informe de la Internet Society (ISOC, 2014) daba cuenta de que a principios de 2013 el volumen de potenciales usuarios de publicidad con que operaban los principales agregadores era: BlueKai tenía información sobre 85 millones de usuarios únicos, OutBrain ofrecía cerca de 364 millones y Rio se adjudicaba 500 millones.

Los servicios de agregación coleccionan datos a través de *cookies* de sitios asociados, los filtran, los organizan, y agrupan a los usuarios en diferentes categorías de consumo (por edad, sexo, localización, gustos, etc.). De esta forma pueden vender a los anunciantes espacios de publicidad en los sitios de sus asociados, en sintonía con los gustos y preferencias de los usuarios. (Internet como una gran vidriera infinita de exposición de bienes de consumo a medida.)

Tras nuestros huellas digitales también están los gobiernos. En algunos países se han intensificado las actividades de intercepción de tráfico entre ordenadores con fines no siempre precisados de forma expresa, y fuera de toda normativa legal vigente. Suele argumentarse que este espionaje se centra sobre «enemigos potenciales» de los países. Es una actividad que ha despertado rechazo entre los ciudadanos. Ha sido el caso, por ejemplo, del espionaje llevado a cabo por la Agencia de Seguridad Nacional de Norteamérica, que denunció Edward Snowden (y que, además de poner su vida en peligro, le ha costado el exilio), y también el del gobierno chino. Para mayor información se recomienda revisar las declaraciones del denominado caso Snowden[8]. Por su parte, Mattelard y Vitalis ilustran lo que está pasando hoy:

> «Esta modalidad de vigilancia significa un cambio profundo con relación al universo disciplinario que le ha precedido. Mientras que la disciplina actúa mediante control directo, con total transparencia, y exige del individuo un trabajo sobre el mismo para adaptarse a las normas, el perfilado generalmente se efectúa sin que el individuo se entere. (...) Es invisible, y está invisibilidad, potenciada por la creciente desmaterialización de los soportes [informáticos], condiciona su eficacia a la vez que explica su banalización. La gran mayoría de los usuarios de las tecnologías de la información y de la comunicación se sienten atraídos por los beneficios de los servicios que [les dan], sin haber tomado conciencia de que también son tecnologías de control.» (Mattelart y Vitalis, 2015:14)

También los teléfonos personales de la categoría smartphone, por su uso intensivo y cantidad de aplicaciones que corren en ellos diariamente, son dispositivos que generan rastros digitales. Por otro lado, el poder comunicarnos fuera de nuestras zonas seguras (hogar y trabajo) nos expone a potenciales interceptaciones de comunicaciones. Por ejemplo, cuando en un espacio público o privado accedemos como visitantes ocasionales a una red WIFI libre, ignoramos que el tráfico de datos que realizamos puede ser muy fácilmente interceptado y espiado.

Los rastros que dejan los ordenadores son diferentes a los de tabletas y teléfonos móviles. Estas últimas pantallas han nacido en la era de Internet y por lo tanto sus diseños están mucho más vinculados a los usos comerciales de la Red. Esto significa que su uso deja huellas digitales amplias y robustas. El modo de funcionamiento de una aplicación de teléfono móvil (generalmente llamada APP) depende, en general, de una conexión a la Red para dar servicio al usuario. Esta situación de vínculo permanente con Internet, produce mayores rastros en tiempo real y un menor nivel de anonimato. Debido a las capacidades técnicas de los teléfonos inteligentes para señalar ubicaciones, es fácil para un proveedor de servicios de red relacionar las actividades del usuario con su geoposicionamiento. Por otro lado, muchas de estas prestaciones están configu-

---

[8] Wikipedia: «Revelaciones sobre la red de vigilancia mundial (2013-2015)» https://es.wikipedia.org/wiki/Revelaciones_sobre_la_red_de_vigilancia_mundial_(2013-2015)

radas por defecto en el aparato y en las aplicaciones, situación de la que pocas veces el usuario tiene consciencia. En definitiva, la geolocalización de las comunicaciones de datos proporciona metadatos extra en fotos, vídeos, textos, etc., altamente valiosos para los cazadores de datos.

En un escenario de extracción masiva de datos, la autovigilancia empieza a ser un recurso de «antivigilancia» para algunas personas, aunque parezca contradictorio. Es el caso de Hasan Elahi, un artista que en el año 2002 fue detenido en el aeropuerto de Detroit, USA, por estar en una lista negra del FBI[9] de sospechosos relacionados con las actividades del 11-S. Fue puesto en libertad después de pasar por varios interrogatorios y sesiones de polígrafo, donde tuvo que acudir a los registros de su dispositivo móvil para demostrar dónde estaba en el período de tiempo que investigaban. A partir de ese incidente Hasan empezó a documentar y publicar todos sus movimientos con la idea de asegurarse de que, si en un futuro le acusaban de algo más, tendría pruebas propias para defenderse. El artista calcula que, transcurrida una década, ha publicado en internet más de 60.000 fotos que pueden servir como pruebas de sus rastros digitales por el mundo.

Proyecto Tracking Transience de Hasan Elahi

[9] En York Times http://www.nytimes.com/2011/10/30/opinion/sunday/giving-the-fbi-what-it-wants.html

El caso anterior se ha convertido en un proyecto de autovigilancia llamado «Tracking Transience», que utiliza el arte para contribuir a criticar la inclusión por error de personas en listas negras policiales. El trabajo se centró en registros con localización personal por medio de la autovigilancia. El material acumulado se utilizó en distintas muestras artísticas.

A la hora de tomar conciencia sobre la realidad de los rastros digitales y de su valor, puede hacerse un experimento sencillo que permitirá a cada persona interesada observar el valor económico asignado a nuestros datos de navegación. Existe una herramienta que permite al usuario de Facebook visualizar los ingresos por publicidad que él mismo genera. Se llama «FDVT: Facebook Data Valuation Tool[10] y puede ser descargada e instalada de forma gratuita. Fue desarrollada por ingenieros españoles dentro de un proyecto de la Unión Europea, bajo el programa Horizon 2020 y el Data Transparency Lab. Se trata de una iniciativa que promueve la transparencia en Internet, con el objetivo de generar conciencia sobre la necesidad de proteger la privacidad digital. La herramienta permite visualizar en tiempo real, bajo el formato de una caja registradora, los ingresos que va generando uno mismo como usuario de Facebook.

Circula un dicho que afirma: «en general, si no estás pagando por algo, entonces tú eres el producto a vender». O, más específicamente, en Facebook: «no es tu perfil en Facebook, sino es el perfil que Facebook ha construido sobre ti». Cualquiera de estos dos dichos ilustra lo que están haciendo grandes corporaciones tecnológicas que propagan lo «gratuito»: extraer datos.

Para un usuario de smartphones (es decir, todos nosotros prácticamente), cuidar la privacidad desde el propio dispositivo es una tarea que cada vez se hace más difícil. Se debe a la complejidad inherente del dispositivo, así como a los actores múltiples que operan sobre él: el operador telefónico, los desarrolladores de aplicaciones, el operador de la Red a la cual está suscrito, el desarrollador del sistema operativo, el proveedor del servicio de Internet, así como su red de familiares, amigos y contactos.

---

[10] FDVT, https://fdvt.org/

5. IDENTIDAD Y REPUTACIÓN EN LA ÉPOCA DE LAS REDES DIGITALES

Como es bien sabido, hoy vivimos en un mundo conectado donde las pantallas digitales viajan con nosotros (en nuestros bolsillos), donde hay software para casi cualquier tarea y donde en pocos segundos podemos tener una comunicación —en tiempo real— con cualquier persona en casi cualquier parte del planeta. Esta realidad plantea la necesidad de tener conocimientos y habilidades de protección.

Nuestras acciones digitales, cualesquiera que sean (textos, sonidos, fotografías, vídeos, participación en redes sociales, etc.) conforman nuestra identidad digital, una carta de presentación ante los demás. Mi identidad digital se construye, en primer lugar, sobre lo que «yo digo acerca de mí mismo».

Pero, por otro lado, existe un concepto relacionado con el de identidad: la reputación digital. Se conforma a partir de lo que otros usuarios van diciendo de mí en la Red en blogs, comentarios en redes sociales, fotos, etc.) Su control es mucho más difícil dado que depende de terceros, que pueden ser conocidos, totales desconocidos y hasta personas anónimas. La reputación digital se construye sobre lo que «los demás dicen acerca de mí».

En el ciberespacio se desarrollan oportunidades y peligros, como ocurre en el espacio físico. Por ello, nuestras precauciones deben extenderse también a la Red, protegiéndonos, tomando precauciones como no desvelar información comprometida sobre nosotros mismos, actuando como si sólo pudieran vernos nuestros amigos. Hay que compartir únicamente aquello que no nos ocasione problemas en un futuro cercano o lejano (dado que la memoria de Internet es prolongada). Una vez que liberamos los datos al espacio digital, de manera consciente o inconsciente, ya están fuera de nuestro alcance.

Entre los elementos que inciden directamente sobre nuestra identidad y reputación digitales, encontramos los siguientes:

a) Facilidad para publicar y difundir información. Hoy en casi cualquier lugar y a cualquier hora podemos relacionarnos con otros y contestar o publicar piezas nuevas de información de manera instantánea.

b) Apropiación de la información. Cualquier pieza de información que aportemos a la Red permite que otras personas puedan verla, copiarla, procesarla y difundirla siguiendo sus propios intereses.

c) Permanencia de la memoria pública digital. En general cuando se publica algo de forma libre (no reservada) pasa a ser parte también de una memoria pública, accesible libremente en tiempo real, fuera de nuestro control, que estará disponible para quien quiera consultarla.

Hoy nuestra identidad digital está distribuida, dado que se encuentra fragmentada en miles de partes. Cuando alguien quiere saber algo de nosotros, recupera un subconjunto y lo ensambla generando una imagen parcial.

En los últimos años han aparecido ciberdelitos ligados a la identidad digital. Por ejemplo, prácticas delictivas basadas en ataques de suplantación de identidad (*phishing*), de acoso y violencia de distinto tipo (*grooming, sexting, ciber bullying*), o engaños para obtener acceso a los datos de nuestros ordenadores.

En el caso de menores de edad debe tenerse un cuidado especial. Es importante que niños y jóvenes conozcan pautas o formas de comportamiento que les ayuden, tanto en la construcción de su identidad digital, como en la consciencia de que introducir contenidos inapropiados en la Red tiene consecuencias .

En la tabla 1, presentamos datos de una serie de estudios que analizan los comportamientos de niños y jóvenes en Internet. Coinciden en que el elemento primario para protegerlos es, por un lado, reducir su grado de exposición temprana y, por otro, que tanto en el sistema educativo como en las familias se aborde el tema de modo preventivo.

Tabla 1. Datos de estudios que indican y cuantifican riesgos en Internet

— El 40% de las personas entre 8 y 17 años, a nivel mundial, experimentan cyber-bulling. (Microsoft, 2012)
— El 39% de las personas de entre 11 y 16 años, en el Reino Unido, dicen que son adictas a Internet. (Clarke, Hitchenor y Svanaes, 2014)
— El 69% de los adolescentes de EE.UU. entre 13 y 17 años, reciben regularmente comunicaciones de extraños en línea. (Cox Communications, 2007)
— Se ha pedido al 57% de los adolescentes estadounidenses, de entre 13 y 19 años, que envíen un mensaje de carácter sexual. (Temple et al, 2012)
— Los niños tienen 35 veces más probabilidades de ser víctimas de robo de identidad que los adultos. (May, 2012)
— El 30% de padres y madres en Singapur han visto su seguridad comprometida por sus hijos. (Tham, 2016)
— El 65% de los encuestados, entre 13 y 74 años, ha sido víctima de al menos un riesgo estando en línea. El 62% no sabía o no estaba seguro acerca de dónde encontrar ayuda para tal situación. (Microsoft, 2017)
— Más del 95% de todos los incidentes de seguridad en los negocios, a nivel mundial, reconocieron el error humano como un factor que contribuyó. Esto incluye sucumbir a ataques tipo phishing y usar contraseñas débiles. (IBM, 2014)
— Más del 90% de los participantes de una encuesta dijeron que no saben demasiado sobre cómo protegerse en línea. El 11.5% admitió que no conocen nada y necesitan ayuda. (Mozilla, 2017)

6. LA RED Y SUS ISLAS DE SUBJETIVIDAD: LA BURBUJA FILTRANTE

Eli Pariser es el creador del concepto «burbuja filtrante», concepto que ha tenido un fuerte impacto. Llegó a él al detectar cambios significativos en su actividad en redes sociales:

> «Noté el cambio por primera vez en una página en la que paso mucho tiempo: Facebook. En política soy progresista (...) pero siempre estoy abierto a las ideas de los conservadores. Me gusta escuchar sus ideas; me gusta ver los enlaces que comparten; me gusta enterarme de algunas cosas. Por eso me sorprendió darme cuenta un día de que los conservadores habían desaparecido de las novedades de Facebook. Lo que había pasado era que Facebook estaba controlando en qué enlaces hacía clic y que se había dado cuenta de que, realmente, hacia clic con más frecuencia en los enlaces de mis amigos progresistas que en los de mis amigos conservadores. Y sin consultarme, excluyó a los últimos.» (Pariser, 2011b)

Para Pariser, estamos frente a servicios de información que limitan sensiblemente los resultados de búsqueda según sus propios criterios, no los nuestros. En esencia, nos hacen creer que las respuestas a nuestras preguntas son las mismas para todas las personas que realizan las mismas búsquedas, cuando no es así: en realidad son personalizadas y se construyen según sea nuestro historial de navegación. Por ejemplo, el servicio de búsqueda Google es bueno, en general, para encontrar lo que de antemano se sabe que se quiere, pero no para lo que no se sabe que se quiere. Como consecuencia, no se busca. ¿Qué obtenemos? Una limitación en nuevos elementos que podrían interesarnos, pero cuya existencia ignoramos. El enorme flujo de informaciones existentes queda convertido en unos pocos resultados que son los que se ofrecen a un determinado usuario.

Así, los servicios de búsqueda de información crean una especie de espacio particular para cada persona (denominado «burbuja»), que altera la forma en que cada uno adquiere y construye conocimiento. Algoritmos desconocidos e invisibles filtran, seleccionan y muestran unos contenidos «personalizados» y no otros posibles: aquellos que no concuerdan con el filtro implementado por el algoritmo.

En opinión de Doval (2012), los algoritmos de las redes sociales, al aplicar filtros a medida para cada usuario, podrían estar generando una suerte de territorios con forma de islas, donde se «encierra» a cada usuario según sean sus convicciones detectadas. Se parcela la percepción, de hecho, produciéndose un recorte de la realidad dependiendo de cuáles sean los elementos tenidos en cuenta por los algoritmos, lo que priva a los usuarios de visiones interpretativas amplias, holísticas, sobre la realidad en la que están inmersos. Esta «realidad» paralela se muestra a partir de preferencias expresadas y recogidas de modo personalizado, excluyendo de la lista de resultados aquello que no concuerde con ellas. Así, las acciones de navegación pasadas del usuario determinan fuertemente lo que se muestra. Cada nueva búsqueda realizada trata de conectar el pasado con el deseo presente. Estas acciones se denominan también «espejo de una sola vía» (*one way mirror*), debido a que el reflejo mostrado es el vinculado solo a nuestros intereses.

Esta restricción de información y de conexión puede verse como una «censura» impuesta por los algoritmos, con efectos muy significativos, dado que pueden lograr que las personas se aíslen o se refugien en espacios conocidos de información que no les haga salir de su «zona de confort», ni les expongan a los argumentos de personas con criterios diferentes a los suyos.

Si bien la mayoría de los servicios de comunicación, información y entretenimiento implementan el efecto burbuja filtrante (Google, Facebook, Twitter, YouTube, Yahoo, Tumblr, entre los principales), existen plataformas alternativas que no lo hacen. Por ejemplo, el servicio de búsqueda Duckduckgo (https://duckduckgo.com/), Startpage (https://www.startpage.com/), el servicio de indexación distribuido Yaci (https://www.yacy.net/en/) o el metabuscador Ixquick (https://www.ixquick.eu/).

Más allá de disponer de servicios digitales donde se esté razonablemente seguro de que no utilizan burbujas filtrantes que restrinjan y condicionen los contenidos, es necesario exigir a los legisladores de los distintos países que promuevan y voten leyes, donde se solicite a los proveedores de servicios de Internet y a las empresas tecnológicas que hagan transparentes sus algoritmos. Por lo menos en lo que respecta a sus modos de seleccionar, filtrar, ponderar y presentar informaciones a sus usuarios.

Para concluir este epígrafe y relacionado con los temas tratados en él, llamamos la atención sobre un estudio de la organización Pew Research Center que mostró cómo las personas tienen reparos a la hora de responder en Internet, en particular por miedo a expresar opiniones contrarias a las de sus interlocutores (Hampton, 2014). Los investigadores encontraron evidencias que indicaban que los usuarios de Facebook y Twitter estaban menos dispuestos a dar su opinión sobre un tema particular si percibían que iban a estar en minoría. En palabras semejantes, las personas tienden a reservarse y compartir menos sus opiniones personales en las redes sociales cuando presienten que serán rechazados por sus amigos.

Los participantes en el estudio mostraron una menor predisposición a dar sus opiniones en las redes sociales que si estuviesen en interacciones cara a cara. El 86% aceptaría discutir un tema cara a cara, pero sólo un 42% difundiría algo discrepante sobre el mismo tema en Facebook o Twitter. Los encuestados indicaron que estaban más dispuestos a expresar sus opiniones si creían que sus contactos iban a estar de acuerdo.

El estudio llevado a cabo concluye que las redes sociales no funcionan como verdaderas plataformas de expresión, debido a la dificultad de expresar opiniones controvertidas o minoritarias.

A partir de todo lo anteriormente expuesto, se puede decir que Internet es un espacio cada vez más fragmentado y, por ende, menos universal. Los algoritmos que construyen burbujas filtrantes colaboran a esta fragmentación de la Red, al generar espacios sociales cerrados.

Se trata de una dirección opuesta a la que inicialmente sus fundadores concibieron, dado que nació como una Red para compartir conocimientos en un ambiente de igualdad y de libertad de expresión.

7. INTELIGENCIA Y CIUDADANÍA DIGITAL

La ciudadanía digital, según el DQ Institute[11], son aquellas habilidades necesarias para utilizar las tecnologías de forma segura, responsable y de manera efectiva. Para ejercerla los ciudadanos deben tener desarrollada alguna forma de inteligencia digital. Esta se define como la suma las habilidades sociales, emocionales y cognitivas, que permiten a los ciudadanos enfrentarse a los desafíos y adaptarse a las demandas de la vida digital.

Tabla2. Habilidades sociales, emocionales y cognitivas necesarias para la vida digital (DQ Institute)

1 Identidad digital del ciudadano	Capacidad para construir y administrar una identidad saludable y congruente en línea y fuera de ella, con integradad. Siendo conscientes de que se debe manejar el impacto a corto y largo plazo de la presencia en el ciberespacio.
2 Gestión del tiempo en línea	Capacidad para administrar el tiempo frente a las pantallas múltiples, la multitarea y la presencia en línea aplicando autocontrol. El objetivo es alcanzar un balance saludable entre la vida frente a pantallas y sin ellas.
3 Lidiar con situaciones de acoso en la red	Capacidad para detectar situaciones de acoso y violencia en Internet (cyberbulling) y manejarlas de forma inteligente, evitando los riesgos asociados y sus efectos negativos.

[11] DQ Institute, https://www.dqinstitute.org

4 Gestión de la seguridad en línea	Capacidad para proteger los datos propios mediante la creación de contraseñas fuertes, así como para gestionar ataques remotos diversos (de crackers, estafas, malware, entre las más comunes). Por otro lado, entender las buenas prácticas de seguridad y usar con destreza las herramientas de protección de datos.
5 Gestión de la privacidad	Capacidad de manejar con discreción toda la información personal compartida en línea para proteger la privacidad de uno mismo y de los demás.
6 Pensamiento crítico	Capacidad para distinguir entre información verdadera y falsa, contenido bueno y dañino, así como contactos confiables, o no, en Internet. Por otro lado, asociado al concepto está la habilidad para crear contenido y difundirlo de forma creíble y responsable.
7 Huellas digitales	Capacidad para comprender la naturaleza de las huellas digitales y sus consecuencias en la vida real, y así administrarlas de manera responsable.
8 Empatía en línea	Capacidad de desarrollar empatía para construir buenas relaciones de comunicación.

Las habilidades anteriores, que conforman una dimensión de ciudadanía digital, deberían ser de interés especial educativo; y de alguna manera deben también estar presentes en los curricula oficiales, dado que promueven buenas prácticas para lograr una convivencia digital segura.

El uso efectivo de las tecnologías (Gurstein, 2003) es entendido como la capacidad de utilizar e integrar con éxito las tecnologías digitales en la realización de objetivos individuales o colectivos. En el campo educativo, ello está en concordancia con la idea de promover y definir proyectos con una importante participación de los propios estudiantes, en particular desde las situaciones que les afectan o les interesan.

A partir de su relectura mencionamos los conceptos de «fluidez digital» (Resnick, 2001) y «uso efectivo de las tecnologías» (Gurstein, 2003), como elementos base que propicien aptitudes y actitudes, respectivamente, para superar los usos pasivos de las pantallas múltiples hoy en día.

Fluidez digital es un concepto que define una aptitud, expresada como un nivel avanzado de habilidad técnica en el uso de las herramientas digitales. El concepto fue propuesto por el profesor Mitchel Resnick (2002), desde la idea central de lograr que los estudiantes dominen las herramientas digitales, y no a la inversa. De esta manera se pueden dejar atrás usos tecnológicos pasivos, en pos de una verdadera participación activa de los estudiantes, como coautores en la construcción de conocimientos. Hablar de usos fluidos de la tecnología implica acumular una experiencia digital suficiente basada en el hacer, que incremente las habilidades tecnológicas. Va más allá de usos simples como buscar información, usar un procesador de textos o plantilla de cálculo, participar en un chat o enviar mensajes de texto.

Desde la perspectiva de Resnick la escuela, como institución fundamental en la formación de los ciudadanos, debe superar el concepto del sociedad del conocimiento y proponer desarrollar un nuevo estadio, denominado la «sociedad de la creatividad». Porque el éxito, en un futuro cercano, no dependerá de «cuánto se sabe», sino de la capacidad de «pensar y actuar creativamente». En definitiva, podríamos decir que dada la penetración, uso y necesidad de las pantallas múltiples en nuestra sociedad, hoy debemos «valorar la fluidez digital tanto como valoramos leer y escribir» (Resnick 2001).

REFERENCIAS BIBLIOGRÁFICAS

Agencia EFE (febrero 2018). «Facebook maneja datos sensibles del 25 % ciudadanos europeos para publicidad». Disponible en https://www.eldiario.es/cultura/tecnologia/Facebook-sensibles-ciudadanos-europeos-publicidad_0_744375741.html

Castells, M. (2002). Epílogo. En P. Himanen, *La ética del hacker y el espíritu de la era de la información* (pp. 109-124). Barcelona: Destino.

— (2013). Cambio, el impacto de internet en la sociedad: Una perspectiva global. En *BBVA & Open Mind, C@mbio. 19 ensayos fundamentales sobre cómo internet está cambiando nuestras vidas* (pp. 127-148). Madrid: Turner.

Clarke, Dr.; Hitchenor, B.; Svanaes S. (2014). *Young People's Attitudes Towards Gaming*. Family Kids & Youth. Disponible en http://goo.gl/NstmL7

Cox Communications (2007). Cox Communications Teen Internet Safety Survey, Wave II – en Partnership with the National Center for Missing & Exploited Children® (NCMEC) and John Walsh (Fielded Among Young People Aged 13-17)

Doval, M. (10 de abril de 2012). «Por una dieta informativa más variada y sana», en *Aceprensa*. Disponible en: http://goo.gl/vHq3D6 [26 de octubre de 2014

Gurstein, M. (2003). *Effective use: A community information strategy beyond the Digital Divide*. First Monday(8).

Hampton, K.; Rainie, L.; Lu, W.; Dwyer, M.; Shin, I. y Purcell, K. (2014)) Social Media and the «Spiral of Silence». Pew Research Center, Washington, DC. Disponible en http://www.pewinternet.org/2014/08/26/social-media-and-the-spiral-of-silence

IBM. (2014). IBM Security Services 2014. Cyber Security Intelligence Index. Disponible en https://goo.gl/M6cWKp

Mattelart, A.; Vitalis, A. (2015). De Orwell al cibercontrol. Barcelona: Gedisa.

May, J. (2012). Child Identity Theft: What Parents Need to Know to Protect Their Children. All Clear ID Alert Network Report.

Meirieu, P. (2010) *Una llamada de atención. Carta a los mayores sobre los niños de hoy*. Ed. Ariel. Barcelona.

Microsoft (2012) Online Bullying Among Youth 8-17 Years Old-Malaysia. Disponible en https://download.microsoft.com/download/E/8/4/E84BEEAB-7B92-4CF8-B5C7-7CC20D92B4F9/WW%20Online%20Bullying%20Survey%20-%20Executive%20Summary%20-%20Singapore_Final.pdf

Microsoft (2017) Civility, Safety and Interaction Online. Disponible en https://goo.gl/qBEKwE

Mozilla. (2017). Hackers, Trackers and Snoops: Our Privacy Survey Results. Disponible en https://goo.gl/Mjt6uQ

Resnick, M. (2001). Closing the Fluency Gap. Communications of the ACM, vol. 44, n.º 3, marzo, 2001.

— (2002). Capítulo 3. Repensando el aprendizaje en la Era Digital. The Global Information Technology Report Readiness for the Networked World, editado por G. Kirkman. Oxford University Press, 2002.

Pariser, E. (2011b). Eli Pariser: cuidado con la «burbuja de filtros» en la red. TED 2011. https://www.ted.com/talks/eli_pariser_beware_online_filter_bubbles/transcript?awesm=on.ted.com_8lc7&language=es

— (2011). The Filter Bubble: What the Internet Is Hiding from You. New York: Penguin Press

Tham, I. (2016) Children a Weak Link in Household Cyber Security. The Straits Times, Singapore, 3 March 2016.

Temple, J.; Paul, J.; van den Berg, P.; Le, V.; McElhany, A. y Temple, B. (2012). Teen sexting and its association with sexual behaviors. Archives of Pediatrics & Adolescent, 166(9), pp. 828-833.

Teen Internet Safety Survey, Wave II (2007). Cox Communications Report.Youth.

Virilio, P. (1988). *Estética de la desaparición*. Barcelona: Anagrama.

V.
LA CULTURA SOCIAL EN TORNO A LA SEGURIDAD DE LA INFORMACIÓN

María García Pérez
Iker Sala Simón
Víctor Fernández

1. ASPECTOS GENERALES DE LA SEGURIDAD

¿Qué es seguridad? Plantear esta pregunta, que a priori puede parecer sencilla, es de suma importancia para conocer el verdadero alcance de la seguridad sobre todos nuestros activos y comprender que hay gran número de factores que se ven afectados en este planteamiento.

Lo primero que se tiene que tener claro antes de avanzar es lo que se podría denominar como primer mandamiento de la seguridad. Este, debe ser aplicable a todos los campos donde la seguridad tenga presencia y servir de base tanto para el desarrollo de políticas de seguridad, como ser un pilar fundamental para crear mecanismos y medidas para detectar cualquier amenaza o para mitigar cualquier vulnerabilidad que pueda poner en riesgo la información, en este caso los datos personales y la privacidad. No obstante, la seguridad total no existe, y además es un proceso continuo en el que intervienen muchos elementos. Debe considerarse como un proceso cíclico, continuo y dinámico en el que intervienen aspectos como el tipo de dispositivos físicos, la temperatura, el software utilizado, el emisor y el receptor de la información, el canal de transmisión, la evolución de las amenazas y la propia información.

Además, la información entendida por datos, también tiene su propio ciclo de vida. Creamos información y en función del valor que le asignamos, la clasificamos y almacenamos para darle el uso que creemos conveniente. La información se crea, se guarda y puede ser compartida con nuestro consentimiento, para ser utilizada por otros, véase por ejemplo el *copyleft*. Una vez que se ha utilizado, se archiva a la espera de ser utilizada de nuevo y finalmente cuando ha cumplido su cometido y deja de ser necesaria, se destruye. Como se puede apreciar en el gráfico 1, la información consta de diferentes etapas de desarrollo, todas ellas muy sencillas como que creamos información a través de diferentes datos, lo guardamos, lo usamos, se comparte, lo archivamos y podemos destruir esa información. Sin embargo, es necesario percatarnos que esa misma información creada puede estar amenazada en cada una de sus fases, pudiéndose explotar diferentes vulnerabilidades de no aplicar medidas de seguridad en el ciclo de vida.

Fuente: Elaboración propia.

Gráfico 1. Ciclo de vida de la información

A partir del análisis del ciclo de vida de la información, que ya se ha descrito, debemos centrarnos en el ciclo de vida de la seguridad de la información, ya que como indicábamos la información creada y en todas sus fases puede ser comprometida dentro de cualquier etapa de las que se describen dentro del siguiente gráfico 2.

Fuente: Elaboración propia.

Gráfico 2. Ciclo de vida de la seguridad de la información

Intentando simplificar este ciclo se va a utilizar un ejemplo básico de información que luego habría que extrapolarlo al mundo digital. Las fases de las que consta son, en primer lugar identificar los activos, es decir, todos los elementos de información, por ejemplo un libro, la cartilla del banco, el DNI, un correo no deseado, etc... A partir de ahí, en segundo lugar, clasificamos o evaluamos en función de la importancia que tiene para nosotros (por ejemplo, no es lo mismo el DNI que un correo no deseado). Tercero, una vez que destacamos aquellos que son importantes para nosotros tomamos medidas para protegerlos (por ejemplo, el DNI lo guardamos, mientras que un correo no deseamos podemos destruirlo o dejarlo a la vista de los demás). En el cuarto paso, hay que detectar si esas medidas son efectivas y si existen amenazas nuevas (nuevos riesgos) sobre la información que consideramos relevante (por ejemplo, detectamos que nuestro DNI siga en nuestra cartera). Cuando detectamos que está expuesto a nuevos riesgos, lo que hacemos es adoptar nuevas medidas y responder para corregir ese defecto (por ejemplo, el DNI no lo hemos guardado correctamente y ha estado expuesto a que nos lo quiten, se moje, etc. y respondemos guardándolo en la cartera). Pero en caso de que no podamos dar respuesta (por ejemplo el DNI se ha perdido) debemos recuperar esa información, paso seis, por ejemplo, denunciar la perdida en la comisaría para que nos lo hagan nuevamente y obtener uno nuevo. Y finalmente, debemos revisar la integridad de la información que quiere decir que lo que tú tenías se corresponde con lo que tienes ahora, siguiendo el ejemplo del DNI ver que tienes ahora el nuevo o el antiguo pero que sigue con el mismo número de identificación.

No obstante, no debemos olvidar que el elemento más crítico y significativo de todos los factores participantes, somos nosotros. Como se verá, el factor humano es el eslabón más débil y más fácil de atacar exitosamente, en el conjunto de elementos que componen la seguridad de la información.

Una vez hechas estas matizaciones, debemos diferenciar en que ámbito queremos hacer la definición de seguridad. Por regla general y dentro de toda lógica, los términos seguridad de la información, seguridad informática y ciberseguridad, se suelen confundir o incluso interpretarse como sinónimos por las personas que no tienen una relación profesional con la informática en general. Debido a este motivo, es de gran importancia que se haga una definición de los términos que engloba.

1.1. Seguridad de la información

Se puede definir, como el conjunto de medidas y acciones tanto activas como pasivas que persiguen proteger los activos de información buscando mantener la confidencialidad, la disponibilidad e integridad de los mismos, tratando de reducir los riesgos a un nivel aceptable e intentando mitigar cualquier amenaza latente. Un activo de la información debe entenderse como los datos que tienen un valor tanto para nosotros como para una organización. Esto es extrapolable al conocimiento, independientemente de su forma o estado.

La seguridad de la información, por tanto, está orientada a una protección de los activos de información independientemente de cual sea su forma o estado y que haciendo uso de la tecnología, de diversas herramientas, de técnicas concretas, de metodologías, de normas, de mecanismos o de cualquier otro elemento útil; poder aplicar acciones y medidas apropiadas para tal fin. En conclusión, sería el concepto más amplio y abarcaría tanto a la seguridad informática como a la ciberseguridad.

1.2. Seguridad informática

Teniendo en cuenta que estaría dentro del ámbito de la seguridad de la información, se puede definir como el conjunto de procesos, herramientas, técnicas y mecanismos, que tienen como objetivo la protección de los sistemas informáticos que procesan y almacenan cualquier tipo de información digital, así como su infraestructura y las redes que los componen, además de toda la información digital almacenada por estos, sin importar si están interconectados o no.

1.3. Ciberseguridad

Para la definición de la ciberseguridad, se presenta la propuesta por la asociación de profesionales de seguridad ISACA (2014) y que afirma que la ciberseguridad puede definirse como: «Protección de activos de información, mediante el tratamiento de las amenazas que ponen en riesgo la información que se procesa, se almacena y se transporta mediante los sistemas de información que se encuentran interconectados». De esta definición se deduce que la ciberseguridad, está orientada a la protección de activos de información en formato digital y que circulan, y se intercambian, a través de sistemas de información que están interconectados. Hay que destacar que para la seguridad de la información se adoptan unas medidas con una visión defensiva y se intentan proteger los activos de información, impidiendo a su acceso de manera defensiva, mientras que en la ciberseguridad las medidas aplicadas pueden ser además ofensivas. Este tipo de medidas acaban derivando en lo que se conoce como ciberguerra que más tarde se analizará.

2. LAS DIMENSIONES DE LA SEGURIDAD DE LA INFORMACIÓN

Sintetizando todo lo anterior, la seguridad de la información tiene por objetivo mantener la confidencialidad, disponibilidad e integridad de la información, como se aprecia en el siguiente gráfico 3. Es importante reseñar, que tienen relación entre sí y que no son las únicas dimensiones que se tienen en cuenta en el ámbito de la seguridad.

Fuente: Elaboración propia.

Gráfico 3: Dimensiones de la seguridad

Para analizar y conocer en profundidad estas dimensiones es necesario describir cada uno de los conceptos que engloba. El siguiente ejemplo nos ayudará a describir y a conocer mejor los términos: Si alguien dispone de una tarjeta de crédito y se aproxima a un cajero automático, o utiliza Internet para realizar una consulta del saldo de su cuenta, deseará que nadie excepto la entidad financiera, conozca ni su contraseña de acceso, ni el importe de su saldo. Tampoco querrá que la información que la entidad le ofrezca no se corresponda con la realidad de su saldo, ni que la información sobre su cuenta haya sido manipulada. Por último, deseará que siempre que desee hacer una consulta de saldo, haya un cajero que funcione correctamente o que la página web de acceso a la entidad esté operativa siempre que lo necesite.

2.1. Confidencialidad

El ejemplo anterior, cubre perfectamente las tres dimensiones principales de la seguridad. En una primera aproximación observamos que la *confidencialidad* se asegura de que la información solo sea accesible para aquellos a quienes se autoriza a tener acceso. En este caso, autorizamos a la entidad financiera a que conozca nuestro saldo y nuestra clave de acceso. Cualquier persona no autorizada que obtuviese nuestra contraseña de acceso o nuestro saldo, independientemente del método utilizado sin nuestro consentimiento, estaría violando la dimensión de la confidencialidad. Por tanto, la confidencialidad trata de prevenir la revelación no autorizada de información, intencionalmente o no, del contenido de un mensaje o de información en general. La pérdida de información puede producirse no solo por un descuido, sino por ejemplo, cuando se consigue publicar información confidencial de una organización, o cuando un sistema de información está mal configurado y se puede hacer un mal uso de los datos de sus permisos de acceso.

Toda estrategia de seguridad se basa en la cualidad por la cual la información adquiere valor y tratar de mantener alejada de terceras personas esa información que consideramos valiosa es el objetivo de la confidencialidad. La información posee el valor que le queramos asignar mientras la confidencial se mantenga. No obstante, la confidencialidad es una necesidad obligatoria ya que existen regulaciones y leyes que imponen que determinada información debe ser regulada y clasificada adquiriendo la calificación de confidencial. Dos ejemplos regulatorios de la legislación española y de mucha importancia para el tratamiento de la información son por un lado la *Ley Orgánica 15/1999, de 13 de Diciembre, de Protección de Datos de Carácter Personal* (LOPD) contemplando la obligatoriedad de proteger la confidencialidad de ciertos datos, llegando a sancionar de manera muy grave la vulneración de ésta. Por otro lado, nos encontramos con *el Esquema Nacional de Seguridad (ENS), regulado por el Real Decreto 3/2010, de 8 de enero,* el cual determina la política de seguridad que se ha de aplicar en las administraciones públicas en cuanto a la utilización de los medios electrónicos. Siendo la confidencialidad un principio básicos y uno de los requisitos mínimos para una protección adecuada de la información. Se trata entonces de una obligación legal, obligación con la que debemos cumplir si no queremos exponernos a sanciones elevadas. Como podemos apreciar, la confidencialidad de la información puede tener dos orígenes: obligatorio (regulado por leyes y reglamentos) y voluntario (por ejemplo, un acuerdo de confidencialidad entre empresas).

En los últimos tiempos ha habido ataques muy significativos contra la confidencialidad de sistemas de información. Muchos de ellos han demostrado la facilidad para la vulneración de un sistema y el daño que puede ocasionar. Existen muchos ejemplos sobre los ataques contra la confidencialidad, como el que afectó a la compañía de comercio electrónico eBay donde en mayo de 2014 obligó a cambiar sus contraseñas a 145 millones de personas, reconociendo que se habían vulnerado sus sistemas y se habían robado datos de usuarios. O el que aconteció en 2011, donde la compañía Sony se enfrentó al que hasta ese momento había sido el robo de información más grande de su historia, y los datos de 77 millones de cuentas de usuarios de los servicios PlayStation en todo el mundo se vieron vulnerados, especialmente los correspondientes a las tarjetas de crédito con las que los usuarios realizaban los pagos. La compañía tuvo que realizar compensaciones a los usuarios y afrontar sanciones en varios países. Pero también existen ejemplos muy significativos como los que se detallan a continuación.

2.1.1. Ashley Madison

En Julio de 2015 un grupo hacker autodenominado «*The Impact Team*» logró acceder a las bases de datos del portal de contactos «*Ashley Madison*» y publicó información sobre sus 37 millones de usuarios. Teniendo en cuenta que al ser una web de contactos donde se han inscrito personas casadas sin conocimiento de sus respectivas parejas, el daño que supuso la vulneración de la confidencialidad fue tremendo. Se publicaron datos de usuarios en varios medios de Internet, incluyendo los datos de las tarjetas de crédito utilizadas para realizar los pagos. Se filtró la identidad de personas relevantes y otros usuarios fueron víctimas de chantaje para que no se revelase su identidad. La compañía que estaba a punto de salir a bolsa tuvo que renunciar a ello, se tuvo que enfrentar a demandas colectivas exigiendo indemnizaciones millonarias que aun hoy siguen su curso y la empresa propietaria del portal tuvo que pagar una multa de 1,66 millones de dólares a la «Comisión Federal de Comercio» de Estados Unidos tras una investigación por sus fallos en la seguridad de los datos y violación de la privacidad de sus usuarios, además de realizar prácticas engañosas.

2.1.2. Los papeles de Panamá

Otro caso donde la confidencialidad fue quebrantada, y trajo como consecuencia un número incalculable de escándalos en todo el mundo, fue el conocido como caso de «*los papeles de Panamá*». El 3 de abril de 2016 a través de 109 medios de comunicación de 76 países se presentó simultáneamente por medio del Consorcio Internacional de Periodistas de Investigación (ICIJ) una de las mayores filtraciones de documentos de la historia. Se trató de documentos del despacho panameño «*Mossack Fonseca*», considerado como uno de los mayores proveedores mundiales de asesoramiento legal en paraísos fiscales. Se filtraron más de 11,5 millones de archivos en diferentes formatos que desvelaron como miles de personas ocultaban su patrimonio o blanqueaban capitales en sociedades situadas en paraísos fiscales. Esta falla en la confidencialidad, ha involucrado a personalidades de relevancia mundial que van desde el entorno político, cultural hasta el deportivo.

2.1.3. Celebgate e Instagram

A finales de agosto de 2014 saltó la noticia del hackeo de las cuentas *Apple iCloud* de varias mujeres de reconocida fama, todas ellas tenían una vida pública al ser actrices, cantantes o modelos. Multitud de fotografías, entre otros datos, muchas de ellas tomadas en la intimidad y que no tenían ninguna intención de ser publicadas, fueron divulgadas a través de varias páginas web, convirtiéndose en un fenómeno viral que se propago a través de las redes sociales. El nexo común de todas las afectadas es que utilizaban el teléfono Iphone de Apple. El ataque a la confidencialidad fue total, máxime cuando muchas de las imágenes publicadas eran de carácter muy íntimo y exclusivamente personal. ¿Qué había ocurrido? *Apple* introdujo *iCloud* (un servicio de *cloud computing* de Apple) que sirve para hacer *backups (copias de respaldo)* del contenido de los teléfonos *iPhone* y de las tabletas *iPad*, lo que hacía que fotos, vídeos, datos de aplicaciones, etc., fueran replicados en los servidores de *Apple*. Pero lo que puede parecer una buena idea para la comodidad del usuario, obviamente no lo fue tanto para la privacidad personal de las personas afectadas y menos por el modo en que se implementó ese servicio, ya que éste, no utilizaba cifrado y si alguien era capaz de conseguir la clave del usuario, tenía acceso a absolutamente a todo lo que se había ido acumulando como copia de respaldo. El método elegido fue un ataque dirigido contra todas y cada una de las personas famosas, y solo había que ver los *selfies* que ellas publicasen en revistas, webs y redes sociales, deducir que el tipo de teléfono que utilizaban era *iPhone*, y por tanto conocer que ese dispositivo utilizaba el sistema en la nube de Apple. Después bastaría con localizar sus cuentas de *Twitter* o email y enviarles algún enlace malicioso para robarle tranquilamente las contraseñas *(phishing)*. Simular ser Apple y enviar un correo engañoso, es algo relativamente sencillo ya que esta compañía permite recibir una alerta cuando alguien no autorizado ha intentado acceder a la cuenta y envía un enlace donde poder cambiar las credenciales de acceso. A raíz de este escándalo, Apple implemento algo tan simple como el segundo factor de verificación. La pega es la falta de cultura de la seguridad, ya que hay que activarlo de manera voluntaria y existen millones de usuarios que o bien lo ignoran o bien no les importa.

Pero no siempre es causa del usuario que la seguridad sea vulnerada. Continuando con este mismo perfil de usuarios, en agosto de 2017 la famosa red social para compartir fotos y vídeos, Instagram, sufrió un hackeo masivo de cuentas verificadas. Una cuenta verificada garantiza que quien publica contenido es ser quien dice ser. En este caso los asaltantes tuvieron acceso a todos los datos de aproximadamente unos mil famosos y unos seis millones de usuarios. En este caso el fallo que permitió el compromiso de la confidencialidad mediante el acceso a las cuentas privadas, tuvo como causa un fallo en la API de Instagram. API (Interfaz de programación de aplicaciones) es el software que permite conectar una aplicación con otros servicios y aplicaciones. Un ejemplo típico de su uso, es cuando uno puede autenticarse en un servicio concreto a través de cuentas de terceros como Facebook o Google. Ese procedimiento se realiza a través de una API (entre otras muchas más funciones). Este software tenía una vulnerabilidad descubierta por los hackers y que les permitían conectarse a la aplicación, acceder a los datos de los usuarios y finalmente robarlos. Con ellos se puede comerciar, suplantar la identidad, extorsionar, intentar estafar, etc. En este caso es la empresa quien debería haber realizado un análisis más exhaustivo y aplicar mejores prácticas en cuanto a la seguridad para intentar prevenir este tipo de incidentes.

2.1.4. Equifax Inc

Lo que antes parecían ataques localizados y que afectaban a un objetivo concreto (información comercial de una empresa, datos estratégicos, información financiera, etc.), o se focalizaban en un grupo de usuarios determinado (famosos, políticos, altos directivos...), en la actualidad esta tendencia parece haberse diversificado y puede afectar a cualquier usuario.

Para explicar lo que está sucediendo, se debe explicar qué es el Big Data que sería el conjunto de datos o datos masivos que gracias a la tecnología actual permite encontrar patrones de procesamiento, o en palabras de Garrido (2018) donde ya se habla de un fenómeno cultural, tecnológico y académico, que se apoya en la interacción de la tecnología. Una de las características de Big Data es que se basa en la mezcla de diferentes conjuntos de datos que provienen de diferentes fuentes con el fin de generar valor. Las técnicas cuantitativas del Big Data permiten analizar estas masas amorfas de datos y establecer las características de los patrones que de ellas surgen (Mansilla, 2017).

En el momento actual, donde las técnicas de Big Data y tratamiento de la información están en un punto de desarrollo muy maduro, el número de datos se ha convertido en un activo muy valioso. La premisa que rige estos ataques es la de «A mayor número de datos, mejor» y precisamente el siguiente ejemplo es una muestra. En septiembre de 2017, Equifax, una de las mayores empresas de monitorización de crédito de Estados Unidos, reconoció un robo de datos (y por tanto una vulneración a la confidencialidad) estimados en una cifra récord de más de 143 millones de personas. Hay que tener en cuenta que en ese país no existe un DNI, por lo que una serie de datos (número de la seguridad social, carnet de conducir, además de todos los datos de filiación, nacimiento, etc.) se solicitan como prueba de identificación. Con la información sensible de un solo usuario, es casi probable poder suplantarle. Independientemente de que se comercie con los datos, para crear perfiles comerciales o estadísticos, seguramente esos datos se puedan vender en el mercado negro y muchos afectados tendrán problemas de suplantación.

En el informe de European Voice «Data: The New Currency?» (2014) ya alertan que las posibilidades que el Big Data brinda para su utilización, con diversidad de fines, nos obliga a replantearnos los principios clave de privacidad y confidencialidad. Esa vigilancia continuada de nuestro existir en Internet, que es nuestro existir en el mundo de hoy día, pone en jaque nuestra intimidad y privacidad (Taylor, 2014). Como se ha podido ver, el que se revele información, que debería permanecer secreta de cara a terceros, puede parecer algo innocuo desde el punto de vista de alguien que afirme no tener nada que ocultar. Pero siempre tenemos algo que ocultar, es más debemos tener algo que ocultar. Ya no es hacer referencia a un personaje público y que pueda comprometer su intimidad. Hablamos de nuestra identidad digital que debe ser protegida si no queremos que sea vulnerada y alguien nos suplante con fines delictivos.

2.2. Integridad

Continuando con el ejemplo inicial del cajero automático, al ir a realizar una operación de consulta de saldo lo que esperamos que nos devuelva dicha consulta es nuestro saldo real. Cualquier otra información que se nos muestre con respecto a éste que no se corresponda con la realidad, es una vulneración de la integridad de la información. La integridad se encarga de asegurar que a los datos de un sistema de información no se le realizan modificaciones ya sea por personas o procesos no autorizadas. Los datos han de ser consistentes entre sí. Es decir, la información externa solicitada (en el ejemplo, el saldo) ha de corresponderse con la información interna que posee la entidad y no otra. En conclusión la integridad garantiza que la información es exacta, que está completa, y que no ha sufrido ningún tipo de alteración o manipulación.

Al igual que la confidencialidad de la información, la integridad es muy importante. Una información que se mantiene confidencial pero a la hora de ser consultada es alterada sin nuestro consentimiento pierde todo su valor. En nuestro ejemplo, el saldo puede ser más o menos relevante pero ¿qué ocurriría si alguien alterase el diagnostico de un informe médico? ¿Y la composición de una formula industrial antes del proceso de fabricación? A lo largo de la historia, y a gran escala, se han producido ataques a la integridad de la información. Modificar información para adaptarla a otro fin existe desde el inicio de los tiempos. Nos podemos remontar a cualquier época donde el espionaje ha alterado información para hacer creer al otro bando algo que no se correspondía con la realidad. A continuación se muestran una serie de ejemplos.

2.2.1. Société Générale

Uno de los mayores desfalcos financieros de la historia ocurrió durante mediados de 2007 y principios de 2008 en el seno de «*Societe Generale*», segundo banco francés por volumen de activos y de negocio. La falta de controles para asegurar la integridad de la información por parte de la entidad, tuvieron como consecuencia un fraude de 4.900 millones de euros cometido por un sólo hombre. El protagonista fue el agente de bolsa *Jérôme Kerviel*. Utilizaba los activos de la entidad para invertir de manera arriesgada. Alteró información para poder disponer de más capital superando su límite asignado para invertir y crear posiciones ficticias por un valor nominal de 50.000 millones de euros, llegando incluso a crear una empresa «imaginaria» para ocultar el desfalco. Cuando la entidad descubre el engaño e intenta deshacer las posiciones abiertas por el broker, las perdidas debidas a la falta de control para detectar alteraciones en la integridad de la información, llegaron a ser de casi 5000 millones de euros.

2.2.2. Ciberguerra

Clarke (2012) define la ciberguerra como el «conjunto de acciones llevadas a cabo por un Estado para penetrar en los ordenadores o en las redes de otro país, con la finalidad de causar perjuicio o alteración». Destaca de esta definición que al hablar de alteración, se hace referencia también a la integridad de la información, y si se reflexiona sobre este concepto, se inferirá que ya no es necesario enviar bombarderos o misiles guiados para acabar con una instalación que se considere objetivo militar. Si un objetivo definido, tiene un sistema de información digital y se puede acceder a él, entonces puede ser destruido. El costo de esa operación será mínimo y el riesgo para el personal que lo lleve a cabo inexistente.

Stuxnet es el paradigma de la ciberguerra y un ejemplo que ilustra la vulneración de la integridad de la información (Poroshyn, 2014). Bajo esa denominación se encuentra un *malware* que explotaba vulnerabilidades en los sistemas operativos Windows. *Se* trata concretamente de un gusano informático que infectó la central nuclear de Natanz, en Irán. Creado con la única finalidad de alterar, y sobre todo, retrasar el programa nuclear iraní. Por medio de un USB infectado y una persona que manualmente abrió ese archivo de configuración para que se conectase a algún terminal de la central, el software empezó a propagarse por los equipos de la instalación. En el caso concreto de Stuxnet, se centró en las centrifugadoras que servían para enriquecer uranio, y su objetivo era tomar el control tanto de los rotores como de los sensores de presión de las válvulas de las centrifugadoras. Así se demostró la vulnerabilidad de los sistemas industriales, los fallos de diseño que estos tenían y lo fácil que era manipular información para atacarles. Puso de manifiesto los fallos de seguridad en el control de acceso a sistemas de información demostrando que hay multitud de puntos de acceso a estos sistemas que son vulnerables y la dificultad para controlarlos todos, y también que no era necesario el uso de armas convencionales para destruir un objetivo. Este malware, es considerado como una «obra maestra» de cómo alterar la integridad de un sistema de información para causar un daño al enemigo y se supone que ha sido el primer «ciber arma» de lo que hoy conocemos como ciberguerra.

Se ha podido comprobar a través de estos ejemplos como mantener la integridad de la información es crucial y como los sistemas de información deberían tomar todas las medidas posibles para evitar que ésta sea comprometida. Manipular la información calificada como relevante o estratégica o la posibilidad de realizar ataques a infraestructuras críticas como complejos nucleares, son ejemplos materiales de las consecuencias de ataques de esta naturaleza. Pero, ¿somos conscientes de todos los peligros y las consecuencias que acarrearía si se lograse alterar la integridad de la información que a priori no consideramos tan crítica?

2.3. Disponibilidad

Por último trataremos la tercera dimensión fundamental de la seguridad, sin que esto quiera decir que sea menos importante. En el ejemplo del cajero automático, una falta de disponibilidad se produciría si ningún cajero automático funcionase o que el portal web de la entidad financiera no estuviese operativa. De producirse esta falla, no habría manera de saber el saldo, de conocer si se ha recibido un pago o de poder realizar una transferencia. La disponibilidad se encarga de asegurar que se puede acceder de manera correcta a los datos o a los recursos de cualquier sistema de información, por las personas que han sido autorizadas a ello en el momento en que lo precisen, es decir, garantiza el correcto funcionamiento de un sistema de información cuando se le necesita. El daño que puede suponer una falta de disponibilidad a un negocio que depende de estar constantemente disponible, y más por medios electrónicos, puede llegar a ser devastador. ¿Qué ocurriría si el portal de Amazon no se encontrará disponible? Cada minuto desconectado de Internet le costaría una cantidad considerable, y si esta situación se prolongase por días las perdidas serían multimillonarias.

Un ejemplo típico de ataque a la disponibilidad de la información son los ataques de denegación de servicio. Existen dos tipos diferenciados, los DoS (Denegación de servicio) o los DDoS (Denegación distribuida de servicio). El primero consiste en generar una cantidad masiva de peticiones al servidor, desde un nodo provocando así una sobrecarga del mismo, y en consecuencia, se impide el acceso a usuarios a los servicios que ofrezca dicho servidor. Este tipo de ataques al provenir de un único punto, se resuelven de manera relativamente sencilla, bloqueando la dirección IP (número único e irrepetible con el cual se identifica cualquier dispositivo conectado a internet) y cortando el acceso al nodo que está realizando las peticiones masivas al servidor. De esta forma, se puede restablecer el servicio al desaparecer la sobrecarga. A diferencia del ataque DoS, un ataque DDoS es más complejo de resolver, la diferencia principal estriba en que son varios los nodos, llegando a ser a veces cientos de miles, que realizan peticiones masivas y constantes al servidor. Cada uno de ellos tiene una dirección IP diferente y su ubicación está distribuida por todo el mundo. Todos los dispositivos empleados para ataques DDoS son dispositivos conectados a Internet infectados con un virus informático que permite al atacante hacer uso de los recursos del mismo para lanzar los ataques DDoS a los objetivos determinados. Se forma así una red de dispositivos controlados desde un punto central y que de manera coordinada realizan peticiones masivas a los servidores objetivos con el único fin de desestabilizarlos y alterar el servicio que prestan negando el acceso al resto de usuarios. Estas redes se conocen como botnets (Elisan, 2012) y cuando afectaban solamente a ordenadores personales cuyos propietarios desconocen estar infectados, a éstos se les conoce como ordenadores zoombie. Tras esta breve explicación de la cuestión, se detallan ejemplos reales de la falta de disponibilidad y de sus consecuencias.

2.3.1. Mirai

En Octubre de 2016 se llevó a cabo uno de los ataques de denegación de servicio distribuido más grandes de la historia. El objetivo fue atacar los servidores de la empresa Dyn, una importante empresa que ofrece servicios de DNS en los Estados Unidos. Los servidores DNS (*Domain Name System*) funcionan organizando e identificando los dominios de las diferentes páginas web y de las distintas aplicaciones que se pueden encontrar en Internet. Un sistema DNS traduce una dirección web como «www.uned.es» en la dirección IP «62.204.192.21» y si el servidor DNS que presta servicio a una página se cae, es imposible acceder a la dirección deseada. Páginas como Twitter, Amazon, PayPal o Spotify quedaron inaccesibles durante horas. La disponibilidad estaba totalmente comprometida en una magnitud sin precedentes, las pérdidas a las que se enfrentaban estas compañías eran multimillonarias.

Después de los análisis a las direcciones que hicieron peticiones a sus servidores, se llegó a la conclusión de que se llegaron a utilizar cientos de miles de dispositivos infectados con el troyano Mirai. La principal peculiaridad de este ataque es que no se había producido en su mayoría por ordenadores zombi como suele ser habitual en estos casos, sino que casi todos los dispositivos infectados, eran cámaras IP, televisiones inteligentes y dispositivos de grabación de vídeo ubicados en casi todos los países del mundo. Era la primera vez que una botnet tan numerosa, estaba compuesta por elementos integrantes del llamado Internet de las cosas.

2.3.2. *Ramsonware*

Bajo esta denominación, se define un tipo de malware que impide o limita el acceso de un usuario a su sistema, ya sea bloqueando la pantalla del sistema o bloqueando los archivos de los usuarios a menos que se pague un rescate. Los ransomware más modernos conocidos como cripto-ransomware, atentan contra la disponibilidad de la información, cifrándola, volviéndola ilegible y obligando al usuario a pagar un rescate normalmente mediante criptomonedas como bitcoin a través de Internet para obtener una clave de descifrado y recuperar el acceso a sus archivos. Es muy difícil lograr descifrar un ramsomware, porque se desconoce qué tipo de cifrado y qué tipo de clave utiliza.

Desde Rusia, en julio de 2016 se descubrió que un antiguo troyano bancario, *consistente en mostrar a sus víctimas pantallas falsas de entidades bancarias, con el fin de robar los* números de cuenta *o de tarjeta y las contraseñas utilizadas para operar con las entidades financieras como las que estas envían por SMS para autenticar las transacciones,* llamado FakeToken (Rojas, 2016) empezaba a cifrar los archivos del teléfono de la víctima para pedirle un rescate. El Ransomware, se ha convertido en una amenaza global que afecta sin distinción a cualquier equipo de cualquier sistema de cualquier país. En este contexto, Rusia podría categorizarse como la cuna del ransomware. El estudio realizado en diciembre de 2016 por la empresa de seguridad rusa Kaspersky, donde hacia un análisis de la evolución mundial del ransomware durante 2016, reflejaba que de las 62 nuevas familias de ransomware aparecidas durante ese año, 47 tenían origen ruso.

Se han dado ya diversas situaciones como las que han acontecido en hospitales,principalmente en Estados Unidos, como la sucedida en febrero de 2016, en el *Centro Médico Presbiteriano de Hollywood* que sufrió un ataque que dejó su sistema informático inservible. Los autores del ataque bloquearon el acceso a todo el sistema y pidieron un rescate de 40 bitcoins (Rojas, 2016) (criptomoneda), equivalente a más de 15.000 euros en aquella fecha. Al final, después del pago lograron reactivar el sistema y configurar copias de seguridad por si volvía a ocurrir. Peor suerte tuvieron en Agosto de 2016 en la *Rainbow Children's Clinic* donde debido a un ataque de la misma naturaleza se perdieron datos clínicos de 33.638 pacientes, y quedó confirmado lo que ya se ha alertado muchas veces tanto por los expertos en seguridad, como por las autoridades de seguridad nacional de todos los países bajo ese riesgo, y es que pagar no solo no garantiza la recuperación de los datos, sino que ayuda al fomento de esa práctica delictiva.

En la actualidad los ataques modernos Ransomware han sido muy frecuentes entre los que destacan los siguientes:

—En mayo de 2017, hace su entrada en escena un ransomware con una peculiaridad respecto a los conocidos anteriormente. Este ha evolucionado y en lugar de cifrar solamente los archivos del equipo donde se ejecuta, empezó a infectar cualquier equipo conectado a la misma red. Esta nueva característica creó verdaderos estragos. Hay que tener en cuenta que cualquier organización, tiene prácticamente todos sus equipos conectados en red, con que uno solo ejecute el archivo con el malware, «teóricamente» el resto que estuvieran conectados a la red, se infectarían prácticamente de inmediato. Así es WannaCry, que afectó a más de 70 países en todo el mundo, cifrando los archivos del equipo infectado para pedir un rescate en *BitCoins*. En España, grandes empresas como Telefónica, Iberdrola y Gas Natural, entre otras, fueron afectadas hasta el extremo de tener que apagar los equipos para evitar la propagación, paralizando sus negocios. En Reino Unido, el sistema público de salud (equivalente a la Seguridad Social en España) se vio afectado a nivel nacional, impidiéndose el acceso a los datos de los pacientes, llegando incluso a suspenderse operaciones en quirófano que estaban previstas. ¿Qué ocurrió exactamente? En resumen; existe un protocolo para compartir archivos en red presente en la mayoría de sistemas Windows, este es SMBv1. Teóricamente la agencia de seguridad nacional Estadounidense (NSA) encontró una vulnerabilidad en ese protocolo. Crearon un exploit (código creado para explotar una vulnerabilidad concreta) desarrollado por ellos, llamado EternalBlue, que podría ser usado con fines de espionaje o para hackear. EternalBlue fue «robado» por un grupo de hackers autodenominado ShadowBrokers que lo hicieron público. Y esta es la base sobre la que se ha creado Wannacry. Desde la filtración de EternalBlue, hasta la aparición de WannaCry, no llego a transcurrir ni un mes.

— Tras un periodo de meses del ataque de WannaCry, el 27 de junio de 2017, la historia se volvió a repetir a nivel mundial. Un nuevo ciberataque, afectó de nuevo a multitud de países y organizaciones. Se trató del ransomware Petya. Siendo Ucrania el país más afectado, paralizando incluso el metro y el aeropuerto de Kiev. Este malware hace uso de distintos vectores de infección como el exploit EternalBlue. Además usa otro exploit, llamado EternalRomance, que ejecuta comandos en las máquinas a las que se va conectando. Petya es un virus muy bien diseñado en su código y en la forma de atacar, y desgraciadamente, parece que su única finalidad es hacer daño. Tiene gran parte del código de WannaCry pero ha sido modificado para usar EternalRomance y para que los cambios que hiciera en el MBR (registro de arranque principal de un disco duro) fueran irreversibles, borrando ciertos sectores del mismo y escribiendo sobre ellos. De este modo un ordenador podría quedar totalmente inservible y sería imposible acceder al sistema operativo hasta que alguien consiguiese la clave de descifrado. Todas estas vulnerabilidades (EternalBlue y EternalRomance) fueron parcheadas por Microsoft meses antes de que ocurrieran los ataques. A pesar de ello y del daño que han causado muchas empresas no remediaron una vulnerabilidad conocida y para la que existía solución meses atrás.

Los ejemplos descritos anteriormente, nos muestran la importancia de poder acceder a la información cuando lo deseemos. En el caso de una entidad financiera, como lo es un banco, que no permita que se realicen las transacciones de sus usuarios porque sus sistemas han sido atacados y éstos no se puedan recuperar, el daño es significativo ya no solo hacia el prestigio de la propia entidad, sino por el perjuicio que sufren sus clientes. Pero como se ha visto, un daño mayor es el que se produce cuando se consigue por medio de ataques de denegación de servicio el no poder disponer de la información cuando la lógica del negocio de una organización, está basada en una conexión a través de Internet con sus clientes. Gigantes del comercio electrónico como Amazon, Ebay o una empresa de pagos en línea como Paypal, o simplemente la red social Facebook, no podrían operar causando un perjuicio económico que se agravaría mientras más tiempo no estuviera disponible la información. Pero si la falta de disponibilidad puede acarrear problemas económicos, aún más grave es que esa circunstancia afecte a la integridad física de las personas. No poder acceder a un historial médico, como ocurrió en Reino Unido tras sufrir su sistema público de salud un ataque ransomware, o al tipo de medicación que deben tomar miles de pacientes se podrían considerar atentados contra la salud.

Se han descrito de manera ilustrativa y detallada las dimensiones más importantes y fundamentales de la seguridad. Pero hay que tener en cuenta que no son las únicas. Existen otras dimensiones dentro del mismo ámbito que requieren de atención en determinados casos.

2.4. Trazabilidad

La trazabilidad, permite determinar todas y cada una de las acciones que realiza tanto un usuario como un procedimiento en un sistema pudiendo ser rastreadas hasta su origen. Un ejemplo de aplicación lo tenemos en las compañías de transportes o de paquetería que permiten comprobar el estado de un envío desde la primera etapa hasta que se recibe.

2.5. Autenticidad

Otra dimensión es la autenticidad que se encarga de asegurar que el emisor de un mensaje, consulta o acción es quien dice ser y no un tercero que esté intentando suplantarle. En resumen, que las entidades participantes en un evento son quienes dicen ser. Para lograrlo, el mecanismo más apropiado es el uso de certificados digitales que avalados por una entidad certificadora como pueda ser la Fábrica Nacional de Moneda y Timbre en España. A través de su departamento CERES (CERtificación ESpañola), ofrece los *certificados* electrónicos reconocidos para poder autenticarse por ejemplo en la UNED para poder consultar el expediente académico o ante la Seguridad Social y que nos emita en el acto un resumen de la vida laboral, teniendo plena constancia y seguridad que somos nosotros los solicitantes e interesados.

2.6. No repudio

Finalmente, el no repudio se encarga de mostrar la evidencia infalsificable de una acción. De este modo, se garantiza la participación inalterable de las partes en una comunicación. Dependiendo de si afecta al emisor o al receptor, podemos distinguir dos tipos de no repudio: El primero hace mención al no repudio en origen que garantiza que la persona que envía el mensaje no puede negar que lo ha emitido, ya que el receptor dispondrá de pruebas irrefutables del envío. Por otro lado, el no repudio en destino tiene por objetivo que el receptor no pueda negar que haya recibido el mensaje, ya que el emisor tendrá pruebas irrebatibles sobre la recepción del mismo. Esto se garantiza por medio de la firma digital a través de certificados electrónicos. En el comercio electrónico es fundamental, para garantizar la veracidad de las transacciones. Un ejemplo más y que se da a diario entre millones de usuarios, es el sistema de mensajería Whatsapp. En el envío de mensajes con un interlocutor, se producen las dos situaciones de no repudio. Al recibir un mensaje nos aparece el doble check que al ser leído toma el color azul. De este modo ni se puede negar que se envió el mensaje, ni se puede negar que se haya recibido.

3. EL ESLABÓN MÁS DÉBIL

Se dice en torno a la seguridad de la información que un equipo informático a pesar de estar apagado, desconectado de cualquier red y encerrado en una caja fuerte, aun podría ser vulnerable. Esto que pude parecer una afirmación exagerada, se argumenta, porque ese equipo y la información que contiene dependen especialmente de un ser humano. Y se pude afirmar con toda rotundidad que el ser humano es el eslabón más débil en cuanto a seguridad de la información se refiere.

Toda persona que tenga carencias en cuanto a cultura de la seguridad, potencialmente se convierte en el vector de ataque más simple y con más garantías para ser ejecutado con éxito. Es por ello que la mayoría de los ataques que se perpetran para obtener información se focalizan en las personas; elementos en la cadena de acceso a la información muchísimo más sencillos de abordar y que requieren de un menor tiempo para ser vulneradas en comparación con intentar romper un sistema para acceder a él por medios lógicos.

Esto quiere decir que un atacante que tuviera el conocimiento suficiente y dispusiese de los recursos necesarios, dependería del factor tiempo para alcanzar su objetivo y tener éxito en su ataque. A mayores medidas preventivas y defensivas, mayor será el tiempo necesario para que culmine su dañino objetivo; llegando incluso a ser disuasorio si necesitase meses o años. Pero, ¿por qué utilizar esos recursos y tiempo, si puede acelerar el proceso ahorrando costes, explotando el factor humano?

Un usuarios sin una conciencia sobre la seguridad de la información, es de hecho un objetivo muy sencillo de atacar, constituyendo un alto riesgo para cualquier organización en la que preste sus servicios o para cualquier sistema de información que este dentro de su control.

Las personas suelen aplicar contraseñas muy sencillas de adivinar por parte de un ciberdelincuente. En unos casos, suelen usar contraseñas extremadamente simples. Tal hecho, queda contrastado a través de un estudio realizado por la empresa de seguridad Keeper Security, en 2016, donde se concluyó que la contraseña más utilizada de entre los diez millones que analizaron, fue la archiconocida combinación «123456» que era utilizada por el 17%. Esta afirmación coincide con la de otro estudio para la Universidad de Cambridge realizado por Joseph Bonneau, que reveló que el uno por ciento de las contraseñas utilizadas por los usuarios en todo el mundo, se puede deducir en menos de diez intentos.

Con estos mimbres y a través del uso de técnicas de «ingeniería social» se puede lograr acceder a cualquier información sin necesidad de utilizar métodos informáticos, ni complicados ataques que requieran una gran infraestructura para realizarlos. La ingeniería social, no es otra cosa que «el arte del engaño», la persuasión y la manipulación psicológica de las personas para que compartan información confidencial o realicen actos, sin tener plena consciencia de ellos, y que acaben comprometiendo la confidencialidad e integridad de sus datos, su intimidad o los sistemas a los que tienen acceso. En resumen, se trata de «hackear» a seres humanos en lugar de computadoras. Es aprovechar la vulnerabilidad más crítica del eslabón más débil de todos los elementos que componen la seguridad de la información. Es decir, nosotros.

Gracias a internet, al correo electrónico, al inmenso crecimiento de las redes sociales y a que prácticamente todas nuestras comunicaciones se realizan a través de la red, la ingeniería social tiene el caldo de cultivo idóneo para su expansión y desarrollo. Hay infinidad de información que nosotros ya sea de manera voluntaria o involuntaria divulgamos y que esta disposición de cualquier delincuente. Uno de los Hackers más famosos de la historia Kevin David Mitnick, en su obra «El arte de la intrusión» afirma que *«no tiene sentido invertir recursos en tratar de romper la seguridad de los sistemas. Es más rentable realizar ataques de ingeniería social para ganar el acceso»*.

En la actualidad, uno de los métodos de ingeniería social más utilizados con el fin de obtener información confidencial es el phishing. No deja de ser un fraude y un engaño, que se aprovecha de la ingenuidad de la víctima para robarle sus datos. Basta con hacerle creer mediante un mensaje o un e-mail haciéndose pasar por su entidad bancaria, o su compañía de seguros, para que revele cierta información directamente o realice una acción concreta. Por ejemplo, acceder a una página falsa que simula ser su banco y robarle las credenciales de acceso o convencerle de que acceda a un enlace malicioso que le puede instalar software espía.

Estas técnicas, combinadas con el desarrollo de los programas dañinos, son muy efectivas. No hace mucho, uno podía sospechar que un correo recibido, era fraudulento porque la simulación era bastante burda y la traducción pésima. Además el malware que se instalaba delataba claramente que nuestro equipo, estaba infectado ya que el ordenador respondía extrañamente y su funcionamiento no era correcto. Actualmente, se ha depurado la calidad del malware. Ahora, cuando un equipo se infecta, el programa malicioso acceda al sistema y permanezca oculto hasta que se dé la condición necesaria para su activación. Podemos estar infectados y desconocerlo, ya que nuestro equipo no dará muestras de ello ni tendrá un comportamiento anómalo.

A través de la ingeniería social también se convence a la víctima para que instale malware en su equipo, creyendo que éste es una actualización de un programa instalado. O que ejecute ciertos documentos aparentemente inocuos como un Word o un archivo pdf y que en realidad tienen incrustado un código malicioso.

En torno a la ingeniería social y la cultura que tenemos en cuanto a la seguridad de la información, se realizó en Londres, en 2007, un estudio realizado por analistas de seguridad de la empresa Infosecurity y llegó a conclusiones alarmantes en cuanto al concepto que las personas tenían acerca de la seguridad en lo que a sistemas de información se refería. En esta investigación, haciéndose pasar por analistas de mercado se encuestó a 576 trabajadores de varias oficinas del sector financiero de la ciudad londinense, y casi el 64% de los encuestados facilitaban sus contraseñas a extraños con total tranquilidad si a cambio recibían una chocolatina.

El proceso era realmente simple, se les pedía completar una encuesta que en realidad no era más que una excusa para realizar la investigación basada en «ingeniería social». Se comprobó el alto grado de ingenuidad que mostraron los entrevistados, dando todo tipo de información privada a cambio de obtener su chocolatina. Además de solicitarles la contraseña de acceso a sus ordenadores, se les hizo creer que si rellenaban todos los campos de la encuesta, participarían en un sorteo cuyo premio supuestamente era un viaje a París. El 61 por ciento no dudó a la hora de revelar tanto su fecha de nacimiento, como de facilitar información personal de sus compañeros de trabajo, incluyendo nombres y hasta sus números de teléfono.

¿Quién necesita atacar un sistema con complejos métodos informáticos, si con una chocolatina y la ilusión de un viaje a Paris, puedo obtener más información y todo ello sin la necesidad de tener conocimientos técnicos? Otros detalles para la reflexión que se extrajeron del experimento, fue que más de la mitad de los encuestados afirmaron utilizar la misma contraseña para absolutamente todo. Correo electrónico, banca online, páginas de seguros, compras online, etc. Del total, el 43 por ciento, afirmaron que nunca la habían cambiado.

Posteriormente, Infosecurity con los datos obtenidos, simuló ser el departamento de informática de la empresa donde trabajaban aquellos que respondieron a la encuesta y logró que un 58 por ciento revelase sus contraseñas por teléfono cuando se les solicitaba con la excusa de una comprobación rutinaria. Finalmente, la mitad de los que rellenaron la falsa encuesta, reconoció que también conocía la contraseña de sus compañeros, ya que se las intercambiaban. Al final y como parte del experimento, se comunicó a los «encuestados» que en realidad, habían sido parte de un experimento para concienciar sobre seguridad informática. La gran parte de ellos no se lo podían creer y quedaron totalmente impresionados. La gran mayoría afirmaba que los investigadores parecían honestos y dignos de toda confianza. ¿Es suficiente parecer honesto, para entregar nuestras credenciales de acceso a alguien a cambio de una chocolatina y revelar información comprometedora?

El por aquel entonces director de eventos de Infosecurity Claire Sellick, advirtió de la gravedad de la situación tras analizar los datos y hacerse públicos los resultados. Bastaba la simple promesa de un viaje para que el precio a pagar fuera realmente caro. Y tenía motivos para la preocupación. Si un ciberdelincuente era capaz de obtener el nombre, apellidos, fecha de nacimiento y número de teléfono, ya disponía de toda la información necesaria para llevar a cabo ataques más sofisticados de los que podemos creer utilizando «ingeniería social» contra su víctima y ser capaz de ejecutar algún tipo de ataque suplantando su identidad con fines fraudulentos. Esto que puede parecer exagerado, tiene mucha lógica ya que la suplantación de identidad y especialmente la digital con fines delictivos se produce con mucha frecuencia.

4. YO NO TENGO NADA QUE OCULTAR

Y enlazado con el eslabón más débil, la persona, se encuentra el pensamiento de ésta que se centra en «yo no tengo nada que ocultar», o simplemente, «¿por qué a mí?». Ese pensamiento tan positivo de nosotros mismos y de lo que nos puede deparar el futuro es propio de la naturaleza humana, pero también atañe muchos peligros en cuento a la protección que debemos dar a los datos, la información y la propia identidad. En un mundo digitalizado e interconectado como en el que vivimos, el reguero de datos e información que cedemos a terceros unido a nuestro rastro digital muestra muchísima más información sobre nosotros de la que pudiéramos desear.

Uno de los ejercicios que se llevaron a cabo como materia de estudio en un Master de Seguridad, consistió en obtener la mayor información posible sobre una persona completamente desconocida. El ejercicio se llevó a cabo en Madrid como podría darse en cualquier otro lugar del mundo. De manera aleatoria se eligió un punto de envió de paquetes perteneciente a una conocida empresa de mensajería. Simulando ir a solicitar información de los servicios de mensajería, el estudiante de máster se puso en el mostrador de atención al cliente mientras una mujer procedía a depositar un envió. La persona que recepcionaba, le solicitó a la mujer un número de teléfono para comunicarle cualquier incidencia en el envío, y la mujer le facilitó ese dato en voz alta.

El investigador se limitó a memorizarlo y abandonar la cola. Ya tenía el primer elemento para empezar su búsqueda. Lo primero que hizo fue agregarlo a sus contactos en el teléfono. Automáticamente apareció que la mujer utilizaba la aplicación Whatsapp, donde tenía una foto de perfil y una frase con su estado donde figuraba un nombre. Utilizando el número de teléfono para hacer lo que se conoce *hacking con buscadores*, se procedió a recabar información a través de Google y Bing con el número de teléfono y se llegó a varios resultados que relacionaban el número con varios eventos. Un anuncio de venta de un artículo en una web, facilito otro número fijo y un correo electrónico. El nombre que aparecía en el estado de Whatsapp se correspondía con el del anuncio. El número fijo llevó a una dirección física y a un nombre y apellidos completos. El nombre y apellidos llevaron a un edicto publicado por el ayuntamiento donde se le notificaba de una infracción de tráfico, en el anuncio del ayuntamiento aparecía su DNI y la matrícula de su vehículo. El correo electrónico aparecía en varios resultados también. Existía un perfil de *Linkedin* con todo el historial laboral y estudios. Se llegó a un perfil de Facebook donde había publicada multitud de fotografías y mucha información del día a día. Indagando sobre sus «amigos» en Facebook se cruzaron datos de forma que se pudo realizar un perfil completo de su actividad diaria, con quien se relacionaba y su estado y relaciones sentimentales. Al acabar el día y solamente utilizando ese número de teléfono, se pudo confeccionar un perfil de la mujer con todos los datos necesarios para poder recrear su vida. Nombre, dirección, DNI, fecha de nacimiento, matrícula y modelo de su vehículo, teléfono fijo, lugar donde trabajaba en el momento del experimento, trabajos anteriores, relaciones sentimentales pasadas y actuales, aficiones, historial de viajes, infracciones de tráfico amigos y un conjunto de imágenes que abarcaban los últimos tres años. Todo ello en un solo día y con un número de teléfono móvil aleatorio. Al final del experimento, toda esa información fue destruida. Pero si alguien pretendiera suplantarla tendría información más que suficiente para realizar tal cometido.

Este fenómeno referido y las técnicas utilizadas tienen el nombre de «Doxing» (Douglas, 2016). Es quizá uno de los riesgos que más desconocen los usuarios de internet, y eso lo convierte en uno de los más peligrosos, ya que todos estamos expuestos, y en cualquier momento podríamos ser objetivo. Por su puesto que existen mecanismos para prevenir que alguien pueda recabar tanta información, pero desgraciadamente mucha está ahí, formando parte de la red y la prudencia debería ser una prioridad a la hora de publicar información sobre nosotros. Webs como Facebook o Linkedin permiten configuraciones de privacidad que limitan información a terceros no autorizados. Incluso Whatsapp permite hacer eso. Pero lo más importante es tener consciencia de que estamos publicando y cómo lo estamos divulgando.

5. PRIVACIDAD Y LEGISLACIÓN

Debe quedar claro que nuestros datos nos pertenecen y deben ser protegidos por medio del marco jurídico y regulatorio correspondiente por las entidades a las que los cedemos para su tratamiento.

A continuación se repasará el marco legal que ampara algo tan importante como nuestros datos personales y que muchas veces nos tomamos a la ligera sin saber siquiera que están protegidos.

Es importante conocer que la protección de nuestros datos personales es un derecho que deriva directamente de la Constitución española. Por un lado, en su artículo 10 se reconoce el derecho de la dignidad de la persona, y en el artículo 18.4 se dispone que la ley limitará el uso de la informática para garantizar el honor y la intimidad. Del desarrollo de éste último artículo, se aprobó la Ley Orgánica 15/1999, de 13 de diciembre, de Protección de Datos de Carácter Personal (LOPD). Su objetivo principal es regular el tratamiento de los datos y ficheros de carácter personal independientemente del soporte en el cual sean tratados, los derechos de los ciudadanos sobre ellos y las obligaciones de aquellos que los crean o tratan. Esta ley afecta a todos los datos que hacen referencia a personas físicas registradas sobre cualquier soporte, informático o no.

Como país miembro de la Unión Europea, la Directiva 95/46/CE (Directiva sobre protección de datos) era de obligado cumplimiento y la LOPD la garantizaba al ordenamiento jurídico español. Desde el 25 de Mayo de 2016, entró en vigor el nuevo Reglamento General de Protección de Datos y es de obligado cumplimiento a partir del 25 de mayo de 2018.

A diferencia de las Directivas, los Reglamentos europeos son directamente aplicables en los Estados miembros, sin necesidad de ningún trámite previo de adaptación de la normativa propia del país. Es decir, una vez que entra en vigor pasa a ser normativa interna española además de europea. No obstante, España ha decidido adaptar el nuevo reglamento a nuestro derecho interno a través de una nueva Ley Orgánica en la que se está trabajando y que sustituirá a la actual LOPD.

En el Tratado Europeo por el que se establece una Constitución para Europa, en ésta se recoge en dos ocasiones el derecho fundamental a la protección de datos. En primer lugar en la Parte I, Título VI, artículo I-51 (Protección de datos de carácter personal) establece que «toda persona tiene derecho a la protección de los datos de carácter personal que le conciernan», y en un segundo lugar, en la Parte II, Título II, el artículo II-68 hace una segunda referencia al derecho a la protección de datos indicando que «estos datos se tratarán de modo leal, para fines concretos y sobre la base del consentimiento de la persona afectada o en virtud de otro fundamento legítimo previsto por la ley», y que «toda persona tiene derecho a acceder a los datos recogidos que la conciernan y a obtener su rectificación».

Además, en ambos preceptos se señala que una autoridad independiente se encargará de la garantía del derecho fundamental a la protección de datos personal, estableciendo que todos los países miembros de la Unión Europea deberán contar con una autoridad independiente que garantice y tutele tal derecho. En España está claramente regulado, y la Agencia Española de Protección de Datos es el organismo independiente que vela por su cumplimiento.

Como se puede observar, los datos están protegidos y de manera celosa se vela por que se cumpla la legislación que los protege. A veces, otros países con interpretaciones más laxas en cuanto a tratamiento de datos o que no garantizan de manera adecuada su protección, entran en conflicto a la hora de tratar con la Unión Europea.

5.1. Puerto seguro

El 6 de octubre de 2015; el Tribunal de Justicia de la Unión Europea invalidó la decisión Safe Harbour (Puerto Seguro) (Weiss y Archick, 2016) de la Comisión, aprobada cinco años antes, que facilitaba la transferencia de datos personales desde países miembros de la Unión Europea hacia Estados Unidos.

La sentencia aduce que se aplica para velar por el cumplimiento del derecho de la Unión y en concreto del contenido de la directiva CE/95/46. Y que Estados Unidos antepone las exigencias para la seguridad nacional al derecho de privacidad del usuario.

Si bien es cierto que para la privacidad de los ciudadanos europeos, es tranquilizador saber que la Unión vela por su privacidad. Se planteó una incertidumbre para el sector empresarial que haciendo uso de la transferencia de datos internacional puso en riesgo la operativa cotidiana de la economía digital global.

Google, Facebook, Dropbox, Amazon, etc. tienen sus servidores principales en Estados Unidos, y si quisieran comercializar con Europa y no cumpliesen con la normativa de protección de datos, se expondrían a elevadas multas. Es por ello que muchas de estas empresas han derivado su servicio en Europa a través de servidores alojados en la propia Unión (Irlanda y Luxemburgo, principalmente) evitando, de manera muy teórica, que esos datos se alojen en Estados Unidos y puedan ser accedidos bajo según qué circunstancias por el gobierno de Estados Unidos.

5.2. Apple Vs. FBI

Siguiendo en este país, no es la primera vez que existe un choque entre la privacidad y la seguridad.

Un teléfono iPhone que fue utilizado por uno de los autores del tiroteo en Diciembre de 2015 (ABC7, 2015) en la ciudad californiana de San Bernardino estaba en manos del FBI. En ese ataque murieron 14 personas y 22 resultaron heridas.

El FBI quería acceder al contenido del teléfono y, por orden judicial, Apple facilitó el acceso al servicio de almacenamiento en la nube iCloud en donde se guarda una copia de seguridad. La copia estaba actualizada solo hasta dos semanas antes del atentado, por lo que debían acceder a la memoria local del teléfono en busca de pistas para continuar con la investigación.

El FBI quería que Apple le ayudase a desbloquear el dispositivo. Concretamente que diseñase un software que permitiera eliminar el sistema de seguridad instalado en el teléfono y que está programado para borrar todo el contenido del dispositivo después de diez intentos de acceso fallido. Así por medio de «fuerza bruta», podrían probar miles de combinaciones de contraseñas hasta poder acceder al terminal. Apple se negó alegando que eso violaría la privacidad de todos sus dispositivos y que esa herramienta podría ser utilizada para violaciones de privacidad (Chamy, 2016).

Apple recibió el apoyo de toda la comunidad tecnológica, siendo significativas las palabras del asesor legal de Microsoft, Brad Smith y que llaman a la reflexión. Concretamente afirmó: «No creemos que los tribunales deban de intentar solucionar asuntos de la tecnología del siglo XXI con leyes que se escribieron en la era de la máquina de sumar». Finalmente, el FBI a través de «un tercero» consiguió acceder a los datos del teléfono sin la ayuda de Apple.

El hecho causó cierto revuelo en la sociedad civil americana que ve amenazada su privacidad, ya que con el software utilizado para acceder a los datos, y sin consentimiento del interesado, el gobierno puede acceder a sus datos en nombre de la Seguridad Nacional.

5.3. Facebook y Whatsapp

Nada como un servicio maravilloso que ayuda a comunicarse a cientos de millones de usuarios. Pero, ¿qué tienen en común Facebook, la red social más grande de las existentes y Whatsapp una de las aplicaciones de mensajería más utilizadas en el mundo? En primer lugar que comparten dueño. Desde 2014, Whatsapp pertenece a Facebook. En segundo lugar que comparten y cruzan datos. Circunstancia que le está acarreando algún que otro problema a la compañía matriz. En tercer lugar sus lagunas en cuanto a privacidad, por el uso que hacen de los datos que disponen.

Al utilizar sus servicios, la gente desconoce las regulaciones en cuanto a privacidad que se aceptan. Si bien la propiedad de las imágenes que se suben para su publicación nos pertenece, el derecho de uso que le cedemos a Facebook es total, quedando relegados a meros autores «morales» de las imágenes.

A finales de 2016, Facebook compró la empresa de reconocimiento facial Faciometrics (Constine, 2016). Se creé que desde entonces ha desarrollado un sistema de detección facial tan eficaz que es capaz de reconocer y etiquetar a las personas con un acierto del 97%, a través de los millones de fotos que cada día son compartidas tanto en la red social, como en Whatsapp.

El gran problema que se atisba es el de las preocupaciones de privacidad de los usuarios, ya que Facebook podría vender la información a minoristas o verse obligado a entregarlo a las autoridades (en cumplimiento de leyes de seguridad nacional), en ambos casos sin que los usuarios lo sepan (Rosenblatt, 2016). Desde el momento en que se firma el acuerdo de utilización del servicio, autorizamos a que nuestras fotos (y el resto de la información que compartimos por esa vía) sean tratadas y almacenadas.

¿Quién nos dice que por medio de tecnologías de Big Data, no tiene bases de datos con nuestros perfiles, definidos y listos para ser comercializados sin nuestro consentimiento? Es más, ¿Y si esos perfiles son dinámicos en función de la información que vamos generando? ¿Con que fin utilizan el reconocimiento facial?

En un interesantísimo artículo en su blog, Chema Alonso (actual Jefe de Datos de Telefónica), describe de manera analítica como las dos aplicaciones están interrelacionadas. El título no deja pie a la duda: «Como Facebook «espía» tus conversaciones con Whatsapp» (Alonso, 2016). En él se comprueba la relación entre el número de teléfono y ambos servicios y las comunicaciones que estos tienen entre sí. Si a esto unimos los cambios como se han actualizado los Términos de Servicio y la Política de Privacidad de Whatsapp, nos encontramos con que desde Agosto de 2017, oficialmente Facebook y Whatsapp cruzan los datos que tengan sobre ti (Adslzone, 2017).

Está claro que ese tipo de comportamientos, donde se trata al usuario como una mercancía más con la que se puede comerciar, sin informarle de lo que se hace con sus datos, acaba acarreando consecuencias. Por un lado en Mayo de 2017, Facebook ha sido multada por la Comisión Europea con 110 millones de Euros por facilitar información falsa en su compra de Whatsapp (Suanzes, 2017).

Al analizar la compra de Whatsapp por parte de Facebook, la Comisión preguntó a Facebook si técnicamente podía vincular las cuentas de los clientes que dispusieran de perfiles en ambos servicios. La respuesta de Facebook fue una mentira absoluta: dijo que no. Como ha quedado demostrado, no solo están vinculados los datos de usuarios que tengan perfiles en los dos servicios, sino que se están vulnerando la privacidad a través del intercambio «silencioso» de información y uso potencialmente indebido.

Por otro lado, en Septiembre de 2017, la Agencia Española de Protección de Datos, ha impuesto una multa a Facebook de 1.2 millones de Euros por usar información sin permiso y cometiendo dos infracciones graves y una muy grave en el tratamiento de los datos (Expansión, 2017). En resumen, se constató que Facebook recopiló, almacenó y utilizó información de usuarios con fines publicitarios sin haber obtenido la previa autorización para ello.

Ha sido necesario introducir el marco legislativo, para que se conozca de manera más detallada, el grado que tiene la privacidad y la protección de datos en la Unión Europea y en España. Una vez conscientes de lo que la ley dicta, queda claro que los abusos que hacen muchas multinacionales con nuestros datos son tremendos. Lo más importante es que tomemos conciencia de ello, de lo que puede llegar a ocurrir, que valoremos nuestros datos como a nosotros mismos y que nos concienciemos de que si bien el mundo interconectado puede parecer inseguro, aplicando el sentido común y la responsabilidad se puede prevenir muchos de los incidentes descritos a lo largo de este capítulo.

6. CONCLUSIONES

El hecho de que terceras personas puedan acceder a toda la información que queramos o no compartir es más preocupante. De ahí surge la importancia de que seamos conscientes de la necesidad de la cultura y educación en torno a la seguridad de la información. Que nuestra sociedad se convierta en el «Gran Hermano» profetizado por George Orwell, donde estemos siendo monitorizados constantemente y que cada acto quede registrado perdiendo nuestra intimidad y privacidad, debe ser una cuestión a tener presente. La cultura social, y de forma particular, en torno a la seguridad de la información es un tema que hasta el momento no se ha tenido en cuenta, y es necesario que la persona, y no solo los gobiernos, tomen consciencia de este campo para poder actuar con libertad y de forma responsable dentro del nuevo escenario tecnológico que nos rodea y de los riesgos existentes que éste presenta.

A lo largo de este capítulo se han ido detallando las dimensiones y características de la seguridad de la información, y se ha puesto al alcance del lector aquellos hechos relevantes que han sucedido para que se tengan presentes los riesgos y vulneraciones de los sistemas que utilizamos. Los problemas de seguridad de la información más comunes, son relativamente fáciles de subsanar como son:

— Contraseñas seguras y de autorización: los sistemas que incluían sus propias interfaces web basadas en cloud e interfaces móviles no requieren contraseñas de suficiente complejidad y longitud, de forma que la mayoría solo requerían *passwords* de seis caracteres alfanuméricos. Por lo que se deben crear contraseñas extensas y utilizar sistemas que tengan la capacidad de bloquear las cuentas después de un cierto número de intentos fallidos.
— La seguridad de la información y la privacidad son conceptos relacionados en la teoría y la práctica, y es que en esta última se expone como la mayoría de los sistemas que utilizamos recogen algún tipo de información de carácter personal, como el nombre, la dirección, fecha de nacimiento, número de teléfono e incluso números de tarjetas de crédito. Como se ha visto que estos datos personales se encuentren expuestos, debe ser un motivo de preocupación. Los problemas de recopilación de los datos de la cuenta alcanzan a todo los sistemas, por lo que la ocultación de los mismos debe ser un criterio presente.
— El cifrado de los datos transmitidos es insuficiente, aunque exista una encriptación para la transmisión de datos, como SSL / TLS, muchas de las conexiones en la nube siguen siendo vulnerables a los ataques. De ahí la importancia de contar con una encriptación correctamente configurada y para ello es necesario formarse en los últimos avances.
— Por otro lado, y ya enfocando la responsabilidad hacia el usuario de un servicio de este tipo, el sentido común hace poner en duda

que a una gran mayoría de usuarios no les importe que les puedan robar la contraseña y acceder al *backup* de su cuenta. Un poco de información y fomentar la cultura de seguridad, ayudaría mucho a prevenir incidentes de los comentados anteriormente.

A pesar de estas recomendaciones, y de los datos ofrecidos dentro de este capítulo, la vulnerabilidad de la seguridad de la información es un hecho patente y que no tiene límites en la actualidad, mientras que el individuo sigue utilizando las posibilidades que ofrece la red para mantener una gran parte de sus actividades diarias con estos recursos.

Lo más importante es que se tome consciencia de ello, formarnos antes de dar los datos, crear una cultura real y efectiva sobre los peligros de aquello que utilizamos diariamente, de lo que puede llegar a ocurrir, que valoremos nuestros datos como a nosotros mismos. Se debería crear una cultura en torno a la seguridad de la información más allá de las empresas y de los gobiernos, centrado en el usuario que realiza su actividad en la red para que puede seguir actuando dentro del mundo interconectado, sin miedos e inseguridades, sino aplicando el sentido común y la responsabilidad para prevenir muchos incidentes como los descritos.

7. REFERENCIAS BIBLIOGRÁFICAS

ABC7 (2015, December 03). 14 people killed in shooting at Inland Regional Center in San Bernardino. *ABC7*. Disponible en: http://abc7.com/news/12-killed-in-shooting-at-san-bernardino-social-services-facility/1106844/

Adslzone (2017, Agosto 27). WhatsApp y Facebook ya están compartiendo tus datos. *Adslzone*. Disponible en: https://www.adslzone.net/2017/08/27/whatsapp-y-facebook-empiezan-cruzar-tus-datos/

Alonso, J. M. (2 de junio de 2016). Cómo Facebook «espía» tus conversaciones de WhatsApp. *Un informático en el lado del mal*. Disponible en: http://www.elladodelmal.com/2016/06/como-facebook-te-espia-tus.html

Chamy, C. H. (2016, marzo de 2016). ¿Cómo logró el FBI desbloquear el iPhone del atacante de San Bernardino y de paso frustrar a Apple? *BBC Mundo*. Disponible en: http://www.bbc.com/mundo/noticias/2016/03/160329_tecnologia_fbi_como_desbloqueo_iphone_san_bernardino_apple_ch

Clark, R. A. (2012). *Cyber War: The Next Threat to National Security and What to Do About It*. Harper Collins Publ. USA.

Constine, J. (2016, November 17). Like by smiling? Facebook acquires emotion detection startup FacioMetrics. *Techrunch*. Disponible en: https://techcrunch.com/2016/11/16/facial-gesture-controls/

Douglas, D. M. (2016). Doxing: a conceptual analysis. *Ethics and information technology*, 18(3), 199-210.

Elisan, C. (2012). *Malware, Rootkits & Botnets A Beginner's Guide*. McGraw Hill Professional.

Expansión (2017, septiembre de 11). Protección de Datos multa a Facebook con 1,2 millones de euros. *Periódico Expansión*. Disponible en: http://www.expansion.com/juridico/actualidad-tendencias/2017/09/11/59b65673e2704e8f5c8b45ec.html

Garrido Domínguez, A. (2018). La elaboración de perfiles y su impacto en los derechos fundamentales. Una primera aproximación a su regulación en el reglamento general de protección de datos de la Unión Europea. *Revista Derechos y Libertades*, 38 (pp. 107-139)

ISACA (2014). *La Guía de estudio de fundamentos de la Ciberseguridad*. ISACA. Disponible en: https://www.isaca.org/bookstore/Pages/Product-Detail.aspx?Product_code=CSXG1S

Long, J. (2008). *No Tech Hacking: A Guide to Social Engineering, Dumpster Diving, and Shoulder Surfing*. Syngress.

Mansilla Corona, R. (2017). Las ciencias sociales en el umbral de las redes sociales. *INTERdisciplina*, 5(13), 123-134.

Mitnick, K. and William L. (2005). *The Art of Intrusion: The Real Stories Behind the Exploits of Hackers, Intruders & Deceivers*. Wiley Books.

Poroshyn, R. (2014). *Stuxnet: The True Story of Hunt and Evolution*. Createspace Independent Pub.

Quezada-Sarmiento, P. A.; Espinoza, V.; Ulehlova, E.; Enciso-Quispe, L. (2017, June). Application of cloud, knowledge and innovation model for improving linguistic in writing skill. In *Information Systems and Technologies (CISTI), 2017 12th Iberian Conference on* (pp. 1-6). IEEE.

Rojas, A. (2016). *Bitcoin y las divisas digitales para principiantes: La pequeña guía básica*. Babelcube Inc.

Rosenblatt, J. (26 October 2016,). Is Facebook's Facial-Scanning Technology Invading Your Privacy Rights? Bloomberg. Disponible en: https://www.bloomberg.com/news/articles/2016-10-26/is-facebook-s-facial-scanning-technology-invading-your-privacy-rights

Suanzes, P. (2017, mayo 18). La UE multa con 110 millones a Facebook por la compra de WhatsApp. Periódico *El Mundo*. Disponible en: http://www.elmundo.es/economia/2017/05/18/591d462622601dab3b8b465f.html

Taylor, S. (2014). *Data: The New Currency?. European Voice*. Fundación Telefónica. Disponible en: http://www.politico.eu/wp-content/uploads/2014/10/Data-report.pdf

Weiss, M. A.; Archick, K. (2016). US-EU data privacy: from safe harbor to privacy shield. *Congressional Research Service*. Disponible en: https://epic.org/crs/R44257.pdf

VI.
LA PROPIEDAD INTELECTUAL Y SUS ENEMIGOS

Federico Ruiz
Ana Sacristán

— Mickey Mouse está valorado en más de tres mil millones de dólares. Iba a pasar al dominio público (de modo que podría ser usado libremente por cualquiera) en 1984, lo que desató el pánico en Disney, propietaria de sus derechos. Disney se asoció a otras empresas, y conjuntamente destinaron grandes recursos económicos en una intensa campaña de presión (*lobbying)* sobre los congresistas estadounidenses para ampliar el plazo de vigencia del copyright... y lo consiguieron.

Graffiti de Bansky. De la mano, Mickey Mouse, la niña víctima del napalm, símbolo de la Guerra del Vietnam y el payaso de MacDonalds

Sucedió una segunda vez, con Bill Clinton en la presidencia de los Estados Unidos. El Congreso aprobó una nueva ley que amplió todavía más el período de vigencia del copyright, protegiendo los intereses de los propietarios de Mickey, de Superman, de temas legendarios del rock and roll, de artículos científicos...

Veremos qué sucede en 2023, cuando Mickey quede libre, como en los cuentos de hadas. Pero, ¿ocurrirá? Si Disney sigue incorporándolo a su logotipo, como hace ahora, solo necesitará renovar su imagen corporativa para que Mickey y Disney permanezcan juntos para siempre.

— «Está prohibida la reproducción total o parcial de este libro electrónico, su transmisión, su descarga, su descompilación, su tratamiento informático, su almacenamiento o introducción en cualquier sistema de repositorio y recuperación, en cualquier formato o por cualquier medio, ya sea electrónico, mecánico, conocido o por inventar, sin el permiso escrito expreso de los propietarios del Copyright».
(Leído en una novela publicada en formato electrónico.)

— «La información se ha convertido en el fundamento principal del orden social moderno, tanto en el plano económico como en el cultural. Paralelamente, cada vez es mayor y más obvia la importancia de su control y gestión. En el siglo xix, la llave del poder económico se hallaba en las fábricas y, durante buena parte del siglo xx, en las fuentes de energía. En la actualidad, esa llave está en el conocimiento y la creatividad. Así, la piratería aplicada a la propiedad intelectual surge tal vez como la mayor amenaza para el orden económico» (Johns, 2013, p. 26).

1. LOS BIENES INTELECTUALES TAMBIÉN FUNCIONAN COMO MERCANCÍAS (CON PROPIETARIOS Y PRECIO)

Han tenido que pasar muchas cosas para que una expresión como «propiedad intelectual» haya llegado a utilizarse tanto y con tanto desparpajo en el lenguaje cotidiano. Porque, en tiempos de Platón y Aristóteles, esto habría parecido un sacrilegio[1]. Para llegar a la noción de propie-

[1] En el mundo antiguo, el pensamiento, la palabra razonada, la argumentación, se consideraban como algo divino, un don de los dioses que les era dado a los humanos (ya sea en sentido literal o metafórico, porque había muchos ateos). Era inconcebible que alguien pudiera vender sus ideas, su arte. Se vendía, cómo mucho, el trabajo para representar ese arte, a los actores, a los escultores, a los escribanos de sus propias obras o de las ajenas. La concepción de que una idea pudiera situarse al mismo nivel que una cosa comprable y vendible era absolutamente extravagante.

dad intelectual ha sido necesaria la aparición de la economía mercantil y la pujanza del capital.

Desde hace siglos rige en el mundo una economía mercantil. Se producen bienes para intercambiar lo producido a cambio de una remuneración, y esos bienes se distribuyen en el marco de unas instituciones y de unas normas: tiendas, dinero, etc. En las economías mercantiles los bienes toman la forma social de mercancías, esto es, de objetos destinados a la venta. Para ello, necesitan dos atributos: ser propiedad de alguien y un precio asignado por el mercado.

En el caso de los bienes intelectuales, ¿cómo aplicarles características que parecían más propias de los bienes materiales?

Cuando pensamos en un bien intelectual nos vienen a la mente cosas como una novela, una pieza musical, una película, un tratado de medicina... En todos hay una parte puramente intelectual, es decir, generada en y por el intelecto humano, pero también algo físico: por ejemplo, el libro que «encierra» la novela o el tratado de medicina, el disco que «encierra» la pieza musical, etc. Ambos elementos, el material y el «espiritual», son componentes de todo bien intelectual. El componente inmaterial lo hace intelectual y el componente material lo convierte en un bien, al permitir que lo disfrute alguien distinto de su creador.

De modo que el bien intelectual se convierte en mercancía intelectual, bien sea como servicio (cuando el creador propietario lo hace llegar en un recital, en una lectura, en una declaración, etc.), o a través de un objeto material intermediador: un soporte físico, libro o disco, por ejemplo, que fija la creación mental.

Decíamos que, para que cualquier bien se convierta en mercancía, hacen falta dos cosas: un propietario particular y un precio.

¿Qué sucede con los bienes intelectuales? Respecto a la primera condición, parece innegable que la propiedad inicial de un bien intelectual debe corresponder a quien lo ideó, a quien lo creó. Lo que no resulta tan sencillo es saber en qué consiste esa propiedad; si tiene algo de específico respecto a cualquier otro objeto que se fabrica o que se compra, por ejemplo, un lápiz. Lo tiene, al menos en apariencia. Un lapicero es, primero, propiedad de la empresa que lo fabrica y, después, de su comprador. Ambas propiedades son idénticas, el comprador queda totalmente libre para usar como quiera el objeto lápiz, siempre que ese uso esté dentro de la ley (sacarle a otro un ojo con la afilada punta no entra en ese supuesto).

No sucede exactamente así con el bien intelectual cuando funciona como mercancía. Aquí el carácter dual materia-espíritu se desdobla, transfiriéndose en la venta únicamente la parte material. El propietario del objeto disco es su comprador (el vendedor deja de tener derecho sobre él), pero el autor de la pieza musical siempre será su autor, aunque se compre-venda mil veces.

Respecto al componente intelectual, el comprador solo adquiere el derecho a escuchar y disfrutar de la música. ¿Qué derecho conserva el autor? Determinar cualquier otro uso que no sea la escucha. Por ejemplo, autorizar que el comprador haga una copia, autorizar la interpretación pública, o la composición de otra pieza musical basada en la suya. La venta, pues, sólo transfiere parte de la propiedad: la «no intelectual»; con la propiedad intelectual se queda el autor, o, generalmente, la empresa cultural a la que éste se la ha traspasado.

La historia de la propiedad intelectual es la historia de la mercantilización de los bienes culturales. Nace con la invención y difusión de la imprenta a mediados del siglo xv, una tecnología que permitió reproducir las obras escritas de un modo rápido y barato. El soporte material de estas obras, los libros, existía anteriormente, pero su única forma de reproducción era la copia manual, lo que limitaba su consumo a una exigua minoría y su distribución pública o semipública en bibliotecas de universidades y conventos.

2. COPYRIGHT (DERECHO DE PROPIEDAD INTELECTUAL)

La aparición de la imprenta no solo tuvo una importancia crucial en la historia occidental porque sin ella no habría sido posible ni la modernidad cultural y política, ni la industrialización, que requirieron para desarrollarse una amplia circulación de conocimientos. También creó una de las industrias más poderosas y prósperas hasta la aparición, ya a finales del siglo xviii, de las macroempresas metalúrgicas o textiles de la primera revolución industrial.

Dado que los costes de producción eran bastante bajos gracias a la impresión con tipos móviles de plomo inventada por Gutenberg, los libros podían ser ofertados a precios asequibles, lo que hizo crecer su demanda de manera exponencial.

El negocio de los libreros, generalmente también de impresores y editores, no era distinto del negocio de los zapateros. Se vendían libros como se vendían zapatos. La diferencia radica en que los zapatos no tienen copyright. ¿O sí?, depende; en el siglo XVI no lo tenían, pero sí lo tienen en el XXI. Hoy en día está tan prohibido copiar un disco de Taylor Swift como unas zapatillas de Nike. Tanto el diseño como el logo de marca Nike están protegidos por derechos de propiedad intelectual como un libro o un CD. La auténtica diferencia estriba en qué tiempo histórico aparecieron esos derechos. Los libros fueron los pioneros de la introducción del muy lucrativo concepto de propiedad intelectual en las sociedades mercantiles occidentales. Casi dos siglos más tarde, se apuntó al carro la industria fonográfica y, con el auge torrencial de la sociedad de consumo, prácticamente cualquier mercancía goza de derechos de autoría intelectual.

¿Por qué fue la industria editorial la que originó el término *copyright*, así como su uso y no, por ejemplo, la fabricación de zapatos? Sencillamente, porque la tecnología imperante en el siglo XVI y los siglos siguientes hacía mucho más barato sacar mil copias de un libro que producir mil pares de zapatos exactamente iguales. Y, sobre todo, porque el concepto de autor no se había extendido aun al diseño —al menos fuera de la aristocracia y la alta burguesía— lo que suponía una demanda exigua que se satisfacía con artesanos de élite y no con una producción mecánica en serie, como era el caso de los libros.

Hoy en día, casi todas las mercancías llevan una marca, un distintivo propio, que ejerce un papel importante en la fijación de su precio. Esa marca, junto con su icono representativo, tienen también un copyright; en el caso de los zapatos, ni se puede copiar su forma, su diseño, ni utilizar o copiar la marca y el símbolo visual registrados por la empresa productora. Esta empresa tiene el copyright de todos esos elementos que son tan bienes intelectuales como los contenidos de los libros.

Continuando con la historia, la impresión de libros se hizo muy barata... para los impresores, esto es, para todos aquellos que ya disponían de las nuevas prensas mecánicas. Pero hacerse con ellas, construirlas o comprarlas, exigía un elevado gasto inicial (lo que en Economía se llaman costes de apertura), solo al alcance de unos pocos. Esto dio lugar a que la producción editorial se configurase en poderosos gremios de un reducido número de libreros-impresores que establecieron prácticas monopolistas en sus respectivos países, imposibilitando el establecimiento de nuevas empresas en su sector que impulsasen la competencia e hiciesen bajar precios y beneficios.

Inglaterra fue pionera en este tipo de prácticas, como en casi todo lo que se refiere a la creación y expansión de la sociedad de mercado. Por poquísimo dinero, los libreros solían comprar al autor los derechos de impresión, en exclusiva; derechos que tampoco estaban legislados formalmente.

Es en este escenario donde se promulgó en la Inglaterra de 1710 la primera ley sobre los derechos de autor, el Estatuto de la Reina Ana, que en el mundo anglosajón se denominan globalmente «*copyright*» aunque con el tiempo, como veremos, incluyen más actividades que la mera copia. En el Estatuto de la Reina Ana se establece que el autor, o el editor cesionario del autor, mantiene el derecho de que no se copien sus libros para ser vendidos durante los catorce años siguientes a la publicación del libro, prorrogables a veintiocho. Con efectos retroactivos, todas las obras quedarían libres a partir de los veintiún años de la promulgación del Estatuto.

La idea de fijar en unos años la vigencia de la propiedad intelectual sobre una obra ocasionó un conflicto que no sólo se mantiene todavía en nuestras sociedades digitalizadas, sino que se ha agudizado. ¿Durante *cuántos años* debe mantenerse la propiedad intelectual?

En el proceso deliberativo que dio lugar a la Constitución de Estados Unidos, la temática de la propiedad intelectual se consideró lo suficientemente importante como para incorporarla al texto aprobado en 1787. Tres años más tarde, en uso de su prerrogativa, el Congreso promulgó una «Ley del Copyright», que fijaba unos plazos similares a los de su precedente británico, el Estatuto de la Reina Ana de 1710. La cláusula 8 de la sección octava del artículo 1 de la Constitución declaraba: «El Congreso tendrá facultad para fomentar el progreso de la ciencia y las artes útiles, asegurando a los autores e inventores, por un tiempo limitado, el derecho exclusivo sobre sus respectivos escritos y descubrimientos».

Una lectura atenta de esta breve disposición nos revela una lucidez y una sutileza notables. Los constituyentes norteamericanos determinan un objetivo: impulsar el desarrollo científico y artístico del nuevo Estado, y para ello conceden un derecho exclusivo a los autores, el copyright, pero con una duración limitada. Obsérvese que el medio para conseguir el fin no es limitar el derecho de autor, sino concederlo de manera temporal. Los legisladores, dando una fecha de caducidad, quieren conseguir un objetivo superior: el progreso del conocimiento. Ello significa, primero, favorecer su producción, incentivando económicamente a los autores durante un tiempo prolongado. Y luego favorecer la expansión de ese conocimiento haciéndolo asequible a la mayoría; con este fin, se decide la supresión del copyright, pasados los años establecidos.

Para el Congreso de los EE.UU. el copyright era tanto un aliciente como un obstáculo para la producción cultural, de modo que buscaron un equilibrio dictando su caducidad, cuando se considera que el creador ya está suficientemente remunerado. Con el fin de ilustrarlo, nada mejor que las reflexiones de Thomas Jefferson, uno de los Padres Fundadores de Estados Unidos, expresadas en la muy merecidamente famosa carta fechada en 1813 a su amigo Isaac McPherson. Aunque la carta se centra en los inventos y patentes, todo lo que en ella se afirma es inmediatamente aplicable al resto de bienes intelectuales, y refleja con claridad y elegancia la opinión que había movido a los legisladores norteamericanos. Entre ellos, Jefferson no era un miembro menor: había sido el tercer presidente de los Estados Unidos, y considerado uno de los Padres Fundadores de la Nación. Transcribimos algunos párrafos que no tienen desperdicio, ni en el estilo literario, ni en el contenido conceptual:

> «Algunos han argumentado (en Inglaterra especialmente), que los inventores tienen un derecho natural y exclusivo sobre sus invenciones, y no solamente durante sus propias vidas, sino transmisible a sus herederos. (...) Sería curioso que una idea, la fugitiva fermentación de un cerebro individual, pudiera, por derecho natural, ser reclamada como propiedad exclusiva y estable. Si la naturaleza ha hecho una

> cosa menos susceptible de ser poseída de forma exclusiva que todas las demás, esa cosa es la acción de la capacidad de pensar llamada idea, que un individuo podría poseer para sí tanto tiempo como se la guarde para sí mismo, pero en el momento en que es divulgada, se fuerza a sí misma a ser posesión de todo el mundo, y el receptor no puede desposeerse de ella.
>
> (...) Aquel que recibe una idea de mí, recibe instrucción sin disminuir la mía; tal como el que enciende su candela con la mía, recibe luz sin dejarme a oscuras. Que las ideas puedan ser extendidas libremente de unos a otros a través del mundo, para la instrucción moral y mutua de los hombres y la mejora de su condición, parece haber sido peculiar y benévolamente diseñado por la naturaleza cuando las hizo, como el fuego, expansible por todo el espacio, sin disminuir su densidad en ningún punto, y como el aire que respiramos, en el que nos movemos, y que contiene nuestra existencia física, incapaz de confinamiento o apropiación exclusiva. Las invenciones entonces no pueden, por naturaleza, estar sujetas a propiedad. La sociedad puede dar un derecho exclusivo a los beneficios que surjan de éstas, como un estímulo para que los hombres para perseguir ideas que pudieran producir utilidad, pero esto podría hacerse o no hacerse, según los deseos e intereses de la sociedad, sin reclamación o queja de nadie.» (Jefferson, 1813)

Entre muchas otras observaciones lúcidas, Jefferson pone de manifiesto la idea central: los bienes intelectuales no son lo que lo economistas neoclásicos llamarían bienes rivales, aquel tipo de bienes que no pueden ser consumidos por más de una persona sin pérdida de la satisfacción de una de las partes: «*Aquel que recibe una idea de mí, recibe instrucción sin disminuir la mía; tal como el que enciende su candela con la mía, recibe luz sin dejarme a oscuras.*» Con esta observación, Jefferson impugna la aplicación del derecho de propiedad a los bienes intelectuales al no ajustarse a su justificación más clásica: la que argumenta que es justo que una persona obtenga una compensación por entregar a otro un bien de su propiedad porque así se le resarce de dejar de utilizarla para el propio bienestar.

Nadie vería mal que le cobrara a mi vecino cinco euros por una botella de vino, lo que a mí me costó, porque renuncio a beberla; en cambio sería calificado de codicioso impresentable si le exigiera cinco euros por ver una película conmigo en mi televisión. Queda abierta la cuestión de si la propiedad de los bienes no-rivales tiene, o no, un soporte de legitimación moral. Lo que sí ocurre es que se adecua al lema mercantil de sacar beneficio allá donde sea posible. La propiedad privada es un medio para ello y se piensa que no debe ser restringida por otro tipo de consideraciones.

Supongamos que yo poseo un terreno en el que brota un manantial y un caminante sediento lo ve y se desvía del sendero para beber; tengo el derecho legal a impedírselo, o a exigirle un pago de cien euros por cada trago, sin importarme si los tiene o no, aunque vaya a morir deshidratado y aunque yo no tenga sed y aunque esa agua se dirija sin más inconvenientes al mar; sencillamente porque el manantial es mío. La propiedad, ya lo dicen los economistas, incluso los economistas ateos, es sagrada.

Por supuesto, la industria editorial, una de las principales del mundo euroatlántico en el siglo XIX no quedó satisfecha con esta decisión de los constituyentes estadounidenses que sancionaba que los bienes culturales debían de pasar al dominio público sin restricciones pasados unos años, y que sólo por motivos de conveniencia práctica (alentar la capacidad creativa) era aceptable fijar un plazo de demora. Pero, pragmáticos ellos, se centraron, más que en el combate ideológico, en intentar que las leyes prolongasen el tiempo de vigencia del copyright.

Frente al término copyright, que sonaba descarnadamente materialista, se impuso la denominación «derechos de autor», especialmente en la Europa Continental (se ve que en el mundo anglosajón tienen más asimilada una mentalidad mercantil sin mayores complejos), que invocaba cuestiones morales, destacando la figura del autor. Este ya no sólo tenía un derecho de propiedad sobre su obra para algo tan prosaico como venderla, sino también el derecho de que constara siempre su autoría de un modo explícito, el derecho de autorizar cambios, traducciones, derivaciones, etc. Se conseguía también reforzar la concepción de que esos derechos morales de autoría no prescriben nunca. ¿Al cabo de cuánto tiempo podría ser lícito publicar un libro llamado: «Cien años de soledad» firmado por alguien distinto a Gabriel García Márquez? Hay derechos que muy razonablemente deben ser perennes.

Tras este brevísimo repaso histórico, y siendo conscientes de la simplificación, diríamos que la controversia en torno a los derechos de propiedad intelectual se decide entre dos sujetos colectivos enfrentados, donde unos buscan la forma de convertir la actividad intelectual en algo comercializable, y los otros se oponen a tal pretensión porque consideran que redunda en un obstáculo a la extensión libre de la cultura. Se trata, a diferencia del primero, de un colectivo más heterogéneo.

3. UN NUEVO ESTADO DE COSAS CON INTERNET

El gran acontecimiento en la esfera de la cultura abierta, la propiedad intelectual y el copyright, el que marca un antes y un después sin vuelta posible, es la irrupción de Internet y las TIC. ¿Qué es lo que suponen que cambia tan radicalmente el panorama? Internet permite la distribución de contenidos de un modo excepcional. Los humanos nunca se habían visto en una situación así de buena: disponer de la tecnología para acceder a contenidos, informaciones y datos desde sus dispositivos, para manejarlos, copiarlos, compartirlos y transmitirlos. Y no sólo: Internet posibilita hacer sucesivas y variadas modificaciones de los contenidos originales. A cientos de millones de personas. Fueron hechos que afectaron de lleno a la propiedad intelectual.

Antes, si no se tenía una imprenta, copiar un libro era una tarea lenta y costosa, ya fuera a mano o a máquina. Las fotocopias facilitaron mucho el proceso, pero nunca llegaron a ser una preocupación seria para el sector editorial, aunque no por ello dejó de dificultarse su práctica, tanto legal como económicamente. De hecho, los establecimientos de fotocopias no pueden admitir originales con copyright.

Con los discos, la situación era parecida. Para copiar un vinilo había que tener un estudio de grabación, algo inviable para personas individuales. La aparición de los lectores/grabadores de *cassettes* y después de vídeos, ya empezó a preocupar más a la Industria[2], aun-

[2] Llamamos Industria, en mayúsculas, a las industrias culturales, a todas las empresas que proporcionan el entorno operativo necesario para la comercialización de las obras de cultura, ya sea de soporte físico como de puesta en escena; son las editoriales, discográficas, organiza-

que la deficiente calidad de las copias era un lastre para constituirse en una alternativa a las copias legales. Pero los soportes CD y DVD, con los contenidos ya digitalizados, pusieron a la Industria en pie de guerra; las copias caseras ofrecían una calidad de imagen y sonido muy similar a las ofertadas por la propia Industria. Las ventas y los beneficios empezaron a bajar y, las grandes empresas e instituciones asociadas (gestoras de derechos de autor, cines, minoristas de discos o de películas en DVD, etc.), emplearon su influencia política para la persecución de los circuitos paralelos de distribución, tipo *top manta*, además de intentar sistemas técnicos anti copia, fuera en el soporte o en el reproductor que, generalmente, acababan siendo burlados por los «piratas».

Esto no era nada. Con la revolución tecnológica de Internet lo que vino después fue mucho peor. En el mundo del libro, los dispositivos de escaneo a precios asequibles permitían para grandes capas de población copiar cualquier documento escrito y guardarlo en un archivo digital. Desde luego, se trataba de una labor fatigosa y aburrida, pero lo bueno venía a continuación. Con un ordenador y una conexión a Internet, se podía enviar el fichero o ponerlo a disposición de cualquiera a través de la Red, sin coste alguno. No obstante, los textos escritos no han causado (todavía) un daño fatal a la industria editorial y a las librerías porque la lectura en la pantalla del ordenador puede ser fastidiosa, en especial para los lectores-compradores habituales de libros, acostumbrados durante muchos años al formato papel. Eso hasta ahora, porque los libros electrónicos, que empezaron a consolidarse en los primeros años del 2000, proporcionan una experiencia de lectura cada vez más parecida a la tradicional. Con su publicación, el gremio editorial dio muestras de una capacidad mayor de adaptación a las circunstancias que las industrias musical y audiovisual, ofreciendo libros digitales a un precio menor que en papel. De todos modos, el porcentaje de personas que leen libros solo en papel en España, supera a los que leen en formatos digitales.

---

dores de eventos culturales, gestoras de derechos de autor, productoras de radio o televisión etc. En las economías mercantiles, su objetivo es conseguir las mayores ganancias con la menor inversión.

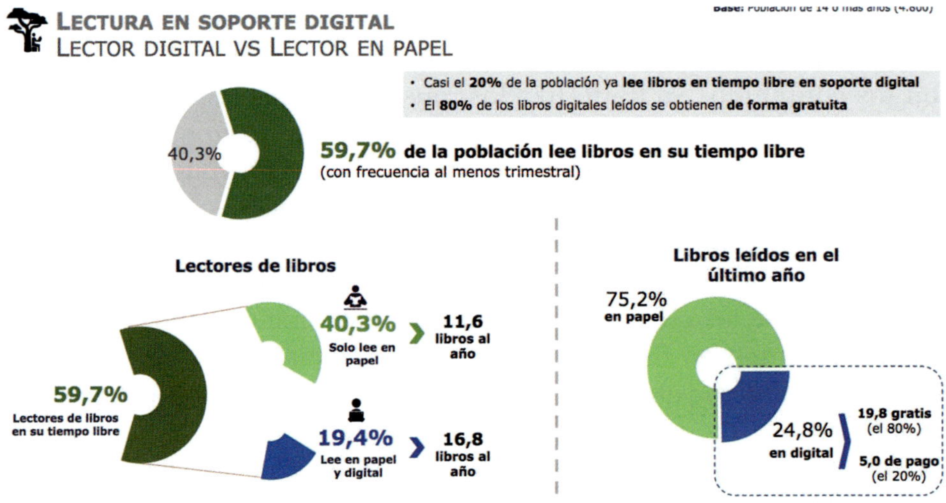

Fuente Ministerio de Educación, Cultura y Deporte 2018.

Es en los sectores de las industrias musical y audiovisual donde se está desarrollando la madre de todas las batallas en torno a los derechos de propiedad, entre otras cosas porque son los que mueven las mayores cantidades de dinero y tienen un grado superior de oligopolización y de poder político-social. En los primeros momentos del despliegue TIC, aunque pasar el contenido digital de CDs o DVDs a ficheros ubicados en el disco duro del ordenador ya era una operación sencilla y cómoda, las velocidades de transmisión de esos ficheros de audio o video necesitaban una gran capacidad de almacenamiento. Y además las conexiones de un usuario particular a la Red eran muy lentas en un principio; del orden de cien veces menos que una conexión ADSL normal de nuestros días. Debido a todo esto, se hacía casi imposible enviar un álbum musical. Incluso para mandar una canción había que armarse de paciencia.

Los avances de rendimiento de los diversos elementos de las TIC, solucionaron estos obstáculos. Así, la invención del formato de codificación permitió acortar hasta diez veces el tamaño de los ficheros de audio que empleaban los CD. En 1996 aparecen los primeros codificadores/ decodificadores de mp3, y el formato se extendió por toda la Red en pocos meses. Antes, con las velocidades de los equipos, transmitir por la Red una sola canción copiada de un CD podía llevar horas mientras que, convertida en archivo mp3, el tiempo se reducía a pocos minutos.

El vídeo continuaba siendo demasiado «pesado», aunque las nuevas tecnologías de compresión —MPEG, XVID— y de contenedores multimedia —AVI, MP4— lo habían aligerado. En paralelo, las nuevas tecnologías de comunicaciones —ADSL, fibra óptica hasta el domicilio, telefonía 3G, WIFI— fueron implementando unas velocidades (ancho de banda) inconcebibles pocos años antes, que pasaban de minutos a segundos los tiempos de descarga de ficheros de audio, y de horas a minutos los de vídeo. En lógica consecuencia, comenzaron a circular masivamente por la Red.

Cuando Internet empezó a llegar a cientos de millones de personas, un hito que se puede datar a finales del siglo xx, el mundo de los negocios vio en la Red una oportunidad colosal de beneficios. En eso, sin duda, no se equivocaron. Sin embargo, lo que no comprendieron fue que esa oportunidad exigía una transformación de los modelos de negocio anteriores para adaptarlos al nuevo medio, a sus características y a sus condicionantes. Las empresas del sector vivían muy bien y ganaban fortunas con el soporte físico, y experimentaron como una gran amenaza, y luego, como una grave disrupción, la digitalización.

En concreto, la adaptación exigía la reducción de costes de producción, y no tanto de los costes totales como de los marginales. El coste marginal es un concepto económico un poco técnico pero que resulta fundamental conocer para entender de qué va todo esto.

Coste marginal es lo que cuesta a la empresa producir una unidad más de su producto. En el caso de la venta de música en la Red, el coste marginal se aproxima a cero. Veámoslo un momento. En efecto, hay unos costes fijos, que son los de producción del bien cultural y que incluyen la composición, interpretación, grabación, etc. Culmina con su alojamiento en un soporte, por ejemplo, un fichero mp3. A partir de ahí los costes de copia y transmisión del fichero al usuario son casi inexistentes. Es decir, el coste marginal por hacer una copia nueva se aproxima a cero, porque lo mismo cuesta hacer y enviar un fichero musical a un comprador que enviar diez mil ficheros a diez mil compradores.

Si un disco costaba en las tiendas diez euros, la discográfica, o quien comercializara su catálogo, lo vendía en Internet por esos mismo diez euros; al fin y al cabo, el placer de la escucha de nuestros músicos favoritos era similar en ambos casos. La diferencia es que el precio de coste del vinilo o del CD era, pongamos por caso, de tres euros y el del fichero mp3 que se enviaba al comprador no llegaría en ningún caso a una décima de euro, incluso contando con los costes fijos. No advirtieron que esa misma tecnología de copia y distribución tan sumamente barata estaba al alcance de cualquier internauta, precisamente por ser barata. Las discográficas se encontraron con los hechos consumados de un formato que facilitaba el pirateo. El intento de vender discos en formato digital sin bajar precios fue una pobre reacción al desastre que se les venía encima.

El nuevo estado de cosas que provocaba el insomnio de la Industria era el que describimos a continuación. Soy un usuario cualquiera de Internet. Me prestan un DVD, lo copio en mi ordenador y se lo proporciono a todos mis amigos y, ya puestos, también a los amigos de mis amigos, bien enviándoselo por correo bien dejándolo en un repositorio de la Red accesible a todos ellos. Y gratis para todos, ya que, tanto para mí como para ellos, el coste (marginal) de subir y bajar archivos a la Red se aproxima a cero. Desde luego, no en el caso del coste total porque mi ordenador y el de mis amigos cuesta dinero, y el servicio de Internet que me da la operadora, también. Respecto a este último, si no tengo tarifa plana, es probable que tenga que pensar más de dos veces mi generosidad. Pero si, dispongo de una tarifa plana o similar, ya no hay duda: coste marginal cercano a cero (más el desgaste del ordenador y el pago de la conexión a Internet).

El primer gran toque de atención lo dio Napster, un servicio de descargas que proporcionaba gratis millones de piezas musicales con o sin copyright, incluyendo las últimas novedades del momento. Nació en 1999 y un año y medio más tarde ya tenía cerca de veinticinco millones de usuarios registrados; veinticinco millones de personas intercambiando al mismo tiempo ficheros informáticos con música. Fue el estímulo negativo que necesitaba la Industria para pasar de la actitud nítida pero un tanto laxa que había mantenido hasta entonces a poner en marcha a bombo y platillo la Cruzada Antipiratería.

¿Con qué armas contaba la Industria para acabar con las «descargas ilegales» —copia y distribución de contenidos audiovisuales, o escritos, con copyright—, o reducirlas al máximo? Han sido dos las líneas de actuación seguidas: una defensiva y otra ofensiva. La defensiva ha consistido en intentar la protección del material mediante una serie de tecnologías orientadas a impedir, bien el acceso a los recursos donde se ubican los ficheros de contenidos, bien a protegerlos de la posibilidad de ser copiados. Para el primer objetivo se utilizan cortafuegos o analizadores, filtradores de Red que buscan evitar que el tráfico de transferencia de música o vídeo llegue a su destino. El segundo se ha intentado lograr mediante tecnologías que inhabilitan la función de copia de ficheros protegidos, conocidas globalmente como DRM (Digital Right Management: gestión de derechos digitales). Consisten en implementar en el hardware de dispositivos lectores-grabadores de CD o DVD mecanismos que inhiben las grabaciones en caso de identificar contenidos con copyright. Aunque algunos de estos mecanismos son muy sofisticados, tarde o temprano (y no suele esperarse demasiado), se descubren procedimientos para romperlos y eludir la protección y los obstáculos a la distribución por la Red.

Si la línea defensiva de la Industria se dirige principalmente a impedir la piratería, la atacante apunta, más bien, a los piratas. Se mueve en tres espacios: el legislativo-jurídico-policial, el económico y el cultural. En el campo legislativo, con la promulgación de leyes *ad hoc* sobre los derechos de propiedad intelectual muy favorable a los intereses de la Industria. Así se redobló la presión del lobby industrial multimedia en USA para que los legisladores aumentaran los supuestos contemplados en la legislación sobre copyright, los adecuaran a las posibilidades de la TIC y endurecieran las penas de los delitos contra la propiedad intelectual.

Hasta que no se generalizó este sistema de copia digital y transmisión por Internet, las leyes de copyright se restringían a los usos comerciales de las copias, esto es, sólo los titulares de la propiedad intelectual de la obra estaban autorizados a obtener ganancias con ellas, vendiéndolas o alquilándolas. El uso de la obra sin ánimo de lucro, cualquiera que fuese el soporte que la contuviera, quedaba al margen de la norma. Pero en lo que significó una adaptación a la nueva realidad tecnológica, en varios cuerpos legales —no en todos— se limitó también el uso no lucrativo del ejemplar comprado. Es decir, se prohibían las copias, aunque no se emplearan para obtener un beneficio económico.

El otro punto de afianzamiento legal de la propiedad intelectual sobre el que ha presionado sistemáticamente la Industria es la prolongación del tiempo de vigencia del copyright. Desde que existe como país independiente, se han promulgado en los Estados Unidos de América seis leyes de copyright, en cada una de las cuales se ha alargado el periodo de protección de derechos: desde los treinta años después de la publicación que contempla la primera ley, hasta los 90 años tras la muerte del autor establecidos por la última hasta el momento: la *Copyright Term Extension Act* de 1998. Se la conoce coloquialmente como la ley de Sonny Bono (debido a que fue este antiguo músico uno de los patrocinadores de la reforma legal, parte más bien secundaria del dúo «Sonny and Cher» y después congresista por California). También, irónicamente, se la conoce como la ley de Mickey Mouse, ya que el copyright del famoso ratón expiraba, por lo que la Walt Disney Company usó toda su influencia y su poder económico haciendo una dura labor de lobby en Washington para conseguir que uno de sus personajes más icónicos no pasara al dominio público. Lo hemos visto al comienzo de este texto.

El siguiente paso legislativo propiciado por la presión de los lobbies discográficos y cinematográficos ha ido en el sentido de disuadir a los posibles infractores mediante la imposición de multas millonarias, e incluso sanciones penales a quienes sea capturados realizando estas prácticas, a modo de castigos ejemplares. Conseguido esto, se trataba también de que los jueces encargados de aplicar las nuevas disposiciones legislativas, tendieran más al rigor que a la laxitud.

Pero incluso en Estados Unidos, donde las empresas culturales gozan de un enorme poder en todos los rincones institucionales, no pocos jueces se han mostrado reacios a ello. Tanto porque se trata de sanciones encuadradas en la función atemorizadora del Derecho, como por la consideración de que un tratamiento indelicado de las nuevas figuras penales podría vulnerar derechos básicos, como es el de libertad de expresión.

Por fin, el ámbito de defensa del copyright que calificamos de «cultural» se refiere especialmente a la prolongada campaña pública de «sensibilización» que hemos mencionado más arriba. Anuncios, artículos, declaraciones de famosos proclamando que bajarse canciones o películas de Internet sin pagar por ellas es un robo, que si a quienes lo perpetran les gustaría que les quitasen su cartera o su coche...[3]

---

[3] En España hubo campañas de asociaciones que se crearon ex profeso para «acabar con la piratería» en los medios de comunicación. Su éxito fue escaso. Un ejemplo es el texto de la campaña internacional: «Ahora la ley actúa», lanzada en España por la Federación para la protección de la propiedad intelectual (FAP) en 2005.

A primera vista, el discurso que se propaga es razonable; hasta podría haber convencido a muchos de los interpelados no amorales o especialmente aquejados de laxitud moral. «Podría», si la campaña se hubiera llevado a cabo quince años antes, esto es, cuando no existía el Internet de masas ni equipos informáticos al alcance económico de clases medias, e incluso medio-bajas.

4. LA ÉTICA HACKER

Y es que el gran problema con que se encontró la Industria para crear un estado de opinión generalizado que viera un delito en las prácticas de compartir ficheros con copyright fue que una nueva cultura, propiciada, extendida y consolidada por el uso de las posibilidades de las TIC, tenía unas concepciones del mundo, un «sentido común» muy divergente del que pretendía imponer la Industria; hasta contradictorio en algunos aspectos.

En este punto, hay que hablar de los pioneros de Internet, muchos de los cuales usaban la Red con fines exclusivamente profesionales, y prácticamente ninguno con fines comerciales, capaces de llegar a los lugares más recónditos. Navegaban por la Red, desde luego, pero de un modo determinado, con unos objetivos y una mentalidad nueva, tan nueva como la tecnología que estrenaban. Para quienes crearon ese *modus operandi*, esa relación específica con Internet, igual que para sus continuadores, es más clarificador utilizar el apelativo de *hacker*, un neologismo inventado por ellos y para ellos.

Con frecuencia la denominación «hacker» ha tenido el significado negativo de «pirata informático» y ciberladrón o cibercriminal. Es un error en el que incurrió la misma Real Academia de la Lengua durante años, a pesar de las reiteradas quejas del sector tecnológico que con-

«No robarías un coche. No robarías un bolso. No robarías un televisor. No robarías una película. El robo en Internet queda registrado. El robo es ilegal. La piratería es un delito. Ahora la ley actúa».

Estas afirmaciones eran el texto de un videoclip que, entre otros lugares, se proyectaba en muchos cines españoles antes de la película. La *sitcom* satírica «*The IT Crowd*» de la cadena británica Channel 4 se basó en este tipo de campañas para realizar un sketch ridiculizador que tuvo una repercusión infinitamente mayor que los originales. El clip original y el de *The IT Crowd* pueden verse en: https://www.youtube.com/watch?v=3u9hnhRz-Zc y https://www.youtube.com/watch?v=1uesulspah8

sideraban agraviante y carente de perspectiva histórica ligar al movimiento hacker con la criminalización, con los «malos». En la nueva edición del diccionario de la Lengua Española de 2017, la segunda acepción incluida de hacker es: «*persona experta en el manejo de computadoras, que se ocupa de la seguridad de los sistemas y de desarrollar técnicas de mejora*». Aunque le falta precisión, por lo menos es más acertada que englobarlos a todos bajo la denominación de piratas informáticos.

¿Cómo puede explicarse semejante falta general de adecuación histórica?

> «Gran parte de la sociedad empezó a sentir desconfianza ante unos jóvenes que poseían unos conocimientos técnicos superiores al resto. En cierto sentido, no es tan diferente a la persecución de la brujería en la Edad Media: los hackers parecen tener un libro de hechizos que les permite colarse en nuestros ordenadores o, maldita sea, en los del propio gobierno. (...) Parecen poseer una llave maestra para el futuro, un atajo que les permite pasar por encima del poder centralizado (la televisión, Internet) para emitir su propia señal. (...) La Era de la Información que estaba naciendo a finales de los 80 parecía comprometida para siempre por una amenaza (Ellos) con ventaja sobre el terreno. El hacker siempre iba a ganar, más que nada porque llevaba años preparándose para la batalla, mientras que el resto de la sociedad (Nosotros) sólo estaba empezando a comprender las ventajas de meter un ordenador en casa.» (Ceballos, 2015:80)

En los inicios de Internet, años 70 del siglo XX, gran parte de sus usuarios eran brillantes estudiantes de ingenierías o informática capaces de conectar entre sí sus arcaicos ordenadores y navegar por los terrenos inexplorados del Internet naciente. Desde las universidades, por su natural afición y cualificación técnica, muchos de ellos participaron decisivamente en el desarrollo tecnológico de Internet, por ejemplo, diseñando los protocolos de la Red, el software de comunicaciones, inventando tanto correo electrónico como el módem de forma gratuita, etc.

Los *hackers* acometieron estas actividades con una motivación básicamente lúdica y, si se quiere, algo maníaca. La mentalidad dominante era una curiosa y novedosa mezcla de individualismo y de colaboración. Individualismo en tanto que, por un lado, trabajaban aislados físicamente entre ellos y, por otro, reivindicaban con no poco narcisismo el reconocimiento de sus habilidades y de sus logros por parte de sus pares.

Pero, simultáneamente, colaboraban entre sí en el sentido de hacer públicos todos sus avances, poniendo a disposición de la comunidad *hacker* el código fuente de sus programas, lo que significa, dicho básicamente, enseñar los pasos que hay que dar para que funcionen, mostrar sus «tripas». Y no sólo; también permitían cualquier uso de ese código para perfeccionarlo, para emplearlo en rutinas de otros programas, para usarlo de soporte, etc., sin contrapartida alguna. Se trataba, pues de un saber totalmente compartido, precisamente porque siendo un bien intelectual y por ello no rival —la sabiduría de uno no implica la ignorancia de otro, sino más bien todo lo contrario— y ausente la motivación de beneficio, ocultarse la información redundaba en contra de todos ellos.

En este sentido, es interesante traer la definición de «ética hacker» que figura en el *Jargon File*[4] (Jargon significa jerga), una publicación renovada desde 1975 hasta la actualidad que recopila la nomenclatura del argot que emplean los *hackers*, un verdadero clásico que, entre otras cosas, refleja cómo se ven ellos, o cómo creen que debieran ser:

1. La creencia de que compartir informaciones es un bien positivo y poderoso, y que los hackers tienen el deber ético de compartir su experiencia escribiendo en un código fuente accesible a cualquiera y facilitando, asimismo siempre que sea posible, el acceso a la información y a los recursos informáticos. La información debe ser de acceso libre.
2. La creencia de que el allanamiento de sistemas por diversión o para explorarlos es correcto éticamente, mientras el allanador no cometa robos, vandalismo o rupturas de confidencialidad.

El *Jargon* continúa explicando que prácticamente todos los *hackers* aceptan el primer principio, y que incluso muchos plantean que todo tipo de información debería ser gratis y que cualquier control «propietario»[5] es negativo. El segundo principio es más controvertido, porque

[4] The Jargon file (versión 4.4.7) *Hacker Ethic*.

[5] Somos conscientes de que «propietario» es una mala traducción de «proprietary», aunque está muy difundido y por eso lo utilizamos. «Propietario» se refiere a programas cerrados que conservaban la propiedad y a los que hay que aplicar sin reservas toda la protección legal.

no resulta fácil establecer con precisión los términos de «robo» o «vandalismo» en este contexto. En todo caso, aquí nos interesa la primera regla, que se muestra como una impugnación de la utilización restrictiva de la propiedad intelectual, y que configura la comunidad *hacker* como un colectivo cuya actividad y sus resultados prescinden del copyright: cualquiera puede conocerlo y usarlo, siempre que —estamos en el campo de la ética, del deber-ser, no del derecho positivo—, renuncie a su vez al copyright.

Sobre la base de estas concepciones se han constituido múltiples iniciativas comunitarias de software libre, no necesariamente gratuito, pero siempre de código fuente abierto (Open Source, en inglés), cuyo rasgo común es generar una producción colectiva compartida bajo licencias abiertas que permiten el uso y la modificación del código. La producción total del código abierto y accesible conforma el «*common*», el procomún del software libre, producido, gestionado y optimizado por y para toda la comunidad.

Un momento decisivo de este proceso, tuvo lugar en enero de 1998 cuando la compañía de software Netscape hizo público el código fuente de su programa «Navigator» con el que era posible navegar por la World Wide Web (WWW), comunicando personas entre sí de forma masiva y a escala global.

Destacan instituciones como la *Open Source Iniciative*, que surgió en el mismo año: 1998. Richard Stallman, el famoso informático y activista de la cultura libre (referida específicamente al software, pero expandida a cualquier contenido de información), afirmaba en el Manifiesto GNU (1985) (un sistema operativo de software libre compatible con Linux):

> «Considero que la Regla de Oro me exige que si me gusta un programa lo debo compartir con otras personas a quienes también les guste. Los vendedores de software quieren dividir a los usuarios y dominarlos para llevarlos a aceptar no compartir su software con los demás. Rehúso a romper la solidaridad con otros usuarios de esta manera. Mi conciencia me impide firmar un acuerdo de confidencialidad o un acuerdo de licencia de software.»

Más adelante señalaba un rasgo fundamental de la ética *hacker* y el *Open Source* (código fuente abierto):

> «Todos tendrán permiso para modificar y redistribuir GNU, pero a ningún distribuidor se le permitirá restringir su redistribución posterior. Es decir, no se autorizarán modificaciones privativas. Quiero asegurarme que todas las versiones de GNU permanezcan libres».

Aquí, Stallman se prevenía contra la actitud de los *free riders*, los «gorrones», que se aprovechan por sistema del trabajo de los demás mientras comercializan el suyo propio. Si alguien toma de la Red un software y lo modifica debe devolver esas modificaciones a la Red para que otros puedan usarlo y modificarlo. En puridad, toda creación debe ponerse al alcance de cualquiera en Internet del mismo modo que se puede tomar de allí mismo la creación de otros, compartiendo la ética de disponibilidad y gratuidad recíprocas.

Fue, de hecho, en el campo de la creación de software donde estalló el primer conflicto entre las grandes industrias electrónicas y los *hackers*. Más aun, entre éstos y una serie de personas que, con la misma capacidad técnica y creativa y el mismo entusiasmo y atrevimiento que ellos (incluso con su misma edad, casi todos menores de 40 años), tenían *in mente* vivir lo mejor posible de esas actividades. Ello implicaba programas propietarios y cerrados a los que aplicar sin reservas toda la protección legal habida y por haber; si alguien hacía lo mismo que ellos y lo colgaba en la Red, no había entonces posibilidad de comercialización ni tampoco de obtener ganancias.

Hablamos, por ejemplo, de los pioneros californianos de las empresas situadas tecnológicas. Uno de los más representativos fue el después celebérrimo Bill Gates, quien escribió en 1976 una carta abierta a los «usuarios por hobby», esto es, a los hackers. Les recordaba que:

> «El "feedback" que hemos obtenido de los cientos de personas que dicen que están usando BASIC ha sido positivo. Sin embargo, dos cosas muy aparentes nos han llamado la atención, 1) la mayoría de estos "usuarios" nunca han comprado BASIC (menos del 10% de los usuarios), y 2) la cantidad de comisiones que hemos recibido de la venta a los usuarios por "hobby" cuantifican el tiempo invertido en Altair BASIC en menos de 2 dólares la hora.
>
> ¿Por qué? Como han de saber la mayoría de los usuarios por "hobby", la mayoría de vosotros roba el software. El hardware se tiene que pagar, pero el software es algo para compartir. ¿A quién le importa si se

paga a los que trabajaron para hacerlo? ¿Es esto justo? (...) ¿Quién se puede permitir el hacer una labor profesional a cambio de nada? ¿Qué usuario por hobby puede dedicar el trabajo de tres hombres durante tres años buscando bugs [fallos, errores], documentando el producto, y distribuyéndolo de manera gratuita? (...) Directamente, lo que hacéis es robar.

(...) Agradecería cartas de aquellos que quieran pagar su deuda, o hacer alguna sugerencia o comentario. Escríbanme a 1180 Alvarado SE, #114, Albuquerque, New Mexico, 87108. Nada me agradaría más que ser capaz de contratar a 10 programadores e inundar el Mercado de buen software para los usuarios por hobby. Firmado, William Henry Gates III.»

Lo que no entendía Gates porque, entre otras cosas, entenderlo era incompatible con su concepción del mundo, es que «un usuario por hobby no puede dedicar el trabajo de tres hombres durante tres años buscando bugs[6], documentando el producto, y distribuyéndolo de manera gratuita», pero trescientos colaborando entre ellos, sí que pueden.

El mundo hacker plantea, pues, la consideración de la actividad intelectual como un bien común, un bien que se multiplica precisamente por el hecho de ser común, porque unos trabajan para otros y los otros para los unos sin establecer la frontera de la exclusividad, ya que todos son gigantes subiéndose unos a hombros de otros y viceversa.

Es evidente que esa visión del mundo y esa práctica entra abiertamente en contradicción con la defensa férrea de la propiedad intelectual de la Industria. Una visión hacker que combina de manera novedosa la sensación de colectividad y de individualidad y la percepción de la Red como un espacio propio, como una especie muy peculiar de patria, tiene que chocar con una concepción patrimonialista basada en fines comerciales, lo que implica de hecho la exclusión de muchos de los contenidos que se alojan digitalmente.

Esquematizando un poco, y sin pretender idealización alguna, es posible describir la Internet de los inicios como un espacio común y compartido, donde los programadores publicaban sus programas y

[6] Bug en inglés significa insecto, literalmente. En informática es un fallo de software que causa problemas.

discutían con otros programadores, donde se improvisaban foros de debates de todo tipo con herramientas aún muy rudimentarias —los famosos «*news*», por ejemplo—, donde la gente (todavía una minoría) publicaba poemas, cuentos y ensayos en sus grupos de afinidad, y más tarde cortos o canciones, sin pretensión alguna de ganar dinero, en un ambiente de amateurismo y total libertad creativa sin censuras ni controles.

En ese escenario, más o menos homogéneo, aparece «Internet Negocio»[7], pero también instituciones públicas que facilitaban las gestiones administrativas y aportaban a la Red una enorme cantidad de información cultural gratuita; por ejemplo, bibliotecas digitalizadas, legislación, etc. El desembarco masivo del mundo mercantil se puede fechar a mediados-finales de los años 90 del siglo pasado, cuando ya se había estandarizado y generalizado el lenguaje hipertextual basado en enlaces que permiten vincular y compartir información. Mediante el uso de navegadores como Netscape e Internet Explorer, aumentó exponencialmente el número de usuarios que ya no necesitaban poseer robustos conocimientos técnicos, como ocurría antes.

Resumiendo, la entrada de la Industria cultural en Internet choca con una mentalidad y unas ideas ajenas bastante hostiles: las que tuvieron los pioneros de la Red. Por eso, las campañas de concienciación antipiratería han sido contrarrestadas desde dentro del mundo-Red. Durante años, la Industria se ha centrado en una estrategia jurídico-represiva para combatir la piratería, aunque se atisban intentos de sustituirla por otra más realista de cambio de modelo de negocio, aun parciales.

La impresión que suscita el desarrollo de las actividades de la Industria cultural en los últimos años es que, aunque muy lentamente, van asimilando que nos hemos adentrado en una nueva época sin marcha atrás, que los «buenos viejos tiempos» no volverán. Hay sectores que están ya claramente aplicando nuevos modelos de negocio, como las distribuidoras de contenido audiovisual. Spotify o Apple proponen una suscripción mensual que da acceso ilimitado a millones de temas musicales. Netflix ofrece un catálogo de varios millares de películas y series en *streaming*,

---

[7] Llamamos Internet-negocio a una amalgama de servicios de todo tipo que las empresas ofrecen en la Red.

algunas bajo licencia, otras de producción propia, a cambio de una tarifa mensual baja. El servicio se presta actualmente en 190 países.

Se ha producido un abaratamiento, especialmente notorio con el sistema de suscripciones mensuales o anuales a las plataformas, y se ha ofrecido una modalidad de consumo muy amigable para el cliente quien, sin levantarse del sillón, dispone de una oferta extensa y diversa de excelente calidad visual y auditiva y que puede disfrutar cuando lo desee.

El cambio de estrategia ha significado una disminución apreciable de la piratería. Apple había marcado el camino en pleno apogeo de histeria de la guerra contra la piratería con la Tienda de Música iTunes, abierta en 2003, de la que solo en los primeros 3 años se descargaron más de 1.000 millones de canciones a 0,99 dólares.

5. MOVIMIENTOS POR UNA CULTURA LIBRE

Aunque la copia de bienes culturales protegidos sea el terreno principal en el que se ha movido la problemática de la propiedad intelectual, no la agota, ni mucho menos.

En el terreno de los derechos de autor se suele diferenciar entre los derechos morales y los patrimoniales. Los derechos morales se consideran imprescriptibles e inalienables, porque se refieren al propio reconocimiento de la autoría. Los patrimoniales corresponden a la relación del autor con los usos comerciales de sus obras.

En apariencia la distinción es clara y evidente. Sin embargo, un somero análisis plantea la necesidad de hilar más fino. No desde una visión de la cultura como mercancía, pero si desde las nuevas formas que las posibilidades tecnológicas ofrecen, así como del intercambio libre de conocimientos que Internet ha propiciado.

Desde este ámbito es necesario mencionar las comunidades de software abierto, así como de los movimientos por una cultura libre. Unos movimientos que, bien porque la mayor parte son de origen anglosajón, bien porque el inglés es el idioma «nativo» de Internet, de hecho, se acogieron a la etiqueta «*free culture*». Ello dio origen a una serie de equívocos, algunos malintencionadamente descalificadores, a cuenta de la polisemia del adjetivo «*free*» en castellano, que significa tanto «libre» como «gratis». El significado que convenía al espíritu de movimiento era, por supuesto, el de «libre», pero tanto por parte de la propaganda de la Industria como por algunas prácticas de usuarios poco escrupulosas, no se desperdició la oportunidad de reducirlo a la gorronería del «todo gratis», etc. Stallman (2004), nada sospechoso, protestó acerca de esto:

> «[Hablamos de] libre como en libertad de expresión, no necesariamente libre como en barra (de cerveza) libre.»

Libre no es, sin más, gratis, pero la visión de la cultura de estos movimientos incluye la posibilidad de que todos participen en ella, de que nadie quede excluido por su situación socioeconómica. Se trata de que la cultura sea, o tienda a ser, de todos para todos. Nadie discute el más básico de los derechos; aquel que postula que nadie, excepto su autor, puede nunca, sea cual sea la circunstancia, atribuirse la autoría de una obra intelectual. En esto concuerdan la Industria y los paladines de la *free culture*. Pero surgen discrepancias, por ejemplo, cuando se trata de una «obra derivada» a partir de la original.

El concepto de «obra derivada»[8] es huidizo. Aunque algunas de sus concreciones son muy claras, como la traducción de un texto a otros idiomas; otras (como adaptaciones, arreglos musicales y transformaciones de una obra literaria o artística) son más difíciles de delimitar y suelen requerir el escrutinio de expertos, en caso de judicialización. Por poner un ejemplo, no habría problema alguno en hacer una secuela del Quijote porque pertenece al dominio público —aunque Cervantes matara a su ingenioso hidalgo, precisamente para evitar secuelas del tipo el Quijote de Avellaneda, que, para mayor inri, se vendió en su momento más que el de Cervantes—.

Pero, hasta el año 2100, noventa años después de la muerte de J. D. Salinger, ningún novelista podrá relatarnos en una obra que continúe la

---

[8] Es una obra nueva creada a partir de otra original preexistente que significa una modificación suya, una transformación, o una adaptación. Las secuelas, los remake (obra posterior a otra original que conserva su argumento aunque se desarrolla con otros guionistas y actores, en otros escenarios), y los spin off (que toman prestados personajes de obras preexistentes y los desarrollan de otra manera, como «Rogue One», de la Guerra de las Galaxias), son ejemplos.

historia de la original cómo «maduró» el joven protagonista de *El guardián entre el centeno*[9], a no ser que lo autoricen los herederos de Salinger. Y en este punto es cuando vemos los problemas del derecho del autor a controlar los derivados de sus obras, bajo el paraguas de que se incluyen dentro de los «derechos morales». Si un derecho es de tipo «moral», no solamente es inalienable y nunca prescribe: también es irrenunciable; es decir, el autor de una obra no le podría ceder la autoría a un tercero, ni gratis ni cobrando.

Un autor puede vetar la publicación de una obra derivada de otra suya. Hay casos en los que esto es muy razonable. Sin duda, un escritor debe poder supervisar la traducción de un libro suyo a otro idioma, por ejemplo. Esa obra sigue firmada, aunque aparezca de igual modo el nombre del traductor (cuya traducción también se acoge al copyright, si lo desea); y como todos reconocen la autoría, es lógico que un autor revise y apruebe la traducción. Pero, ¿qué sucede cuando la derivación consiste en hacer una novela sobre las vicisitudes del protagonista adolescente del *Guardián entre el Centeno* como adulto? Es muy probable que, si se publicase sin llegar a un acuerdo con los herederos de Salinger, quien lo hiciese tendría que afrontar implacables actuaciones legales en su contra. Es decir, los hijos de Salinger se hallan en condiciones de privar a la humanidad de lo que quizá —poco probable, no imposible— fuese una obra maestra de la literatura contemporánea.

Por añadidura, en el derecho «moral» de un autor a controlar una obra derivada suya aparece la motivación económica, que es la que suele ser determinante. Hay derivaciones que se aceptan por defecto, sin intervención del autor, a cambio de una retribución automática para éste. Es el caso, entre otros, de las versiones, arreglos e interpretación de obras musicales. Si en la fiesta del pueblo los músicos contratados tocan los hits del verano, deben pagar a la «entidad gestora de derechos de autor»[10]

---

[9] El Guardián entre el centeno es una de las novelas más influyentes de la literatura estadounidense del siglo XX. No sólo tuvo una influencia literaria, sino también vital, para buena parte de la adolescencia y la juventud norteamericana, que se veía reflejada en el personaje central, el joven de 17 años Holden Caulfield. Hasta el extremo de casos como el de Mark David Chapman, asesino de John Lennon, que estaba obsesionado con el libro.

[10] Las entidades de gestión de derechos de autor son organizaciones con personalidad jurídica que gestionan, por encargo expreso del autor, los derechos de sus obras acordes a lo establecido por las leyes de propiedad intelectual. Suelen estar especializadas según el tipo de autores —escritores, músicos, directores de escena—. En España existen actualmente las siguientes:

correspondiente el canon predeterminado por cada canción; el autor no ejerce su derecho moral a controlar obras derivadas de la suya, no investiga si se ha desvirtuado su tema cambiando un do menor por un la sostenido; se limita a cobrar lo que la gestora cobra (menos lo que ésta se queda), y la propiedad intelectual se conserva impoluta.

¿Y cuál es la visión de la *free culture*? Señalemos dos líneas argumentales:

Según la primera, puesto que uno de los objetivos primordiales de la cultura libre es promover la creación artística, literaria o científica, el hecho de impedir que una obra previa sirva de inspiración a otra supone poner obstáculos a esa actividad creadora. Desde luego, eso no significa legitimar el plagio, pero sí ser flexible con las influencias e, incluso, con las coincidencias parciales.

El segundo planteamiento está asociado con un cuestionamiento de la propia noción de autoría individual, que retoma aquella metáfora de Newton de que el autor o el científico ven lejos por estar encaramados sobre los «hombros de gigantes» que son los grandes pensadores que les han antecedido: toda cultura es social y la producción y el consumo de cultura se mueve en un continuo espacio-temporal.

Y es que el concepto de autor individual, tal y como lo concebimos ahora, no está inscrito en la lógica humana intemporal; es decir, no existe desde siempre. Es en el Renacimiento, donde se asocia la creación de una obra a un individuo, que se hace responsable de ella en dos sentidos: como productor y propietario de un bien que puede vender y, en el caso de que escriba algo subversivo, herético, etc., como objeto de persecución penal.

— Entidades de Gestión de Derechos de propiedad Intelectual de autores:

- Sociedad General de Autores y Editores (SGAE).
- Centro Español de Derechos Reprográficos (CEDRO).
- Visual, Entidad de Gestión de Artistas Plásticos (VEGAP).
- Asociación Derechos de Autor de Medios Audiovisuales (DAMA).

— Entidades de gestión de derechos de propiedad intelectual de artistas intérpretes o ejecutantes:

- Artistas Intérpretes o Ejecutantes, Sociedad de Gestión de España (AIE).
- Artistas Intérpretes, Sociedad de Gestión (AISGE).

— Entidades de gestión de derechos de propiedad intelectual de productores:

- Asociación de Gestión de Derechos Intelectuales (AGEDI).

Desde luego, la *free culture* no pone en cuestión al autor-persona particular, sus derechos y su reconocimiento, pero defiende también la autoría colectiva, incluso anónima, de la que es paradigma el proyecto de Wikipedia. No hay aquí espacio para contar esta historia; tan sólo señalar sus principales señas de identidad: escritura abierta a todos, colaboración, anonimato, control colectivo, gratuidad, no restricciones de uso, principios que recogen la esencia de la *free culture*.

En lo que se refiere a los derechos patrimoniales del propietario intelectual, la perspectiva de la cultura libre de inspiración *hacker* es clara: debe prevalecer el derecho de la mayoría a acceder a las producciones culturales sobre el enriquecimiento del autor. Pero, claro, esto es ponerlo muy fácil; si en lugar de «enriquecimiento» ponemos «supervivencia material» del autor la disyuntiva se complica y las respuestas se diversifican. Hay una postura según la cual cómo se gane la vida el autor es algo que queda al margen del asunto porque es cosa del propio autor; mientras la tecnología permita disponer de productos culturales gratuitos, o con costes ínfimos, hay que utilizarlos sobre la base de un «derecho de ciudadanía».

Otras posiciones, más moderadas, ofrecen alternativas a los autores. Por ejemplo, se sugiere a los músicos que obtengan el grueso de sus ingresos de actuaciones en directo, y que utilicen Internet y la posibilidad de escuchar gratis sus canciones a modo de una plataforma publicitaria: cuantas más personas conozcan sus temas, más gente asistirá a sus conciertos, y más ganarán ellos. La objeción lógica es que se trata de una solución muy parcial; vale para los músicos, pero a los escritores o a los cineastas no les ofrece ninguna salida.

5.1. Licencias Creative Commons (CC)

En el otro extremo, o cerca de él, encontramos posiciones muy sensibles a la situación de los perjudicados por las descargas de contenidos. Entre éstas prestaremos especial atención a la que se enmarcan dentro de la iniciativa de las licencias *Creative Commons* (CC).

> «Creative Commons es una organización no lucrativa que permite compartir y usar creatividad y conocimiento a través de herramientas legales gratuitas. Las licencias de copyright gratuitas y fáciles de uti-

lizar proporcionan una forma sencilla y normalizada de dar permiso público para compartir y usar el trabajo creativo individual —en las condiciones que la persona en cuestión elija.»[11]

Tomó la forma legal de una organización fundada en el 2001, con Lawrence Lessig como su gran teórico.

Creative Commons partía de una base bastante poco radical: respetaba por completo el copyright y se mostraba contrario a la piratería de obras protegidas. Su interés se centró en esa nueva mentalidad que informaba la *free culture*, la que concebía la cultura no como una propiedad individual del creador susceptible de hacerle ganar dinero, sino como un bien compartido. Es decir, CC trataba de crear una alternativa al copyright para todos aquellos creadores de contenidos culturales que disentían de lo que consideraban una mercantilización de la mente encarnada en la propiedad intelectual y el copyright.

Lessig narraba en un libro el incidente que tuvo un amigo suyo al hacer un cortometraje. Trataba sobre el mundo del teatro, y en una escena, tras el escenario aparecía muy brevemente, apenas dos o tres segundos, una persona viendo la televisión, en la cual se emitía un capítulo de los Simpson. Al ver la película, un abogado, quizá el propio Lessig (que lo es), alertó al director de que podría tener algún problema con el copyright de los Simpson y le aconsejó que se pusiera en contacto con la empresa propietaria de los derechos. Le contestaron que, en efecto, esa fugaz imagen de los Simpson estaba sujeta a copyright, pero que no se preocupara, que por cien mil dólares le autorizaban a incluirla. Teniendo en cuenta que el presupuesto total del corto no llegaba a los veinte mil dólares, al amigo de Lessig no le pareció buena idea pagar esa cantidad. Habló incluso con el autor de la serie, Matt Groening, quien amablemente le informó que los derechos comerciales de propiedad de su obra pertenecían a la empresa de marras, y que, aunque le parecía escandaloso que se cobrara por esos tres segundos, y mucho más escandaloso que la tarifa fuera tan descomunal, no podía hacer nada. Por supuesto, todo el asunto se resolvió con un tijeretazo de la escena.

---

[11] Adaptado de http://creativecommons.org/about

Lo que gestiona CC con sus licencias es la posibilidad de un control más flexible sobre sus obras para aquellos autores a quienes, en la línea de la *free culture*, les parece que el copyright se inserta en un tipo de cultura donde prima el dinero y no están de acuerdo con seguir ese juego.

El proyecto Creative Commons (CC) no surgió de la nada. El movimiento del software libre fue su referente, así como el concepto de «copyleft», creado por Richard Stallman. Frente al copyright, que no permite hacer nada con la obra intelectual que no sea comprarla y consumirla, el copyleft ofrece al autor la posibilidad de que quienes se hacen con su obra puedan copiarla, e incluso reproducirla, si bien su uso comercial posterior debe ser similar al que decidió el autor para difundirla; esto es, si se adquirió gratis no se puede cobrar por las copias, y si se modifica, quien consiga la obra modificada puede, a su vez, modificarla.

El copyleft impugna el copyright, incluso en el nombre: los componentes «right» y «left» significan «derecha» e «izquierda» en inglés, lo que también se refleja en los iconos respectivos: una letra «C» mirando a la derecha en el copyright y una letra «C» mirando a la izquierda en el copyleft.

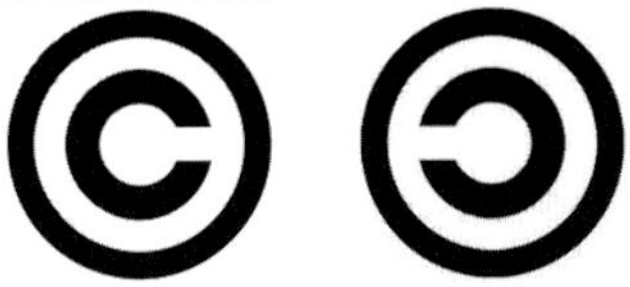

Copyright Copyleft

No hay que confundir el copyleft con el dominio público.

> «El dominio público engloba el patrimonio intelectual que está libre de toda exclusividad en su acceso y utilización. Incluye elementos que no tienen restricciones de derecho de autor establecidas, así como obras literarias, artísticas o científicas (lo que incluye aplicaciones informáticas) en las que ha expirado el plazo de protección del derecho de autor. Cada legislación nacional contempla un término de años contados desde la muerte del autor, para que estos derechos expiren. Por quedar excluidos

de la protección del derecho de autor, elementos tales como las ideas, procedimientos, métodos de operación o conceptos matemáticos, son parte del dominio público. El software de dominio público es aquel que no tiene derechos de autor.»[12]

Dominio Público

Las obras bajo dominio público no están licenciadas; se supone que cualquiera puede hacer cualquier cosa con ellas, tanto en el ámbito comercial como en el creativo. La única restricción de lo que cae bajo dominio público sería respetar el derecho moral básico del autor, que es la atribución de autoría.

[12] Wikipedia. Recuperado de https://es.wikipedia.org/wiki/Dominio_p%C3%BAblico

Fuente yeimysedano.blogspot.com

Ventajas, combinaciones y tipos de las licencias Creative Commons

Es evidente que a los partidarios del copyright no les agradan en exceso las licencias CC porque abren caminos no mercantilistas, pero no tienen argumentos para oponerse a ellas; los defensores a ultranza del derecho a la propiedad privada no pueden plantear limitaciones a la libertad personal en el ejercicio de ese derecho de propiedad; no pueden proponer que se impida a un autor regalar sus libros, por ejemplo.

Así, diferentes iniciativas y asociaciones situadas dentro de ese gran paraguas que es la cultura *free* tratan de proporcionar a los usuarios de Internet obras sin coste adicional al que supone el ordenador o cualquier otro dispositivo conectado, y la línea de Internet; es decir, sin cobrar por ellas. Aquí se distingue, aunque con frecuencia se solapen o no estén claros sus límites, lo «legal» de lo «pirata».

En el primer caso nos encontramos con sitios web que almacenan, organizan y catalogan obras no pertenecientes al dominio público y las ponen gratuitamente a disposición de cualquiera. Normalmente, estos sitios, que cambian de nombre y servidor con frecuencia para eludir las acciones legales, si bien no cobran sí incorporan un registro de usuario para bajarse libros, discos o películas. En esos registros suelen solicitar bastantes datos. Uno de los propósitos es conseguir beneficios en el pingüe negocio que es la compraventa de datos personales en Internet. Asimismo, muchos de ellos obligan a pasar por varias páginas publicitarias hasta llegar a la real de descarga.

Estos servicios no deben confundirse con el entorno de las transmisiones de ficheros entre particulares mediante la arquitectura P2P, protegidos o no, donde a lo sumo hay servidores que buscan los rastreadores asociados a un contenido y servidores que ponen en contacto a los usuarios finales: los que envían los ficheros de contenido y quienes los reciben. Esos servidores «piratas» están implementados por grupos de personas relacionados con la cultura de base *hacker*. Todos ellos han sido cerrados o bloqueados temporalmente por las autoridades, aunque, con idéntico nombre, «resucitan» en otros servidores con los datos replicados. Recuerda los tiempos de la ley seca en los Estados Unidos de los años 1930, con su proceso ininterrumpido de cierres y aperturas de destilerías clandestinas cada vez más ocultas.

Las estadísticas de «piratería» no son fiables porque ofrecen resultados que suelen responder a los propósitos de quienes las hacen o las encargan. Las de la Industria son muy alarmistas y las de los entornos de la *free culture* tienden a minimizar su relevancia. Pero sí pueden inferirse líneas generales de evolución que abonan la idea de que con las medidas represivas se consiguen resultados peores que con la adaptación realista a la demanda digital. Desde el año 2000 al 2015, todas las mediciones reflejan un aumento de descargas de obras protegidas y a partir del 2015 se observa un estancamiento, e incluso una reducción.

Asistimos, a partir de estos datos, a un curioso e interesante juego de interpretaciones donde cada cual tira hacia donde estén sus intereses. En sus posiciones extremas, el bando pirata defiende que los productos culturales son muy caros en relación con la capacidad adquisitiva de grandes capas de la población, que ven así coartado o restringido el derecho a la participación en la vida cultural. El bando de la Industria-Estado, incluye a defensores a ultranza de la propiedad intelectual.

Cualquiera de estas posiciones es problemática. Si la Industria abarata precios, disminuyen sus ganancias y los Estados, sumidos en deudas monumentales e impregnados del principio de que es siempre prioritario pagar las deudas, no están para gastos sociales; de hecho, es notorio el desmantelamiento progresivo del Estado del Bienestar en los últimos cuarenta años. En lo que respecta a la Industria, había seguido la estrategia de la represión legal para acabar con la piratería, descartando la alternativa de vender más barato. Es algo que está cambiando hoy en día, según hemos visto, por ejemplo, en el caso de plataformas como Netflix, HBO, etc., o de música en *streaming*. A los gobiernos, la represión les cuesta dinero y votos, por lo que se da un tira y afloja en las estadísticas de cada cual; la Industria exagera la piratería para forzar al gobierno a endurecer las medidas legales y la acción judicial-policial, mientras los gobiernos se aferran a cualquier dato que indique una disminución de descargas con el objeto de mostrar su eficiencia.

Aunque todavía es pronto para ofrecer una explicación con total certeza, los hechos apuntan a que la caída de las descargas en los últimos dos años es consecuencia en buena medida del lanzamiento de sistemas de visualización de películas, series y música en modalidad *streaming* (bajo demanda). Los usuarios pueden ver contenidos audiovisuales cuando quieran, y hacerlo usando varios dispositivos, sin tener que recurrir a bajarse —en modalidad pirata— los archivos de vídeo o música.

Habrá una parte de los actuales pirateadores que seguirán tratando de conseguir gratis el material cultural protegido; parece evidente que, pese a las protestas de la Industria, el precio cuenta. Si quieren vender más, es necesario adaptarse a las características del mundo digital, algo que ya hacen muchas empresas. En cuanto a los piratas impenitentes, sólo queda continuar el juego del gato y el ratón, condenado a perpetuarse, tanto por motivos tecnológicos —hasta ahora, y es improbable que la cosa cambie, siempre se encuentran llaves para cerrojos; si éstos se sofistican, las llaves se sofistican aún más—, como por las dificultades legales inherentes a toda esta situación, al menos mientras persista un Estado de Derecho mínimamente garantista.

6. OPEN ACCESS (ACCESO ABIERTO)

Hay un entorno relacionado con la propiedad intelectual que reviste especial relevancia. Es el de las publicaciones científicas —entendidas en sentido amplio, incluyendo todo tipo de saberes—, que constituyen hoy en día el elemento principal de difusión de ideas e investigaciones en el mundo académico e institucional. Estas publicaciones, de larga data, se incorporaron al mundo digital del mismo modo que el resto de publicaciones en papel, libros, periódicos y revistas generalistas o temáticas. Antes de Internet, se distribuían en librerías especializadas o por suscripción.

En líneas generales, sus vicisitudes han sido similares a las experimentadas por los libros de ficción y los contenidos audiovisuales: nueva estructura de costes de producción, distribución digital pirateable, coste marginal próximo a cero, etc. Todo ello dificulta la comercialización tradicional.

Por otra parte, existe la nada desdeñable particularidad de que la creación de bastantes contenidos científicos se financian con dinero público. ¿Por qué entonces obligar a pasar por caja para acceder a ellos?

En este contexto, a principios del siglo XXI emergieron una serie de iniciativas encaminadas a promover la accesibilidad a este tipo de publicaciones, conformando un movimiento conocido como «Open Access», o acceso abierto.

> «Por "acceso abierto" a esta literatura [científica y académica], nos referimos a su libre disponibilidad pública en Internet, lo que permite a los usuarios leer, descargar, copiar, distribuir, imprimir, buscar o vincular los textos completos de estos artículos, rastrearlos para su indexación, pasarlos como datos al software, o usarlos para cualquier otro propósito legal, sin barreras financieras, legales o técnicas que no sean diferentes del mismo acceso a internet. La única restricción sobre reproducción y distribución, y la única función del derecho de autor en este dominio, debería ser otorgar a los autores el control de la integridad de su trabajo y el derecho a ser debidamente reconocido y citado.» (Conferencia de Budapest del Open Society Institute, 2001)

El objetivo del Open Access (OA) es conseguir la mayor disponibilidad de trabajos de investigación para ponerla al alcance de la mayor cantidad de personas posible. Lo que significa, hoy en día, un acceso directo vía Internet —sin necesidad de registro— y sin coste. Los trabajos publicados deben ser copyleft, o variantes de licencias Creative Commons. Es decir, para que una revista científica y/o académica sea considerada de acceso abierto, no basta con que pueda consultarse gratis en la Red; también es necesario que sus artículos no tengan copyright.

La mayor parte de las publicaciones que optan por el acceso abierto asumen la gratuidad, pero muchas no renuncian a los derechos comerciales del autor y, de hecho, hay gradaciones. Van desde el copyright transferido del autor al editor, hasta la no cesión de derechos del autor a la empresa editora y licenciamiento CC por el autor. Respecto a la gratuidad, se presenta el problema obvio de la financiación de los gastos que conlleva publicar una revista en Internet, por muy austero que se sea; más aún, claro, si también se publica en papel.

Una de las formas de resolver el problema económico es mediante el patrocinio o donaciones de instituciones oficiales, universidades, entidades particulares sin ánimo de lucro o empresas privadas. Otra modalidad de financiación es el pago por publicación, donde los autores, o aquellas entidades que los patrocinan, pagan por insertar un artículo en la revista, lo que les garantiza una difusión de sus trabajos, un aval de verosimilitud y excelencia que dependen del prestigio y notoriedad de la revista. Este mismo hecho determina las tarifas. A modo de ejemplo, publicar un artículo en alguna de las 180 revistas de la editorial *BioMed Central* oscila, según el renombre y reputación de la revista, entre 500 y 2.500 dólares aproximadamente.

Aunque la mayor parte de los defensores y teóricos del acceso abierto han hecho hincapié en que estas iniciativas deben moverse siempre en el terreno de la legalidad, aquellos sectores que priman la cultura libre sobre el negocio (aunque ello lleve a transgredir las normas legales derivadas de la propiedad intelectual), también han contribuido a los objetivos del acceso abierto, publicando en abierto y gratis artículos y revistas de investigación.

Un caso que terminó siendo tristemente célebre fue el de Aaron Swartz, un pionero y activista entusiasta de la cultura libre. Cuando apenas levantaba tres palmos del suelo ya había dado muestras de su inmenso talento como programador. Fue en los inicios de las licencias Creative Commons y Wikipedia, y otros muchos proyectos, todos ellos enmarcados dentro de la filosofía de cultura abierta y gratuita. Swartz, aprovechando que como investigador de Harvard tenía acceso gratuito a las publicaciones, descargó entre cuatro y cinco millones de documentos de la base de datos JSTOR, un repositorio de revistas y artículos de las principales universidades de Estados Unidos, la mayoría con copyright, y consultables mediante suscripción o pago por artículo, con la intención de ubicarlos en un repositorio al alcance de cualquier internauta.

Fue detenido por la policía del Instituto Tecnológico de Massachusetts (MIT), una de las universidades de élite con más prestigio de los Estados Unidos, y procesado por dos delitos: obtener ilegalmente material privado e infringir el copyright haciendo copias con intención de enviárselas a quien las solicitase, sin tener autorización expresa de los propietarios. Su intención, deducida por la fiscalía, se quedó sólo en eso, puesto que no llegó a materializarse el envío de los contenidos descargados. Según aseguró la base de datos JSTOR, el contenido «no fue usado, copiado, transferido o distribuido». Por eso, a Aaron únicamente se le acusó de allanamiento, ya que había entrado para hacer las descargas en el cuarto de cableado del MIT.

Con posterioridad, también fue procesado por hurto y delitos electrónicos e informáticos, aunque no por vulneración del copyright. Buscando un castigo ejemplar, la fiscalía solicitó una condena de treinta y cinco años de cárcel y un millón de dólares de multa. Swartz, sometido a una terrible presión para sus apenas veinticinco años, se suicidó antes de que se hiciera pública la sentencia. Más tarde, se le incluyó en el Salón de la Fama de Internet.

Pocos años antes de su muerte, Aaron Swartz había escrito un breve texto con un propósito explícitamente agitador llamado «Guerilla Open Access Manifesto» (2008). En él decía, entre otras cosas:

> «Información es poder. Pero como todo poder, hay quienes quieren quedárselo. El patrimonio científico y cultural de todo el mundo, publicado durante siglos en libros y revistas, está siendo cada vez más digitalizado y encerrado por un puñado de corporaciones privadas ...
>
> ... Aquellos con acceso a estos recursos: estudiantes, bibliotecarios, científicos, se les ha otorgado un privilegio. Puedes alimentarse en este banquete de conocimiento mientras el resto del mundo permanece bloqueado. Pero no es necesario, de hecho, moralmente, no se puede mantener este privilegio para ustedes ...
>
> ... a toda esta acción continúa en la oscuridad, oculta bajo tierra, se la llama robo o piratería, como si compartir una gran cantidad de conocimiento fuera el equivalente moral de saquear un barco y asesinar a su tripulación. Pero compartir no es inmoral, es un imperativo moral ...

> ... Las grandes corporaciones, por supuesto, están cegadas por la codicia. Las leyes bajo las cuales operan lo requieren: sus accionistas se rebelarían ante menos. Y a los políticos que les han comprado, aprobando leyes que les otorgan el poder exclusivo de decidir quién puede hacer copias ...
>
> ... No hay justicia en seguir leyes injustas. Es hora de salir a la luz y, en la gran tradición de la desobediencia civil, declarar nuestra oposición a este robo privado de la cultura pública.
>
> Necesitamos coger información, donde sea que esté almacenada, hacer nuestras copias y compartirlas con el mundo. Necesitamos coger cosas que están fuera de los derechos de autor y agregarlas al archivo. Necesitamos adquirir bases de datos secretas y ponerlas en la Web.»

Frente a todo esto, las palabras de Carmen Ortiz (2011), la fiscal del distrito de Massachusetts que dirigió la acusación contra Swartz: «Robar es robar, tanto si se usa un comando de ordenador como una palanca, y con independencia de que lo sustraído sean documentos, datos o dólares».

Como contraste a la idea de lo que significa «robar» defendida por la fiscal del caso Swartz, incluimos la posición de John Perry Barlow, «el primer activista de los derechos civiles online» (Peirano, 2018), y autor de la famosa «Declaración de Independencia del Ciberespacio»[13]. Para él «toda cultura es naturalmente libre», como declaró en una entrevista al diario El País en 2015:

> Tras relatar una anécdota en la que un amigo suyo usó unas imágenes de cadenas de televisión sin permiso, [la periodista que le entrevistaba] le preguntó si eso no era robar. Su respuesta fue:
>
> «¿Quién está robando? Robar es cuando coges algo material a alguien. ¿Quieres hacer algo útil? Busca todo lo que te guste, lo que consideres valioso, digitalízalo y ponlo en la red. Buena parte de las obras anteriores al siglo XX están bajo copyright y no las quieren liberar. Será una pérdida terrible. Mi responsabilidad como buen antepasado me pide que digitalice todo lo que pueda.»

[13] Puede leerse en: https://es.wikisource.org/wiki/Declaraci%C3%B3n_de_independencia_del_ciberespacio

El mantenimiento, reforzamiento o relajación de las actuales normas de propiedad intelectual es uno de los factores más relevantes que marcarán la evolución económica y cultural de unas sociedades en las que la información y el conocimiento adquieren un peso cada vez mayor en el PIB (en la producción de riqueza, o de lo que se considere riqueza). Los intereses y las ideas que se asocian a la información, la cultura y el conocimiento no coinciden; de hecho, son antagónicos. No se vislumbran posibilidades de coexistencia pacífica y estable, pero tampoco un escenario de victoria total y definitiva de uno de los dos modelos en pugna. Esto no ha hecho más que empezar.

REFERENCIAS BIBLIOGRÁFICAS

Budapest Open Access Initiative, Open Society Institute. (2001) Nombre actual: Open Society Foundation, https://www.opensocietyfoundations.org/ Budapest OAI, recuperado de http://www.budapestopenaccessinitiative.org/read

Ceballos, N. (2015). *Internet Safari*. Barcelona, Blackie Books.

Gates, W.H. (1976) .*An open letter to hobbyists*. Recuperado de http://www.blinkenlights.com/classiccmp/gateswhine.html

Johns, A. (2013). *Piratería. Las luchas por la propiedad intelectual de Gutenberg a Gates*. Madrid, Akal.

Jefferson, I. (1813) (ed. española, 1987). *Autobiografía y otros escritos. Carta a Isaac McPherson*. Madrid: Tecnos. Recuperado de https://es.wikisource.org/wiki/Carta_a_Isaac_McPherson

Ministerio de Educación, Cultura y Deporte (01-2018). *Hábitos de lectura y compra de libros en España 2017*. Recuperado de https://www.mecd.gob.es/dam/jcr:1667003c-b613-4ee0-987a-5b615e93c773/HLCL2017-FGEE.pdf

Molist, M. (15-09-2015). Entrevista: sociedad. John Perry Barlow: «Toda cultura es naturalmente libre». *Ciberpaís*. Recuperado de https://elpais.com/diario/2005/09/15/ciberpais/1126749743_850215.html

Ortiz, C. (06-2011). US Attorney»s Office District of Massachusetts (19-07-2011). *Alleged Hacker Charged With Stealing Over Four Million Documents from MIT Network*. Press release. Recuperado de https://en.wikisource.org/wiki/Alleged_Hacker_Charged_with_Stealing_Over_Four_Million_Documents_from_MIT_Network

Peirano, M. (08-02-2018). «Adiós a John Perry Barlow, el primer activista de los derechos civiles online». *eldiario.es* Recuperado de https://www.eldiario.es/autores/marta_peirano/?page=3

Stallman, R. (1985). *El manifiesto GNU*. Free Software Foundation. Recuperado de https://www.gnu.org/gnu/manifesto.es.html

Stallman, R. (2004). Software libre para una sociedad libre. Recuperado de http://firgoa.usc.es/drupal/files/free_software.pdf

The Jargon file (versión 4.4.7) *Hacker Ethic*, recuperado de http://catb.org/jargon/html/H/hacker-ethic.html

Swartz, A. (07-2008). Guerilla Open Access Manifesto. Recuperado de https://en.wikisource.org/wiki/Guerilla_Open_Access_Manifesto

3
EDUCACIÓN DIGITAL

VII. MÁS ALLÁ DE LAS PANTALLAS

Marcos Román-González

1. INTRODUCCIÓN: LOS NATIVOS DIGITALES NO EXISTEN

«Llevados por el irracional optimismo de creer que por nacer en un año determinado los niños sufrían algún tipo de modificación genética que les llevaba a relacionarse mejor con la tecnología, muchos padres abandonaron su deber de educarlos»

(Dans[1], 2017, p. 22)

En el año 2001, el experto en videojuegos Marc Prensky[2] acuñaba el término «nativos digitales». Con dicho término, Prensky (2001) hacía referencia a los nacidos en la década de los 90, niños y niñas por aquel entonces, que llevaban la totalidad de su corta existencia rodeados por dispositivos digitales, típicamente ordenadores y consolas de videojuegos que progresivamente se habían ido conectando a Internet a lo largo de dicha década. La metáfora incrustada en el término «nativos digitales» es evidente: al igual que un individuo nativo de una determinada cultura aprende su correspondiente lengua materna e interioriza los usos y costumbres de su grupo de referencia sin la mediación de una instrucción formal, sino por pura ósmosis[3]; el «nativo digital» aprendería el uso del ordenador, así como la lógica inherente al mundo conectado a Internet, de manera informal, intuitiva y, en gran medida, autodidacta.

---

[1] Enrique Dans (https://twitter.com/edans) es profesor de la IE Business School y una de las autoridades más reconocidas en lo relativo a las relaciones entre tecnología y sociedad. Se recomienda vivamente la suscripción a su blog (https://www.enriquedans.com/) y su lectura habitual, que puede complementar y enriquecer el estudio de la asignatura.

[2] https://twitter.com/marcprensky

[3] En Ciencias Sociales, el término «ósmosis» designa la influencia mutua que se produce entre individuos (o grupos de individuos) por el mero hecho de estar en contacto.

En contraste, se acuñaba el término «inmigrantes digitales» para referirse a aquellas personas nacidas con anterioridad a la década de los 90, y cuya educación y socialización originales se habían producido en entornos analógicos. Siguiendo con la metáfora, al igual que un inmigrante, en una determinada cultura de acogida, puede esforzarse en adquirir la correspondiente segunda lengua, pero nunca llega a dominarla como un hablante nativo (al inmigrante siempre le queda, al menos, un ligero acento que le identifica como tal); el «inmigrante digital» podría adquirir, también esforzadamente, las competencias necesarias para desenvolverse en la emergente realidad digital, pero siempre le quedarían restos y rastros de su origen analógico.

Así pues, según la acuñación original, «nativos digitales» e «inmigrantes digitales» se diferenciarían por su distinto nivel de conocimiento y uso de los dispositivos digitales, pero también por una distinta conciencia y mentalidad sobre la naciente sociedad interconectada. Pongamos un ejemplo, trivial y maniqueo, pero ilustrativo del sentido original de estos términos (que luego someteremos a crítica): si observáramos a un «nativo digital» manejar un procesador de textos en un ordenador, a buen seguro asistiríamos a cómo el «nativo» utiliza de manera natural las opciones automáticas para centrar o justificar el texto; mientras que el «inmigrante», haciendo una traslación directa de sus aprendizajes analógicos con la máquina de escribir, haría lo propio de manera manual utilizando el espaciador o el tabulador. Además, el texto del nativo reflejaría la mentalidad hipertextual y social que le es propia: incluyendo enlaces, siendo guardado en la nube y compartido en redes desde la misma, y bajo una licencia abierta[4] que desacraliza la autoría individual para reconocer que toda creación es, de alguna manera, colectiva, y resultado de sucesivas copias y remezclas. En contraste, el inmigrante compondría un texto plano, guardado sólo localmente en el propio dispositivo, y de autoría individual y protegida por los derechos tradicionales del *copyright*.[5]

---

[4] Al respecto de las licencias abiertas, es especialmente reseñable la actividad de la organización sin ánimo de lucro *Creative Commons* (https://es.wikipedia.org/wiki/Creative_Commons), que ha desarrollado un conjunto de licencias abiertas con el mismo nombre.

[5] Otro símil, algo manido, para ilustrar la diferencia de mentalidad entre nativos e inmigrantes digitales es el contraste entre una enciclopedia digital nativa como la Wikipedia (de naturaleza hipertextual, multimedia, de autoría colectiva, y de edición continua) frente a una enciclopedia originalmente analógica, y posteriormente inmigrante digital al ser traslada a Internet, como la Enciclopedia Británica.

En cualquier caso, los términos «nativos digitales» e «inmigrantes digitales» adquirieron éxito rápidamente, no sólo entre la comunidad científica, sino también en el léxico común, y se fueron popularizando a lo largo de la primera década del presente siglo. A pesar de sus inexactitudes e insuficiencias, que desglosaremos posteriormente, son términos que han resultado tremendamente útiles para poner de manifiesto algunas disrupciones acaecidas en nuestra sociedad con la llegada de las TICs, y sus consecuencias educativas. Más concretamente, la distinción entre «nativos digitales» e «inmigrantes digitales» ha venido sirviendo para visibilizar cómo (¿por primera vez en la historia?) la joven generación de alumnos posee, o al menos parece poseer, un mayor conocimiento y habilidad que sus profesores adultos en un determinado ámbito, el de la competencia digital. Además, los «nativos digitales» estarían adquiriendo dichos conocimientos y habilidades digitales, y muchos otros, de manera informal a través de Internet o las consolas de videojuegos, independientemente de la instrucción formal de la escuela. En consecuencia, los términos que nos ocupan han traído aparejado el cuestionamiento del modelo tradicional-transmisivo que aún impera en los sistemas educativos desde la Revolución Industrial: si los profesores no son los (únicos) poseedores expertos del conocimiento, en este caso del conocimiento digital y/o digitalizado, entonces no pueden ejercer su función de transmitirlo a los estudiantes. Tal y como reza el título de otro libro de Prensky (2013), *No me molestes mamá, ¡estoy aprendiendo!*, lo menos que se puede pedir a la generación de adultos inmigrantes es no importunar ni poner freno a este aprendizaje autodidacta y en red de los nativos; lo más, motivar y acompañar su desarrollo, en gran medida autónomo.

Sin embargo, los términos «nativos digitales» e «inmigrantes digitales» también comenzaron a cosechar feroces, y justificadas, críticas. La primera de ellas alude a la debilidad de establecer su definición en función de un año de nacimiento (i.e., en función de haber nacido antes o después de 1990). En pura lógica, por el mero transcurrir del tiempo, los «inmigrantes digitales» irán desapareciendo progresivamente y sólo quedarán «nativos», con lo cual la distinción dejará de tener sentido. La segunda crítica incide en que, al poner el foco en la brecha de competencia digital que supuestamente se produce entre las distintas generaciones, es decir, en una «brecha generacional» o de edad, se ocultan otras brechas de igual o mayor magnitud como pueden ser, según los casos: la brecha digital entre clases sociales cuyo distinto poder adquisitivo les posibilita un acceso diferencial a los dispositivos electrónicos, a Internet y/o a los procesos de alfabetización digital avanzada; la brecha digital de género, en la cual juegan un papel decisivo expectativas y estereotipos sociales; o la brecha digital entre territorios, por ejemplo en cuanto al tipo diferencial de conexión de datos que poseen los entornos urbanos y rurales.

Vídeo de enriquecimiento

Un recurso audiovisual que puede servir para enriquecer toda esta línea argumental inicial a favor de los términos «nativos digitales» e «inmigrantes digitales», es el programa de *Redes* n.º 75, que justamente lleva por título *«No me molestes mamá, estoy aprendiendo»*, y en el que, entre otras cuestiones, Eduard Punset entrevista a Marc Prensky.

http://www.rtve.es/alacarta/videos/redes/redes-20-no-molestes-mama-estoy-aprendiendo/953666/

Por último, y más relevante, la tercera crítica reprocha a los términos no sólo focalizarse en las diferencias generacionales en competencia digital, sino en otorgar carta de naturaleza a dichas diferencias. Expresado de otro modo, se critica que el término «nativos digitales» desliza implícitamente la creencia de que los niños y niñas actuales poseen intrínsecamente algún tipo de característica especial o *«superpoder»* que les permite aprender por sí solos y sin esfuerzo cualquier tipo de tecnología digital, como si fueran *genéticamente* distintos de las generaciones anteriores en lo que a habilidades digitales se refiere. En respuesta, los críticos ponen ante nuestros ojos lo evidente: no es que los niños y niñas actuales sean especialmente habilidosos, simplemente han coincidido en el tiempo con un momento en el cual las tecnologías digitales han evolucionado hasta el punto de ser tremendamente intuitivas; no es que el niño/a de los 80 sea digitalmente más torpe que el del 2018, es que el primero tenía que lidiar con la interfaz[6] textual de comandos de un Commodore 64, mientras que el segundo lo hace con la interfaz táctil, y extremadamente sensible, de un iPad.

Así pues, la popularización de la terminología de «nativos» e «inmigrantes» digitales ha traído aparejadas algunas consecuencias funestas. La principal ha sido asumir que los llamados «nativos», por el mero hecho de serlo, podrían adquirir por sí mismos niveles expertos de competencia digital. En consonancia, tanto familia como escuela se han inhibido a la hora de supervisar y promover el aprendizaje digital de las nuevas generaciones, bajo la falsa premisa de que no tenían nada que enseñar a dichos «nativos»; algo tan absurdo como asumir que los niños y niñas, por el solo hecho de crecer rodeados de coches, serían capaces de aprender por sí mismos a conducir y circular. Como corolario final a todo este proceso, los supuestos «nativos digitales» han devenido en auténticos «huérfanos digitales», algo que avala la mayor parte de la investigación reciente, que demuestra que los llamados «nativos», abandonados por el sistema educativo a este respecto, generalmente se limitan a usar las tecnologías digitales para usos básicos tales y como la mensajería instantánea, el consumo pasivo de contenidos digitales (consumo acrítico que, entre otras cuestiones, les hace especialmente vulnerables a las noticias falsas o *«fake news»*), y su mero reenvío a través de redes sociales. Además, los, ya podemos decirlo, mal llamados «nativos digitales», muestran un escaso conocimiento de cuestiones tan

[6] El término «interfaz» será definido con detalle en el epígrafe 2.1. Baste ahora decir que, en un sentido genérico y en el contexto en el cual se escribe este capítulo, la interfaz es el punto de contacto o encuentro entre humano y máquina, punto que posibilita y condiciona las interacciones entre ambos.

sensibles como la construcción de su identidad digital[7] o la gestión de su privacidad en Internet.

En respuesta a las carencias descritas, propias de los términos «nativos digitales» e «inmigrantes digitales», en los años posteriores, ya más próximos al momento presente, se han comenzado a acuñar otros términos alternativos como «sabiduría digital» (Prensky, 2008a), o «fluidez digital» (Resnick *et al.*, 2009), términos que ponen el acento en el nivel experto y demostrado de competencia digital, en vez de en el nivel supuesto derivado de una condición tan accidental como tu fecha de llegada al mundo. Así pues, un sujeto poseería «sabiduría o fluidez digital», independientemente de su edad, si es capaz de utilizar efectiva y éticamente las tecnologías digitales para expresarse, crear, y resolver problemas relevantes dentro de su contexto.

En síntesis, las premisas de las cuales partimos para escribir este capítulo son las siguientes: los «nativos digitales» no existen como tales; lo que existen son estados potenciales de «sabiduría o fluidez digital» que para ser alcanzados por las nuevas generaciones necesitan de la participación explícita de los sistemas familiares y educativos. La tesis que trataremos de desarrollar en los próximos puntos es que la vía de actualización de dicho potencial de «sabiduría o fluidez digital», la forma de alcanzar tales estados de excelencia, se sitúa *más allá de las pantallas*: al igual que el conocimiento experto del mundo del automóvil se sitúa bajo el capó, entre las válvulas y las tuercas del motor; la competencia digital avanzada se sitúa más allá del encanto y del embrujo al que somos sometidos por las pantallas. Y la escuela debe jugar un papel protagonista en acompañar a nuestros niños y niñas en este viaje a través del espejo[8].

---

[7] Al respecto de la identidad digital, es muy destacable la iniciativa pionera de la Xunta de Galicia que, desde el curso 2017-2018, oferta una asignatura optativa en 1.º y 2.º de la ESO denominada «*Identidade Dixital*». Puede leerse más al respecto en http://www.microsiervos.com/archivo/internet/galicia-asignatura-optativa-eso-identidad-digital.html y http://www.microsiervos.com/archivo/internet/identidade-dixital-guia-padres-profesores-sobre-nativos-digitales.html

[8] Últimamente, se viene consolidando esta otra metáfora: la de considerar peyorativamente a las pantallas como espejos (incluso se especula que el título de la serie distópica «*Black Mirror*» alude a la pantalla negra de un *smartphone* apagado). Metafóricamente, cuando las pantallas se utilizan como espejos (en vez de como ventanas para ampliar nuestra visión del mundo): entonces nos enfrascamos en la práctica narcisista del *selfie* (en vez de retratar y enriquecer la visión de lo que tenemos delante); entonces nos quedamos encerrados en nuestra burbuja informativa (en vez de buscar y contrastar datos); entonces nos limitamos a rebotar

Vídeo de enriquecimiento

Un recurso audiovisual que puede enriquecer toda esta segunda línea argumental, crítica con la supuesta existencia de los «nativos digitales», es la siguiente entrevista a Javier Pedreira «Wicho» (http://www.twitter.com/wicho/), colaborador del blog Microsiervos, cuya lectura habitual recomendamos (http://www.microsiervos.com/). En la entrevista, «Wicho» presenta brevemente (5:46 minutos) el espíritu del libro que coordina junto con Susana Lluna, y que lleva por título el mismo que este epígrafe introductorio: *«Los nativos digitales no existen»*.

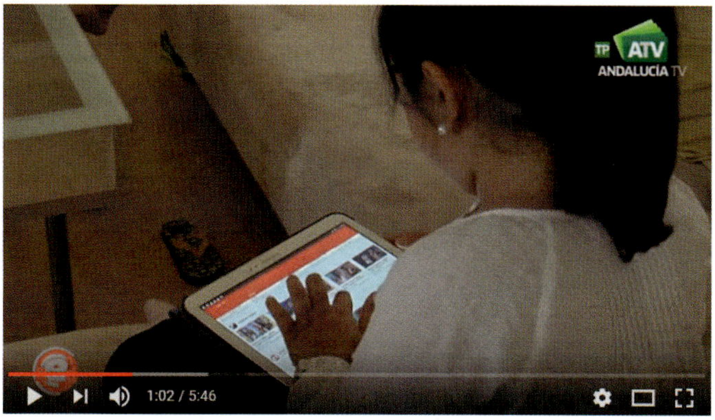

https://youtu.be/8_29mM3Dcao

Una versión algo más extendida (14:44 minutos), que abunda sobre el mismo lema, puede disfrutarse a través del siguiente «post» en Microsiervos:

http://www.microsiervos.com/archivo/libros/nativos-digitales-no-existen-explicado-en-15-minutos.html

información creando una cámara de eco, o cámara de espejos, con nuestro círculo de contactos (en vez de generar conocimiento crítico nuevo). En suma, para trascender los malos usos de nuestras pantallas, debemos ser capaces de atravesarlas en tanto su peligrosa condición de espejos.

2. MÁS ALLÁ DE LA INTERFAZ: CÓDIGOALFABETIZACIÓN Y DESARROLLO DEL PENSAMIENTO COMPUTACIONAL EN LA ESCUELA

2.1. Algunas definiciones previas

Para realizar juntos este viaje *más allá de las pantallas*, conviene equiparse con algunas definiciones previas. Concretamente, definamos los términos: *algoritmo*, *programa*, *código*, *software*, *hardware*, e *interfaz*.

Algoritmo. Un algoritmo es una secuencia ordenada y exhaustiva de operaciones o pasos que, al seguirla, permite llegar unívocamente a la solución de un cierto tipo de problemas. Los algoritmos son producciones de la mente humana y, en términos generales, se formulan para ser comprendidos por humanos. Por ejemplo, una receta de cocina es un algoritmo, en la medida que explicita el conjunto ordenado de acciones a seguir para la realización de un plato. Otros ejemplos de algoritmos serían: una secuencia de indicaciones que damos a un conductor perdido en busca de su destino, el folleto de instrucciones para montar un mueble de IKEA, etc.

Programa. Un programa (entiéndase «***programa informático***») es un caso particular de algoritmo. Así, decimos que un programa es un algoritmo particularmente expresado, de manera que pueda ser entendido, procesado y ejecutado por un ordenador. Para que un algoritmo se convierta en programa (proceso que suele denominarse «*implementación*»), el problema subyacente que soluciona debe poder ser expresado como un conjunto de instrucciones y operaciones computables por el ordenador.

Lectura complementaria: Los algoritmos de ordenación

Tod@s nos hemos enfrentado alguna vez con la tediosa tarea de ordenar un mazo de cartas, una colección de revistas, un listado de nombres, etc. Cuando los elementos a ordenar son pocos, el método utilizado es relativamente indiferente; pero a medida que el número de elementos crece, el procedimiento de ordenación se vuelve crítico y es preciso automatizarlo. A este respecto, un tipo de algoritmos muy conocidos, y que pueden ser fácilmente implementados como programas informáticos, son los llamados algoritmos de ordenación (en inglés, «*sorting algorithms*») que, como su propio nombre indica, sirven para ordenar grandes cantidades de datos. Existen muchos algoritmos de ordenación distintos y cada uno de ellos utiliza un procedimiento diferente para abordar el mismo problema. En el siguiente «post» pueden visualizarse consecutivamente hasta 15 ***algoritmos*** de ordenación (implementados como ***programas*** informáticos escritos en ***código*** del lenguaje *C*++) tratando de ordenar, de menor a mayor, conjuntos de números enteros generados al azar.

http://www.microsiervos.com/archivo/ordenadores/quince-algoritmos-de-ordenacion-animados-y-con-sonido.html

En el siguiente vídeo, aún más ilustrativo si cabe, se compara simultáneamente el rendimiento de 9 algoritmos de ordenación distintos, ¿cuál será más rápido (=eficiente)?

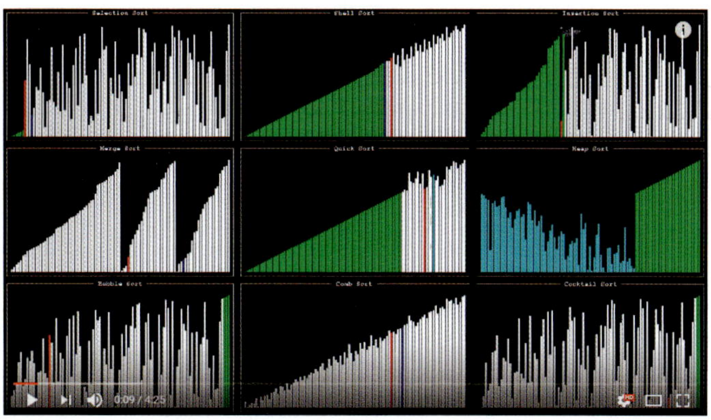

https://youtu.be/ZZuD6iUe3Pc

Código. A su vez, un mismo programa puede ser escrito-codificado a través de diferentes lenguajes informáticos de programación, cada uno de ellos con sus reglas sintácticas propias. Así, por ejemplo, el famoso programa «*Hello World!*»[9] puede escribirse a través de código HTML, JavaScript, Python, Ruby, *C++*, etc. **(Figura 1)**.

HTML

```
<HTML>
<!-- Hello World in HTML -->
<HEAD>
<TITLE>Hello World!</TITLE>
</HEAD>
<BODY>
Hello World!
</BODY>
</HTML>
```

JavaScript

```
<html>
<body>
<script language="JavaScript" type="text/javascript">
// Hello World in JavaScript
document.write('Hello World');
</script>
</body>
</html>
```

Python 3

```
# Hello world in Python 3 (aka Python 3000)
print("Hello World")
```

Ruby

```
# Hello World in Ruby
puts "Hello World!"
```

Figura 1. El programa «*Hello World!*», escrito en código HTML, JavaScript, Python (versión 3) y Ruby

Software. Se denomina software al conjunto de programas informáticos instalados en un ordenador[10], y que le permiten realizar sus distintas tareas. Dicho de otra manera, es el conjunto de componentes lógicos que necesita el ordenador para ejecutar las tareas que se le exigen. Habitualmente, en un ordenador se puede distinguir el *software de sistema* (p.e., el sistema operativo), que permite al resto de programas funcionar adecuadamente; y el *software específico*, compuesto por las

[9] El programa «*Hello World!*», en español «¡Hola Mundo!», es un programa informático que muestra el texto «*Hello World!*» en la pantalla del dispositivo. Es un programa extraordinariamente sencillo, que se suele utilizar para introducir e ilustrar a los estudiantes noveles sobre la sintaxis básica de un lenguaje de programación. Se puede consultar el programa «*Hello World!*» escrito en código de más de un centenar de lenguajes informáticos diferentes en http://helloworldcollection.de/

[10] A lo largo del capítulo, cuando hablamos de «ordenador», lo hacemos en su sentido más amplio, que incluye cualquier dispositivo digital con capacidad de procesamiento: un ordenador de escritorio, un portátil, un teléfono inteligente («*smartphone*»), un electrodoméstico inteligente, un reloj inteligente («*smartwatch*») u otro tipo de tecnología «vestible» («*wearable*»), etc.

llamadas «aplicaciones informáticas», cada una de las cuales se orienta a la resolución de una tarea concreta (p.e., un procesador de textos, una hoja de cálculo, etc.).

Hardware. En contraposición a la inmaterialidad del software, se denomina hardware al conjunto de elementos físicos, materiales, tangibles, que constituyen un ordenador; es decir, al conjunto de sus componentes eléctricos, electrónicos, electromecánicos y mecánicos (p.e., cables, placas, unidades de disco o de memoria, periféricos como el monitor, el teclado, el ratón...).

Interfaz. En el contexto en el cual se escribe este capítulo, entendemos el término interfaz como «interfaz de usuario», que genéricamente se define como el punto de contacto o encuentro entre humano y máquina-ordenador; punto que posibilita (y condiciona) el intercambio de información y las interacciones entre ambos. Conviene distinguir dos niveles distintos de interfaz:

a. La interfaz de hardware, esto es, el punto de contacto *físico-kinestésico* entre humano y ordenador que, hasta hace pocos años, ha venido siendo fundamentalmente el conjunto formado por teclado y ratón. Con la llegada de *tablets* y *smartphones*, la interfaz de hardware principal ha pasado a ser la pantalla táctil, pero ya hay otras que se vislumbran en el horizonte tecnológico como las interfaces holográficas o las interfaces de voz[11].
b. La interfaz de software, esto es, el punto de contacto *lógico-psicológico* entre humano y ordenador. Dicho en términos gruesos, se podría describir como el conjunto de elementos que ofrece un determinado programa para elicitar la conducta del humano; por ejemplo, los menús y botones que nos aparecen en una *app* y que nos permiten interactuar con ella de una determinada manera (y no de otra)[12], las posibilidades de navegación que ofrece una determinada página web, etc...

---

[11] Léase, por ejemplo, el siguiente «post», con video incluido: https://www.enriquedans.com/2017/02/la-creciente-importancia-de-las-interfaces-de-voz.html

[12] Un excelente ejemplo de la influencia que ejerce un determinado diseño de interfaz de software sobre la conducta humana es el relativo a cómo, y por qué, han ido evolucionando los botones de Facebook: https://www.enriquedans.com/2015/10/expandiendo-el-like.html

A través de la interfaz, humano y máquina-ordenador se modifican mutuamente en una continua, y circular, interacción.

2.2. Codigoalfabetización: una alfabetización digital de nivel superior

«Muy pocas personas llegan a convertirse en escritores profesionales, pero enseñamos a todos los niñ@s a escribir porque es una forma de comunicarse con otros, de organizar los pensamientos y de expresar ideas. Creo que las razones para aprender a programar son las mismas que las razones para aprender a escribir. Cuando aprendemos a escribir, aprendemos cómo organizar, expresar, y compartir ideas. Y cuando aprendemos a programar, aprendemos cómo organizar, expresar, y compartir ideas de nuevas maneras, en un nuevo medio»

(Resnick[13], 2017, en línea)

Es evidente que vivimos rodeados de multitud de objetos programables controlados por software. Hoy cada vez más aspectos de nuestra vida se hayan mediados por estos dispositivos controlados por programas informáticos (piénsese, típicamente, en un *smartphone*), que condicionan nuestro comportamiento e interacción con la realidad digital en la que nos hallamos inmersos: la forma en que nos informamos, o desinformamos, a través de nuestro muro de Facebook; la manera en que consumimos influidos por las recomendaciones de Amazon; la elección de destino y «experiencias» turísticas que, embelesados, realizamos siguiendo las propuestas de Airbnb; o las nuevas prácticas de búsqueda de pareja y flirteo vía Tinder... son sólo algunos de los innumerables ejemplos de acciones cotidianas que llevamos actualmente a cabo con la intermediación de programas informáticos. Como dice Éric Sadin (2015), estamos viviendo una *existencia algorítmica*.

Por otro lado, en nuestra sociedad digital, el ordenador, entendido en su sentido más amplio, se ha convertido en una especie de «*metamedio*» (Manovich, 2013), un medio supremo a través del cual el resto de medios clásicos se vehiculan y finalmente se manifiestan: prensa, cine, radio, te-

[13] Mitch Resnick es profesor e investigador del MIT Media Lab, y uno de los co-creadores de Scratch (https://scratch.mit.edu/), el lenguaje visual de programación para niñ@s más utilizado en el mundo.

levisión, etc. En ese sentido, el software, es decir, el lenguaje de los ordenadores, se convierte en un «*metalenguaje*» en el cual se codifica el resto: el texto, el hipertexto, la imagen, el vídeo, la música, las animaciones, las aplicaciones. Toda la comunicación digital es mediada por el código informático que le da soporte. Algún ejemplo de ello veremos posteriormente.

En este contexto, ser capaz de manejar el lenguaje de los ordenadores emerge como una habilidad indispensable, un «nuevo alfabetismo» (Lankshear & Knobel, 2008) de nivel superior, que nos permite participar de manera plena y efectiva en la realidad digital que nos rodea. Para captar toda la dimensión de este «nuevo alfabetismo», hagamos un símil. Pensemos, por ejemplo, en lo que suponía ser analfabeto, no saber leer ni escribir, durante la Revolución Industrial: un analfabeto no podía acceder a según qué trabajos cualificados ni participar de las formas culturales más refinadas, y desde luego tenía vedadas las escasas vías de ascenso en la escala social; además, el analfabeto debía valerse, pagando en las más de las ocasiones, de un tercero sí alfabetizado para que *le leyera* o *le escribiera*, según los casos. Un argumento análogo podemos seguir para la realidad digital presente: no es equivalente la situación de una persona que sólo es capaz de navegar por Internet, a la de otra persona que, capaz de leer y escribir en HTML y CSS (los lenguajes de programación fundamentales con los que se construye la Web), es autónoma para diseñar una página propia; no está igualmente empoderado el sujeto que sólo descarga y consume *apps* («*app*-dependiente», en términos recientes de Howard Gardner *et al.* (2014)), que aquel que puede programar («*app*-capacitado»), y por qué no también vender, sus *apps* propias, ajustadas a sus intereses y necesidades.

Así las cosas, hemos acuñado recientemente el término «codigoalfabetización» (del inglés «*code-literacy*»), que se define como el conjunto de procesos de enseñanza-aprendizaje de la lectoescritura de/con los lenguajes informáticos de programación. Por tanto, se considera que una persona está codigoalfabetizada cuando es capaz de leer y escribir en/con el lenguaje de los ordenadores (y otras máquinas), y de pensar computacionalmente (Román-González, 2016). Pero, además de ser un término descriptivo, la codigoalfabetización también da nombre a un movimiento educativo, el movimiento «*code-literacy*» (Prensky 2008b; Rushkoff, 2012), nacido en los Estados Unidos, y que tiene como principal objetivo que el aprendizaje de la programación informática (coloquialmente conocida como *«coding»*) se constituya como parte de la alfabetización básica de su ciudadanía: si hasta ahora la alfabetización básica se identificaba con las llamadas tres *R's* («*R*eading», «w*R*iting», «a*R*ithmetic»), la codigoalfabetización aportaría la cuarta *R* («algo*R*ithms»). La motivación que anima al movimiento *«code literacy»* es doble: por un lado, la constatación de un incipiente desajuste laboral entre el número de puestos de trabajo relacionados con tareas de programación que los estudios prospectivos prevén para 2020 (p.e., 1,4 millones sólo en Estados Unidos, y 800.000 en la Unión Europea), y el insuficiente ritmo actual de estudiantes que se gradúan con competencias adecuadas para cubrir dichos puestos; por otro lado, este movimiento asume la afirmación de que el *«coding»* es una habilidad emergente de primer orden que permite, a quien la posee, alcanzar las máximas cotas de participación y expresión en nuestro mundo repleto de objetos digitales.

En síntesis, si la primera brecha digital, hoy ya superada en el mundo desarrollado, se abrió entre los que tenían acceso a Internet y los que carecían del mismo; una segunda brecha digital asoma ahora entre aquéllos que se limiten a consumir objetos digitales (aplicaciones, juegos, webs, software diverso...) y aquéllos que sean capaces de expresarse, crear y compartir los suyos propios. Precisamente, el movimiento *«code-literacy»* desea contribuir a cerrar esta naciente segunda brecha, con la determinación de que las nuevas generaciones no sean sólo consumidoras, sino también creadoras de tecnología digital a partir de su aprendizaje de/con los lenguajes informáticos de programación (Figura 2).

Desde otra aproximación, en el título de este sub-epígrafe se afirma que la codigoalfabetización es una alfabetización digital de nivel superior, ¿qué queremos decir exactamente con ello? Para explicarlo, debemos situarnos en el marco conceptual de los «nuevos alfabetismos» (Lankshear & Knobel, 2008), ya citado de pasada anteriormente. Si los «viejos alfabetismos» se refieren a los procesos de lectoescritura de los textos tradicionales analógicos; los «nuevos alfabetismos» hacen lo propio con respecto a los incipientes textos en formato digital. Pues bien, ¿dónde ubicar la «codigoalfabetización» (*«code-literacy»*), dentro de los «nuevos alfabetismos»; diferenciándola de otras afines como la «alfabetización digital» (*«digital-literacy»*) o la «alfabetización web» (*«web-literacy»*)?

Figura 2. Uno de los lemas más conocidos del movimiento *«code-literacy»*: *«¡No te limites a jugar con tu móvil, prográmalo!»*

Por analogía con la alfabetización tradicional, podríamos definir la «alfabetización digital» como el proceso de enseñanza-aprendizaje de la lectoescritura de «textos digitales». Aquí entendemos «texto» en su sentido amplio: cualquier contenido cognitivo o unidad de sentido que queda fijado según ciertas reglas en un elemento o soporte material estable de modo que pueda transmitirse en el espacio y en el tiempo (Sacristán, 2013); y «digital» haría referencia a la forma en que ha sido fijada la información transmitida por dicho texto: un sistema binario (unos y ceros). Con el formato digital, las informaciones pueden adquirir muy diferentes representaciones: escritos, imágenes, sonidos...; y además pueden almacenarse, modificarse, remezclarse, recuperarse y enviarse fácilmente (Sacristán, 2013). Desde esta perspectiva, un archivo *.doc* que contiene un escrito, un archivo *.jpg* que contiene una foto, un archivo *.mp3* que contiene una canción, o un archivo *.mp4* que contiene un vídeo, son ejemplos de «textos digitales». Y, por tanto, entrarían dentro de la «alfabetización digital» aprendizajes como, por ejemplo, el manejo de herramientas de ofimática como el Microsoft Word[14], el retoque fotográfico de imágenes digitales a través de Photoshop[15], la edición de audios digitales con Audacity[16], o la edición digital de vídeo a través de Windows Movie Maker[17], entre otros; independientemente de que estas prácticas se realicen «on-line» u «off-line». **Podría pues afirmarse que la «alfabetización digital» es un nuevo alfabetismo que se sitúa en un nivel 1.0.**

Vídeo de enriquecimiento: *Let's teach kids to code!*

Uno de los vídeos más representativos del movimiento *«code-literacy»* es esta breve TEDtalk (16:42 minutos) en la que Mitch Resnick, profesor del MIT y co-creador del lenguaje visual de programación para niñ@s Scratch (https://scratch.mit.edu/), nos explica las razones por las cuales debemos enseñar a programar en las escuelas. [Contiene subtítulos en español].

https://www.ted.com/talks/mitch_resnick_let_s_teach_kids_to_code

[14] https://es.wikipedia.org/wiki/Microsoft_Word
[15] https://es.wikipedia.org/wiki/Adobe_Photoshop
[16] https://es.wikipedia.org/wiki/Audacity
[17] https://es.wikipedia.org/wiki/Windows_Movie_Maker

Por otro lado, se ha definido recientemente la «alfabetización web»[18] como el conjunto de habilidades y competencias que te permiten leer, escribir y participar en la web. Por tanto, la «alfabetización web» sería un caso particular de la «alfabetización digital», cuando ésta se produce en un entorno «on-line». Así, la alfabetización web añade a las características de lo digital, señaladas anteriormente, las propias de la Red: integración multimedia, hipertextualidad, accesibilidad y conectividad casi ilimitada, y ambiente de participación y colaboración. Entrarían entonces dentro de la «alfabetización web» aprendizajes como la generación y gestión de un perfil en redes sociales, y la publicación de informaciones en las mismas; la edición y mantenimiento de un blog; la creación y difusión de memes a través de Internet; la curación de contenidos en la Red; la participación en comunidades de aprendizaje conectadas por Internet; el diseño de una página Web y un largo etcétera. **Podría pues afirmarse que la «alfabetización web» es un nuevo alfabetismo que se sitúa en un nivel 2.0.**

Ahora bien, **la «codigoalfabetización» se sitúa en un nivel superior, un nivel 3.0**, porque trabaja directamente con la materia prima común a todos los productos que se generan desde los dos anteriores alfabetismos de orden inferior. Esta materia prima es el código informático: a través de los lenguajes informáticos de programación podemos «escribir» directamente cualquiera de los «textos digitales» mencionados anteriormente (escritos planos o hipertextuales, imagen, música, vídeo...) y algunos otros más avanzados e interactivos (animaciones, simulaciones, aplicaciones...); todos ellos pueden ser escritos como código informático. Tal y como ya expusimos, en la medida que el ordenador se ha convertido en un «meta-medio» a través del cual se vehiculan el resto de medios tradicionales (prensa, radio, televisión...); el lenguaje primario para comunicarse con el ordenador, es decir, el código informático, se erige en un «meta-lenguaje». Por extensión, la codigoalfabetización emerge como un «meta-alfabetismo» de orden superior (Figura 3).

[18] A este respecto, la aportación de la Fundación Mozilla es especialmente destacable: https://learning.mozilla.org/en-US/web-literacy

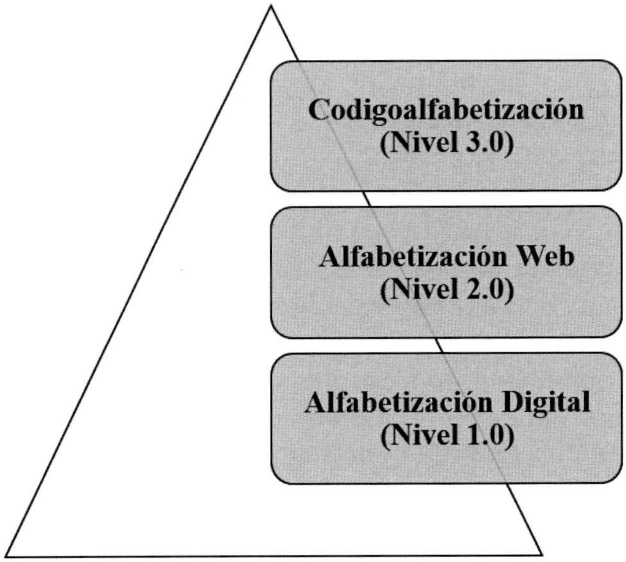

Figura 3. Alfabetización Digital, Alfabetización Web, y Codigoalfabetización

Estar codigoalfabetizados nos permite, de alguna manera, ver lo que «hay debajo de la pantalla», entrar en las tripas de la máquina y poder interactuar con ella a mayores cotas de profundidad (3.0), trascendiendo el mero compartir y reenviar (a lo que en ocasiones queda reducida la alfabetización 2.0). La lectoescritura de código nos libera de las limitaciones de los botones y opciones predefinidos, y nos da la posibilidad de escapar de las configuraciones por defecto de las aplicaciones informáticas que utilizamos cada día; la codigoalfabetización nos permite ir *más allá de la interfaz*. Así, por ejemplo, no es lo mismo diseñar una web o un blog a partir de las plantillas («*templates*») prediseñadas que nos ofrecen herramientas como Wordpress[19] o Blogger[20], que saber leer y escribir código HTML y CSS para construir una web o blog ajustados a nuestro gusto y necesidades; no es lo mismo aplicar filtros predefinidos por Instagram[21] a una foto digital, que generar un filtro de color propio a partir del conocimiento de los códigos RGB[22].

[19] https://es.wikipedia.org/wiki/WordPress

[20] https://es.wikipedia.org/wiki/Blogger

[21] https://es.wikipedia.org/wiki/Instagram

[22] https://es.wikipedia.org/wiki/RGB#Uso_de_RGB_en_HTML_y_en_lenguajes_de_programaci%C3%B3n

A continuación, se muestran varios ejemplos de cómo el código informático está, respectivamente, en la base de la «escritura» digital de hipertexto (Figura 4), imagen (Figura 5), sonido-música (Figura 6), y vídeo (Figura 7). Todos los ejemplos que se aportan son relativos a herramientas de codigoalfabetización que actualmente se están utilizando en entornos educativos y escolares a lo largo y ancho del mundo.

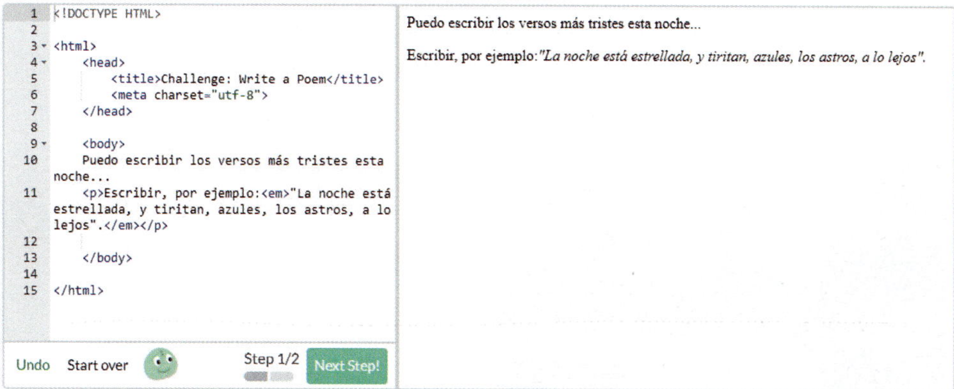

Figura 4. «Escritura» digital de hipertexto con código HTML, a través del curso «*Intro to HTML/CSS: Making webpages*»[23] en la plataforma Khan Academy

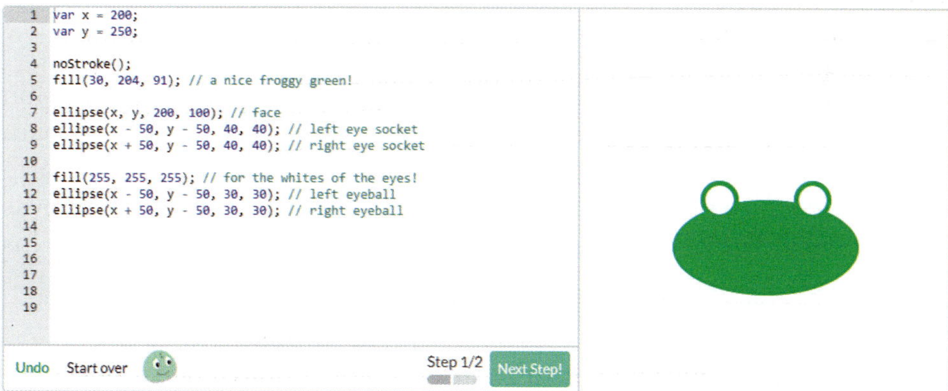

Figura 5. «Escritura» digital de imagen con código JavaScript, a través del curso «*Intro to JS: Drawing & Animation*»[24] en la plataforma Khan Academy

---

[23] https://www.khanacademy.org/computing/computer-programming/html-css

[24] https://www.khanacademy.org/computing/computer-programming/programming

Figura 6. «Escritura» digital de sonido-música con código Python, a través de la plataforma Sonic Pi (http://sonic-pi.net/)

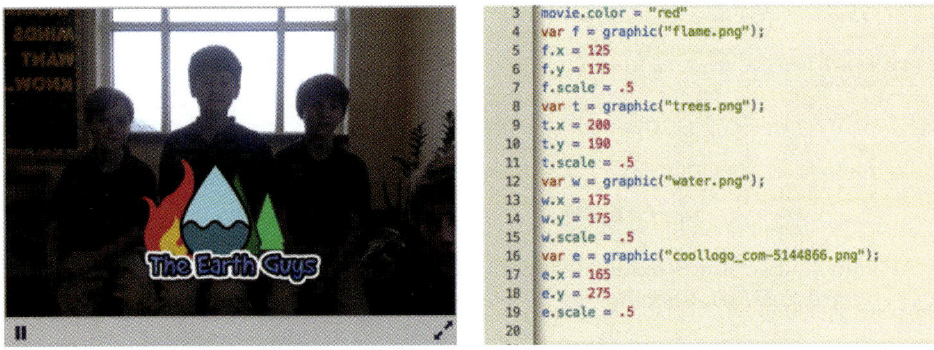

Figura 7. «Escritura» digital de vídeo con código JavaScript, a través de la plataforma Vidcode (https://www.vidcode.com/)

Así las cosas, no es de extrañar que instituciones como la Comisión Europea (European Commission, 2014) o la Fundación Nacional para la Ciencia de los Estados Unidos hayan incluido las prácticas de programación («*coding*») como una prioridad en la formación de las nuevas generaciones de ciudadanos digitales. En respuesta, la mayoría de los sistemas educativos del primer mundo están comenzando a incluir explícitamente la codigoalfabetización en sus currículos.

Haciendo referencia a nuestro contexto más cercano, un reciente informe de la Comisión Europea, denominado «*Computing our future. Computer programming and coding: Priorities, School curricula and initiatives across Europe*» (European Schoolnet, 2015), expone la situación del «*coding*» en los sistemas educativos de 21 países (20 países europeos más Israel): 16 países incluyen el «*coding*» en su currículum, ya sea a nivel nacional, regional o local (entre ellos, España, tal y como veremos a continuación); 2 países tienen planes de incluir el «*coding*» en su currículum en un momento próximo; y sólo 3 países no han integrado aún el «*coding*» en su currículum ni tienen planes para ello en un futuro cercano. Más específico, y más reciente aún, el informe «*Programación, robótica y pensamiento computacional en el aula. Situación en España, enero 2018*» (INTEF, 2018), concluye que:

> «*Nueve Comunidades Autónomas han incluido contenidos de programación, robótica y pensamiento computacional en su currículo autonómico. Andalucía, Castilla-La Mancha, Castilla y León, Galicia, Región de Murcia y Comunitat Valenciana se han centrado en Secundaria; Comunidad Foral de Navarra, por el contrario, lo ha hecho en Primaria; Comunidad de Madrid y Cataluña lo han hecho en ambos niveles educativos.*» (INTEF, 2018, p. 27)

En cualquier caso, y más allá de las iniciativas concretas, es evidente que ya caminamos en la dirección de codigoalfabetizar a nuestros estudiantes y, por tanto, estas cuestiones deben incluirse y desarrollarse en profundidad en la formación de maestros, pedagogos y educadores. De hecho, ya en los años 70 y 80 del siglo pasado hubo un primer intento, sin éxito, de integrar los lenguajes informáticos de programación en las escuelas, y una de las razones de aquel fracaso fue la insuficiente preparación de los docentes al respecto. Otras razones tuvieron que ver con las insuficiencias inherentes a los lenguajes de programación utilizados por aquel entonces, véase el lenguaje Logo[25]. Concretamente, Logo presentaba tres limitaciones fundamentales que le impidieron afianzarse en los entornos escolares: la dificultad de su sintaxis textual, en especial para los niñ@s más pequeños; la poca variedad de sus productos de programación derivados, que se limitaban a lo sumo a diseños geométricos; y lo solitario del contexto de aprendizaje.

Todas estas limitaciones han quedado superadas por las nuevas generaciones de lenguajes visuales de programación para niñ@s, dado que: para manejar estos lenguajes, el estudiante sólo tiene que pinchar, arrastrar, y encajar entre sí, piezas o bloques visuales de código; con estos lenguajes visuales se pueden crear todo tipo de artefactos digitales (juegos, historias, animaciones, simulaciones, diseños artísticos, composiciones musicales...); y, finalmente, estos lenguajes están integrados en comunidades en línea cuyos miembros comparten, comentan y remezclan entre sí los proyectos de programación creados. Una clasificación muy sencilla

---

[25] https://es.wikipedia.org/wiki/Logo_(lenguaje_de_programaci%C3%B3n)

de los lenguajes de programación que actualmente se están utilizando en las distintas etapas del sistema educativo, sería la siguiente

— **Lenguajes visuales por flechas:** aptos para niñ@s prelectores, se utilizan a finales de la etapa de Infantil y a comienzos de la etapa de Primaria. Un ejemplo de este tipo de lenguajes es ScratchJr[26] (Figura 8).
— **Lenguajes visuales por bloques:** ya requieren de habilidades lectoras, se utilizan a finales de la etapa de Primaria y a comienzos de la etapa de Secundaria. Ejemplos de este tipo de lenguajes son Scratch[27] (Figura 9) y App Inventor[28] (Figura 10).
— **Lenguajes textuales:** se aproximan a los lenguajes profesionales de programación, y se utilizan a finales de la etapa de Secundaria, en la etapa de Bachillerato y en Formación Profesional. Ejemplos de este tipo de lenguajes son Python y JavaScript, ya vistos respectivamente en las Figuras 6 y 7.

Figura 8. Entorno de trabajo del lenguaje visual por flechas ScratchJr (https://www.scratchjr.org/)

[26] https://www.scratchjr.org/
[27] https://scratch.mit.edu/
[28] http://appinventor.mit.edu

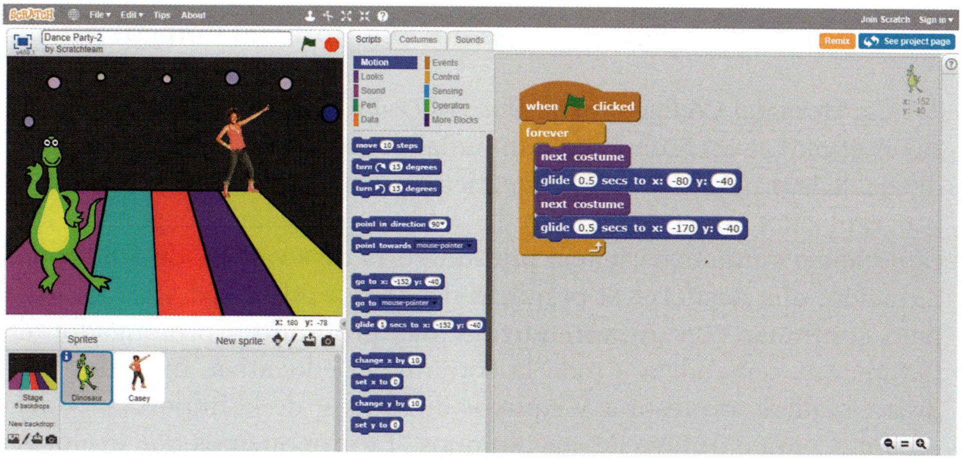

Figura 9. Entorno de trabajo del lenguaje visual por bloques Scratch (https://scratch.mit.edu/)

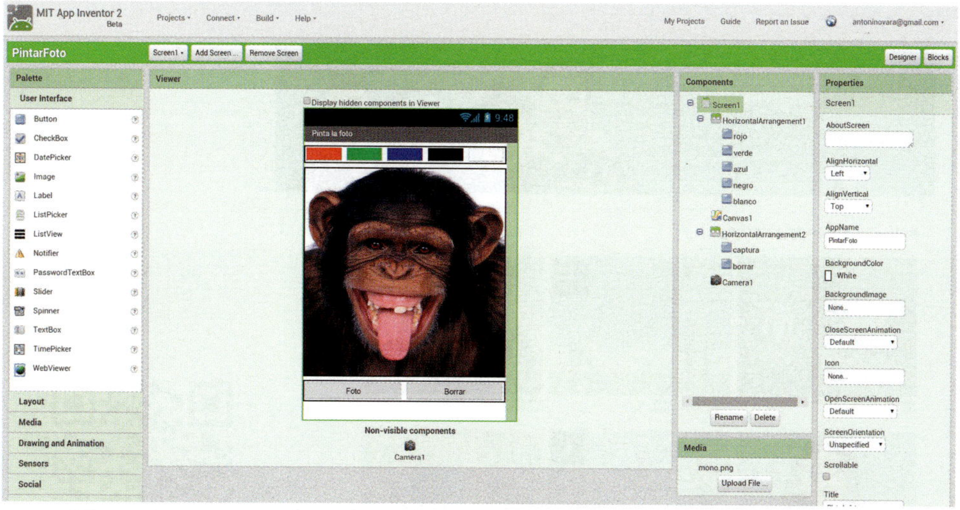

Figura 10. Entorno de trabajo del lenguaje visual por bloques App Inventor (http://appinventor.mit.edu)

Actividad de enriquecimiento: «La Hora del Código»

«La Hora del Código» («*The Hour of Code*»: https://hourofcode.com/es) es el mayor evento a escala mundial para la promoción del aprendizaje de la programación informática. Su objetivo es dar a conocer la programación informática entre la población escolar, y exponer a los estudiantes a una experiencia introductoria de «*coding*» de 1 hora de duración, que destierre el prejuicio de su alta dificultad y les motive para continuar con un aprendizaje más profundo y prolongado; al tiempo que sensibiliza a toda la comunidad educativa, incluidos padres y madres, profesores y equipos directivos, de la importancia del «*coding*» para el futuro de sus alumnos. Te proponemos que explores las numerosas actividades y tutoriales de «*coding*», para todo tipo de edades e intereses, que ofrece su página web; y que organices un taller de 1 hora para tus alumnos y/o familiares y/o amigos.

https://code.org/learn

2.3. De la codigoalfabetización al pensamiento computacional

Mientras que la codigoalfabetización alude en último término a una nueva práctica de lectoescritura, el pensamiento computacional (PC) se refiere al proceso cognitivo subyacente de resolución de problemas que le da soporte (Román-González, 2016). ¿Cómo definir más concretamente el PC? Aunque aún es un constructo psicológico en discusión, dos de las definiciones más aceptadas son las siguientes:

> «*El pensamiento computacional incluye los procesos de pensamiento implicados en la formulación de problemas y de sus soluciones, de tal modo que éstos estén representados de una manera* [algorítmica] *que pueda ser abordada efectivamente por un agente-procesador de información* [p.e., el ordenador]» (Wing, 2008, p. 3718);

u otra que define el PC como:

> «*El proceso de pensamiento involucrado en la formulación de problemas de tal manera que sus soluciones puedan ser representadas como pasos computacionales discretos y algoritmos.*» (Aho, 2012, p. 832)

Desde una aproximación más psicopedagógica, el PC ha sido descrito como un proceso cíclico de solución de problemas, compuesto por las siguientes cuatro fases:

- **Descomposición del problema en pasos discretos:** consiste en fraccionar detallada y minuciosamente el problema en cada uno de los pasos que lo forman.
- **Reconocimiento de patrones:** una vez descompuesto el problema, se deben percibir las regularidades y patrones que aparecen en el mismo.
- **Abstracción y generalización de dichos patrones:** consiste en filtrar e ignorar todos los detalles anecdóticos del problema (toda la información innecesaria para resolverlo); y en delimitar las variables nucleares del mismo. Este proceso de abstracción nos permite representar el problema en términos generales-formales, de manera que la solución que desarrollemos no sólo sea válida para nuestro problema particular sino para otros análogos.
- **Diseño algorítmico de la solución:** desarrollo de una secuencia exhaustiva de pasos o instrucciones perfectamente definida (es decir, diseño de un algoritmo) que resuelva el problema.

Veámoslo con un ejemplo. Imaginemos que queremos resolver el siguiente problema: *«¿Cuánto suman todos los números entre 1 y 200?»* (1 + 2 + 3 + ... + 198 + 199 + 200 = ¿?). Hacerlo a mano nos llevaría un buen rato, mientras que si aplicamos el PC al problema, podremos acabar generalizando y automatizando su solución:

— Podríamos ***descomponer*** la suma total en toda una secuencia de 100 sumas parciales de parejas de números, desde los extremos inferior y superior de la serie hacia su centro: (1+200) + (2+199) + ... + (99+102) + (100+101) = ¿?

— Entonces podríamos detectar un ***patrón*** al respecto: todas y cada una de las anteriores 100 sumas parciales dan como resultado 201. Así, ya podríamos avanzar una solución concreta al problema: 100 * 201 = 20.100.

— Yendo más allá del problema inicial, podemos preguntarnos entonces por problemas análogos: *«¿Cuánto suman todos los números entre 1 y 2.000?»* (replicando el procedimiento anterior, la suma total sería el resultado de 1.000 sumas parciales, cada una de las cuales daría 2.001; por tanto, 1.000 * 2.001 = 2.001.000); *«¿Y entre 1 y 20.000?»* (10.000 * 20.001 = 200.010.000). Al observar qué varía, y qué se mantiene constante, en las sucesivas soluciones a las distintas formulaciones concretas del problema, entonces podemos ***abstraer*** los elementos esenciales del mismo y comenzar a ***generalizar*** una solución. En este caso, se observa que las soluciones concretas van variando en función del número mayor de la secuencia a sumar, es decir, del extremo superior de la serie (que denominaremos *«máximo»*).

— Finalmente, podríamos ***diseñar un algoritmo*** que funcionase para toda esta clase de problemas, véase: *Suma = («máximo/2» * «máximo+1»)*. Compruébese que la anterior expresión sirve para resolver todas las formulaciones concretas del problema que nos hemos ido planteando. Una vez diseñado el algoritmo, entonces éste podrá ser implementado como programa, tras ser escrito en el código de un determinado lenguaje informático. Y así habremos automatizado la solución, *¡voilà!*

El PC puede aplicarse no sólo a problemas de índole matemática, como el anteriormente expuesto, sino literalmente a cualquier tipo de problema que pueda ser discretizado. Imaginemos una tarea-problema de naturaleza muy distinta, por ejemplo, «*¿Qué me pongo hoy de vestir?*». En una aproximación computacional a la misma, ***descompondría*** dicha tarea, aparentemente sencilla, en sus distintos elementos (calzado, ropa interior, parte de arriba, parte de abajo, complementos...); reconocería ciertos ***patrones***, en este caso, ciertas prendas que tienden a aparecer juntas (p.e., calcetines oscuros y zapatos) u otras que no se combinan en ningún caso (digamos, p.e., un pantalón de chándal y una camisa); proseguiría ***abstrayendo*** las variables esenciales que determinan la solución final de con qué vestirme (p.e., posiblemente, «el día de la semana», «la gama de color deseada», y «la previsión de temperatura y precipitación»); finalmente podría escribir una regla, un ***algoritmo***, que resolviera de manera general la cuestión (p.e., de manera muy simplificada: «*si es día laborable, me pondré traje; en caso contrario, si hace más de 20.º me pondré pantalón corto y camiseta, y si hace menos, entonces chándal*»). Con esta aproximación computacional, uno podría acabar programando una *app* que, conectada al calendario y a la previsión meteorológica del móvil, nos ofreciera una recomendación de vestimenta cada mañana. A algunos nos vendría muy bien ;)

Como cualquier otro proceso cognitivo, el PC se puede comenzar a desarrollar desde edades muy tempranas, y sin necesidad de contar con un ordenador. Dicho de otra manera, aunque el PC es el proceso cognitivo subyacente a las tareas de «*coding*», aquél puede entrenarse de manera previa, e independientemente de que luego se plasme y cobre vida a través de un programa informático. Así pues, en la etapa de Educación Infantil ya es posible comenzar a trabajar con las habilidades de descomposición y secuenciación (Bers, 2017)[29], que son las precursoras de un PC avanzado y completo en edades posteriores. En Educación Primaria, recientemente hemos diseñado unos materiales didácticos «*unplugged*»[30] para promover y entrenar el PC (Figura 11), que han de-

[29] Especialmente para los estudiantes de Magisterio en Educación Infantil, recomendamos la consulta de la web del grupo de investigación de la profesora Marina Bers, referente mundial en desarrollo del pensamiento computacional a través de la programación y la robótica en edades tempranas: http://sites.tufts.edu/devtech/.

[30] Con el término «*unplugged*» (en español, «desenchufado») se hace referencia a todos los recursos y actividades para el desarrollo del PC que se realizan sin necesidad de dispositivo electrónico alguno. Concretamente, los materiales «*unplugged*» diseñados están disponibles en: http://www.computacional.com.br/atividades/espanhol/; y han sido inspirados a su vez por los materiales disponibles en la web del proyecto «*CS Unplugged*»: https://csunplugged.org

mostrado ser eficaces para desarrollar tal capacidad en niñ@s escolarizados en 5.º y 6.º de Primaria en España (Brackmann, Román-González *et al.*, 2017).

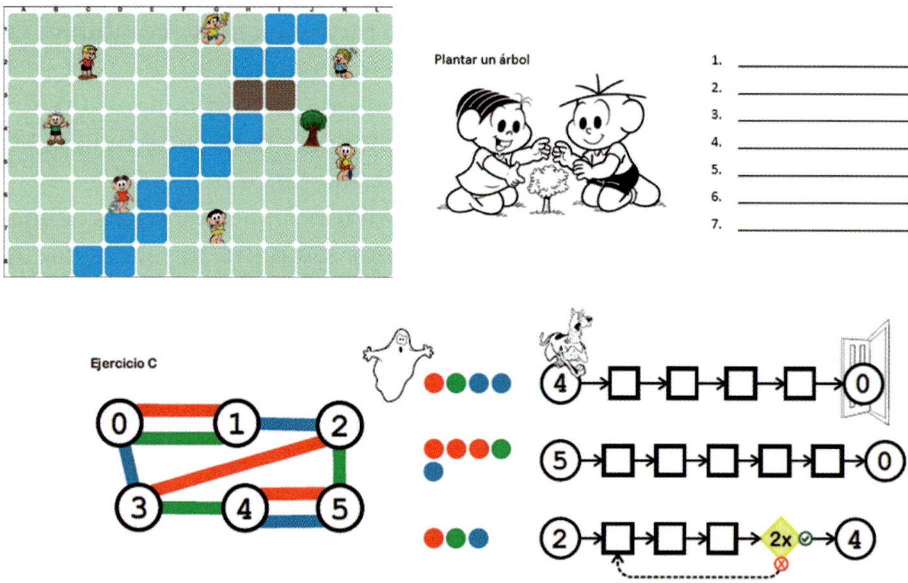

Figura 11. Actividades «*unplugged*» para el desarrollo del PC en Educación Primaria. Disponibles en: http://www.computacional.com.br/atividades/espanhol/

Pero, además de un constructo cognitivo, el PC es un enfoque particular que ha aportado un nuevo matiz, decisivo, al movimiento de codigoalfabetización. Dicho matiz queda recogido en el siguiente aforismo, acuñado por el ya nombrado Mitch Resnick (2013): «*Learn to code, code to learn*». Este lema sintetiza un nuevo paradigma de codigoalfabetización en el cual lo principal no es «aprender a programar» sino «programar para aprender»; un nuevo paradigma que pone el acento no sólo en la lectoescritura de código por sí misma, cuyas sintaxis particulares cambian caprichosamente con la evolución misma de los lenguajes informáticos, sino en los procesos de pensamiento subyacentes (de los cuales el PC sería transversal). Dicho de otra manera, se desplaza el foco desde el código como objeto de aprendizaje en sí mismo, hacia el código como medio para aprender y desarrollar otras habilidades.

Haciendo un símil, si el mundo globalizado implicó la transición del «aprender inglés» (como objeto separado de estudio) al «inglés para aprender» (como lengua vehicular del resto de asignaturas); el mundo digitalizado está haciendo lo propio con el código, desde objeto estático de aprendizaje a meta-lenguaje dinámico que vehicula la construcción y expresión de todo tipo de artefactos digitales (Figura 12). En este sentido, se está comenzando a introducir la programación informática en el aula, como herramienta transversal de aprendizaje en distintas asignaturas: Matemáticas, Física, Lengua, Ciencias Sociales...; iniciativas que ya cuentan en España con estudios científicos que avalan su eficacia (Moreno-León, Robles, Román-González, 2016). Así, por ejemplo, en la Figura 13 puede verse un proyecto de Scratch que constituye un producto de aprendizaje procedente de un aula de Educación Secundaria Obligatoria en la cual se trabajó con este enfoque computacional («*code to learn*») en la asignatura de Física, concretamente en la unidad didáctica sobre densidad de materiales; en dicho proyecto los estudiantes programaron una simulación-juego sobre la flotación, o no, de distintos materiales en función del tipo de líquido en el cual se sumergen.

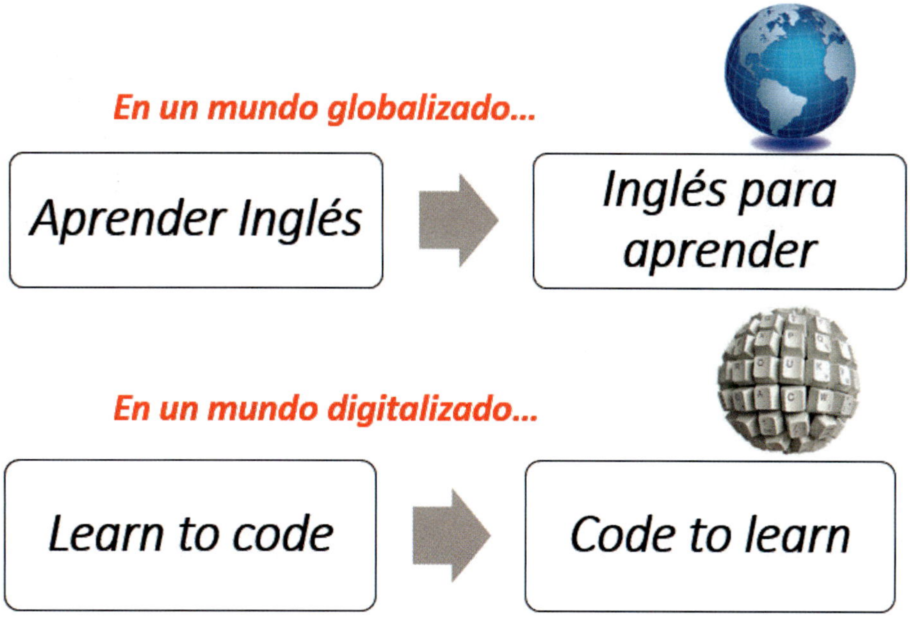

Figura 12. Símil entre el mundo globalizado y el mundo digitalizado

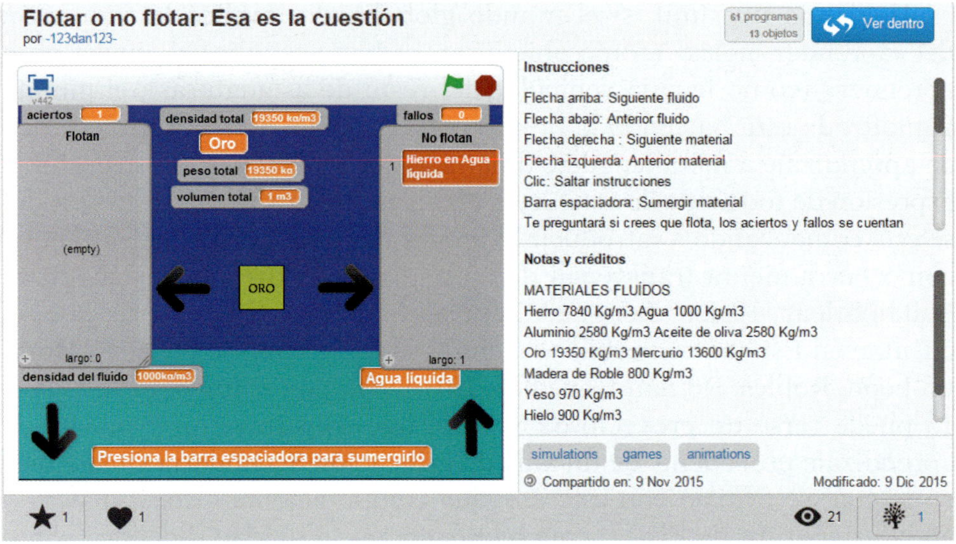

Figura 13. Proyecto Scratch «*Flotar o no flotar: Esa es la cuestión*», que ejemplifica una aproximación computacional a la asignatura de Física en la ESO. Disponible en https://scratch.mit.edu/projects/85723084/

Desde un punto de vista psicopedagógico, proyectos como el mostrado en la Figura 13 pueden enmarcarse plenamente dentro de los presupuestos del *construccionismo* (Papert, 1980), una teoría del aprendizaje derivada del *constructivismo* (Piaget, 1952)[31]. Según el *constructivismo*, el aprendizaje consiste en un proceso de elaboración-construcción activa de conocimiento por parte del sujeto, a partir de la interacción que éste establece entre el mundo y sus esquemas cognitivos previos. El *construccionismo* va un paso más allá, y afirma que la construcción de ideas en el ámbito simbólico-cognitivo, que propone el *constructivismo*, debe complementarse con la elaboración-construcción de artefactos «reales», originariamente en el mundo físico y posteriormente en el digital, a través de la manipulación activa del aprendiz.

---

[31] No en vano, el padre del *construccionismo*, Seymour Papert, fue alumno y colaborador del padre del *constructivismo*, Jean Piaget, en la Universidad de Ginebra entre los años 1959 y 1963.

Actividad de enriquecimiento:
El Test de Pensamiento Computacional (TPC)

Desde la Facultad de Educación de la UNED, se ha desarrollado el Test de Pensamiento Computacional (Román-González, Pérez-González, & Jiménez-Fernández, 2017). Es un test validado para niñ@s de entre 10 y 16 años, y que está siendo traducido y utilizado internacionalmente para medir el nivel de desarrollo del pensamiento computacional de los estudiantes. Concretamente, es una prueba compuesta por 28 ítems, con un tiempo máximo de aplicación de 45 minutos (aunque se suele realizar en menos de 30'), que mide la capacidad del sujeto para resolver problemas apoyándose en los siguientes conceptos computacionales: secuencias, bucles, condicionales, y funciones. Te animamos a realizarlo, a través del siguiente enlace, funcional tanto en ordenador como en tableta o *smartphone*.

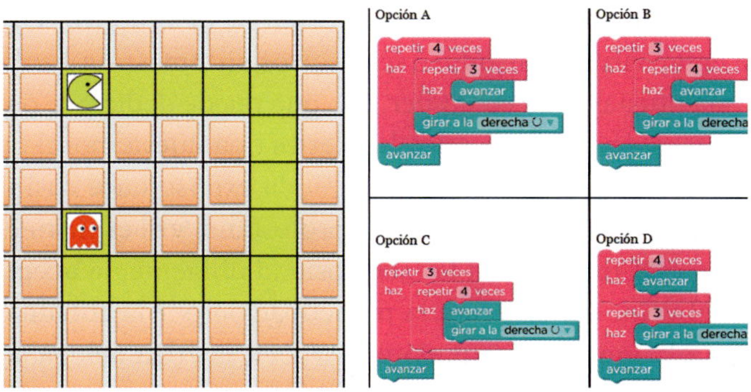

http://bit.ly/2puFmLf

2.4. Ética Hacker

El sujeto codigoalfabetizado está adquiriendo creciente valor económico en la sociedad digital: es un sujeto capaz de leer y escribir software, el «meta-lenguaje» que media toda la comunicación digital actual y, en consecuencia, un sujeto que puede aportar valor añadido al contexto profesional en el cual se inserte. Así las cosas, no es de extrañar que el «programador informático» se halle entre los perfiles profesionales mejor pagados[32].

Pero más allá del valor económico del sujeto codigoalfabetizado, en éste reside una dimensión ética, que ha venido a denominarse *«la ética del hacker»* (Himanen, 2002; Raymond, 2001). Lo primero que hace dicha ética es rescatar las acepciones originales, no peyorativas, del término *«hacker»* (del verbo inglés *«to hack»* ≈ «cortar con un hacha de manera precisa, y luego montar los trozos»). El *«hacker»* no es el pirata o vándalo informático que pone sus conocimientos técnicos de programación al servicio de la delincuencia (el término correcto que describe al delincuente informático es *«cracker»*). Pero entonces, ¿qué es un *«hacker»*?; Pekka Himanen (2002) lo define así al comienzo de su manifiesto *«La ética del hacker y el espíritu de la era de la información»*:

> «En el centro de nuestra era tecnológica se hallan unas personas que se autodenominan hackers. Se definen a sí mismos como personas que se dedican a programar de manera apasionada y que creen que es un deber para ellos compartir la información y elaborar software gratuito. No hay que confundirlos con los crackers, los usuarios destructivos cuyo objetivo es el de crear virus e introducirse en otros sistemas: un hacker es un experto o un entusiasta de cualquier tipo que puede dedicarse o no a la informática. En este sentido, la ética hacker es una nueva moral que desafía la ética protestante del trabajo, tal como la expuso hace casi un siglo Max Weber en su obra clásica "La ética protestante y el espíritu del capitalismo", y que está fundada en la laboriosidad diligente, la aceptación de la rutina, el valor del dinero y la preocupación por la cuenta de resultados. Frente a la moral presentada por Weber, la ética del trabajo para el hacker se funda en el valor de la creatividad, y consiste en combinar la pasión con la libertad. El dinero deja de ser un valor en sí mismo y el beneficio se cifra en metas como el valor social y el libre acceso, la transparencia y la franqueza.» (Himanen, 2002, p. 2)

En esta misma línea, Raymond (2001) expresa en unas pocas sentencias cómo convertirse en *«hacker»*, una mezcla de actitud-ética y competencia

---

[32] Incluso proliferan en la blogosfera artículos que ordenan, a modo de rankings, los distintos lenguajes informáticos de programación en función de los sueldos asociados a su dominio; sueldos que se mueven en el entorno de los 100.000 dólares anuales: https://lifehacker.com/these-are-the-highest-paying-programming-skills-to-have-1661389920

técnica. Centrándonos en lo primero, Raymond nos dice sobre la actitud del «*hacker*»: «Los hackers resuelven problemas y construyen cosas, y creen en la libertad y la ayuda voluntaria mutua. Para ser aceptado como hacker, deberás comportarte como si tuvieras esta actitud en tu interior. Y para comportarte como si tuvieras esta actitud, deberás creerte de verdad dicha actitud» (Raymond, 2001, en línea). A continuación, Raymond define cinco sentencias que conformarían la base actitudinal del «*hacker*», a saber:

i. **El mundo está lleno de problemas fascinantes que esperan ser resueltos:** el «*hacker*» se orienta hacia la resolución de problemas, algo que le divierte enormemente, y para lo cual pone en juego altas dosis de motivación, esfuerzo e inteligencia.

ii. **Ningún problema tendría que resolverse dos veces:** el «*hacker*» es consciente de que los cerebros creativos son un recurso extremadamente valioso y limitado, y que por tanto no deben desperdiciarse. En consecuencia, cuando un «*hacker*» resuelve un problema, está en la obligación de compartir su solución con otros «*hackers*», de manera que éstos puedan poner sus cerebros a trabajar en otros problemas nuevos, en vez de enfrentarse perpetuamente a los viejos.

iii. **El aburrimiento y el trabajo rutinario son perniciosos:** los trabajos repetitivos deben automatizarse, y así liberar tiempo para lo verdaderamente importante: que los «*hackers*» (y las personas en general) se focalicen en la resolución creativa de nuevos problemas.

iv. **La libertad es buena:** los «*hackers*» son antiautoritarios por naturaleza. Dice Raymond (2001, en línea): «Cualquiera que pueda darte órdenes, puede obligarte a dejar de resolver ese problema que te está fascinando (...) Por eso, la actitud autoritaria debe ser combatida donde sea que se la encuentre, pues si se la deja te asfixiará, tanto a ti como a otros hackers».

v. **La actitud no es sustituto para la competencia:** para ser un «*hacker*» no es suficiente con desarrollar las anteriores actitudes, también se necesita inteligencia, práctica, dedicación y trabajo duro.

En cualquier caso, aunque la «*ética hacker*» nace originalmente en el contexto de las cibercomunidades de programadores que desarrollan software libre de código abierto, es una ética que puede predicarse de cualquier sujeto u organización que siga estos valores (Himanen, 2002): pasión, libertad, conciencia social, verdad, anti-corrupción, lucha contra la alienación del hombre, libre acceso a la información, valor social, accesibilidad, actividad, preocupación responsable, curiosidad, creatividad o interés. En ese sentido, recientemente se vienen acuñando términos como «*hackschooling*»[33] o «*eduhackers*» para designar prácticas educativas que siguen este marco axiológico.

Prácticas de «*eduhacking*» (1): el proyecto «*Inventors4change*»

El proyecto «*Inventors4change*» es una iniciativa del grupo multidisciplinar UdiGitalEdu, de la Universidad de Girona, que reúne profesores e investigadores del área de Informática, Educación, Psicología, Bellas Artes, etc... El proyecto promueve la conexión entre aulas de distintos países del mundo, hasta ahora España, India y Colombia, y la formación de equipos entre niñ@s de los distintos países para la creación y remezcla colaborativa de narraciones interactivas digitales a través de Scratch **(Figura 9)**, que den respuesta a temas de interés social global como el cambio climático, la igualdad de género, o la crisis de los refugiados.

http://www.inventors4change.org/

Muchas de las narraciones creadas se pueden disfrutar en el siguiente portfolio-estudio de Scratch: https://scratch.mit.edu/studios/278075/projects/. A continuación, se enlaza un breve vídeo de 2 minutos en el que se presenta el proyecto.

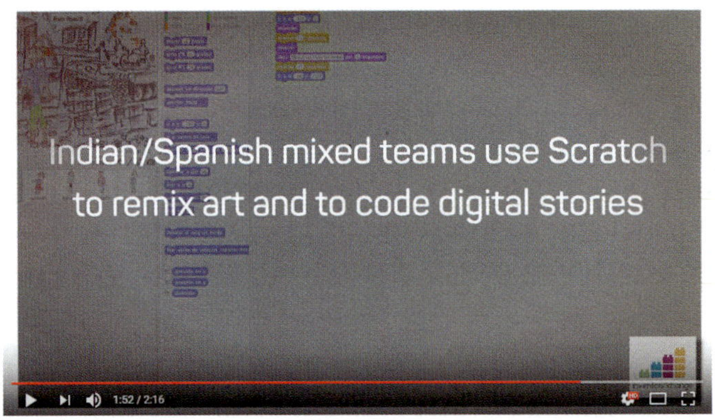

[33] El término «*hackschooling*» aparece por primera vez en la charla TED: «*Hackschooling makes me happy*», disponible con subtítulos en español en: https://youtu.be/h11u3vtcpaY

Prácticas de «*eduhacking*» (2): el reto «*Technovation Challenge*»

Desde la organización «*Technovation*» desean promover la codigoalfabetización, específicamente en el colectivo femenino de entre 10 y 16 años de edad. Para ello, cada año lanzan el reto «*Technovation Challenge*», en el cual se invita a que chicas de esas edades, en cualquier parte del mundo: formen un equipo, identifiquen un problema o necesidad existente en su comunidad o barrio, creen una *app* que dé respuesta a dicho problema (utilizando «App Inventor», ver **Figura 10**), comuniquen-retornen dicho producto a la comunidad, e incluso lo transformen en algún tipo de iniciativa empresarial con valor social. Cada equipo de chicas cuenta además con la mentoría de una mujer adulta que ha conseguido progresar profesionalmente en el sector tecnológico.

https://technovationchallenge.org/

Dentro de la web de «*Technovation Challenge*» se puede acceder a la presentación de las mejores *apps* creadas por equipos de niñas y adolescentes de todo el mundo: https://technovationchallenge.org/season-results/. El reto «*Technovation Challenge*» ha servido de inspiración para el documental «*Codegirl*», cuyo tráiler se enlaza a continuación:

3. MÁS ALLÁ DEL SOFTWARE: ROBÓTICA E IMPRESIÓN 3D EDUCATIVAS

Prosigamos nuestro viaje *más allá de las pantallas*. En el apartado anterior, hemos desarrollado la idea de cómo el aprendizaje de la lectoescritura de/con los lenguajes informáticos de programación, esto es, la codigoalfabetización, nos permite ir más allá de las interfaces por defecto que consumimos continuamente y que condicionan nuestra interacción con la realidad digital. Ahora bien, la codigoalfabetización vista hasta el momento, la consistente en programar *apps*, webs, y otros objetos digitales, sólo tiene efectos sobre el software mismo: con ella, conseguimos ver y modificar lo que hay «debajo de la pantalla», para poder influir sobre el contenido de lo que esa misma pantalla nos muestra, y el modo en que lo hace. Pero, ¿por qué no ir *más allá del software*, de manera que nuestro código informático pueda conectarse, interactuar e influir sobre el mundo físico?

A modo de ejemplo inicial, podemos ilustrar estas emergentes conexiones entre el código informático y el mundo físico, a través de la placa «*Makey Makey*» (https://makeymakey.com/) que, no es de extrañar, es invención de parte del equipo del MIT que previamente desarrolló el lenguaje visual de programación Scratch (Figura 9). En pocas palabras, «*Makey Makey*» es una placa electrónica que, por un lado, se conecta al ordenador mediante un cable USB y, por otro lado, se conecta a cualquier objeto del mundo físico mediante «pinzas de cocodrilo»; todo este kit de hardware puede adquirirse por menos de 50 euros. Su funcionalidad principal es transferir el control-manejo de un determinado programa o aplicación informática desde el teclado y/o ratón del ordenador hacia dichos objetos físicos (Figura 14). Así, si hemos programado con Scratch un piano digital cuyas teclas se corresponden con el teclado del ordenador, «*Makey Makey*» a su vez puede transferir dicho control-manejo a cualquier objeto físico que conduzca mínimamente la electricidad, por ejemplo, unas bananas[34]. La diversión está servida.

[34] El «*Banana Piano*» es uno de los proyectos más populares de la comunidad «*Makey Makey*»; en el siguiente vídeo puede verse a niñ@s menores de 10 años experimentando con el mismo (https://youtu.be/SgGL6a3DOao). Adicionalmente, puede explorarse una amplia galería de proyectos «*Makey Makey*» en https://labz.makeymakey.com/remixes. No podemos resistirnos igualmente a recomendar el siguiente vídeo, en el cual uno de los creadores de «*Makey Makey*», Eric Rosenbaum, recopila específicamente proyectos musicales utilizando su invento: https://youtu.be/wkPt9MYqDW0.

Figura 14. Un ejemplo ilustrativo de las conexiones entre código informático y objetos físicos: la placa «*Makey Makey*». Breve vídeo de presentación (2:11 minutos) en https://youtu.be/rfQqh7iCcOU

En síntesis, en este tercer apartado nos proponemos explorar las posibilidades educativas que ofrecen las emergentes conexiones entre el mundo lógico-digital y el mundo físico-analógico; algo que sólo puede entenderse en el marco más amplio de la denominada Cuarta Revolución Industrial (sub-epígrafe 3.1), a partir de la aparición de kits educativos de hardware de bajo coste[35], y frecuentemente de licencia abierta (sub-epígrafe 3.2), y con la irrupción de la impresión 3D, máxima expresión de cómo el código informático puede llegar a materializarse (sub-epígrafe 3.3). Todo ello conformará un movimiento y una ética, la «*ética maker*» (sub-epígrafe 3.4), prima hermana y correlato de la «*ética hacker*» en la realidad física-analógica.

3.1. La Cuarta Revolución Industrial

Para comprender en toda su dimensión el contenido que vamos a ir desgranando a lo largo de este apartado, debemos contextualizarlo pre-

[35] A este respecto, cabe destacar el caso de la «*Micro:Bit*» (https://www.microbit.co.uk/), una microcomputadora del tamaño de una tarjeta de crédito y con un coste estimado de unos 15 euros, que puede ser fácilmente programada a través de lenguajes tanto visuales como textuales, y que incluye diversos sensores que le permiten interactuar con el mundo físico. En octubre de 2015, la BBC regaló una «*Micro:Bit*» a más de 1 millón de escolares británicos, coincidiendo con el lanzamiento del nuevo «*Computing Curriculum*» en Reino Unido: http://www.bbc.com/mundo/noticias-37703706. Volveremos sobre ella en el sub-epígrafe 3.2.

viamente en el marco de la recién acuñada Cuarta Revolución Industrial (Schwab, 2017). A su vez, para definir en qué consiste la Cuarta Revolución Industrial, conviene repasar la esencia de las tres anteriores, para lo cual remitimos al lector/a al primer capítulo del presente libro, «*Tecnologías y Vidas*», escrito por la profesora Ana Sacristán.

La Cuarta Revolución Industrial hunde sus raíces en la Tercera, pero se diferencia cualitativamente de todas las revoluciones anteriores: mientras que la Primera, Segunda y Tercera Revoluciones Industriales suponen modificaciones sustanciales en las condiciones de vida del ser humano, la Cuarta Revolución Industrial implica una modificación del ser humano en sí. Más concretamente, la Cuarta Revolución Industrial se caracteriza por una amplia variedad de tecnologías que fusionan el mundo físico, el mundo digital, y el mundo biológico: robótica, impresión 3D, Internet de las Cosas (*Internet of Things* ≈ IoT), vehículos autónomos, inteligencia artificial (a la cual dedicaremos el cuarto apartado), biotecnología, nanotecnología, tecnología de almacenamiento energético y computación cuántica, entre otras. Todas ellas en conjunto están difuminando los límites entre la realidad física, la digital, y la biológica, cuestionando la naturaleza misma del ser humano (algo sobre lo que volveremos en el sub-epígrafe 4.2).

Centrándonos en las primeras tecnologías del listado anterior, estamos asistiendo a cómo un número progresivamente mayor de objetos físicos, hasta ahora pertenecientes a la esfera electromecánica, como frigoríficos, lavadoras, relojes, cepillos de dientes, automóviles, o incluso ciudades enteras, están siendo equipados con multitud de sensores programados informáticamente que los conectan con la esfera digital. Así, por ejemplo, tu nevera inteligente («*smart*») ya es capaz de detectar la falta de leche en sus estantes, transformar este hecho físico en dato digital y, si así está programada, conectarse a Internet para encargar un nuevo pack de 12 litros en tu supermercado on-line de referencia. Todos y cada uno de estos objetos «sensorizados» e inteligentes no sólo se conectan de modo individual a Internet (el llamado Internet de las Cosas), sino además entre sí: por ejemplo, cada vez que uno de los incipientes coches autónomos, equipado con infinidad de sensores y avanzados algoritmos de inteligencia artificial, experimenta y aprende de una nueva situación de conducción, dicho aprendizaje también redunda y queda actualizado en toda la flota de coches autónomos con la cual está interconectado.

En este contexto de la naciente Cuarta Revolución Industrial, la extensión de la codigoalfabetización hacia el mundo físico a través de la robótica y la impresión 3D educativas es, a nuestro juicio, ineludible.

Vídeo de enriquecimiento: La Cuarta Revolución Industrial

En este documental (11:34 minutos) del Foro Económico Mundial, se explica de manera amena y didáctica la historia de las tres revoluciones industriales previas, así como las características fundamentales de la Cuarta Revolución Industrial, en cuyos albores andamos:

https://youtu.be/-OiaE6l8ysg

3.2. Robótica educativa

La robótica educativa supone una extensión de la codigoalfabetización hacia el mundo físico que le aporta valor añadido en, al menos, un triple sentido. En primer lugar, y según venimos avanzando a lo largo de este apartado, la programación de dispositivos físicos, como los robots, supone extender los efectos del código informático más allá de las pantallas y hacia el mundo analógico, en línea con la fusión digital-física que pregona la Cuarta Revolución Industrial.

En segundo lugar, la robótica educativa supone ampliar la variedad de contextos en los cuales se aprenden y ejercen las tareas de programación informática y, en ese sentido, promueve una codigoalfabetización más diversa y equitativa. En otras palabras, cuando las tareas de programación se limitan a los dispositivos digitales (*apps*, webs, videojuegos…), dichas tareas se alinean principalmente con sujetos con altas aptitudes lógico-formales; al ampliar el abanico de las tareas de programación hacia dispositivos físicos, como los robots, susceptibles de montaje, manipulación y movimiento, se incluye también a sujetos con habilidades kinestésicas y mecánicas. Cuando la codigoalfabetización acoge en su seno a la robótica educativa, el conjunto se vuelve más inclusivo, abarcando un rango más amplio de sujetos.

En tercer lugar, desde un punto de vista más esencialista, tener la experiencia de montar y programar un robot nos prepara para un futuro en el cual conviviremos con, y nos apoyaremos en, estas entidades ciberfísicas; interiorizando desde la infancia que los robots están, y deben estar, programados por y para los humanos, y vacunándonos frente a ciertos mitos y estereotipos vinculados a la robótica, especialmente en la cultura occidental cuyo acervo popular está repleto de historias de robots que se vengan de sus creadores humanos, a los que acaban aniquilando. Nada más lejos de la realidad: los robots han llegado para quedarse, y se quedan para ayudarnos; en caso contrario, la responsabilidad no será de los robots díscolos, sino de los humanos que los programen de manera inapropiada.

De manera similar a como clasificamos los lenguajes de programación, podemos hacer un recorrido por distintos ejemplos de robots educativos, en función de la etapa escolar para la cual están diseñados:

— En **Educación Infantil**, ya se comienzan a utilizar robots «directamente» programables como los «*Bee-Bots*»[36] (Figura 15, izquierda), que incluyen botones sobre el propio cuerpo del robot que permiten programarlo. También en Infantil se utilizan robots, como «*KIBO*»[37], programables mediante objetos manipulables («tangibles») por los niñ@s, que éstos montan y posteriormente el robot escanea para ejecutar las instrucciones correspondientes (Figura 15, derecha).

[36] https://www.bee-bot.us/

[37] http://kinderlabrobotics.com/

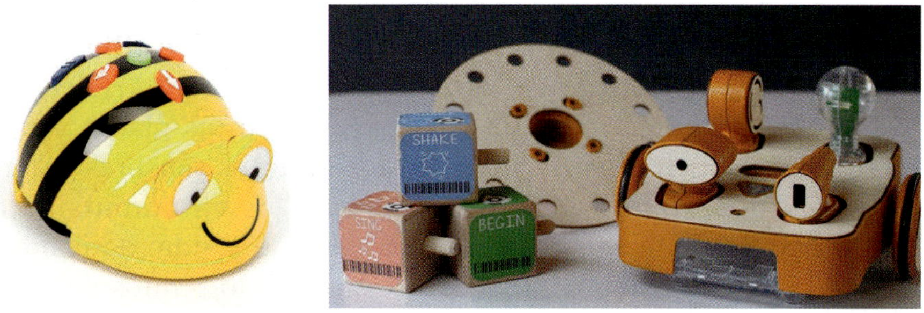

Figura 15. Robots para Educación Infantil:
«*Bee-bot*» (izquierda) y «*KIBO*» (derecha)

— En **Educación Primaria**, aparecen kits de robótica como Lego WeDo[38] (Figura 16, izquierda) o mBot[39] (Figura 16, derecha), este último es además hardware con licencia abierta. Estos robots son montados por los propios niñ@s y son programados mediante lenguajes visuales de programación en un dispositivo digital (ordenador, tableta, o *smartphone*) que se comunica con el robot a través de conexión Wi-Fi o Bluetooth.

Figura 16. Robots para Educación Primaria:
Lego WeDo (izquierda) y mBot (derecha)

[38] https://education.lego.com/en-gb/product/wedo-2
[39] https://www.makeblock.es/productos/robot_educativo_mbot/

— En **Educación Secundaria**, y etapas posteriores, se utilizan placas electrónicas de bajo coste como Micro:Bit[40] (Figura 17, izquierda), Raspberry Pi[41], o Arduino[42] (Figura 17, derecha), esta última de licencia libre. Básicamente, estas placas son capaces de recibir inputs a través de sus distintos sensores y canales de entrada de información, y convertirlos en outputs de distinto tipo mediante sus distintos canales de salida: activando/desactivando un motor, encendiendo/apagando puntos de luz, etc. La conversión de input en output es controlada a través de las instrucciones que se le envían a la placa (concretamente al microcontrolador que está integrado en la misma), y que se codifican en un lenguaje de programación, visual o ya textual. Además, estas placas, especialmente Arduino por su carácter libre, tienen el potencial de integrarse en proyectos más amplios y complejos, añadiéndolas nuevos componentes electrónicos.

Figura 17. Placas electrónicas para Educación Secundaria: Micro:Bit (izquierda) y Arduino (derecha)

[40] http://microbit.org/
[41] https://www.raspberrypi.org/
[42] https://www.arduino.cc

Vídeo de enriquecimiento:
How Arduino is open-sourcing imagination

En esta charla TED, Massimo Banzi, uno de los creadores de Arduino, expone varios ejemplos que ilustran cómo su placa electrónica de licencia libre está inspirando a jóvenes de todo el mundo para crear todo tipo de proyectos (contiene subtítulos en español):

https://www.ted.com/talks/massimo_banzi_how_arduino_is_open_sourcing_imagination

3.3. Impresión 3D educativa

La impresión 3D es una tecnología capaz de fabricar objetos tridimensionales mediante la adición de capas sucesivas de material. Para ello, la impresora 3D lee los planos del objeto en cuestión, codificados en un archivo digital, y los ejecuta materializando finalmente el objeto a través de la inyección y superposición de sucesivas capas de, generalmente, filamento de plástico o resina.

La impresión 3D tiene un rango de aplicaciones muy diverso que abarca desde la industria alimentaria, la aeronáutica o la medicina. La irrupción de la impresión 3D en la esfera educativa ha corrido en paralelo al rápido descenso en el precio de estos equipos, algunos de ellos ya por debajo de los 500 euros, que ha permitido su adquisición por parte de los centros.

Quizás el ejemplo más reseñable actualmente de la introducción de la impresión 3D en las aulas, sea MakerBot[43], una iniciativa de hardware libre que proporciona no sólo la adquisición del kit de impresión 3D (Figura 18, izquierda), sino además: un software, también libre, para el diseño de los objetos tridimensionales a imprimir (Figura 18, derecha); guías didácticas para la integración de estas tecnologías en el aula; y acceso a una vasta comunidad on-line en la cual se comparten, intercambian y remezclan proyectos de impresión 3D, llamada Thingiverse[44] (unión de «*Thing*» + «*Universe*» = Universo de las Cosas).

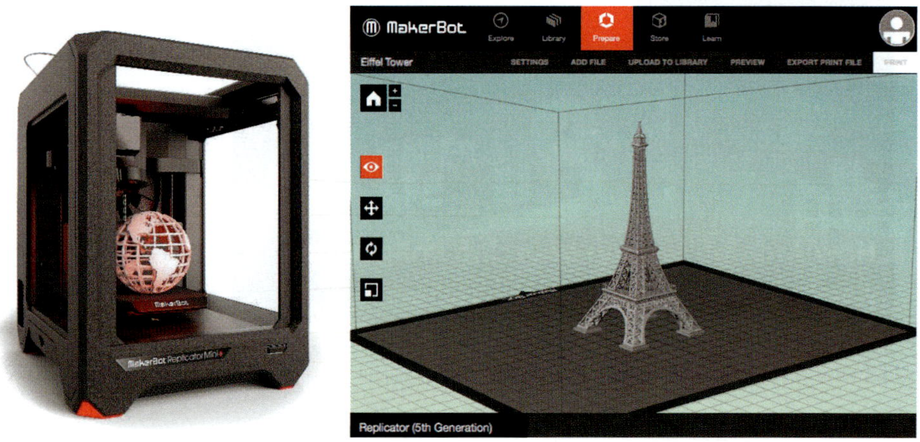

Figura 18. Kit de hardware de impresión 3D de MakerBot (izquierda), y software de diseño tridimensional asociado (derecha).

Así pues, la impresión 3D supone la máxima expresión de cómo el código informático, materia prima de los planos digitales que contienen los objetos tridimensionales a imprimir, puede llegar a materializarse; y es un claro ejemplo de la fusión a la que estamos asistiendo entre el mundo digital y el mundo físico. Una de las cuestiones más relevantes de esta fusión es, a nuestro juicio, cómo ciertas propiedades de uno de los mundos pueden ser transferidas al otro. Así, por ejemplo, la facilidad del código para ser replicado y remezclado, se transfiere a los propios objetos impresos, de los cuales se pueden obtener

[43] https://www.makerbot.com/education/

[44] https://www.thingiverse.com/

innumerables versiones y variaciones: véase en la siguiente figura el diseño de una cejilla para guitarra publicado en la comunidad on-line Thingiverse, cuyos planos digitales pueden ser descargados y remezclados para, a su vez, imprimir nuevas variaciones del objeto físico (Figura 19).

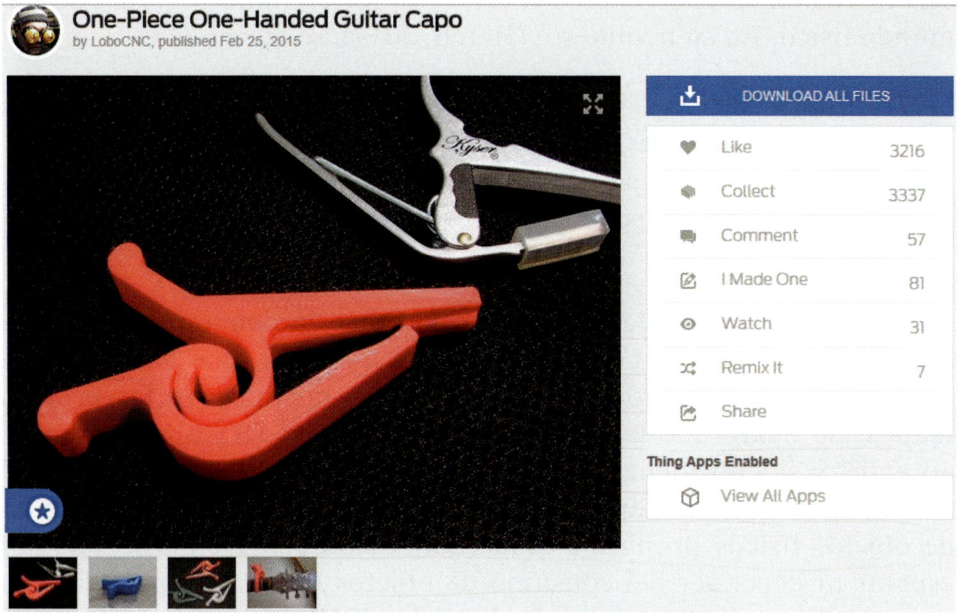

Figura 19. Diseño de una cejilla para guitarra, publicado en la comunidad on-line Thingiverse.

La conjunción de programación informática, robótica, e impresión 3D, empieza a ser reconocida en algunos currículos educativos[45] como la esencia de una nueva y completa alfabetización digital de nivel superior que permitirá a nuestros estudiantes ser protagonistas activos, no consumidores pasivos, de la Cuarta Revolución Industrial.

[45] Véase, por ejemplo, la asignatura recién implantada en la Comunidad de Madrid, denominada «*Tecnología, Programación y Robótica*», que deben cursar de manera obligatoria todos los alumnos madrileños a lo largo de 1.º, 2.º y 3.º de la Educación Secundaria Obligatoria, y que se articula alrededor de los siguientes cinco ejes: Programación y pensamiento computacional; Robótica y la conexión con el mundo real; Tecnología y el desarrollo del aprendizaje basado en proyectos; Internet y su uso seguro y responsable; Técnicas de diseño e impresión 3D. Disponible en http://www.bocm.es/boletin/CM_Orden_BOCM/2015/05/20/BOCM-20150520-1.PDF

3.4. Ética maker

En paralelo al movimiento «*hacker*», ya visto en el sub-epígrafe 2.4, se ha venido produciendo, con una ética que podríamos considerar análoga, el movimiento o cultura «*maker*» (traducido en ocasiones al español como «cultura hacedora»). El movimiento «*maker*» puede considerarse una extensión del movimiento «*hacker*» desde el mundo digital hacia el mundo físico. En su manifiesto (Hatch, 2014), se afirma que:

> «*Hacer* ("make"[46]) *es algo inherente a la condición humana. Tenemos que hacer, crear, y expresarnos para sentirnos plenos. Hay algo único acerca de hacer* [construir, fabricar] *objetos físicos. Estos objetos son como pequeños pedazos de nosotros mismos que encierran parte de nuestro alma.*» (Hatch, 2014, p. 1)

En la base del movimiento «*maker*» subyace la denominada cultura del «*do it yourself*» (DIY) («hazlo por ti mismo»), que aboga por la fabricación o reparación de cosas por uno mismo, con las propias manos; de modo que la persona que práctica el DIY ahorra dinero, aprende, y se entretiene al mismo tiempo. En otras palabras, el DIY es una cultura de la autoproducción, que se lanza a la fabricación de objetos físicos propios y desde una visión-convicción propia, sin esperar ni depender del consumo de objetos fabricados por terceros con sus particulares intereses. La ética DIY, sustrato de la ética «*maker*», introduce un elemento novedoso de corte anticonsumista y anticapitalista, rebelde frente a la actual obsolescencia programada[47], por lo que en ocasiones se la sitúa cerca de otras manifestaciones contraculturales (como el «*punk*»). Sea como fuere, el DIY también ha comenzado a calar en la esfera educativa, y se empieza a hablar de «*DIY education*»: un notable ejemplo de esta nueva aproximación educativa es la comunidad on-line DIY.org (Figura 20) en la que niñ@s de todo el mundo se enseñan mutuamente «que saben hacer por ellos mismos». Y por lo cual se felicitan :).

---

[46] Nótese que la traducción del verbo inglés «*to make*» se correspondería a un «hacer» en sentido fuerte y físico (similar a «confeccionar», «construir» o «fabricar»).

[47] https://es.wikipedia.org/wiki/Obsolescencia_programada

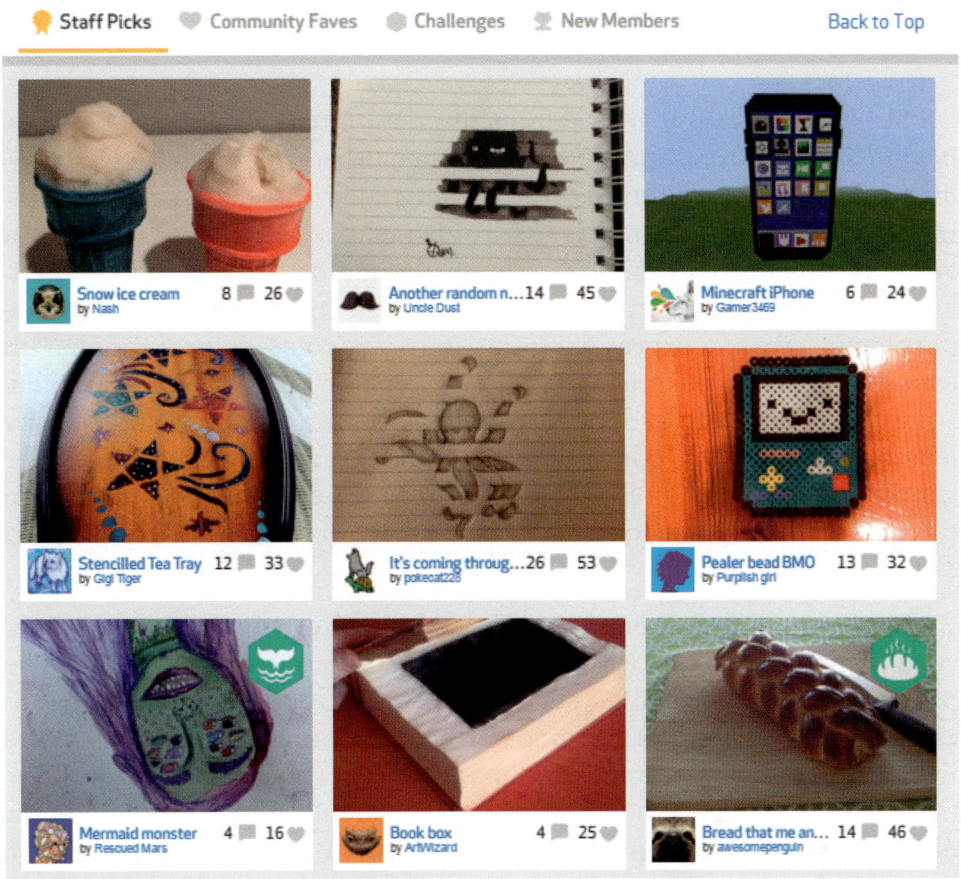

Figura 20. Comunidad on-line del movimiento educativo DIY (https://diy.org/)

En síntesis, en los últimos años, el movimiento «*hacker*» y el movimiento «*maker*», y sus éticas asociadas, han fortalecido sus conexiones mutuas con la proliferación del software y el hardware libre, vinculados mediante la robótica y la impresión 3D. En suma, el mundo digital y el mundo físico se están viendo indisolublemente conectados a través de la lectoescritura de software que opera sobre hardware libre y dispositivos de fabricación, antaño enormes y accesibles únicamente para las grandes empresas, que hoy sólo cuestan unas decenas o cientos de euros y que ocupan el espacio de una caja de mudanzas. Por lo tanto, el sujeto plenamente codigoalfabetizado será un sujeto que entienda, y extienda, lo digital sobre lo físico. Una educación propia de la sociedad actual debería velar por ello.

4. MÁS ALLÁ DE LO HUMANO: APLICACIONES EDUCATIVAS DE LA INTELIGENCIA ARTIFICIAL (IA)

Llegamos pues a la última estación de nuestro viaje *más allá de las pantallas*. En los dos apartados anteriores, hemos visto cómo el aprendizaje de la lectoescritura de/con los lenguajes informáticos de programación nos permite controlar tanto dispositivos digitales como, cada vez más, objetos del mundo físico; resultando de dicha codigoalfabetización un empoderamiento del sujeto, que en consecuencia es capaz de participar, crear, y expresarse a las mayores cotas de profundidad en esta sociedad que encara su Cuarta Revolución Industrial. Ahora bien, ¿qué ocurre cuando esos algoritmos y programas informáticos, que leemos y escribimos, comienzan a aprender y a tomar decisiones por sí mismos; así como a realizar con éxito cada vez un mayor número de tareas, incluso algunas que hasta ahora habían estado reservadas para el ser humano?

Entramos entonces en el terreno de la inteligencia artificial (IA), de cuyas emergentes aplicaciones educativas queremos trazar un breve panorama en las próximas páginas. Para ello: definiremos, y diferenciaremos entre, algunos términos afines de esta área como son «inteligencia artificial», «aprendizaje máquina», y «aprendizaje profundo» (sub-epígrafe 4.1); y expondremos sucesivamente cómo la IA puede ser objeto/tema de reflexión filosófica y educativa (sub-epígrafe 4.2), una herramienta al servicio de la personalización del aprendizaje (sub-epígrafe 4.3), e incluso un contenido de aprendizaje en sí mismo, que va a poder introducirse en los currículos educativos cada vez en edades más tempranas (sub-epígrafe 4.4).

4.1. Algunas definiciones previas

En los últimos tiempos, se vienen utilizando como términos intercambiables y casi sinónimos los de «inteligencia artificial» («*artificial intelligence*»), «aprendizaje máquina» («*machine learning*»), y «aprendizaje profundo» («*deep learning*»). Siendo rigurosos, en realidad la relación entre estos tres términos es análoga a la existente entre tres círculos concéntricos **(Figura 21)**:

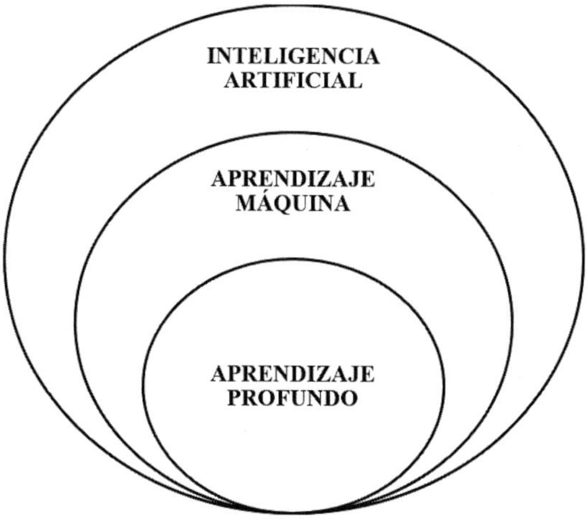

Figura 21. Relación entre «inteligencia artificial», «aprendizaje máquina» y «aprendizaje profundo»

Es decir, «inteligencia artificial» es el término genérico que da nombre a toda esta tecnología y campo de estudio, siendo el «aprendizaje máquina» una parte más específica (y reciente) de la IA, y siendo a su vez el «aprendizaje profundo» un refinamiento del «aprendizaje máquina». ¿Cómo definir, de manera sencilla, cada uno de estos términos?

Inteligencia Artificial (IA). La IA se refiere, de manera genérica, a los programas informáticos que son capaces de acometer-ejecutar tareas que habitualmente han requerido de la inteligencia humana. Es un término acuñado ya en 1956 por John McCarthy, Marvin Minsky y Claude Shannon, y que define una tecnología y un campo de estudio que comenzó a desarrollarse en la segunda mitad del siglo XX; distinguiéndose entre:

— **IA aplicada o de «propósito específico»:** incluye programas diseñados para resolver tareas muy específicas. Uno de sus mayores hitos fue la victoria al ajedrez del ordenador de IBM, *Deep Blue*[48], en 1996, sobre el entonces vigente campeón del mundo, Gary Kasparov (la primera victoria de una máquina sobre un humano en

[48] https://es.wikipedia.org/wiki/Deep_Blue_(computadora)

un juego inventado por éste último). La potencia de esta IA aplicada reside en programas informáticos muy complejos en los cuales se han escrito todas las situaciones potenciales del problema, y la decisión a tomar en cada una de ellas (p.e., siguiendo el ejemplo del ajedrez, *Deep Blue* tenía programadas (casi) la totalidad de posiciones posibles en un tablero de ajedrez, y el movimiento(s) a seguir en cada una de ellas).

— **IA general o de «propósito general»:** incluye programas diseñados para resolver cualquier tarea que habitualmente requeriría de inteligencia humana. La IA general fracasó rotundamente a lo largo de sucesivos intentos durante el siglo XX; habiendo recibido un nuevo impulso con el desarrollo del «aprendizaje máquina», ya en el siglo XXI.

Aprendizaje Máquina o «*Machine Learning*» (ML). El ML designa a todo un género de máquinas que son capaces de acceder a conjuntos masivos de datos («*big data*»), y aplicar algoritmos sobre dichos datos para encontrar patrones y tendencias relevantes, subyacentes en los mismos. La gran diferencia entre la IA clásica y el ML es que este último prácticamente no está pre-programado: el ML cuenta sólo con un código básico que le dibuja el contorno general del problema, a partir del cual el ML accede a enormes conjuntos de datos relacionados con el mismo, se entrena y se va auto-refinando con dichos datos, y ofrece una solución (que a su vez se convierte en nuevo dato de aprendizaje para la máquina). La explosión del ML ha sido posible a raíz de nuestra masiva compartición de información en el mundo digital, y es la tecnología que está detrás, por ejemplo: de los sistemas de recomendación de compra de Amazon (que detectan patrones de consumo entre los millones de usuarios que comparten rasgos contigo, y los aplican para proponerte ese libro que te va a encantar aunque no lo conocías); de los sistemas de traducción automática de *Google Translate* (que aprenden de los millones de traducciones anteriores escogidas por los usuarios para así diferenciar, por ejemplo, en qué contexto es más adecuado «*good guy*» o «*cool guy*» para traducir «un buen chaval»); o de los asistentes virtuales conversacionales ≈ «*chatbots*», que se están colando en nuestros hogares mediante interfaces de voz como Siri (Apple) o Alexa (Amazon). Siguiendo con el anterior relato ajedrecístico sobre *Deep Blue*, que inauguraba las competiciones entre máquinas y humanos, el ML ha alumbrado nuevos programas informáticos que ya son capaces de vencer a humanos en juegos aún más sutiles (¿a priori «más humanos»?) como el Póker, el Go, o el Jeopardy (≈ una especie de Trivial), exclusivamente a través de entrenarse con, y aprender de, bases de datos que albergan millones de partidas jugadas anteriormente por personas de carne y hueso[49].

Aprendizaje Profundo o «*Deep Learning*» (DL). El DL lleva la IA todavía un paso más allá, tratando de replicar el funcionamiento del cerebro humano a través de las llamadas «redes neuronales artificiales» (*«artificial neural networks»*). En una red neuronal artificial, cada «neurona» está cargada para dar una respuesta binaria (sí ≈ 1 / no ≈ 0) a cada dato-input que entra en la red. Pongamos un ejemplo: consideremos una red neuronal artificial muy básica que es responsable de determinar si una fotografía contiene un plátano o una manzana (variedad «Royal Gala»); la red tiene 3 neuronas, cada una de las cuales está encargada de responder, respectivamente, a las siguientes preguntas:

— ¿El objeto de la fotografía es redondo?
— ¿El objeto de la fotografía es amarillo?
— ¿El objeto de la fotografía tiene vástago («rabito»)?

La red neuronal artificial respondería 010 a la fotografía del plátano, y 101 a la de la manzana. Extrapolando este sencillo concepto a redes neuronales artificiales más complejas, en las que se superponen miles, o incluso millones, de capas de «neuronas», se llega a los actuales desarrollos de DL que están detrás, por ejemplo, de las tecnologías de reconocimiento automático de imagen, facial[50] y/o de voz.

4.2. IA como objeto de reflexión educativa

La IA se está constituyendo como punto de partida para múltiples líneas de reflexión filosófica y educativa, que consideramos pueden y

---

[49] Un excelente *«post»* al respecto de la historia de las competiciones entre máquinas y humanos, que llega hasta el ML, puede leerse en: https://www.enriquedans.com/2017/05/machine-learning-y-competiciones.html

[50] Tecnología que es utilizada, por ejemplo, en aplicaciones como Facebook, para buscarnos en fotos subidas por terceros, incluso aunque no hayamos sido etiquetadas en las mismas: http://www.lavanguardia.com/tecnologia/20171220/433775705940/reconocimiento-facial-facebook-fotos-etiquetas.html

deben ser objeto-tema de debate en las escuelas desde edades tempranas. Encontramos fundamentalmente tres líneas de reflexión que un sujeto que quiera autodenominarse como plenamente educado en el mundo actual, debería explorar.

En primer lugar, la IA está sirviendo para interrogarnos acerca de qué es aquello que nos define propiamente como seres humanos. Los sucesivos avances de la IA están dejando progresivamente poco margen a aquello que nos pueda diferenciar de las máquinas. Ya desde la primera época de la IA, con el mencionado ordenador *Deep Blue*, quedó claro que *la capacidad de razonamiento lógico* no era una propiedad únicamente predicable de los humanos, y que era relativamente fácil de replicar por las máquinas que pronto nos superaron en potencia bruta de cálculo. En consecuencia, por eliminación, emergió la idea de que era *la creatividad* lo que nos hacía genuinamente merecedores de la condición humana; de nuevo esta frontera ha sido traspasada por la IA, concretamente por los últimos desarrollos de ML y DL que ya son capaces de componer música[51] o escribir poemas[52], indistinguibles en calidad de los nuestros, exclusivamente a partir de entrenar sus algoritmos con enormes bases de datos que contienen miles de canciones y escritos humanos. La siguiente frontera se está trazando alrededor de *la emoción*, pero el muro ya comienza a tambalearse pues empiezan a utilizarse asistentes virtuales conversacionales («*chatbots*»), que si bien no sienten propiamente, son capaces de elicitar respuestas emocionales («*emotional chatbots*»)[53] y aún sentimientos más elaborados en sus conversadores humanos; así, se prevé el uso habitual de «*chatbots*» en el ámbito de la psicoterapia. Yendo más allá, incluso hay ya inteligencias artificiales que «sueñan»[54], ¿dónde queda lo humano entonces?

Al hilo de dicha pregunta, parece que el último territorio que nos queda (no por ello menos importante, sino quizás más), es el de *la ética*. Aquí se abre una segunda línea de reflexión. Por un lado, la propia IA,

---

[51] https://www.xataka.com/robotica-e-ia/la-inteligencia-artificial-ya-es-capaz-de-componer-musica-y-estas-canciones-lo-demuestran

[52] https://www.eldiario.es/cultura/libros/poemario-escrito-inteligencia-artificial-mercado_0_649535754.html

[53] https://www.theguardian.com/technology/2017/may/05/human-robot-interactions-take-step-forward-with-emotional-chatting-machine-chatbot

[54] https://omicrono.elespanol.com/2015/06/suenos-de-una-inteligencia-artificial/

como cualquier otra tecnología, puede utilizarse tanto para fines positivos como negativos. Pongamos un ejemplo; uno de los usos emergentes del ML es el de la medicina preventiva: a partir del análisis cruzado de la gran cantidad de datos que cada vez más ciudadanos suben al «Internet de las Cosas» a través de sus *Fitbit*[55] y otros «*wearables*», puede predecirse con bastante exactitud el riesgo de enfermedad próxima y lejana de un sujeto. Esta información puede ser utilizada de manera socialmente constructiva, enfocada a mejorar la salud pública, o de manera espuria, localizando a qué sujetos no merece serles concedido un préstamo, un seguro o un subsidio, por ser susceptibles de una muerte cercana. Por otro lado, la IA plantea una contraposición radical entre las llamadas éticas *a priori* y *a posteriori*. Pongamos otro ejemplo: si un ser humano va conduciendo su coche y, lamentablemente, se encuentra en la disyuntiva entre atropellar a un peatón o dar un volantazo y caer por un barranco anexo con la consiguiente muerte probable de su hijo, que va detrás; entonces tomará una decisión en milésimas de segundo, instintiva, que podrá ser valorada éticamente *a posteriori*, pero que en ningún caso podría ser imputable como delito. Pero, ¿qué pasa cuando hay que programar, *a priori*, el algoritmo de IA que controlará la conducción de un vehículo autónomo, y que debería poder reaccionar ante esta situación? Este nuevo tipo de dilemas éticos están comenzando a integrarse en las aulas de la asignatura de Filosofía en Educación Secundaria y Bachillerato (Seoane-Pardo, 2018), a través de herramientas como la plataforma «*Moral Machine*» del MIT.

Por último, una tercera línea de reflexión es la que se abre alrededor del mundo laboral. Desde la Edad Moderna, especialmente en Occidente y de manera más acusada entre el género masculino (algo que, afortunadamente, se ha ido equilibrando aunque aún hay mucho camino por recorrer), la identidad del ser humano adulto ha quedado vinculada a su profesión u ocupación laboral. Es cierto que, con las sucesivas olas de mecanización y automatización, la mano de obra humana ha sido progresivamente sustituida por máquinas, específicamente en los llamados trabajos de las cuatro *D*'s («*Dull*» ≈ aburridos, «*Demeaning*» ≈ degradantes, «*Dirty*» ≈ sucios, y/o «*Dangerous*» ≈ peligrosos). Sin embargo, con la incorporación de la IA a dicho universo de máquinas y robots, el rango de actividades

---

[55] https://www.fitbit.com/

laborales con afectación algorítmica se está ampliando a un vasto abanico de empleos cualificados, como directivos[56], abogados, médicos[57], personal administrativo[58] o corredores de bolsa. ¿Quieres saber qué probabilidad existe de que te sustituya un robot según cuál sea tu trabajo?[59] ;).

Actividad de enriquecimiento:
la plataforma «*Moral Machine*» del MIT

La plataforma «*Moral Machine*», promovida por el MIT Media Lab, reúne las opiniones de humanos sobre cómo deberían actuar (es decir, cómo deberían ser programados) vehículos autónomos, ante situaciones que implican un dilema ético. Puedes integrar esta actividad en clases de Filosofía de tu centro educativo, al estilo del colega Seoane-Pardo (2018).

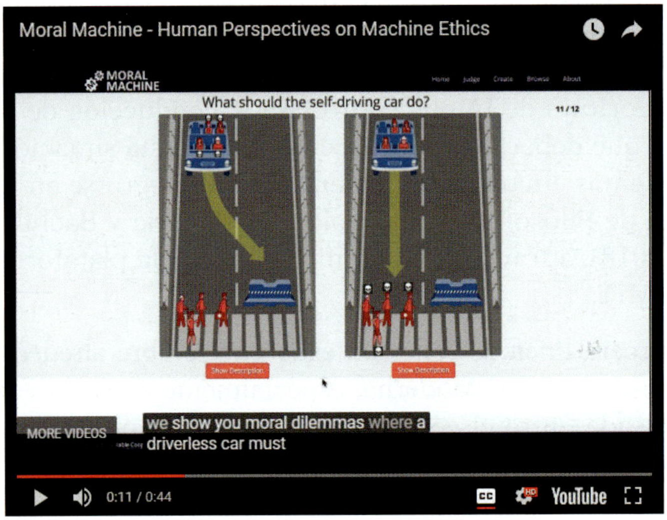

http://moralmachine.mit.edu/

[56] https://cincodias.elpais.com/cincodias/2016/03/18/sentidos/1458330904_200701.html

[57] https://www.xataka.com/medicina-y-salud/ha-llegado-el-momento-en-que-no-podremos-practicar-la-medicina-sin-una-inteligencia-artificial-al-lado

[58] https://www.xataka.com/robotica-e-ia/en-japon-la-inteligencia-artificial-comienza-a-hacer-el-trabajo-de-los-oficinistas

[59] http://www.microsiervos.com/archivo/robots/web-calcula-riesgo-sustituya-robot-segun-tu-trabajo.html

En cualquier caso, consideramos que este nuevo escenario, más que una amenaza, supone una oportunidad. Es muy probable que, en muchos tipos de trabajo, la máquina no llegue a sustituir completamente al ser humano, sino que ambos colaboren y se complementen: la máquina propondrá con arreglo a los datos disponibles, siempre volátiles, y el humano dispondrá (≈ decidirá) con arreglo a valores éticos, acaso más estables. También se considera seguro que muchos de los trabajos actuales desaparecerán, pero algunos otros nuevos, que aún ni siquiera imaginamos, florecerán. Sea como fuere, parece que avanzamos hacia una época que ha venido a denominarse del «post-trabajo» (*«post-work»*)[60], en la que posiblemente los robots realicen gran parte de las tareas (y quizás tributen por ellas); y los seres humanos, con nuestras necesidades básicas cubiertas a través de políticas de renta mínima universal, dejemos atrás nuestra ingenua identificación con el empleo que desempeñamos. Así pues, quizás podamos transitar hacia una nueva fase de nuestra evolución, llegando a ser, paradójicamente, más humanos de lo que nunca hemos sido hasta ahora.

4.3. IA como herramienta de aprendizaje

En otro sentido, la IA también comienza a utilizarse como una herramienta al servicio de la personalización del aprendizaje de los estudiantes en, al menos, dos entornos distintos. Por un lado, en algunas plataformas de *e-learning*, técnicamente denominadas *«Learning Management Systems»* (LMS), se están integrando tecnologías de IA y ML, que: *a)* recogen, analizan e interpretan gran cantidad de información del estudiante (su nivel de conocimiento previo en el contenido a aprender, sus intereses, su estilo de aprendizaje, el tipo de incentivos que le estimulan especialmente...) y *b)* recomiendan, guían y refuerzan de manera personalizada al estudiante a través de un itinerario de aprendizaje propio (ofreciéndole un tipo de contenido específico, y no otro, con un formato particular como puede ser, por ejemplo, el audiovisual frente al textual, etc.), a través de asistentes virtuales conversacionales («chatbots educativos»). Se estima que para 2030 todas las plataformas de aprendizaje on-line contarán con esta tecnología[61].

---

[60] Recomendamos al lector interesado que revise toda la serie de entradas sobre *«post-work»* escritas por Enrique Dans en su blog: https://www.enriquedans.com/tag/post-work

[61] https://www.weforum.org/agenda/2017/01/the-largest-internet-company-in-2030-this-prediction-will-probably-surprise-you

Por otro lado, en los entornos presenciales, en las aulas escolares tradicionales, se empiezan a introducir robots humanoides, como Nao[62] o Pepper[63]. Estos robots pueden ser programados tanto por los profesores como por los estudiantes. Centrándonos ahora en el primer caso, el profesor puede programar el tipo de interacciones y tareas de enseñanza que ejecutará el robot, para que éste le sirva como asistente docente en el aula; un asistente docente potentísimo capaz de ir proponiendo tareas personalizadas a cada uno de los estudiantes (en múltiples formatos y con conexión a Internet), y ofreciendo retroalimentación inmediata con un grado de interactividad altamente intuitivo dada la tecnología de IA que estos humanoides tienen integrada, y que les permite reconocer la cara, la voz, y las emociones de los alumnos. Estos robots humanoides con funciones de asistencia docente ya pueden verse en aulas de Singapur (Figura 22) o Japón. Parece muy probable que cualquier educador/a, pedagogo/a, o maestro/a del futuro tendrá que acostumbrarse a la compañía de estos nuevos ayudantes, y aprovecharse de ella ;).

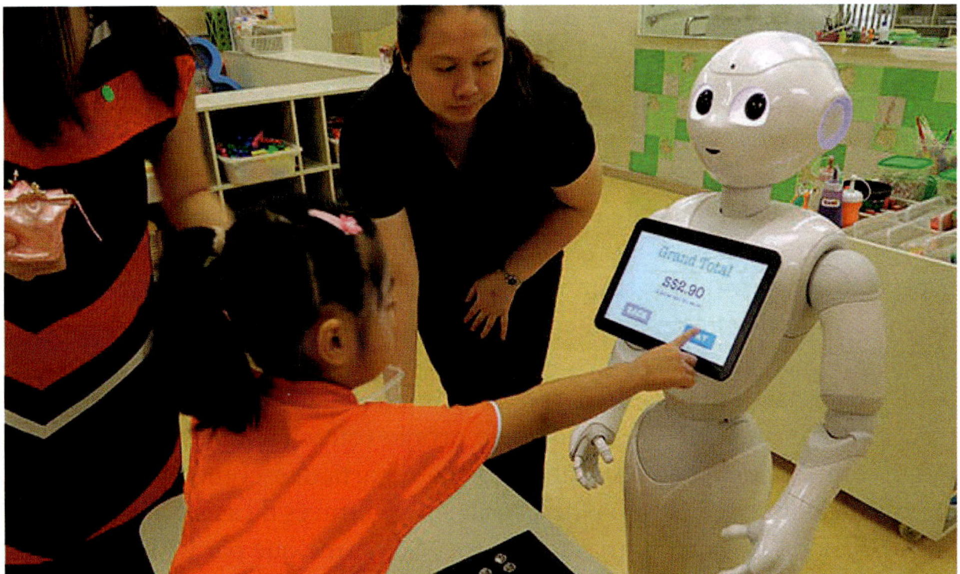

Figura 22. El robot humanoide Pepper realiza tareas de asistencia docente en un aula de Singapur

62 http://aliverobots.com/nao/

63 http://aliverobots.com/robot-pepper/

4.4. IA como contenido de aprendizaje

Finalmente, la IA puede ser también considerada como un contenido a aprender por nuestros estudiantes; en otras palabras, marcarnos como objetivo educativo que nuestros alumnos, a lo largo de las etapas escolares obligatorias, conozcan y se familiaricen con las bases del funcionamiento de los algoritmos de IA. En este sentido, reconocemos que Google está haciendo un esfuerzo por hacer más accesible el aprendizaje («bajar las barreras de entrada») de los fundamentos algorítmicos de la IA, consciente de que en un futuro próximo será necesario contar con amplias capas de la ciudadanía con formación y conciencia sobre estos temas. Por ello, queremos destacar dos iniciativas recientes propuestas por Google que pueden ser utilizadas ya en aulas de Secundaria:

— La plataforma «*AI experiments*»[64], en la cual pueden explorarse de manera lúdica multitud de experimentos que ilustran el funcionamiento del ML, así como acceder y remezclar el código informático subyacente (Figura 23). Ésta sería una aproximación a la IA desde una perspectiva «*hacker*».

Figura 23. Algunos de los experimentos alojados en la plataforma «*AI experiments*» (https://experiments.withgoogle.com/ai)

[64] https://experiments.withgoogle.com/ai

— La plataforma «*AIY – Artificial Intelligence Yourself*»[65], en la cual se ofrecen kits para aprender a fabricar por uno mismo dispositivos físicos que integran tecnología IA de reconocimiento de imagen y/o de voz (Figura 24). Ésta sería, pues, una nueva extensión del movimiento «*maker*» y de la cultura «*do it yourself (DIY)*» hacia la inteligencia artificial.

Figura 24. Kits de fabricación de dispositivos de reconocimiento de imagen y/o de voz en «*AIY – Artificial Intelligence Yourself*» (https://aiyprojects.withgoogle.com/)

En síntesis, la IA, lejos de ser una moda pasajera, es una tecnología que ha llegado para quedarse, y que ya no va a dejar de acompañarnos en el futuro, constituyéndose en una nueva capa de la realidad que va a redefinir nuestra relación con las máquinas, y con nosotros mismos. Así las cosas, uno de los mayores retos educativos del futuro será formar a las nuevas generaciones en todo este ámbito emergente de relaciones humano-máquina: ¿qué tareas debe realizar cada uno? ¿En cuál de los dos, humano o máquina, se ubica la responsabilidad de las decisiones conjuntas que se tomen? ¿Hasta qué punto humano y máquina pueden y deben fusionarse? Todas ellas preguntas apasionantes, cuya respuesta queda dificultada por un hecho insoslayable, como es la radicalmente distinta velocidad de evolución de los sistemas biológicos y computacio-

[65] https://aiyprojects.withgoogle.com/

nales: mientras que los seres humanos actuales somos fundamentalmente iguales que los de hace mil años, las máquinas evolucionan, al menos, al ritmo de progresión geométrica definido por la Ley de Moore[66]. Con algunos de estos retos futuros, concluimos el capítulo en el próximo apartado.

5. CONCLUSIONES Y RETOS PARA EL FUTURO: PROGRAMAR O SER PROGRAMADO

> *«La tecnología digital está programada. Ello hace que esté sesgada hacia aquéllos con la capacidad de escribir el código. En la era digital, debemos aprender cómo escribir el software, o corremos el riesgo de volvernos como el software mismo (asimilarnos a él). No es demasiado difícil, y no es demasiado tarde para, aprender el código que hay detrás de los objetos digitales que utilizamos; o, al menos, para comprender que de hecho hay código detrás de las pantallas (interfaces). De otra manera, estamos a merced de aquéllos que programan, de la gente que les paga, o incluso de la tecnología misma (…) La programación, el código en sí mismo, es el lugar desde donde emergen las innovaciones más significativas de la era digital (…) Programar es el "punto dulce", el máximo nivel de la sociedad digital. Si no aprendemos a programar, corremos el riesgo de ser programados»*
>
> (Rushkoff, 2010, pp. 134-139)

La tesis que hemos defendido a lo largo de este capítulo es que, para alcanzar el estado máximo de «sabiduría o fluidez» digital, debemos ir *más allá de las pantallas*. Y que, para hacer ese viaje, la educación debe jugar un papel fundamental. Hemos visto que dicho trayecto *más allá de las pantallas* consta, al menos, de tres estaciones o puntos de referencia: en primer lugar, ir *más allá de las interfaces* de usuario que continuamente consumimos por defecto y condicionan nuestra interacción con los dispositivos digitales que median entre nosotros y la realidad; para lo cual debemos codigoalfabetizarnos. En segundo lugar, ir *más allá del propio software*, de manera que nuestro aprendizaje de la lectoescritura de/con los lenguajes informáticos de programación se

66 https://es.wikipedia.org/wiki/Ley_de_Moore

extienda hacia dispositivos físicos, a través de la robótica y la impresión 3D. Y, en tercer lugar, comenzar a tomar en consideración un escenario *más allá de lo humano*, en el cual el modo en que establezcamos relación con la IA será decisivo para nuestra evolución como especie y como sociedad. En un ejercicio de síntesis, podemos resumir todos nuestros esfuerzos a lo largo del capítulo en el siguiente aforismo de Douglas Rushkoff: todo se reduce a «*programar o ser programado*» (Rushkoff, 2010); es decir, a ser capaz de leer y escribir en términos algorítmicos (o, al menos, a ser consciente de que hay algoritmos que mediatizan nuestra existencia actual) o, en caso contrario, correr el grave riesgo de ser controlado y manipulado por aquellos que sí son capaces de dominar el código informático.

A modo de epílogo, cerramos el capítulo con algunos retos para el futuro que se desprenden del aforismo anterior. A mi juicio, el principal reto es que los algoritmos que gobiernan, o tratan de gobernar, nuestras vidas se tornen más transparentes, en especial todos aquellos vinculados con los nuevos desarrollos de la IA. En otras palabras, muchas de las decisiones que actualmente están siendo tomadas con el apoyo de estas tecnologías de ML y DL, descansan lamentablemente en algoritmos privados y opacos («cajas negras algorítmicas»); así pues, aunque uno de estos algoritmos funcione excelentemente, y sea muy preciso en sus predicciones, no es posible saber cómo de hecho ha llegado a una determinada solución. Si queremos sociedades democráticas, abiertas y equitativas, las «cajas negras algorítmicas» deben ser confrontadas: no sólo debemos exigir, como consumidores, que el algoritmo de recomendación de Amazon nos proponga nuevos libros que nos gusten; sino también exigir, como ciudadanos, tener acceso a la naturaleza de dicho algoritmo así como al tipo de datos con el cual ha sido entrenado, para asegurarnos de que no está introduciendo sesgos malintencionados en nuestra opinión y posterior conducta. Para ello, debe darse una doble condición: que la legislación avance en ese sentido, obligando a instituciones públicas y privadas a ejercer esta transparencia algorítmica; y que la educación marche en paralelo, equipando a los ciudadanos con las habilidades necesarias para poder entender y modificar dichos programas informáticos. Un gran reto educativo está servido.

Sólo tres notas finales para percibir la enorme dimensión e importancia de este reto. Primera, estos algoritmos «opacos» ya están funcionando desde hace tiempo a la hora de, por ejemplo, priorizar qué noticias aparecen en tu muro de Facebook: con el objetivo de que el usuario pase más tiempo en la red social y deje más rastro de sí (rastro que luego Facebook vende a terceros), el algoritmo de Facebook tiende a mostrarte sólo nueva información coincidente con la que previamente te has mostrado de acuerdo y, progresivamente, más radicalizada en torno a la línea de opinión en la cual te has postulado afín. El resultado es que este algoritmo «opaco», escrito con fines puramente crematísticos, está produciendo una polarización artificial de la opinión pública, habiendo afectado directamente a eventos políticos recientes como la elección de Donald Trump[67] o el «*Brexit*»[68]. Algo parecido ocurre con el sistema automático de recomendación-reproducción de YouTube, al que ya se le ha bautizado como el «Gran Radicalizador»[69].

En segundo lugar, la inmensa mayoría de estos algoritmos (que, recordemos, son luego implementados a través de programas informáticos escritos en el código de un lenguaje de programación concreto), son diseñados por y desde el género masculino. En consonancia, tanto sea de manera consciente como inconsciente, estos algoritmos androcéntricos introducen y/o reproducen sesgos de género. La gravedad de que la inmensa mayoría del software actual esté escrito por hombres es análogo al hecho de que la Historia haya sido escrita por ellos. Poniéndolo en términos más concretos, si un algoritmo de ML, que tiene como función el recomendar la contratación de nuevos trabajadores a una gran empresa, ha sido diseñado exclusivamente por hombres, muy posiblemente estará sesgado hacia una visión masculina del trabajo (p.e., más orientada hacia la cuenta de resultados que hacia la responsabilidad social corporativa), reproduciendo así estereotipos de género en la contratación y en la propia cultura empresarial. Un mundo digital equitativo en términos de género debe contar con una comunidad de programadores también equilibrada, para lo cual el papel de los sistemas educativos desde edades tempranas, promoviendo las vocaciones informáticas entre las niñas y desterrando falsos mitos acerca de la figura del programador, es esencial.

---

67 https://www.enriquedans.com/2016/11/facebook-en-su-momento-de-la-verdad.html

68 https://elpais.com/internacional/2018/03/26/actualidad/1522058765_703094.html

69 https://www.nytimes.com/2018/03/10/opinion/sunday/youtube-politics-radical.html

En tercer y último lugar, algunos de los algoritmos de ML están funcionando, desgraciadamente, como catalizadores de profecías autocumplidas. Pongamos un último ejemplo: algunos de los sistemas más avanzados de ML se están desarrollando en el ámbito de la prevención del crimen[70], de manera que predicen, en función del historial criminal pasado, en qué zonas (y horas) de la ciudad es más probable que se produzca un nuevo delito y, en consecuencia, se dota a dichas zonas de una mayor presencia policial. El problema es que esta alta expectativa sobre la aparición de un nuevo delito influye en que de hecho se produzca, generándose una espiral determinista entre algoritmo y realidad que a la larga provoca que las zonas más deprimidas se refuercen en su carácter delictivo. Esta locura predictiva ha llegado incluso a influir en decisiones judiciales sobre sujetos concretos, a los cuales se les concede o niega la libertad condicional en función del riesgo estimado por el algoritmo de ML de reincidencia futura; algo que nos recuerda tenebrosamente al escenario pre-criminal de la película «*Minority Report*»[71]. En otras palabras, cuando un algoritmo de ML se alimenta exclusivamente de *lo que es*, entonces el algoritmo redunda de manera determinista en dicha realidad, reproduciendo y reforzando las posibles desigualdades e injusticias existentes; en contraposición, el algoritmo debe ser también alimentado de lo *que debería ser*[72], para así promover una sociedad más justa y equitativa.

En suma, *¡educadoras, educadores, pedagogas, pedagogos, maestras, maestros...!, ¡códigoalfabetizaos!* Y es que, como dicen nuestros amig@s de la organización sin ánimo de lucro Programamos.es (https://programamos.es/), «*todo el mundo debería aprender en la escuela sobre algoritmos*»[73]. Si has leído este capítulo hasta el final, entonces el verdadero viaje no ha concluido, sino que ya ha comenzado ;).

---

[70] https://www.wired.com/insights/2013/08/predictive-policing-using-machine-learning-to-detect-patterns-of-crime/

[71] https://es.wikipedia.org/wiki/Minority_Report

[72] Esta idea ya fue intuida por los Hermanos Wachowski en su trilogía «*The Matrix*», en la cual, para que el ser humano pueda escapar de la espiral lógico-determinista, para que pueda despertar del sueño fabricado por las máquinas (en concreto, por el personaje del «Arquitecto», masculino); debe introducirse en la ecuación, en ese macro-programa informático que es «*The Matrix*», el factor humano, caótico, impredecible, y ético (representado, en concreto, por el personaje del «Oráculo», femenino): https://en.wikipedia.org/wiki/The_Oracle_(The_Matrix)

[73] https://programamos.es/todo-el-mundo-deberia-aprender-en-la-escuela-sobre-algoritmos/

Vídeo de enriquecimiento:
The era of blind faith in big data must end!

El siguiente vídeo (13:19 minutos) es un excelente alegato final a favor de acabar con los algoritmos opacos (las «cajas negras» algorítmicas), y de terminar con la fe ciega que dicta que dichos algoritmos alimentados con datos masivos son siempre justos y equitativos.

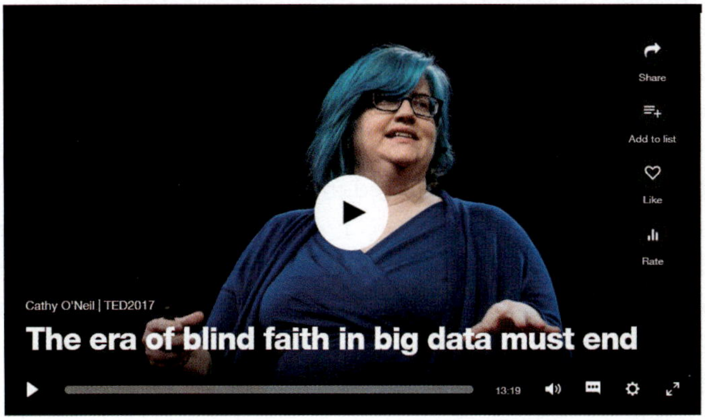

https://www.ted.com/talks/cathy_o_neil_the_era_of_blind_faith_in_big_data_must_end

REFERENCIAS BIBLIOGRÁFICAS

Aho, A. V. (2012). Computation and computational thinking. *The Computer Journal, 55*(7), 832-835. https://doi.org/10.1093/comjnl/bxs074

Bers, M. U. (2017). *Coding as a Playground: Programming and Computational Thinking in the Early Childhood Classroom*. New York: Routledge.

Brackmann, C.; Román-González, M.; Robles, G.; Moreno-Léon, J.; Casali, A.; Barone, D. (2017). Development of Computational Thinking Skills through Unplugged Activities in Primary School. 12th *Workshop on Primary and Secondary Computing Education,* 65-72. https://doi.org/10.1145/3137065.3137069

Dans, E. (2017). Prólogo: Todo ha cambiado. En S. Lluna y J. Pedreira «Wicho» (coord.), *Los nativos digitales no existen* (pp. 19-25). Barcelona: Ediciones Deusto. Disponible en: https://www.enriquedans.com/2017/01/los-nativos-digitales-no-existen.html

European Commission (2014). *E-Skills for Jobs in Europe: measuring progress and moving ahead* [Informe técnico] Disponible en: http://eskills-monitor2013.eu/fileadmin/monitor2013/documents/monitor_final_report.pdf

European Schoolnet (2015). *Computing our future. Computer programming and coding: priorities, school curricula and initiatives across Europe* [Informe técnico] Disponible en: http://www.eun.org/resources/detail?publicationID=661

Gardner, H.; Davis, K. (2014). *La generación APP: Cómo los jóvenes gestionan su identidad, su privacidad y su imaginación en el mundo digital*. Barcelona: Paidós.

Hatch, M. (2014). *The Maker Movement Manifesto*. New York: McGrawHill Education.

Himanen, P. (2002). *La ética del hacker y el espíritu de la era de la información*. Barcelona: Destino.

INTEF (2018). *Programación, robótica y pensamiento computacional en el aula. Situación en España, enero 2018* [Informe técnico] Disponible en: http://code.educalab.es/informes/

Lankshear, C.; Knobel, M. (2008). *Nuevos alfabetismos. Su práctica cotidiana y el aprendizaje en el aula*. Madrid: Morata.

Manovich, L. (2013). *El software toma el mando*. Barcelona: UOC Press.

Moreno-León, J.; Robles, G.; Román-González, M. (2016). Code to Learn: Where Does It Belong in the K-12 Curriculum? *Journal of Information Technology Education: Research, 15,* 283-303. Disponible en: http://www.informingscience.org/Publications/3521

Papert, S. (1980). *Mindstorms: Children, computers, and powerful ideas*. New York: Basic Books.

Piaget, J. (1952). *The origins of intelligence in children*. New York: International Universities Press.

Prensky, M. (2001). Digital natives, digital immigrants. *On the Horizon, 9*(5), 1-6.

— (2008a). H. sapiens digital: From digital immigrants and digital natives to digital wisdom. *Innovate: Journal of Online Education, 5*(3).

— (13 de enero de 2008b). *Programming Is the New Literacy* [en línea]. Disponible en: http://www.edutopia.org/programming-the-new-literacy

— (2013). *No me molestes mamá, ¡estoy aprendiendo!* Madrid: Ediciones SM.

Raymond, E. S. (2001). *Cómo convertirse en hacker* [en línea] Disponible en: http://biblioweb.sindominio.net/telematica/hacker-como.html

Resnick, M. (08 de mayo de 2013). *Learn to Code, Code to Learn* [en línea] Disponible en: https://www.edsurge.com/news/2013-05-08-learn-to-code-code-to-learn

— (07 de diciembre de 2017). *The Future of Coding in Schools* [en línea]. Disponible en: https://www.edutopia.org/article/future-coding-schools

Resnick, M.; Maloney, J.; Monroy-Hernández, A.; Rusk, N.; Eastmond, E.; Brennan, K., *et al.* (2009). Scratch: Programming for all. *Communications of the ACM, 52*(11), 60-67. Disponible en: https://cacm.acm.org/magazines/2009/11/48421-scratch-programming-for-all/fulltext

Román-González, M. (2016). *Codigoalfabetización y Pensamiento Computacional en Educación Primaria y Secundaria: Validación de un Instrumento y Evaluación de Programas* [Tesis Doctoral]. Madrid: UNED. Disponible en: http://e-spacio.uned.es/fez/view/tesisuned:Educacion-Mroman

Román-González, M.; Pérez-González, J.C.; Jiménez-Fernández, C. (2017). Which cognitive abilities underlie computational thinking? Criterion validity of the Computational Thinking Test. *Computers in Human Behavior, 72*, 678-691. https://doi.org/10.1016/j.chb.2016.08.047

Rushkoff, D. (2010). *Program or be programmed*. New York: OR Books.

— (13 de noviembre de 2012). *Code Literacy: A 21st-Century Requirement* [en línea]. Disponible en: http://www.edutopia.org/blog/code-literacy-21st-century-requirement-douglas-rushkoff

Sacristán, A. (2013). *Sociedad del conocimiento, tecnología y educación*. Madrid: Morata.

Sadin, É. (2015). *La vie algorithmique: critique de la raison numérique*. Paris: L'Echappée.

Schwab, K. (2017). *The Fourth Industrial Revolution*. New York: Crown Business.

Seoane-Pardo, A. M. (2018). *Pensamiento Computacional entre Filosofía y STEM. Programación de Toma de Decisiones aplicada al Comportamiento de «Máquinas Morales» en Clase de Valores Éticos*. Disponible en: https://repositorio.grial.eu/handle/grial/1183

Wing, J. M. (2008). Computational thinking and thinking about computing. *Philosophical Transactions. Series A, Mathematical, Physical, and Engineering Sciences, 366*(1881), 3717-3725. http://dx.doi.org/10.1098/rsta.2008.0118

VIII.
BIG DATA, EDUCACIÓN BASADA EN DATOS Y ANALÍTICA DEL APRENDIZAJE

Daniel Domínguez Figaredo

1. INTRODUCCIÓN

La comprensión del fenómeno del *big data*, junto con la capacidad de utilizar adecuadamente los datos digitales que se generan en las prácticas de aprendizaje, forman parte del conjunto de habilidades esenciales de los profesionales de la educación en la Sociedad del Conocimiento. Este capítulo pretende contribuir al dominio de ese campo, facilitando una serie de claves teóricas y prácticas relacionadas con el *big data* y la gestión de datos digitales en la enseñanza.

Los datos digitales procedentes de la interacción entre estudiantes y docentes, de las consultas a los recursos didácticos o de la traza de las evidencias de aprendizaje en un curso, son de gran valor para los profesores, para los gestores de las instituciones educativas y también para los estudiantes. El uso educativo de esos datos está relacionado con un conjunto de aspectos que abarcan campos diversos como la tecnología, la pedagogía, la ética y el derecho. En el texto se explican las nociones básicas sobre la gestión de datos masivos, y se proponen un conjunto de herramientas metodológicas para utilizar esos datos con el fin de mejorar la enseñanza.

Inicialmente se propone una aproximación conceptual sobre el *big data*, destacando su carácter multidisciplinar y la diversidad de enfoques que lo estudian. A continuación se analizan algunas prácticas relacionadas con el uso de datos digitales en la enseñanza y se desarrolla con más detalle el método del análisis predictivo, que puede ser de utilidad para resolver las dificultades más comunes que se encuentran los estudiantes en los cursos mediados digitalmente. También se dedica un apartado a la analítica del aprendizaje, una disciplina emergente que ha permitido ampliar el campo de la investigación educativa en la búsqueda de nuevas soluciones tomando como referencia los datos digitales que se procesan durante la enseñanza. Dada la amplitud y trascendencia del campo de la analítica del aprendizaje, su explicación y dominio están entre los principales objetivos de este texto. En el capítulo también se reflexiona sobre los desafíos éticos relacionados con la privacidad de los datos personales. Y por último, se discuten los apriorismos más habituales en el tratamiento del *big data* y que dan lugar a interpretaciones equivocadas o que no se corresponden con sus aplicaciones reales.

2. EL FENÓMENO DEL *BIG DATA*

El término *big data* hace referencia a la gestión de la gran cantidad de datos que se generan con el uso de las aplicaciones y servicios informáticos conectados a través de Internet. La vertiente práctica del *big data* consiste en analizar, gestionar y trabajar con bases de datos agregadas a gran escala que registran la huella de todo tipo de actividades realizadas en Internet. Pero también se asocia con el universo terminológico del *big data* aquellas otras acciones que se relacionan indirectamente con la gestión propiamente informática de los datos, como puede ser el marketing, la venta, las finanzas, o la enseñanza basada en el análisis de datos masivos.

Los datos que fluyen a través de Internet son tan diversos y variados como el amplísimo rango de actividades de donde proceden. La informática e Internet están presentes en casi todas las actividades sociales y económicas. Sus funcionalidades ofrecen una amplia gama de servicios, y su presencia en la vida cotidiana es tan extensa que podría decirse que Internet y los algoritmos de programación constituyen el eje que vertebra el funcionamiento de nuestra sociedad.

Hay muchos tipos de datos y clasificarlos de manera sencilla no es fácil. Existen datos sobre comunicaciones entre personas, como los procedentes de las conversaciones a través de aplicaciones móviles. Datos procedentes de las gestiones que realizamos en plataformas de Internet, como los que se generan al hacer la compra o en las transferencias bancarias. Datos de procesos entre máquinas, como los implicados en la logística de gestión de productos en un supermercado. Hay un conjunto enorme de datos que son capturados a través de dispositivos conectados entre sí y con los sistemas que recogen información mediante sensores situados en infraestructuras físicas de todo tipo, como pueden ser las válvulas de riego en la agricultura, los datos procedentes de instalaciones meteorológicas, las cámaras de tráfico, los datos de la localización de las personas que portan teléfonos móviles, etc. Y hay también otra variedad de datos que resultan de cruzar la información perteneciente a las categorías anteriores.

Ahora bien, el *big data* también comprende la gestión de esos datos. Según su tipología y la fuente de donde procedan, hay un conjunto de tareas que los responsables de gestionar datos masivos deben realizar para poder utilizarlos de manera provechosa. Una de las principales tareas, y muy básica e inicial, es la de dotar de estructura a las bases de datos que contienen la información. Como consecuencia de la multitud de fuentes de procedencia de los datos y su variada tipología, los datos nunca están adecuadamente organizados. El ciclo comprende pasar de un contenido desestructurado, a un esquema de base de datos que ofrezca los contenidos en forma de una base estructurada que permita avanzar en la gestión de esa información. Una vez que se hayan identificado las fuentes de datos y se hayan categorizado convenientemente, la siguiente fase consistirá en definir qué mecanismos se van a utilizar para poder convertir los datos en información útil.

La información que proporciona la gestión de datos masivos puede ser muy útil si se determina cómo emplearla adecuadamente, de acuerdo con unos objetivos claros y en un contexto que sea propicio para obtener provecho de ella. Más adelante hablaremos de los mitos en torno al *big data* y de los numerosos aspectos que limitan su influencia. Por ahora puede ser interesante señalar simplemente los posibles usos de los datos una vez procesados y las principales utilidades de la información obtenida a partir de ellos.

Un amplio campo donde el *big data* puede ofrecer soluciones es en la gobernanza en el sector público. Junto con la posibilidad de obtener eficiencias que se traduzcan en términos de costes, productividad e innovación, los datos masivos convenientemente procesados pueden ofrecerse a la ciudadanía como una herramienta de intervención activa en los asuntos públicos, ampliando de ese modo las capacidades de acción de personas y grupos sociales. Por ejemplo, la aplicación de tecnologías para el desarrollo comunitario también puede beneficiarse del análisis *big data*, mejorando la toma de decisiones en áreas críticas como atención médica, empleo, productividad económica, delincuencia, seguridad y gestión de recursos y desastres naturales. En la industria la gestión de datos masivos puede contribuir a la mejora de la planificación del suministro y la calidad del producto. En el campo de la salud el *big data* puede ayudar a mejorar la atención médica al proporcionar medicina personalizada y facilitar el análisis predictivo. Este es un campo especialmente propicio ya que el volumen de datos generados en los sistemas de salud es particularmente masivo y sensible. Y los datos continuarán aumentando con la adopción de las tecnologías portables, que facilitan la captura directa de la información de las prácticas cotidianas. Por último, en la educación aparece un amplio conjunto de interesantes posibilidades de uso de los datos que se generan en los procesos de enseñanza y aprendizaje. Los siguientes apartados se dedican a analizar detalladamente la incidencia del *big data* en este último campo.

3. EDUCACIÓN BASADA EN DATOS

El uso de datos digitales en la enseñanza está dotando de nuevas capacidades a los profesionales de la educación. Su aplicación todavía no está suficientemente asentada, por lo que sería arriesgado hablar de patrones metodológicos que puedan utilizarse para diseñar intervenciones educativas basadas en datos que sean enteramente efectivas. Pero el análisis de las situaciones donde los datos han servido para resolver dificultades concretas de los estudiantes nos muestra dos grandes tendencias: por un lado, el análisis de los datos generados durante un curso como apoyo a la docencia y el seguimiento de los estudiantes; y la aplicación del conocimiento que aportan los datos para diagnosticar las necesidades de los estudiantes y diseñar cursos adaptados a esos requerimientos.

3.1. Apoyo a la docencia y la gestión de cursos

Cada vez es más común recurrir a indicadores basados en datos para diseñar la programación y dar apoyo a los estudiantes en el día a día de un curso. Una de las principales aproximaciones al *big data* en la educación consiste en aplicar técnicas de análica de datos con el fin de mejorar la calidad del aprendizaje. El proceso más habitual consiste en hacer un seguimiento detallado de los pasos de los estudiantes en las plataformas digitales, analizar la información obtenida y proporcionar soluciones concretas ante los problemas cotidianos que surgen durante el curso.

Los estudiantes dejan huellas cada vez que interactúan dentro de un entorno de aprendizaje digital. Mediante un análisis adecuado de esas huellas es posible introducir mejoras con las que enriquecer el aprendizaje, la enseñanza y mejorar la eficacia de las instituciones implicadas en las propuestas formativas. A continuación se muestra dónde comenzar a procesar los datos de los estudiantes y las posibilidades de su uso para la docencia y la gestión de cursos digitales.

Datos de ingreso

Cuando un estudiante inicia su sesión en una plataforma educativa la acción queda registrada en el sistema. El análisis de esa información y de los patrones asociados al comportamiento posterior —como el número de veces que inicia sesión a lo largo del día, la hora a la que lo hace o las aplicaciones más utilizadas—, pueden ayudar a los profesores a estudiar los niveles específicos de participación, así como la forma en que se está utilizando el entorno de aprendizaje. Por ejemplo, al mirar un informe con los datos del inicio de sesión de un grupo de estudiantes, se puede ver rápidamente qué estudiantes están activos, dónde están más activos y dónde no. Esa información es útil para evaluar dónde podrían requerirse las intervenciones o dónde podría ser necesario editar el contenido para obtener mayor claridad.

Por otra parte, para los administradores del curso los datos de inicio de sesión también pueden ser útiles para ver dónde y cuándo los profesores participan y cómo atraen a los estudiantes. Esto ofrece a los administradores un medio para ver más allá de la «puerta cerrada» del aula, y también pueden proporcionar orientación y apoyo adicional dónde y cuándo sea necesario.

Datos de uso de herramientas y recursos de aprendizaje

Saber qué herramientas utilizan los estudiantes, a qué actividades y recursos acceden y con qué frecuencia lo hacen puede ser útil para los profesores ya que puede tomarse como un indicador de la participación y el rendimiento en el curso. Por ejemplo, si un profesor se da cuenta de que un estudiante no tiene un buen rendimiento en algunas tareas específicas, puede ver si está accediendo a los videos asignados apropiados y a los hilos de discusión. Un profesor también puede usar esa información para tener una idea de qué contenidos son los más consultados. Conocer esa información puede ser bastante útil para tomar decisiones sobre la forma de gestionar el curso y su futuro rediseño.

Por su parte, un administrador puede usar un informe de acceso a la plataforma para ver qué herramientas están utilizando los docentes y si hay problemas de rendimiento asociados con el uso de herramientas específicas. Además, si un administrador ve que los estudiantes que usan una herramienta específica a menudo rinden mejor que otros estudiantes, podría organizar una discusión con los profesores y los responsables del diseño del curso para ver qué estrategias y tácticas usan con esa herramienta que podrían, a su vez, informar sobre la futura evolución del curso.

Registro global de la actividad

Cuando se observa la actividad de los estudiantes de manera integral, puede ser útil tener una visión global y saber con qué frecuencia interactúan con el contenido del curso, qué estudiantes son más activos en el foro de discusión, sus relaciones con otros estudiantes y las acciones que realizan cuando acceden a su espacio personal de aprendizaje. Usando esa información los profesores podrían enviar una nota a aquellos que no están participando con la periodicidad que deberían, y premiar a los que están participando activamente y aportando contenido.

Para los administradores, un informe de actividad puede ser útil para observar la relación entre el rendimiento del alumno y el compromiso del profesorado. Por ejemplo, les gustaría saber cuándo comienzan a disminuir los niveles de rendimiento y la actividad de un estudiante, y también deberían poder ver cuándo y con qué frecuencia intervino el profesorado. Ese tipo de información sería útil para mejorar la formación y apoyar el rendimiento del grupo de profesores de un curso.

Permitir intervenir en el curso

En última instancia, la actividad de los estudiantes y los resultados de la evaluación pueden ayudar a los diseñadores del curso a ver dónde están teniendo dificultades los estudiantes para poder intervenir sobre la marcha. Es importante tener en cuenta que el análisis de los datos sobre el desempeño en el curso sirve a los profesores para establecer un diagnóstico de la situación, para disponer de información sobre el comportamiento de los estudiantes y medir la efectividad de su aprendizaje, de los contenidos utilizados y de la organización del curso.

Además, el análisis del comportamiento de los estudiantes y de los profesores puede ayudar a las instituciones a identificar casos en riesgo, lo que permite anticipar la intervención pedagógica y ofrecer un apoyo más adecuado.

3.2. Análisis predictivo

El análisis de los datos digitales de los estudiantes también ha demostrado su utilidad para predecir las tasas de abandono en cursos digitales. Los datos demográficos y de rendimiento pueden ayudar a las instituciones educativas a predecir si un estudiante se inscribirá en un curso, si una vez inscrito mantendrá el rumbo durante su ciclo de aprendizaje y si requerirá apoyo para no quedarse atrás antes de finalizar. Esta forma de utilizar los datos se conoce como análisis predictivo.

Las instituciones educativas pueden apoyarse en este tipo de análisis para alcanzar sus objetivos de captación de alumnos, focalizando las estrategias empleadas para el reclutamiento y haciendo un mejor uso de las becas y ayudas a la matriculación. El análisis predictivo también permite adaptar mejor los servicios de asesoramiento y personalizar el aprendizaje para mejorar el rendimiento de los estudiantes.

A continuación se muestra una secuencia de pasos que los administradores de las instituciones educativas pueden tomar como referencia para aplicar el enfoque del análisis predictivo de forma ética (Ekowo & Palmer, 2017). Se trata de un marco de acción destinado a iniciar la reflexión en los centros, pero que por sí mismo no resuelve todos los problemas éticos que rodean el uso —y el posible abuso— de los datos personales de los estudiantes por parte de una institución y el personal que la compone.

Tener una visión y un plan

Desarrollar una visión y un plan para el uso de los datos ayudará a orientar el análisis predictivo. La planificación evita que el análisis pueda utilizarse de una manera que sea negativa para los estudiantes. Y es especialmente útil para incorporar al personal clave que debería pilotar el proceso e identificar cómo se medirá el éxito de ese esfuerzo. Para desarrollar un plan hay que contar con el apoyo del personal clave y con los agentes implicados en la toma de decisiones. Incluir a estas personas en el proceso de planificación puede ayudar a garantizar que el análisis predictivo se utilice de una manera que no dañe intencionalmente a aquellos cuyos datos se utilizan y analizan. De manera esquemática, estos son los tres principales factores al desarrollar el plan:

1. Los objetivos a lograr con la analítica predictiva. El plan debe incluir las preguntas que se espera contestar y las metas que desea alcanzar. También debe explorar los peligros potenciales de utilizar datos estudiantiles e institucionales para los fines previstos. El equipo de análisis debe asegurarse de que los datos no se utilicen con fines discriminatorios.
2. Las consecuencias imprevistas de la analítica predictiva. El plan también debe incluir una discusión sobre las posibles consecuencias imprevistas y los pasos que la institución y sus socios (por ejemplo, los proveedores de los sistemas informáticos) pueden tomar para mitigarlos.
3. La forma de medir los resultados. El plan también debe incorporar los indicadores de logro con los que evaluar el proceso del análisis y establecer los resultados mensurables que se espera conseguir en el momento final.

Construir una infraestructura de apoyo

Contar con una infraestructura de apoyo dentro de la institución asegura que se pueda aprovechar el resultado de aplicar análisis predictivo, y que los procesos y otros apoyos se pongan en marcha para ayudar a desarrollar el plan de intervención. Algunos pasos a seguir en ese camino serían:

1. Comunicar los beneficios del uso del análisis predictivo y crear un clima donde pueda ser adoptado. El análisis predictivo usa datos de estudiantes e institucionales para impulsar cambios frecuentes y casi inmediatos. Es posible que muchas instituciones no tengan experiencia en el uso de los datos de esa manera, a ese ritmo, y tal vez con metas tan altas como la de asegurar que los estudiantes completen su curso con éxito. Por ello es importante informar de los beneficios en el seno de la institución. Sin un enfoque claro sobre cómo la institución puede beneficiarse del análisis predictivo, los planes bien diseñados podrían no recibir el apoyo que necesitan para tener éxito.
2. Desarrollar procesos sólidos de gestión del cambio. Las nuevas herramientas a menudo vienen acompañadas de nuevos procesos, modelos de informes, personas y socios que aportan nuevas habilidades. Esto puede crear confusión para los encargados de implementar el análisis predictivo en un centro, por lo que es conveniente implicar a los gestores para ayudar a garantizar que se implementen procesos con los que respaldar el cambio que se está produciendo en la institución.
3. Evaluar la capacidad institucional. Disponer de la tecnología apropiada, la infraestructura de datos, el talento, los servicios, los recursos financieros y las habilidades de análisis de datos son esenciales para usar este método. Los expertos en tecnología de la información, las normativas sobre los datos de los estudiantes y el personal con experiencia en la redacción de contratos con proveedores contribuirían a garantizar el éxito del proyecto.

Trabajar para garantizar el uso adecuado de los datos

Los modelos de datos y los algoritmos informáticos necesitan nutrirse de mucha información para construir herramientas predictivas que respalden las estrategias de captación de estudiantes y les ayuden a progresar académicamente. Para construir y utilizar esas herramientas de forma ética, hay que tener en cuenta la calidad de la interpretación de datos e información, así como las cuestiones relacionadas con la privacidad y la seguridad. Eso supone trabajar en los siguientes ámbitos:

1. Asegurar que los datos estén completos y que sean de la calidad suficiente para responder preguntas específicas.
2. Asegurar que los datos sean interpretados con precisión.
3. Asegurar que los estudiantes y el personal son conscientes de que sus datos se usarán para el análisis predictivo.
4. Garantizar la privacidad de los datos.
5. Vigilar la seguridad de los datos.

Diseñar modelos de análisis predictivo y algoritmos que eviten los sesgos

Los modelos predictivos y los algoritmos pueden utilizarse para múltiples fines de apoyo a los estudiantes o para cumplir con los objetivos de inscripción en un curso. Por lo tanto, es crucial que los modelos y algoritmos predictivos sean, al menos, creados para reducir los múltiples sesgos que son propios de la intervención en comunidades diversas. En ese sentido, conviene asegurarse de que los modelos y algoritmos se creen en coordinación con los programadores encargados de diseñarlos, de manera que no codifiquen intencionadamente el sesgo y que puedan ser probados con veracidad.

Aplicar intervenciones adecuadas y coordinadas

Es importante que las intervenciones que se derivan del análisis predictivo se piensen en el contexto del resto de apoyos que ofrece la institución y se difundan con mensajes cuidadosamente comunicados. Estos son algunos aspectos a tener en cuenta:

1. Comunicar al personal y a los estudiantes el cambio de modelo de intervención, que se basará progresivamente en la información obtenida del análisis de datos.
2. Incorporar las intervenciones basadas en la predicción en el seno de un conjunto más amplio de medidas de apoyo a estudiantes y profesores.
3. Comunicar a los implicados la puesta en práctica de las intervenciones.

4. Formar al personal sobre los sesgos implícitos al análisis predictivo y los límites de los datos para sugerir intervenciones.
5. Formar a los estudiantes para utilizar sus propios datos.
6. Evaluar y probar la efectividad de las intervenciones antes de su aplicación.

4. PRIVACIDAD DE LOS DATOS EN LAS INSTITUCIONES EDUCATIVAS

Como se ha comentado, la gestión de datos masivos está haciendo posible que los educadores y los estudiantes colaboren, creen y compartan ideas más fácilmente que nunca. Cuando una institución hace un uso intensivo de tecnologías educativas, los datos de los estudiantes —tanto los procedentes de sus actividades en los espacios digitales, como cierta información personal— son recopilados no solo por los responsables de esa institución, sino que a menudo también se mantienen en los servidores de las compañías que se encargan de gestionar sus servicios informáticos.

En este contexto, es importante subrayar que tan importante es que los educadores utilicen la información disponible para ayudar al aprendizaje de sus estudiantes, como que protejan sus datos personales evitando poner en compromiso la privacidad. De manera que una primera reflexión sobre la cuestión de la privacidad lleva a poner el foco en los profesores, que son quienes tienen un contacto más directo con los estudiantes y los más interesados en atender a la privacidad de sus datos personales.

Tradicionalmente, la información sobre los estudiantes que estaba a disposición de los centros se limitaba a cuestiones como la asistencia, las calificaciones, los registros disciplinarios o el estado de salud. Además de a los profesores, el acceso a esa información solía estar restringido al administrador, al tutor y a otros funcionarios que la requerían para atender a las necesidades educativas habituales. Pero en los últimos años, la implantación masiva de tecnologías digitales está llevando a los centros a compartir sus datos con las empresas que proporcionan los sistemas de información para los estudiantes, los sistemas de gestión de aprendizaje y muchos otros servicios dirigidos a la comunidad académica. Se trata de un fenómeno creciente que está produciendo cambios muy importantes en las funcionalidades del sistema y, por ello mismo, generando un amplio debate en la comunidad educativa. Analicemos a continuación sus características principales.

4.1. Identificación de los estudiantes

Madres y padres, estudiantes y otros agentes de la sociedad civil han expresado su preocupación sobre qué información personal se recopila y se comparte, y qué uso pueden hacer las compañías de esa información. La información que está vinculada a los estudiantes individuales se conoce como información de identificación personal, y está sujeta a una variedad de restricciones legales y reglamentarias (Gallagher, Magid, & Pruitt, 2016). La información personal del estudiante incluye cualquier información sobre su identidad, aspectos académicos, condiciones médicas o cualquier otro aspecto que los centros educativos o los proveedores tecnológicos recopilen, almacenen y comuniquen en nombre de los centros y que sea específico de ese estudiante en particular. Esto incluye el nombre, la dirección, el nombre de sus padres o tutores, la fecha de nacimiento, las calificaciones, las necesidades educativas especiales, los registros disciplinarios, los requisitos de su dieta, y otros datos que sean de utilidad para el proceso de enseñanza y, en general, para la administración de la institución educativa. También incluye los datos creados o generados por el estudiante o el profesor en el uso de la tecnología, como las cuentas de correo electrónico, las publicaciones en los tablones de anuncios digitales, el trabajo realizado con un determinado programa educativo o aplicación, y todos los datos que genera el estudiante en su espacio digital de aprendizaje.

Pero no solo es sensible la información relacionada con la identificación personal. La forma actual de utilizar las tecnologías digitales en la enseñanza genera nuevos datos sobre estudiantes individuales que nunca antes existieron. Algunas de las comunicaciones entre estudiantes y profesores, o entre estudiantes y otros estudiantes, ahora se crean, recopilan y, en ocasiones pueden ser propiedad de los proveedores externos de la tecnología educativa. Por todo ello y para evitar las malas prácticas en la gestión de esa información, los profesores deben conocer las normativas que afectan a la privacidad, junto con las políticas de su institución sobre el uso de productos y servicios educativos suministrados por proveedores informáticos. Además, junto con el cumplimiento de la normativa legal, los docentes también tienen el cometido de proponer a sus estudiantes normas de comportamiento y buenas prácticas de ciudadanía digital, lo que incluye pensar cuidadosamente sobre los productos y procesos digitales que se incorporan en cualquier proyecto o en el diseño de una práctica educativa.

4.2. Uso de datos personales

Cuando los centros educativos deciden adoptar aplicaciones tecnológicas para emplearlas con sus estudiantes deben evaluar previamente sus características para garantizar que cumplan con los requisitos de privacidad de datos. Entre las aplicaciones más comunes que suelen garantizar por defecto la correcta protección de los datos personales, se encuentran las siguientes:

- Herramientas de colaboración, donde los estudiantes y los profesores redactan el trabajo en conjunto, ofrecen retroalimentación y se comunican a lo largo del proceso de aprendizaje.
- Aplicaciones de gestión de procesos, tiempos y tareas, que sirven para organizar y hacer seguimiento de la programación de un curso.
- Plataformas de aprendizaje digital, donde los maestros publican instrucciones, asignaciones y enlaces a recursos para el acceso de los alumnos y las madres y padres.
- Notificación de calificaciones, donde los profesores publican calificaciones y los estudiantes y sus tutores pueden acceder a ellas con un nombre de usuario y contraseña.
- Herramientas de comunicación que incluyen cuentas de correo electrónico o boletines de noticias.

Además de esas herramientas, pueden surgir propuestas de uso de otras aplicaciones tanto a petición de los profesores como de los propios estudiantes. Si es el profesor quien desea utilizar una aplicación que no fue diseñada específicamente para la educación, debe verificar previamente con el equipo de administración del centro si cumple con las políticas institucionales aplicables y utilizar los protocolos de verificación tal como lo haría con una aplicación específicamente educativa. Pero también es bastante común que los estudiantes encuentren aplicaciones educativas por su cuenta para usar en proyectos y actividades de aprendizaje. Hay que ver esta actitud como un momento de aprendizaje: una gran oportunidad para hablar con el alumno sobre la privacidad de los datos y revisar algunos de los principios de la ciudadanía digital.

Antes de respaldar el uso de productos externos, el docente puede explicar al estudiante las consideraciones que debe tener en cuenta, incluida la recomendación de que el alumno también lo haga saber a sus padres. Algunos ejemplos de preguntas relacionadas con la privacidad que habría que responder antes de adoptar una determinada tecnología serían si es necesario crear una cuenta para comenzar a usar esa aplicación, y de ser así, si hay que proporcionar información personal como correo electrónico, nombre, edad, etc.; también si la aplicación requiere permiso de los padres; quién tiene acceso al correo electrónico y el resto de información facilitada al crear la cuenta; si el desarrollador de la aplicación comparte la información con otros; o si la aplicación recopila información adicional, como ubicación o contactos. Es importante reflexionar con los estudiantes sobre estas cuestiones y explicarles que toda esa información les pertenece y que deben pensar en protegerla. Asimismo, también es importante alentarlos a que discutan sobre ello en el hogar con sus padres y tutores.

Estos problemas con herramientas no-educativas son muy habituales en el día a día de un centro educativo. Hay muchas aplicaciones que no han sido diseñadas para la educación, pero que son de uso habitual en la sociedad y que los estudiantes pueden querer utilizar para aprender o como ayuda para sus tareas y proyectos. Son especialmente interesantes las herramientas que permiten hacer encuestas, aplicaciones para tomar notas, herramientas de edición de texto o aplicaciones para crear vídeos, grabar audio o diseñar imágenes.

Sin embargo, es posible que los productos comerciales no diseñados y comercializados directamente a los centros educativos no cuenten con las políticas y prácticas de privacidad establecidas para garantizar la protección de los datos de los usuarios de acuerdo con el estándar legal que protege la información de los estudiantes. Por lo tanto, estos productos deben evaluarse cuidadosamente para ver si su uso pondrá los datos del estudiante ante un riesgo no deseado.

5. INVESTIGACIÓN EDUCATIVA Y ANALÍTICA DEL APRENDIZAJE

La posibilidad de acceder a la información sobre la actividad de los estudiantes en las plataformas digitales de aprendizaje y en el espacio abierto de la web, abre nuevas líneas en la investigación educativa. Las técnicas de análisis de *big data* proporcionan a los investigadores la información necesaria para monitorizar la totalidad de los comportamientos que son posibles exhibir en un sistema digital. Todo ello supone ampliar el rango clásico de la investigación educativa, mientras se incorporan cada vez con más claridad las visiones procedentes de otras disciplinas como la economía o la antropología, y desde luego el enfoque propio de la informática (Domínguez, Álvarez & Gil-Jaurena, 2016).

Entre las nuevas disciplinas que estudian la utilización social de los datos masivos, destacamos por su impacto en las ciencias de la educación la llamada analítica del aprendizaje (Buckingham & Ferguson, 2012; Siemens *et al.*, 2011). En el campo específico de la investigación educativa también se están consolidando algunas técnicas orientadas a la gestión de los datos digitales como el modelado de estudiantes, los sistemas de recomendación, la minería de datos o el análisis de la traza de los procesos educativos (Breslow *et al.*, 2013; Nesterko *et al.*, 2013; Thille *et al.*, 2014). En general, esas disciplinas combinan diversos métodos procedentes de las ciencias de la computación, las matemáticas y la estadística aplicada con el fin de predecir, interpretar y conocer detalladamente el proceso de aprendizaje de los estudiantes.

Dentro de la academia la aparición de nuevas especialidades científicas suele ir acompañada de tensiones y críticas, que en el caso de la analítica del aprendizaje se dirigen principalmente a sus bases conceptuales y metodológicas. La consolidación de esta disciplina parece que dependerá del asentamiento de las circunstancias que rodean a la tecnología, así como de la definición de los nuevos marcos legales y los esquemas éticos que serán de aplicación en la investigación social basada en datos masivos (Borgman, 2015; Metcalf, Crawford & Keller, 2016; Tijerina,

2016). Entre tanto se consolida como disciplina científica, dentro de la analítica del aprendizaje conviven dos narrativas que inicialmente se consideran complementarias, pero que incorporan matices significativos especialmente en lo relativo al efecto que puede tener la predicción del comportamiento de los estudiantes en base a su historial de datos.

Por una parte, existe una visión maximalista sobre el potencial del análisis de datos masivos, que es la defendida principalmente por la industria de la tecnología educativa y por numerosos gobiernos (Kamenetz, 2015). Esta narrativa pone el foco principalmente en las nuevas capacidades de acceder a los datos, y a partir de ellos medir y contabilizar cualquier actividad conectada directa o indirectamente con el aprendizaje. Se considera que el análisis de los datos obtenidos durante el aprendizaje resulta clave para desbloquear la «caja negra» de la mente humana, mejorar los procesos educativos y hacer más eficiente la enseñanza, ayudando a tomar decisiones mejor informadas sobre el diseño de los currículos (Cuban, 2015; Westervelt, 2015). En la base de este enfoque se encuentra un modelo determinista de la acción humana, sustentado en la supuesta posibilidad de que los agentes pueden optimizar una serie de variables predefinidas que condicionan su conducta.

Existen también otros enfoques menos exigentes que tienen en cuenta las prácticas efectivas de los sujetos en los espacios digitales, y apuestan por comprender el comportamiento de los estudiantes en los espacios digitales de manera global. En este caso se parte de la asunción de que los grandes conjuntos de datos, ya sea inherentemente o en virtud de su tamaño, no poseen respuestas directas a las preguntas más interesantes. Por ejemplo, en el caso de los cursos digitales, hay pocos estudios que hagan afirmaciones sólidas sobre el aprendizaje de los estudiantes y menos aún sobre los pequeños elementos didácticos que generan mejores aprendizajes. En palabras de Reich (2015, 34), «tenemos terabytes de datos sobre dónde han hecho clic los estudiantes y muy poca comprensión de lo que ha cambiado en sus cabezas». No es necesario analizar miles de registros de las entradas a un curso para demostrar que el esfuerzo del estudiante correlaciona con el rendimiento. Lo que no es tan claro es el vínculo causal entre hacer, hacer más y hacerlo mejor. Para corregir esa tendencia, este enfoque aboga por poner mayor énfasis en analizar el conjunto de acciones que producen un determinado aprendizaje, antes que examinar las tecnologías concretas empleadas o los parámetros más cuantificables, como los minutos de vídeos consumidos en un curso o el número de mensajes enviados a un foro.

* * *

Como hemos comentado, esa disparidad de enfoques se corresponde con una fase inicial y previa a la consolidación de la analítica de aprendizaje como disciplina. En cualquier caso, la evolución de este campo parece anunciar una próxima generación de estudios que adoptarán una gama más amplia de diseños de investigación, y donde se preste una mayor atención a los factores causales y funcionales que promueven el aprendizaje del estudiante. Para lo que será necesario crear nuevas herramientas que ayuden a organizar y seleccionar la gran cantidad de datos que es posible analizar mediante el registro de la actividad digital de los estudiantes.

6. DESAFÍOS ÉTICOS DE LA ANALÍTICA DEL APRENDIZAJE

La capacidad de analizar enormes bases de datos que contienen información tomada directamente de las fuentes originarias y procedente de contextos muy dispares, junto a la posibilidad de generar conocimiento nuevo a partir de esa información, plantea un nuevo escenario para la investigación social realizada con datos masivos. En esa nueva situación resulta imprescindible considerar muy diversas situaciones que son consecuencia de utilizar los datos recopilados para fines inesperados y muy diferentes de los que estaban en los supuestos iniciales que condujeron a su captura. Se presenta así una responsabilidad ética que es necesario atender cuando se trata de gestionar datos y que es mayor cuando la información procede de los estudiantes de un curso y su uso se destina a apoyar el proceso de enseñanza y aprendizaje, ya sea en el aula o en un espacio digital.

Uno de los elementos más controvertidos de la gestión digital de los datos es todo lo relacionado con su recopilación, análisis y las diversas formas de utilización, incluida su monetización. La mayor parte de los estudiantes no es consciente de la clasificación facilitada por algoritmos que se produce en los procesos educativos mediados digitalmente. Su análisis y categorización comienza mucho antes de acceder a un centro de estudios o registrarse en un curso determinado. Por ejemplo, a partir del código postal de un candidato que solicita ingresar a una universidad es posible establecer su probabilidad de éxito en los estudios. Los sistemas de recomendación sugieren a los estudiantes las siguientes asignaturas que les vendrían bien seguir de acuerdo con su perfil. Una vez en el curso, las herramientas digitales facilitan modelos predictivos que en general suelen avanzar pronósticos adecuados. Se sugieren recursos de ayuda y apoyo para los estudiantes en situación de riesgo potencial. Y todo esto sucede detrás de la pantalla, en el sistema de gestión del curso, donde los algoritmos, adecuadamente diseñados a partir del conjunto de valores que el administrador ha asociado a los procesos de organización y selección de datos, procesan el flujo de entrada y salida de la información tratando de condicionar directa o indirectamente una amplia gama de las prácticas de los estudiantes (Domínguez, Álvarez & Gil-Jaurena, 2016).

El entorno académico es el ámbito de la investigación social donde se ha trabajado con mayor profundidad en la ética de la gestión de datos personales. La educación, al igual que otras disciplinas, puede tomar como referencia esos avances para transferir a su espacio aquellos elementos que sean comunes y plantear también las peculiaridades propias de su campo.

Durante los últimos setenta años la ética de la investigación —especialmente la investigación social— ha desarrollado un conjunto de recursos conceptuales, normativos e institucionales basados en la forma de trabajar con datos que proceden de las prácticas personales que no aplican fácilmente en el caso del análisis de datos masivos. Esto ha dado lugar a numerosas preguntas abiertas sobre temas de fondo como es si los métodos de investigación de *big data* deben excluirse de los marcos éticos actuales, o bien están obligados a cumplir con las normas existentes, si estas normas presentes deben adaptarse a las circunstancias especiales del *big data* o si se necesitan normas y compromisos institucionales completamente nuevos.

Trabajar en el campo del *big data* requiere expandir el marco ético de la investigación social. Se trata de alejarse de la ética tradicional y centrarse en conceptos menos tangibles, como el impacto de la privacidad de la información y la discriminación en el uso de los datos. El nuevo marco puede abarcar el concepto tradicional de un sujeto humano —entendido como un individuo particular—, y también una agrupación de personas más amplia. Pero fundamentalmente el *big data* no solo modifica la concepción de los individuos, sino que afecta a la consideración de los datos que se utilizan habitualmente en la investigación social, ya que ahora esos datos pasan a ser —al menos en teoría— indefinidamente conectables y reutilizables, continuamente actualizables y fácilmente eliminables del contexto en el que fueron recopilados (boyd & Crawford, 2012). Esas características específicas de los sistemas digitales nos obligan a gestionar situaciones que ponen en cuestión el límite de las prácticas y la ética tradicionales, que dependían de que los datos de la investigación estaban limitados temporalmente y contextualmente, y estaban muy restringidos por las infraestructuras técnicas y el costo financiero.

Además, los métodos que facilita la actual ciencia de datos crean una relación abstracta entre los investigadores y los sujetos que son objeto de estudio, debido a que el trabajo se realiza de forma distante de las comunidades afectadas, y el consentimiento informado a menudo equivale simplemente a aceptar los términos de servicio de una aplicación o una política de privacidad vaga. Todos esos cambios juntos son difíciles de cuantificar y su puesta en práctica puede llevar a frustrar las prácticas éticas tradicionales que eran familiares a los investigadores sociales (Zwitter, 2014).

En el terreno práctico, gestionar los numerosos datos almacenados en los servidores informáticos plantea numerosas incógnitas para las personas que no están suficientemente habituadas a manejar los códigos éticos de la investigación social. El uso de bases de datos públicas, corporativas y gubernamentales puede revelar el comportamiento de las personas que han interactuado entre sí en un espacio digital a través de aplicaciones que han capturado la información derivada de esas prácticas. Por otro lado, la adquisición de datos públicos procedentes de Internet conlleva la aceptación de los términos y condiciones legales del servicio, lo que también plantea desafíos logísticos y éticos en cuestiones importantes como la posible replicación, la identificación y el consentimiento. Y, por último, el creciente interés en almacenar directamente los datos disponibles en páginas web públicas también introduce dudas sobre el uso de la información que fluye a través de Internet, sobre las reglas de descarga masiva de datos, los derechos de autor y el acceso legal a esos datos.

En suma, los desafíos éticos —y también jurídicos— que afronta la investigación social con datos masivos se manifiestan de forma nueva y diferente para los tres agentes implicados: los investigadores, los sujetos de la investigación y las entidades que gestionan los datos.

6.1. Los investigadores y analistas de datos

Los investigadores que trabajan con datos masivos se enfrentan continuamente con nuevos dilemas éticos que no siempre están bien resueltos en los protocolos de acción convencionales. El ejemplo principal es el uso de datos públicos procedentes de Internet, que tiene como barrera principal para el investigador la aceptación de los términos y condiciones legales del servicio de donde se toman esos datos. En numerosas ocasiones ese marco legal no resuelve las cuestiones dudosas sobre la posibilidad de utilizar los datos, sino que abre nuevas incógnitas y plantea desafíos logísticos y éticos sobre la replicación de los datos, la identificación de las personas que los han generado y el consentimiento para que pueda utilizarse por parte de terceros.

El caso de Twitter es ilustrativo de estas cuestiones. Sus condiciones legales prohíben transmitir *tweets* después de que los usuarios los hayan eliminado. Sin embargo, los procedimientos de una investigación difieren de las reglas establecidas en los términos del servicio, y numerosos investigadores continúan utilizando datos que contienen *tweets* eliminados posteriormente, ya que volver a hacer un estudio para eliminarlos sería un desafío logístico y además no hay ningún mecanismo que notifique a los investigadores cuando se ha borrado un *tweet* particular. En última instancia, se trata de situaciones que plantean incógnitas sobre la practicidad y aplicabilidad de los términos legales del servicio de la red social.

Como se ve, los investigadores no siempre entienden o siguen las condiciones legales de una aplicación, sino que a menudo confían en su intuición o eligen el camino más conveniente para los objetivos de su estudio, en lugar de seguir las pautas establecidas. Además, una vez concluída la investigación nadie verifica si se siguieron las condiciones establecidas, lo que desincentiva aún más los esfuerzos adicionales para cumplir las normas legales y los compromisos éticos preestablecidos.

6.2. Los sujetos de la investigación

El recurso más importante para proteger la voluntad de una persona que participa como sujeto de estudio en una investigación social es el denominado «consentimiento informado». El consentimiento informado consiste en la aceptación expresa que proporcionan las personas que van a ceder sus datos para su uso en el marco de una investigación. Este protocolo no solo es de gran utilidad para las personas que forman parte de la muestra, también es la principal herramienta de la que disponen los investigadores para afrontar los dilemas y conflictos éticos que surgen cuando tratan con los datos personales que proceden de las prácticas sociales que pretenden estudiar.

Lo que sucede es que ese modelo tradicional, que busca el consentimiento informado al comienzo de un estudio, a menudo es insuficiente cuando se trata de investigaciones que trabajan con *big data*. Por ejemplo, las nuevas posibilidades de acceder a datos secundarios —obtenidos indirectamente, como sucede por ejemplo con los datos de las redes sociales o con la información «pública» disponible en la web— caen en una zona gris. Esa información muchas veces se considera exenta porque los datos ya se han recopilado inicialmente en los servidores de las plataformas y no es posible acceder directamente a las personas que los prestaron.

Lo ambiguo de la situación lleva a pensar que existen múltiples lagunas en la gestión de ese tipo de información. Por lo que sería conveniente ampliar la supervisión de los datos más allá del alcance del consentimiento informado, ya que la información procedente de fuentes secundarias que está disponible en la web puede dar lugar a análisis inadecuados como la reidentificación de los participantes en el estudio, o utilizarse para violar la privacidad de esas personas mediante diversos tipos de análisis continuado —a medida que se generan nuevos datos— o a través de la agregación de los datos —la combinación de dos o más fuentes de datos que informan de un mismo fenómeno—.

6.3. Las instituciones que recopilan la información

Para las instituciones es fundamental utilizar el análisis de datos de forma ética con el fin de evitar usos indebidos de la información disponible. En el nivel estratégico, la falta de un enfoque ético adecuado podría llevar a que un centro de enseñanza recurra al análisis predictivo para justificar el uso de menos recursos con los que reclutar estudiantes de bajos ingresos porque sus posibilidades de inscripción son menos seguras que las de los estudiantes potenciales más acomodados. Dotarse de un marco ético sirve como barrera para prevenir este tipo de enfoques no deseables por parte de las instituciones.

Por otro lado, en la dimensión propiamente técnica, antes de decidir qué protocolos de captación de datos emplear y el lugar donde almacenar la información, es también importante tener en cuenta los problemas de seguridad y considerar la evolución de las normas sobre violación de datos y reidentificación de personas. Independientemente de la ubicación elegida para almacenar los datos, existe una preocupación generalizada sobre si los repositorios digitales son realmente seguros y el nivel de protección exigido para evitar filtraciones. Los procedimientos de acceso a la información almacenada varían según la tipología de los datos. Por ejemplo, como hemos visto anteriormente hay datos públicos que no están sometidos a directrices claras, mientras que hay otro conjunto de datos tasados, como los procedentes del censo o datos médicos que tienen un alto nivel de protección legal y se deben guardar en salas protegidas y utilizando servidores desconectados de Internet a través de un cortafuegos y comunicaciones encriptadas. Dicha variedad y la dificultad de establecer tipologías de datos claras, genera una sensación de ambigüedad en torno a los criterios que debe seguir una institución que desea almacenar y gestionar los datos de sus usuarios para realizar investigaciones.

* * *

Como se ha visto, las cuestiones éticas son elementos centrales en la gestión digital de los datos personales. Las nuevas capacidades que ofrece el *big data*, especialmente cuando se trata de investigar con datos obtenidos abiertamente de la web, introducen un conjunto de ambigüedades éticas y nuevas preguntas en aspectos como el consentimiento de los usuarios para que sus datos sean utilizados en investigaciones sociales, el cumplimiento de las condiciones del servicio, la captación de datos directamente de la web y el uso secundario de los datos disponibles públicamente. Esto hace que existan lagunas en los protocolos existentes y que muchos de los nuevos —y también los potenciales— problemas éticos todavía sigan sin resolver completamente.

7. MITOS Y FALACIAS SOBRE EL *BIG DATA*

El repaso de las formas en que el *big data* está ampliando la capacidad de acción de numerosas disciplinas, incluyendo la educación, puede conducir a una interpretación excesivamente positiva de este fenómeno. La mayoría de análisis se centran en los efectos positivos de la gestión de datos masivos, presentando el *big data* como la clave para aumentar el rigor en las ciencias sociales o como una condición importante para la educación del futuro. Y son menos los que se detienen en los inconvenientes, los sesgos interpretativos y la dificultad de adaptar los métodos estadísticos existentes —cuya concepción respondía precisamente a la necesidad de inferir certezas sobre la base de los escasos datos disponibles—, a la nuevas formas de analizar la realidad basadas en la abundancia de datos. y la posibilidad de hacer contrastes directos entre modelos teóricos y prácticas sociales (Lazer *et al.*, 2009; boyd & Crawford, 2012).

Anteriormente hemos visto que el *big data* ha sido analizado desde muy diversos frentes, incluyendo el campo académico, el político, el empresarial o el periodístico. Sin embargo, seguimos estando ante un espacio abierto a la investigación y que adolece de una atención rigurosa a sus elementos metodológicos y conceptuales. Por ello, y con el fin de ampliar la comprensión de las certezas y los aspectos críticos del *big data*, a continuación se repasan los principales desafíos que continúan limitando el fenómeno y que están llamados a superarse en los próximos años (Tufekci, 2013).

7.1. Escasa atención a los sesgos de las plataformas que generan los datos

El análisis predictivo basado en *big data* consiste principalmente en estudiar el comportamiento de las personas y relacionarlo con algún patrón que permita explicar sus acciones y, sobre todo, predecir su comportamiento en el futuro. Los datos que se utilizan proceden de situaciones altamente complejas que están dotadas de múltiples significados y cuya interpretación depende en buena medida del contexto en el que se han recogido. En el espacio de Internet, el principal elemento que determina el contexto es la plataforma donde tiene lugar la actividad social. Hasta tal punto es esto importante que un mismo comportamiento podría tener significados diferentes según la plataforma en la que se haya producido.

Por ejemplo, en el caso de la investigación sobre el comportamiento social en Internet la plataforma más utilizada es Twitter, debido principalmente a la disponibilidad de la información, la facilidad de analizar la estructura de los datos de esa plataforma y las numerosas herramientas de análisis que utilizan Twitter como fuente de datos. Sin embargo, Twitter está lejos de ser una plataforma que represente al conjunto de aplicaciones digitales que permiten la interacción social. Cada plataforma incorpora ciertas funcionalidades específicas que pueden no ser representativas de otras plataformas sociales o del comportamiento social humano en general.

Al igual que sucede con Twitter y las redes sociales, en la educación la plataforma que ha sido más investigada desde las metodologías *big data* ha sido Open edX. Esto se debe principalmente a que es una herramienta de código abierto y gratuito que se desarrolló originalmente para los cursos del proyecto edX, que es el principal sitio de MOOCs (del inglés *Massive Open Online Courses*) en todo Internet.

Las múltiples investigaciones sobre la actividad de los estudiantes en Open edX han llevado a los académicos a sugerir un marco de comportamiento general de los estudiantes en los cursos *online*. El esquema hace referencia a cuestiones tan importantes como la comunicación en los foros, la tasa de finalización de los cursos o las tareas del profesor. Sin embargo, la plataforma Open edX no posee algunas de las características que son habituales y muy utilizadas en otras herramientas, como la plataforma Moodle, que también es de uso común en un número importante de centros educativos. Open edX difiere de Moodle en aspectos como la integración de elementos visuales en el texto, el seguimiento de las conversaciones en los foros o la gestión de las pruebas de evaluación. La interfaz simple de Open edX es muy adecuada para su uso en dispositivos móviles, lo que la convierte en la plataforma preferida para estudiar en situaciones de movilidad o desde entornos con poco ancho de banda.

El mecanismo de consulta de video-clases también da lugar a un comportamiento particular, ya que se basa en una serie de normas de visionado que no equivalen ni se corresponden necesariamente con la forma de consumir contenidos audiovisuales en otras plataformas digitales.

Para compensar las carencias de los modelos de investigación de plataforma única se puede ampliar la base de recogida de datos de manera que se cubra la ecología emergente de los medios que guardan alguna relación con el fenómeno analizado. Eso no significa que no se pueda investigar nada valioso a partir de un análisis de plataforma única. Más bien, se trata de asumir que esos análisis no están examinando un sistema cerrado. Y que, en última instancia, es posible que la solución a esta limitación de *big data* no se pueda resolver solo con *big data*.

7.2. Búsqueda de etiquetas y palabras clave en casos únicos

Muchos estudios de *big data* educativo extraen textos relevantes de una plataforma usando etiquetas o palabras clave. Por ejemplo, en un foro virtual de un curso se pueden analizar los mensajes buscando los que contengan palabras como «examen», «duda» o «gracias». Si bien los estudios basados en etiquetas y palabras clave pueden ser un método poderoso para examinar los flujos y la temática de las conversaciones de en un curso, se trata de análisis construidos sobre la base de seleccionar la variable dependiente, que es la que se corresponde con el caso que se pretende estudiar, con todas las características y debilidades concomitantes que supone emplear esa ruta metodológica.

En una investigación social, una muestra que comprenda uno o varios casos tiene un poder analítico limitado y puede dar lugar a resultados engañosos ya que la variación en la variable dependiente es limitada (Geddes, 1990). Por ejemplo, la investigación sobre las condiciones que tienen que darse para que los estudiantes entiendan mejor un tema dentro de un curso que se realiza solo mediante el examen de casos de cursos exitosos que se han producido tendrá, necesariamente, un poder explicativo limitado, ya que falta incluir los casos que podrían tener características similares pero en los que ha habido fracasos y los estudiantes no han comprendido adecuadamente los temas. En ese mismo sentido, en los conjuntos de datos basados en palabras clave, un mensaje se incluye en el conjunto de datos precisamente porque tiene un resultado particular ya asociado. Además, la mayoría de palabras clave utilizadas para crear grandes conjuntos de datos son ejemplos de términos exitosos, que se conocen bien, se distribuyen ampliamente y generan gran interés. Todo ello viene a poner en cuestión la capacidad de este tipo de estudios y la necesidad de abrir el diseño de la investigación incorporando una variedad mayor de técnicas e instrumentos para el análisis.

7.3. Correlación no implica causalidad

Relacionado con el supuesto anterior, hay una estrecha relación entre la selección de rasgos que forman parte de la variable dependiente y la atribución de factores específicos de los cuales dependen las características de la muestra no correlacionada. Es decir, una población autoseleccionada no solo tendrá características generales diferentes de las de la población general, sino que también puede exhibir tendencias correlacionales significativamente diferentes, lo que crea dos tipos de problemas.

Por un lado, se produce una confusión en las variables analizadas. Siguiendo con el ejemplo de las etiquetas que se asocian a un mensaje en un foro, éstas a menudo están relacionadas con suposiciones, significados y la estructura cultural o política del contexto donde se produce la conversación. Por lo tanto, el uso de etiquetas, además de ser un acto de autoselección, a menudo implica la participación y el compromiso con el marco que integra la etiqueta. Los sesgos propios de esa situación impiden generalizar las conclusiones a otros contextos, lo que limita la investigación.

Pero quizás el más importante de los errores asociados a los diseños de investigación que confunden la variable dependiente e independiente es el que lleva a asumir que la correlación entre los factores o rasgos observados simultáneamente en las variables implica algún tipo de causalidad entre ellos. Se trata de una falacia habitual en el campo de la estadística, que consiste en inferir que existe una relación causal entre dos o más eventos por haberse observado una correlación estadística entre ellos, y que los estudios de *big data* han contribuido a generalizar en parte por los motivos expuestos anteriormente (Muller, 2018).

Las investigaciones basadas en big data a menudo ponen el énfasis en las variaciones y deslizamientos que se producen en grandes volúmenes de datos y buscan explicaciones simples a los fenómenos complejos que están detrás de esas variaciones. Un ejemplo son los estudios realizados en el nivel del sistema educativo, como los que analizan la segregación de los estudiantes en barrios según nivel socioeconómico, o los que hacen comparaciones entre rendimiento académico y otras variables geográficas como el país o la región de residencia de los estudiantes. En la historia de la educación han sido muchas las investigaciones que han buscado correlaciones entre variables simples para responder a problemas complejos, y a menudo se han visto cuestionadas con el paso de los años. Actualmente, el acceso a grandes fuentes de datos ha abierto la puerta a nuevas interpretaciones cada vez más creativas que están más próximas al enfoque teórico que apoya los estudios que las evidencias observadas. Lo limitado de la financiación y la escasez de tiempo también lleva a los investigadores a encontrar causalidad entre factores donde solo hay correlación aparente que no siempre explica la varianza en las variables analizadas en los estudios.

7.4. Limitaciones muestrales

Uno de los mayores riesgos metodológicos del análisis de *big data* es la insuficiente comprensión de la muestra subyacente. En una investigación social la muestra se corresponde con la selección de personas elegidas para representar a la población donde se desean aplicar las conclusiones. Como a menudo el investigador no tiene acceso a toda la población, se ve obligado a elegir una muestra que la represente y que sea manejable. El estudio se aplica a la muestra con la expectativa de que las conclusiones obtenidas también puedan replicarse en el conjunto de la población.

En el caso del *big data*, las investigaciones suelen presentar un gran alcance y las poblaciones a las que se proyectan los estudios son a menudo muy amplias. Por ejemplo, pueden referirse a todos los usuarios de Internet, o en el caso de la educación puede haber estudios cuyas conclusiones se quieran aplicar a todos los estudiantes que participan en cursos digitales, a todos los estudiantes universitarios o a todas las escuelas situadas en un determinado tipo de barrios. Como la información disponible en las bases de datos masivas en muy numerosa, el investigador tiende a pensar que esos datos son suficientes para representar a la población. Sin embargo, eso no siempre es así. Y el investigador estará asumiendo un cierto riesgo si trata avanzar sin haber realizado previamente una selección muestral adecuada, ya que pueden surgir problemas para garantizar la representatividad y la equidad cuando se pretende generalizar los resultados a poblaciones que, al ser tan amplias, se caracterizan por una gran heterogeneidad.

La falta de representatividad de la muestra en el caso de las fuentes de información masivas se puede atajar utilizando métodos de selección adecuados al tamaño de la población. Eso comprende por un lado utilizar *big data* también en las fases previas del estudio, de manera que sea posible segmentar los grandes volúmenes de datos disponibles. Y por otro, la investigación social está llamada a imitar a las ciencias experimentales e incorporar escalas próximas a 1:1 tanto en el proceso de análisis de la información como en la inferencia de los resultados, ampliando de ese modo el compromiso con la realidad social que pretende estudiar.

7.5. La estructura de red no revela todo

La mayoría de investigaciones de *big data* utiliza métodos de análisis de redes sociales. Ese enfoque trata de conocer la evolución de los flujos de información que proporcionan las personas que están interactuando en un contexto determinado, y para ello recurre a representaciones gráficas que muestran las conexiones entre los nodos que forman la red —que pueden ser personas, mensajes enviados a un foro, tuits, etc.—, filtrados por los atributos de esos nodos —por ejemplo, la temática de un mensaje, el tipo de tuit, etc.— y según el peso que tienen los enlaces entre esos nodos —más o menos peso en función del rol de la persona que envía el mensaje, si el tuit es individual o forma parte de una cadena, etc.

En muchas ocasiones los investigadores que utilizan análisis de redes sociales toman en consideración las propiedades estructurales del conjunto de la red para inferir a partir de ellas otras propiedades de los enlaces entre los diferentes nodos. Por ejemplo, una de las prácticas más habituales consiste en conectar los vínculos entre los alter —la red de un individuo consiste en un «ego» que representa a ese individuo, y su «alter», que son los otros a quienes ese ego está conectado— a las propiedades del estructura de la red. Esto es cierto solo bajo ciertas condiciones estrictas en las que las relaciones de puente entre los grupos de redes serían más propensas a ser vínculos débiles (Onnela *et al.*, 2007). Se trata de cuestiones de alto nivel técnico, pero que pueden llevar a imprecisiones ya que la información contenida únicamente en la estructura de la red es limitada.

* * *

El *big data* por sí mismo no puede responder todas las preguntas que surgen en una investigación social, ya que el contexto de las comunicaciones humanas y la naturaleza de las interacciones son multifacéticas y complejas. La disponibilidad de los datos digitales ha impulsado la búsqueda de nuevos métodos de muestreo y de análisis de las huellas de las interacciones sociales en Internet, pero esta abundancia de datos no ha sido (todavía) completada con una revisión conceptual y metodológica que permita comprender tanto las potencialidades como las limitaciones del *big data* (Tufekci, 2013).

REFERENCIAS BIBLIOGRÁFICAS

Borgman, C.L. (2015). *Big Data, Little Data, No Data: Scholarship in the Networked World*. Cambridge, MA: MIT Press.

Boyd, D.; Crawford, K. (2012). Critical Questions for Big Data. Provocations for a cultural, technological, and scholarly phenomenon. *Information, Communication & Society, 15*(5), 662-679. https://doi.org/10.1080/1369118X.2012.678878

Breslow, L.; Pritchard, D. E.; DeBoer, J.; Stump, G.S.; Ho, A.D.; Seaton, D.T. (2013). Studying learning in the worldwide classroom: Research into edX's first MOOC. *Research & Practice in Assessment, 8*(1),13-25. Recuperado de http://www.rpajournal.com/dev/wp-content/uploads/2013/05/SF2.pdf

Cuban, L. (2015, 6 Octover). Data-Driven Teaching Practices: Rhetoric and Reality. Recuperado de https://larrycuban.wordpress.com/2015/10/06/another-look-at-data-driven-teaching-practices/

Domínguez, D. (2017). Heuristics and Web Skills Acquisition in Open Learning Environments. Journal of Educational Technology & Society, 20 (4), 102–111. Retrieved from https://www.j-ets.net/ETS/journals/20_4/10.pdf

Domínguez, D., Álvarez, J.F.; Gil-Jaurena, I. (2016). Learning Analytics and Big Data: Heuristics as Interpretive Frameworks. *DILEMATA, International Journal of Applied Ethics, 22,* 87-103. Recuperado de http://www.dilemata.net/revista/index.php/dilemata/article/view/412000042/450

Ekowo, M.; Palmer, I. (2017). Predictive Analytics in Higher Education: Five Guiding Practices for Ethical Use. Recuperado de https://www.newamerica.org/education-policy/policy-papers/predictive-analytics-higher-education/

Gallagher, K.; Magid, L.; Pruitt, K. (2016, 20 May). The Educator's Guide to Student Data Privacy. Recuperado de http://www.connectsafely.org/wp-content/uploads/Educators-Guide-Data-.pdf

Geddes, B. (1990). How the Cases You Choose Affect the Answers You Get: Selection Bias in Comparative Politics. *Political Analysis, 2*(1), 131-150. https://doi.org/10.1093/pan/2.1.131

Kamenetz, A. (2015). *The Test: Why Our Schools are Obsessed with Standardized Testing–But You Don't Have to Be*. New York: PublicAffairs.

Lazer, D.; Pentland, A.; Adamic, L.; Aral, S.; Barabási, A.L.; Brewer, D.; Christakis, N. *et al.* (2009). Computational Social Science. *Science, 323*(5915), 721-723. https://doi.org/10.1126/science.1167742

Metcalf, J.; Crawford, K.; Keller, E. F. (2015). Pedagogical Approaches to Data Ethics. Recuperado de http://bdes.datasociety.net/council-output/pedagogical-approaches-to-data-ethics-2/

Muller, J. Z. (2018). *The Tyranny of Metrics*. New Jersey: Princeton University Press.

Nesterko, S.; Dostenko, S.; Hu, Q.; Seaton, D.; Reich, J.; Chuang, I.; Ho, A. (2013): Evaluating geographic data in MOOCs. Presentado en el *Neural Information Processing Systems Workshop on Data Driven Education*, Lake Tahoe, NV. Recuperado de http://nesterko.com/files/papers/nips2013-nesterko.pdf

Onnela, J. P.; Saramäki, J.; Hyvönen, J.; Szabó, G.; Lazer, D.; Kaski, K.; Kertész, J. *et al.* (2007). Structure and tie strengths in mobile communication networks. *Proceedings of the National Academy of Sciences, 104*(18), 7332-7336. https://doi.org/10.1073/pnas.0610245104

Reich, J. (2015). Rebooting MOOC Research. Improve assessment, data sharing, and experimental design. *Science, 347*(6217), 34-35. https://doi.org/10.1126/science.1261627

Siemens, G.; Gasevic, D.; Haythornthwaite, C.; Dawson, S.; Buckingham, S.; Ferguson, R.; Duval, E.; Verbert, K.; Baker, R.S.J.d. (2011). Open Learning Analytics: an integrated & modularized platform. Proposal to design, implement and evaluate an open platform to integrate heterogeneous learning analytics techniques. Recuperado de http://www.elearnspace.org/blog/wp-content/uploads/2016/02/ProposalLearningAnalyticsModel_SoLAR.pdf

Tijerina, B. (2016). Campus Support Systems for Technical Researchers Navigating Big Data Ethics. *EDUCAUSE review*, July/Agost, 48-49. Recuperado de http://er.educause.edu/articles/2016/6/campus-support-systems-for-technical-researchers-navigating-big-data-ethics

Thille, C.; Schneider, E.; Kizilcec, R.F.; Piech, C.; Halawa, S.A.; Greene, D.K. (2014). The future of data-enriched assessment. *Research & Practice in Assessment, 9*(2), 5-16. Recuperado de http://www.rpajournal.com/dev/wp-content/uploads/2014/10/A1.pdf

Tufekci, Z. (2013). Big Data: Pitfalls, Methods and Concepts for an Emergent Field. Recuperado de http://dx.doi.org/10.2139/ssrn.2229952

Westervelt, E. (2015, 13 Octover). Meet The Mind-Reading Robo Tutor In The Sky. Recuperado de http://www.npr.org/sections/ed/2015/10/13/437265231/meet-the-mind-reading-robo-tutor-in-the-sky

Zwitter, A. (2014). Big Data ethics. *Big Data & Society*, July–December, 1-6. https://doi.org/10.1177/2053951714559253

IX. APRENDIENDO. CUANDO QUIERAS. DONDE VAYAS

Sonia M.ª Santoveña Casal

1. ¡CUELGA YA ESE TELÉFONO!

¡Cuánto lo echo de menos! Mi padre, cansado de esperar que dejara el teléfono libre, no tenía otra alternativa que regañarme e insistir ¡cuelga ya ese teléfono! Diría que esto ocurría no hace mucho, cuando el teléfono era el recurso más valioso y compartido de cada casa, de uso colectivo. Te permitía Hablar (con mayúscula) y comentar todo tipo de detalles con tus amigos. Pero, como las llamadas tenían diferente precio dentro del territorio español, si vivían fuera de tu provincia, escribías cartas. Una o dos veces al año, costaba más esfuerzo y tiempo.

Hoy, la tendencia ha cambiado. Ahora escribimos más que hablamos. Como dice García-Aller (2017:2126) «(...) por los móviles se escribe y se lee mucho más de lo que se habla». *Tuiteamos, guasapeamos, bloguea-mos, mensajeamos*... Todo menos... *conversar*. La forma de *contarnos cosas*, relacionarnos e intercambiar *detalles* ha cambiado. La difusión de la información es una tarea muy sencilla a través de los dispositivos móviles, por medio de las aplicaciones, de manera inmediata y rápida, muy rápida.

Volviendo al siglo XX... Se hablaba a través de un teléfono enganchado a la pared (con un cable más largo o corto, según fueras americano o español) o pegado, casi, en la mesita del salón. Se hablaba mucho, todo lo que te permitieran tus padres. Pero ¡boom!, llegan los móviles, y con ellos ¡la libertad para hablar lejos del entorno familiar!, sin que nadie pudiera seguirnos la pista. Aún recuerdo mi primer móvil, en 2001, *Amena Duo*, dos líneas con el único fin del ahorro. Y aunque en el momento fue algo «revolucionario», tenía una pega que hoy en día parecería inadmisible, las llamadas más baratas estaban limitadas a la persona que tenía el otro terminal.

Casi no queda nadie en el mundo sin móvil. En 2012, según la Agencia Nacional de Telecomunicaciones de las Naciones Unidas, el 77% de la población mundial tenía móvil. A finales de 2015, se registró un aumento de hasta el 46% del número de abonados móviles en la población africana. De manera progresiva, se convierte en un dispositivo más pequeño, más ágil. Aparecen los teléfonos inteligentes. La tecnología móvil tiene un desarrollo exponencial. El informe de Pew Research Center afirma que solo el 35% poseía teléfono inteligente en 2011, contrastando con los datos de 2017, donde el 95% de los estadounidenses tienen móvil y el 77% tiene teléfonos inteligentes. En 2016, la navegación por medio de dispositivos móviles aumenta hasta alcanzar el 51,3% de la navegación web, dejando la proporción del tráfico de navegación web de escritorio reducida al 48,7% (Gibbs, 2016). En un mismo dispositivo se incorporan funciones y aplicaciones, se permite la participación, se facilitan las conexiones sociales, la organización de agendas, el envío de mensajes de voz y/o texto, la difusión de información, la sincronización de datos entre el móvil y el ordenador y la geolocalización (la capacidad de conocer la ubicación geográfica de un objeto). De hecho, Rheingold (2004: 20) habla de «red móvil» o «i-mode» para describir el desarrollo de esta época basada en la comunicación inalámbrica, a través de «aparatos de intercomunicación portátiles, omnipresentes y sensibles a su ubicación». Está claro que aquel teléfono *enganchado a la pared* ha evolucionado hasta convertirse en una pequeña computadora que no solo está contigo donde vayas, sino que además, conoce todos tus pasos.

En este capítulo se analizan las últimas investigaciones realizadas en el sector, con el fin de describir qué entendemos por aprendizaje móvil, conocer si el aprendizaje móvil puede considerarse una alternativa enriquecedora para el ámbito educativo, analizar algunas alternativas de enseñanza y proyectos educativos que intentan dar respuesta a los nuevos retos socio-educativos.

2. COMPUTADORAS UBICUAS Y APRENDIZAJE MÓVIL

Antes de definir el aprendizaje ubicuo es necesario acercarnos al origen del concepto *ubicuidad*. No es nuevo, aunque lo parezca. En 1988, Weiser, hablaba de «computación ubicua» como aquella tecnología invisible que podía integrarse en cualquier dispositivo, utensilio o chisme que rodea nuestra vida. Explica cómo hemos pasado de máquinas de grandes dimensiones que funcionaban con un solo motor (ej. un torno tenía solo un motor) a la integración en una sola máquina de varios motores (en un avión hay diferentes motores que ponen en marcha varias funciones: apertura de puertas, movilización del tren de aterrizaje, encendido de motores, etc.) y cómo esos motores eléctricos cada vez son más baratos y pequeños (batidora, secador...). No somos conscientes del funcionamiento de estos motores, ni incluso de su existencia. Se han hecho invisibles. De manera progresiva, los ordenadores están sufriendo esta transformación, cada vez son más pequeños y se integran en nuestra vida diaria de manera casi imperceptible. El termostato, la iluminación por control de movimiento, los detectores de niveles de gas, todos tienen un pequeño ordenador que les hace funcionar. Weiser (2014) predice que estos avances móviles permitirán, por ejemplo, no solo asistir a reuniones «en vivo», sin desplazarnos, sino además, desde donde estemos en ese momento exacto, o cómo las puertas *inteligentes* se abrirán y dejarán pasar solo a los autorizados, y los edificios —también *inteligentes*— saludarán cuando entremos. En palabras de Weiser «las tecnologías más profundas son aquellas que desaparecen» (2014: 1). La clave está en concebir los ordenadores como parte del entorno, integrados en el contexto, situándose en un segundo plano, llegando a desaparecer como tal. Algo *omnipresente e invisible*, adaptados al ser humano y no a la inversa. Cuando lleguemos a integrar en nuestras vidas la conectividad de forma que no seamos conscientes de que estamos usándola, en ese momento se podrá hablar de ubicuidad. Pero, ¿cómo podemos hacer que la tecnología desaparezca? Obviamente, se necesitarán avances técnicos, como es una conexión inalámbrica potente y cableados invisibles y de alta velocidad.

Pero esta situación no está tan lejos como podríamos pensar. Actualmente, por medio de lo que se ha llamado el *Internet industrial*[1], existe una tendencia a la disminución de precios de la tecnología y a que todo esté conectado, como dice Vazhnov (2015), la fusión entre el mundo industrial y el mundo informático está consiguiendo añadir a casi todo,

---

[1] «(...) Internet Industrial, la idea de que con la miniaturización y la caída de precios de los componentes electrónicos, ahora podemos agregar comportamientos inteligentes y conexión a Internet a todas las máquinas industriales, desde turbinas eólicas hasta camiones y trenes» (Vazhnov, 2015: 32-35).

habilidades inteligentes y conexión inalámbrica. Lo vemos, no solo en los coches que *se* aparcan solos, los relojes que vigilan nuestra salud, o los teléfonos que lo saben todo de nosotros; ahora, también tenemos los supermercados *automatizados*, que registran todo lo que hacemos, solo necesitas el móvil para entrar, identificarte a través de un código QR[2], recoger los productos y salir del supermercado. Sin esperas. Sin empleados. El pago es automático. Todo lo que haces se registra y se carga en tu tarjeta.

El concepto de aprendizaje móvil o *mobile Learning* (*m-learning*) (en inglés) ha evolucionado desde concepciones centradas en aspectos técnicos a otras que dan especial relevancia a elementos educativos (Camacho, 2011), definiéndolo como aquel aprendizaje que tiene lugar a través de dispositivos móviles (Quinn, 2000; 2007). Como indica Moreno (2011) existen dos perspectivas a la hora de analizar el aprendizaje móvil: aquellas que identifican el aprendizaje móvil con el dispositivo o, por el contrario, aquellas que consideran el dispositivo móvil como un subgrupo del m-learning.

Brown (2005) va algo más allá y define el aprendizaje móvil como el elearning que emplea dispositivos de comunicación inalámbrica para presentar contenidos y apoyar el aprendizaje. Pero es mucho más, como afirma Rheingold (2004: 20) el «internet móvil, cuando se consolide, no será sin más un modo de hacer lo mismo en movimiento, sino una vía para hacer las cosas que antes eran imposibles».

Otro grupo de definiciones destaca el carácter ubicuo del aprendizaje móvil, definiéndolo como el conocimiento adquirido en cualquier lugar y momento por medio de los dispositivos móviles (Geddes, 2004; MoLeNET, 2009). El aprendizaje se desplaza fuera del aula. La adquisición de conocimiento tiene lugar en cualquier momento, espacio urbano o físico, pero necesita de infraestructuras técnicas caracterizadas por su ubicuidad. De ahí, su relación inseparable con el concepto de aprendizaje ubicuo (u-learning o ubiquitous *learning*). Un aprendizaje que se relaciona no sólo con el ámbito laboral, sino también con el perfeccionamiento personal o el tiempo de ocio, es decir «se produce en diferentes

---

[2] código QR. Código de barras bidimensional que almacena información que por medio de un lector específico envía la información textual al dispositivo de lectura (en líneas generales, este dispositivo es un teléfono móvil)

momentos del día, en días laborables o en fines de semana», como decía Naismith *et al.* (2004). Cualquier persona, en cualquier momento y en cualquier lugar. Esos son los tres términos que definen principalmente la sociedad actual, la sociedad de la ubicuidad, del conocimiento y de la información, la sociedad móvil. Vivimos, disfrutamos, interactuamos y comunicamos en cualquier momento y con independencia de donde nos encontremos.

Como indica la UNESCO (2017) la integración de métodos de aprendizaje móvil, contextualizado, dentro de un marco cooperativo, interactivo y personalizado presenta características muy distintas a los procesos de enseñanza y aprendizaje más tradicionales y permite enfrentarnos a las situaciones y/o problemas educativos desde un enfoque distinto. El aprendizaje móvil es una alternativa educativa que puede impulsar la equidad, acercando la educación a estudiantes más desfavorecidos puesto que facilita la difusión de información y el acceso al sistema educativo de manera ubicua.

En definitiva, el m-learning es el aprendizaje que tiene lugar a través de dispositivos móviles, que facilita un proceso de aprendizaje, en relación directa con el contexto, relacionado con las actividades cotidianas, potenciando la capacidad para captar los detalles (cuándo aprendemos, dónde estamos, quién nos rodea, qué nos rodea, ...) (Naismith *et al.*, 2004) y, por tanto, imprimiendo un carácter de movilidad a la cultura cotidiana (Aguado & José-Martínez, 2012).

3. ¿ALTERNATIVA REAL DE APRENDIZAJE?

Todavía recuerdo a mi profesora de Geografía e Historia en BUP (cuando existía el *Bachillerato Unificado Polivalente*) amenizando la exposición de los datos históricos del Antiguo Egipto con su experiencia personal en la tierra de los faraones. Nos transportaba. Un magnífico viaje a través de la civilización egipcia. Una imagen excelente de la historia antigua. También recuerdo la reconquista, llena de detalles, nombres, reyes, guerras y un gran cuadro que hacíamos juntando varias hojas para estudiar toda la información. Pero no recuerdo que hablara de la II República, la Guerra Civil española o la Dictadura. No lo recuerdo porque se lo saltaba. Lo aceptábamos porque era la única fuente de información.

Obviamente esta situación ha cambiado radicalmente. Ahora es posible contrastar la información, buscar perspectivas complementarias, diferentes y/o recursos que amplíen la información recibida en el aula. Los dispositivos móviles amplifican las posibilidades y nos acercan espacio-temporalmente al momento inmediato en que expone el profesorado. Las enormes ventajas que presenta esta característica de inmediatez —junto con la ubicuidad— sitúan al aprendizaje móvil en una posición privilegiada.

No obstante, es necesario estudiar la potencialidad del aprendizaje móvil a través de las investigaciones realizadas en el campo que arrojan luz, a través del conocimiento acumulado y respaldado por el método científico y así intentar evitar los sesgos cognitivos basados en opiniones y subjetividades personales. A grandes rasgos y simplificando —mucho— el debate a los extremos del continuo, es posible hablar de dos posiciones contrapuestas: por un lado, aquellos autores que defienden las posibilidades que ofrecen las tecnologías móviles en el ámbito educativo y, por otro, los que analizan sus limitaciones.

En primer lugar, es posible enfatizar las numerosas investigaciones que han considerado el aprendizaje móvil como una alternativa que facilita un proceso de aprendizaje espontáneo, personalizado e informal (Shih, 2007), ampliando las posibilidades ofertadas por medio de los dispositivos más pequeños, flexibles y aportando ubicuidad al proceso (entre otros, Lam, Yau & Cheung, 2010; Shen, Kuo & Ly, 2017). Junto con la proliferación de la tecnología ubicua, las redes sociales crean nuevas oportunidades de colaboración e interacción que son adoptados desde la educación, no solo por los estudiantes (Gikas y Grant, 2013; Roblyer *et al.*, 2010), sino por el profesorado (Lu, Yang & Yu, 2013; Tess, 2013). Desde una perspectiva funcional, autores como Haag (2011) afirman que los programas de formación obligatoria pueden hacerse más accesibles si tienen disponible la alternativa móvil. De esta manera se ofrecen verdaderas oportunidades de adaptación al ritmo y espacio del estudiante. Otras de las aplicaciones realizadas con éxito ha sido el uso del *WhatsApp* para el aprendizaje de idiomas: los estudiantes pusieron en práctica en situaciones reales la lengua extranjera, mejorando sus competencias computacionales y aumentando el vocabulario (Avci & Adiguzel, 2017). Entre las ventajas del aprendizaje móvil, como medio para facilitar tareas más activas y significativas, frente a la clase magistral (Garrison &

Kanuka, 2004), se encuentran la mejora en el rendimiento académico (Shen *et al.*, 2009) y en la participación y el compromiso de los estudiantes (Wang *et al.*, 2009). Los estudios de Evans (2008) muestran cómo los estudiantes valoran positivamente el uso de *podcast* como una herramienta más efectiva, mostrándose más receptivos y satisfechos con este formato que con las clases presenciales o el libro tradicional. Se concluye que las ventajas de flexibilidad y ubicuidad y la posibilidad de escuchar y revisar los contenidos en varias ocasiones (Hew & Cheung, 2013) son algunas de las ventajas que ofrece el *podcasting* móvil, como herramienta de aprendizaje innovadora.

Por otra parte, parece que los beneficios del proceso de aprendizaje móvil no son tan generalizables como podría suponerse en un primer momento y tampoco es posible afirmar que existan pruebas irrefutables de que su integración en el aula mejore el aprendizaje (Kulesza, DeHondt, & Nezlek, 2011). Estos autores analizan varias investigaciones y encuentran que los entornos móviles pueden conllevar un aumento de la distracción, la disminución de la motivación del estudiante, y, por tanto, de la participación académica. Dicen que la utilización de dispositivos móviles aumenta el interés de los estudiantes en el aprendizaje, pero ese interés puede resultar negativo si el estudiante focaliza su atención en la tecnología más que en el aprendizaje. Las tecnologías en general, y las tecnologías móviles en particular, facilitan el acceso rápido a grandes cantidades de información (no siempre fiables), pero no a su análisis, no al conocimiento. Los estudiantes prestan más atención al entretenimiento que al análisis, reflexión e integración del conocimiento, lo que afecta negativamente al aprendizaje.

Kulesza, DeHondt, y Nezlek (2011) subrayan que la tecnología móvil incorpora una nueva forma de aprender: la multitarea, que introduce elementos adicionales a los que el estudiante tiene que atender. Se ha encontrado disminución del rendimiento académico, cuando se usan a la vez de la impartición de las lecciones dentro del aula (Bellur, Nowaka, & Hullb, 2015; Wei, Wang, & Klausner, 2012). No solo tiene delante al docente y el texto, sino que además debe dirigir su atención a todos los recursos adicionales de información e interacción que introduce el móvil, alejando su atención de los objetivos de aprendizaje. Esta situación puede dar lugar a una sobrecarga cognitiva que disminuye el rendimiento académico (Fried, 2008), aumentando la posibilidad de que los estudiantes realicen actividades disruptivas (envío de mensajes, compartir información ajena a la tarea académica, etc.) (Schwartz, 2010). Además, este aumento de la distracción lo relacionan directamente con una menor participación en el aula, limitando las posibilidades de debate e intercambios. Los estudiantes dirigen la atención más a la tecnología que al docente, disminuyendo irremediablemente las posibilidades de retroalimentación por parte del profesorado y promoviendo el aburrimiento, ya que los alumnos se pierden en las explicaciones. Por estas y otras razones, diferentes autores subrayan la necesidad de controlar el uso del teléfono inteligente en entornos académicos (Giunchigliaa *et al.*, 2018).

La comunicación móvil se utiliza para mantener la relación con los que están más cerca y para reforzar aquellos lazos sociales más arraigados (Kim *et al.,* 2007; Ling, 2004) pero también se ha afirmado lo opuesto. García-Aller (2017) dice que estamos perdiendo nuestro hábito de conversar y que debido a los sistemas de comunicación instantánea como *WhatsApp* tendemos a acercarnos a los más lejanos y a alejarnos de los que tenemos cerca. Aunque afirma que el avance a tecnologías podría darnos la solución; el futuro podría ser diferente si la comunicación por medio de mensajes es sustituida por las videollamadas.

Con relación a los estudios basados en infantil, se ha observado que los niños menores de 30 meses aprenden mucho más con aplicaciones interactivas, como las videollamadas porque reproducen situaciones de la vida real (Radesky *et al.,* 2015). La interactividad de estos recursos los hace más eficaces que la mera exposición pasiva ante la televisión o un video porque los niños obtienen una respuesta a sus acciones, facilitando la memorización del contenido. Las aplicaciones de videoconferencia son eficaces en el aprendizaje de idiomas en niños menores de 2 años. Otro de los recursos destacados por Radesky *et al.* (2015) ha sido los *ebooks* (libros electrónicos) que, según el autor, pueden facilitar la adquisición de la competencia lecto-escritora. No solo proporcionan recursos complementarios digitales —como juegos, sonidos, animaciones, narración oral, resaltado de texto—, sino que, además, ayudan en la adquisición de la compresión lectura, el reconocimiento de las palabras y el desarrollo del vocabulario, entre otros aspectos. Sin embargo, es fundamental tener presente que este tipo de recursos pueden atraer la atención del niño, distrayéndole del contenido educativo (Roseberry, *et al.,* 2014).

En definitiva, se encuentran resultados mixtos sobre los efectos de la tecnología móvil en el ámbito educativo. Pimmer, Mateescu y Gröhbiela (2016) afirman que la falta de evidencia empírica sobre los efectos de la tecnología móvil en la educación se debe a que muchas de las iniciativas educativas, más que incorporar innovaciones que permitan avanzar en el campo del conocimiento, reproducen metodologías tradicionales. A pesar de que son muchos los estudios de aprendizaje móvil y ubicuo que muestran resultados positivos, no existen evidencias empíricas suficientes para concluir que, de manera general, el *mlearning* mejora el rendimiento académico, ni que su incorporación llegará a transformar la educación o supondrá un avance sistemático en la mejora de la metodología.

Tampoco hay datos que justifiquen su rechazo.

4. PROYECTOS: DE LAS TABLETAS A LOS TELÉFONOS INTELIGENTES

Permítanme que vuelva al siglo xx..., por un momento. Recuerdo poco de mis primeros años en el Jardín de Infancia (dos y tres años). Algo más de la Escuela de párvulos a los cuatro y cinco. Pero recuerdo que jugábamos mucho. Mi preferido: el *CinExin*. ¡El cine sin fin! Era un pequeño proyector de películas de color naranja que funcionaba con una bobina, sin electricidad. La clave de este juguete era su sencillez: metías la película (ya venía enrollada en una bobina continua), apagabas la luz, le dabas a la manivela, rápido, despacio, adelante, atrás, o incluso se paraba la imagen ¡Podíamos ver dibujos y yo decidía cómo! ¡Era maravilloso! Luego vino el *Exin Castillos*. Nos tirábamos horas y horas encajando piezas de color marfil hasta conseguir levantar un castillo.

A través del juego aprendíamos y se sigue aprendiendo. Ahora encuentras el *CinExin* en versión digital e interactiva o el *Exin Castillos* en 3D para ordenadores, los mismos juegos virtualizados. ¿Cuántas aplicaciones podemos encontrar que permitan a los niños encajar figuras, realizar construcciones y, por tanto, desarrollar competencias visoespaciales? Se han adaptado, creado y desarrollado multitud de juegos para dispositivos móviles. Y, aunque todavía no hay directrices sobre el uso de estos dispositivos para niños pequeños, como afirma Christakis (2014) «el uso juicioso de los medios interactivos es aceptable para menores de 2 años» y añade que el tiempo de uso de estos dispositivos es un aspecto fundamental a tener en cuenta. Considera que durante las horas que los niños suelen estar despiertos, entre 8 a 12 horas por día, es importante que jueguen con juegos tradicionales y que se dedique de 30 minutos a 1 hora para el uso de dispositivos móviles.

Se observa que la mayoría de las iniciativas de aprendizaje a través de dispositivos móviles, con los más pequeños —más o menos hasta los 6 años— se llevan a cabo por medio del uso de tabletas o *tablets* por sus características más idóneas para la edad infantil: fáciles de manejar, resistentes y con controles parentales integrados. Livianas, integran en un mismo dispositivo todo lo necesario para hacerlas funcionar y es posible instalar aplicaciones educativas y lúdicas, como cuentos. Sin embargo, para estudiantes de niveles superiores (ESO, Educación Secundaria Obligatoria, y universidad) se suelen utilizar los teléfonos inteligentes.

Existen varios proyectos que describen experiencia de aprendizaje móvil, a través del juego y otro tipo de actividades, destinados a los niños más pequeños hasta edades más avanzadas. Veamos algunos de ellos.

El programa educativo «Mobile learning and the Playing Child» («Aprendizaje móvil y el niño que juega»), puesto en marcha entre el Departamento de Educación Docente de la Universidad de Helsinki y Palmenia Center for Continuing Education, destaca la importancia que tiene el juego en la educación. Parten de la idea de que «las herramientas utilizadas en el juego van desde sustancias naturales hasta dispositivos móviles y cambian constantemente a medida que la cultura y la sociedad evolucionan» y añaden que para los adultos sería imposible enseñar a los niños todo lo que aprenden jugando (Sintonen *et al.*, 2015: 9-18). Los móviles ofrecen múltiples posibilidades para el juego, a través de las tabletas, los niños aprenden, les facilitan un proceso de aprendizaje activo, creativo y libre; sin embargo, la motivación por el aprendizaje móvil no puede darse por sentado. El móvil es una pieza de enriquecimiento, un complemento que apoya el aprendizaje, pero es fundamental aportar orientación, apoyos externos y no perder de vista objetivos de aprendizaje a largo plazo, más que buscar la diversión inmediata, puesto que el objetivo del aprendizaje es adquirir conocimiento por medio de un proceso de memorización que permita posteriormente recuperar la información. Aspectos como el refuerzo de procesos de aprendizaje activo, compartido y participativo (de colaboración entre los estudiantes), el uso de situaciones auténticas y la práctica de lo aprendido son básicos según los diseñadores del programa educativo.

La UNESCO ha desarrollado varios proyectos con el objetivo general de mejorar las condiciones socio-económicas de diferentes sectores de ciudadanos por medio de programas educativos basados en la tecnología móvil. Diferentes proyectos *mobilelearning* llevados a cabo en Europa, África, América y Asia. El *proyecto de alfabetización mediante la telefonía móvil, dotar de autonomía a las mujeres y las niñas* (UNESCO, 2011) tiene como objetivo general el desarrollo de la competencia lecto-escritora de mujeres y niñas por medio de programas basados en la tecnología móvil y como objetivos secundarios busca «facilitar el acceso a la información en materias tales como los derechos civiles y humanos, la salud y la higiene (comprendidos el VIH y el SIDA), la alimentación, la agricultura o la banca».

El *Programa eMapps* tenía como objetivo reforzar la participación activa de los estudiantes de primaria, de 9 a 12 años, en tecnologías digitales multimedia y móviles. Su meta era la creación de comunidades de aprendizaje de jóvenes creativos, con conocimientos técnicos, mentalidad internacional y global y reforzar la comunicación con otros países por medio de una plataforma virtual. Además, pretendía diseñar juegos en la plataforma virtual con objetivos educativos que se basaran en los principios de aprendizaje por descubrimiento activo (análisis, reflexión, solución de problemas, memoria y la actividad física). Cada escuela puso en marcha sus propias experiencias. Por ejemplo, una escuela desarrolló una actividad en un monasterio real, en el que tenían que descubrir la identidad de un monje (héroe histórico). La tecnología móvil se usó para recoger las pistas, resolver las incógnitas y hallar la solución. Uno de los resultados obtenidos en este proyecto fue la consideración del valor pedagógico de estas tecnologías en el aprendizaje por descubrimiento.

El *proyecto HANDLER* de la Universidad de Birmingham (Reino Unido) se aplicó a estudiantes de 11 a 12 años y tenía como principal objetivo el desarrollo de metodologías de aplicación móvil en diferentes contextos. Sharples *et al.* (2012) describen su aplicación a un grupo de estudiantes en un viaje al campo. Se utilizaron una tableta portátil con una cámara, Internet inalámbrico y conexión de teléfono móvil. Entre otros resultados, se encontró que la tecnología disponible tenía graves limitaciones. Era imposible utilizarlo mientras se estaba en movimiento. Además, tenía un reconocimiento pobre de la escritura, una duración corta de la batería y un peso elevado de los aparatos. Sobre la base de los resultados obtenidos, el proyecto estableció las características básicas que deben poseer las tecnologías móviles para constituir un apoyo al aprendizaje: portátil y ubicua, disponibilidad del conocimiento (con independencia de dónde se esté y cuándo se consulte la información), adaptable (a las características personales del estudiantes y a las del contexto de aprendizaje), persistente (a pesar de los cambios y la evolución tecnológica, el estudiante podrá utilizar la tecnología a lo largo de toda la vida a través de la acumulación de conocimientos), útil (para las necesidades de comunicación, laborales, académicas y de aprendizaje) y *fácil de usar* (la tecnología puede ser utilizada sin necesidad de formación especializada, sin experiencia previa).

Muchas de estas características se han conseguido en la actualidad, aunque el proceso de mejora tecnológica sigue avanzando.

Destinado a estudiantes de mayor edad se encuentra el *Proyecto M-Learning* del Reino Unido, cuyo objetivo era apoyar el aprendizaje de estudiantes de 16 a 24 años con fracaso escolar y en situación de riesgo de exclusión social. En este proyecto el concepto de tecnología móvil parte de una perspectiva más amplia, puesto que no sólo es considerada un medio para el acceso al contenido, sino una herramienta de refuerzo de la creatividad, la colaboración y la comunicación en el proceso de enseñanza-aprendizaje. Concluye que el método de aprendizaje móvil más efectivo es a través de su aplicación práctica (experimentación, ensayo y error) y que funciona mejor como parte de un conjunto rico de actividades que permitan abordar el aprendizaje desde diferentes formas.

Con relación a propuestas de aprendizaje móvil de estudiantes europeos, es posible afirmar que muchos países han desarrollo políticas restrictivas del uso de la tecnología móvil dentro del contexto educativo. Pocos son los países que han apoyado el desarrollo del aprendizaje móvil.

Entre otras iniciativas destaca *Mobile Learning Network* (MoLeNET) del Reino Unido. Durante tres años, participaron 40.000 estudiantes de diferentes instituciones, universidades y colegios. Con el principal objetivo de extender el aprendizaje «donde quiera y cuando quiera», se suministra apoyo técnico, pedagógico y económico al desarrollo de distintas iniciativas y proyectos que refuercen el aprendizaje móvil. Entre las conclusiones extraídas Attewell *et al.* (2010) destacan:

- — Mejora en la retención y el aprendizaje de los/las estudiantes.
- — Disminuye las tasas de abandono escolar.
- — Aumenta la motivación y la comunicación en el profesorado y otros trabajadores de las instituciones estudiadas.
- — Puede reforzar la creatividad, innovación y el pensamiento crítico en estudiantes y profesores.
- — Facilita el aprendizaje fuera del ámbito laboral y escolar a través de su portabilidad característica básica de las tecnologías móviles.
- — Proporciona flexibilidad espacio-temporal y, por tanto, de elección individual en función de sus preferencias.
- — Provee «ambiente seguro, privado y sin prejuicios» de aprendizaje.

En síntesis, los proyectos educativos desarrollados hasta el momento se han centrado principalmente en estudiantes de niveles educativos superiores (ESO, Bachillerato y universidad). Sin embargo, de manera progresiva se han puesto en marcha programas dirigidos a los más jóvenes. Los dispositivos móviles (tabletas, teléfonos inteligentes, ipad) pueden utilizarse de maneras diversas y adaptarse en función de los destinatarios, objetivos de aprendizaje, metodología para, de este modo, diseñar estrategias beneficiosas para el estudiante y el profesorado. Los programas destinados a estudiantes de infantil tienden a desarrollarse bajo el apoyo de tabletas. Diferentes formas de utilización de las tabletas, diseño de juegos, estrategias didácticas y recursos adaptados a los niños entre 0 y 6 años están abriendo las posibilidades del aprendizaje móvil a estas edades. En Educación Secundaria Obligatoria, Bachillerato y universidad el uso de teléfonos inteligentes es más frecuente.

5. CADA MAESTRILLO TIENE SU LIBRILLO

Todos tenemos experiencias buenas y malas con la educación. Profesores que han desarrollado diferentes estrategias para comentar, explicar, completar, reforzar, ... en definitiva, enseñar. Recuerdo (no se preocupe, será la última vez) que en tercero de EGB (*Enseñanza General Básica*), nuestro profesor, tenía la costumbre de *darnos una colleja* para indicarnos que era «erróneo» lo que habíamos hecho. Solía acompañarlo con expresiones del tipo ¡No seas torpe! Era un acto que mostraba más la torpeza social del profesor que ningún otro componente pedagógico reséñale. Para nosotros era muy confuso, ¿qué quiere que haga? nos preguntábamos. Solo sabíamos qué era lo que nos llevaba a recibir una *colleja* pero no cómo conseguir agradarlo. Al año siguiente, pasamos a la puerta de al lado, con M.ª Carmen. Sonreía y explicaba amablemente cómo mejorar, corregir y SIEMPRE estaba pendiente de lo que hacíamos bien. Para destacarlo. Nunca castiga. La recuerdo, sentada a nuestro lado, en una sillita muy pequeña, a nuestra misma altura. Nunca me había sentido tan cómoda al lado de una profesora. A raíz de esos momentos, comencé a aprender. Ante los mismos recursos, en los mismos espacios, dos metodologías y estilos de comunicación docente contrapuestos.

Las características de un *buen* profesor ha sido una preocupación constante y, en la actual sociedad digital, aunque la situación se complica por la presencia de las tecnologías, las preocupaciones siguen siendo las mismas: saber cómo influir positivamente en los estudiantes, cómo llegar a los alumnos, desde un punto de vista emocional e intelectual. Eso es lo que hacía M.ª Carmen. Para conquistar el siglo XXI disponemos de grandes recursos tecnológicos y se demanda del profesorado educar a ciudadanos para que sepan manejarse en las complejidades de la sociedad en red. Sin embargo, es interesante comprobar que, ante estas tecnologías tan avanzadas, las iniciativas educativas se han basado en diseños metodológicos tradicionales, con pocas innovaciones e incluso siguiendo paradigmas instruccionales (conductistas), sin tener en cuenta otras perspectivas sociales —básicas en este contexto— como el constructivismo, el aprendizaje colaborativo y participativo. De hecho, hasta la fecha, las investigaciones, sobre la eficacia del aprendizaje móvil, exponen resultados moderadamente positivos. Se ha criticado que las aplicaciones de las tecnologías móviles en la educación superior han sido muy esporádicas y rígidas (Selwyn, 2007), han seguido patrones exclusivamente conductistas (Blin & Munro, 2008) y han adaptado las tecnologías a prácticas tradicionales (Kirkup & Kirkwood, 2005), sin suponer un avance real en el diseño del programa académico y/o la metodología utilizada.

Probablemente, hay varias explicaciones a esta falta de innovación metodológica y de resultados positivos en el *mlearning*. Las dificultades específicas, en muchos casos no superadas, que presenta el aprendizaje móvil: sobrecarga cognitiva, aprendizaje automático poco reflexivo y aumento de la distracción en el aula. También puede deberse a la ausencia de un marco pedagógico y un modelo específico para el aprendizaje móvil o la aplicación de modelos pedagógicos sin pararse a pensar, sin entender que el cambio que se requiere dentro de las escuelas es más profundo, un cambio de paradigma social que tiene implicaciones mucho más complejas que el simple hecho tecnológico.

La comunidad educativa (incluimos aquí al profesorado, padres, estudiantes y responsables institucionales) no ha reflexionado sobre cómo el mundo actual es un espacio significativamente diferente de cómo era antes de la aparición de las tecnologías. Una sociedad basada en la conectividad que ha transformando la escala de valores, con una forma diferente de ver la vida y de comportarse, con una nueva visión del mundo caracterizada por dar más importancia a los servicios que mejoran cuando se comparten (enciclopedias online, traductores que se enriquecen con nuestras aportaciones, etc.), por el protagonismo de las iniciativas sociales, de los procesos de colaboración y cooperación ciudadana, donde la inteligencia colectiva está definiendo una nueva forma de comprender la vivir, de relacionarnos y de aprender (Lankshear y Knobel, 2008). La falta de reflexión sobre la complejidad sociocultural y la ausencia de reconocimiento de las nuevas formas de alfabetización, como proceso inherente a un cambio de mentalidad que está inexorablemente unido a estas formas de concebir el mundo, de entender la sociedad como algo significativamente diferente de como era antes de la aparición de las tecnologías, ha conllevado el desarrollo de iniciativas basadas en las tecnologías, en general, y en los dispositivos móviles, en particular, carentes de sentido.

Bacher (2016) define muy bien un problema palpable que encontramos en el aula donde intentan coexistir diferentes formas de entender la educación y el aprendizaje:

> «En la actualidad conviven modelos —muchas veces antagónicos— que pujan por imponerse. Algunos, verticales, promueven la incorporación de tecnología sin ahondar en la trama en la que se la inserta y sin brindar —ni a docentes ni a estudiantes— herramientas para navegar con autonomía. Otros son aparentemente más participativos pero, en realidad, en ellos la autoridad detenta el control y marca el compás.» (Bacher, 2016: 467-470)

Hasta el momento, existen varios acercamientos al tema.

5.1. Planteamientos generales

Naismith *et al.* (2004), sugirió resolver la escasez de teorías concretas de m-learning, atendiendo a las teorías de aprendizaje existentes: conductista, constructivista, teoría del aprendizaje situado, aprendizaje por colaboración, aprendizaje informal y aprendizaje a lo largo de la vida. En esta línea se han dirigido los esfuerzos de muchos expertos, indicando que el aprendizaje profundo, constructivo y significativo, junto con otras variables, son elementos relevantes a la hora de garantizar el éxito del estudiante en los cursos en línea y, por tanto, en la integración de herramientas virtuales en el aula.

Autores como Pimmer *et al.* (2016) afirman que «la hibridación de enfoques constructivos, de colaboración y situados a través del uso de dispositivos móviles también puede crear oportunidades educativas nuevas y sin precedentes». La combinación de metodologías basadas en un aprendizaje colaborativo, aprendizaje constructivista y aprendizaje móvil, junto con algunos aspectos considerados válidos en enfoques instruccionales (conductistas) pueden facilitar la adquisición de saber, al relacionar el conocimiento de entornos formales con prácticas informales. Situaciones donde el estudiante realiza una actividad fuera del aula (ej. construcción de texto, toma de fotografías, respuesta a preguntas, etc.) que son gestionadas a través del móvil y que posteriormente son discutidas con el grupo-clase facilitan la vinculación del entorno personal del estudiante con el análisis y reflexión de contenidos dentro del aula, abriendo nuevas oportunidades educativas (Pimmer, Mateescu & Gröhbiela, 2016).

Por un lado, un enfoque instruccional (**conductista**) del aprendizaje móvil ha mostrado resultados positivos por la capacidad, de los dispositivos móviles, para llevar a cabo prácticas frecuentes y repetidas sobre los contenidos, así como para desarrollar prácticas de aprendizaje distribuida, organizadas en sesiones espaciadas). Se ha observado que el uso de los móviles para el planteamiento de preguntas y respuestas, como parte del sistema de evaluación formativo durante las clases ha mejorado el rendimiento (Shen *et al.*, 2009), la participación y el compromiso de los estudiantes (Wang *et al.*, 2009). Además, se ha considerado un elemento motivador y activador del estudiante. El conductismo parte de la relación entre estímulo y respuesta y del supuesto que toda conducta puede reforzarse o extinguirse dependiendo del refuerzo o castigo que se asocie a dicha respuesta. Se basa en la importancia de la medida objetiva de los resultados de aprendizaje, el uso de procedimientos preestablecidos y principios estables. En muchos casos se ha asociado con un aprendizaje memorístico. Algunos ejemplos de este tipo de aprendizaje son: las tablas de multiplicar, la educación con sujetos con limitaciones cognitivas causadas por trastornos cerebrales, etc.

El conductismo presenta ventajas e inconvenientes. El conductismo puro fue superado por un enfoque cognitivo-conductual, donde se dio peso a los procesos internos de pensamiento, como elemento intercomunicador entre la respuesta y el estímulo. Actualmente, hay una tendencia a rechazarlo de manera casi sistemática, dando mayor peso a explicaciones desde perspectivas *conectivistas*. Sin embargo, sus principios de aprendizaje son válidos, no solo para la explicación de muchos de los procesos de aprendizaje, sino como enfoque que interactúa y colabora con otras perspectivas teóricas en la explicación de la adquisición de conocimiento.

Por otro, el **aprendizaje constructivista** se basa en que el conocimiento se adquiere cuando el estudiante construye por sí sólo los conocimientos; es decir, los estudiantes participan de la solución del problema, son activos en la situación de aprendizaje (Weigel, 2001). Lo importante es el análisis, la reflexión y la construcción personal y gradual del propio conocimiento. El ser humano, activo y libre, interpreta el mundo en función de sus principios privados, lo que implica que construimos el conocimiento relacionándolo con nuestras experiencias anteriores (Bates, 2013). Dan especial importancia al contexto social, es decir, consideran que la adquisición de conocimiento, la asimilación de información, la relación e integración de información, selección e interpretación, etc. se facilita a través de procesos sociales de interacción y debate con los otros. Los autores comparten la consideración de que el aprendizaje es principalmente un hecho social, que el cerebro humano es flexible y tiene capacidad de adaptación, dando especial importancia en el proceso de aprendizaje a la influencia de las variables más personales (emoción, motivación, libertad, etc.) (Bates, 2013).

Por último, destacar el **conectivismo** (Siemens, 2004) como nueva orientación teórica que podría facilitar el diseño de experiencias de aprendizaje móvil dentro de un contexto actualizado de adquisición de conocimiento. Siemens (2004) dice que el conductismo, cognitivismo y el constructivismo no pueden explicar las nuevas formas de adquisición de información y conocimiento. Considera que los teóricos y expertos han intentado explicar los nuevos procesos de aprendizaje, desarrollados en la era tecnológica, por medio de teorías tradicionales, sin tener en cuenta que las condiciones sociales y la forma de adquirir información han cambiado sustancialmente. Por esta razón, dice que es necesario un nuevo marco teórico que explique cómo se aprende en la sociedad del conocimiento.

La *Teoría de la conectividad* explica el aprendizaje como un proceso creativo e innovador, no como un proceso de transmisión del conocimiento. La inteligencia en este contexto no se considera como algo interno «depositado» en la cabeza, sino como algo que se desarrolla y tiene lugar dentro de una red conectada con otras personas, entre nodos. El conocimiento se encuentra distribuido por las diferentes redes y conexiones, es un conocimiento distribuido. Siempre ha sido así, pero en las últimas décadas, el surgimiento de las tecnologías ha potenciado exponencialmente esta situación.

En este contexto, la actualización del conocimiento es la variable considerada fundamental para adquirir aprendizaje. Vivimos en un mundo donde la información llega a nosotros a través de múltiples conexiones que están en continuo cambio, llega desde diferentes fuentes e incluso, cuando llega desde la misma fuente, puede cambiar la red, si nosotros percibimos e interpretamos la información desde otro punto de vista. En definitiva, Siemens afirma que mantener y actualizar las conexiones facilitara el aprendizaje continuo. Por lo tanto, la toma de decisiones se convierte en una competencia básica del proceso de aprendizaje, cada persona decide qué aprender, cuándo, dónde, así como el significado que otorga a la información que recibe. Todo se adquiere de manera diferente, a través de una «realidad cambiante», en función de *nuestra* propia realidad.

5.2. Modelos específicos de mlearning

5.2.1. Escuelas productoras de saber de Bigum (2002)

Los proyectos de m-learning desarrollados dentro del aula han supuesto, en muchas ocasiones, hacer lo mismo, pero en movimiento. Bigum (2002) lo llamó «hacer por hacer digital», *situaciones artificiosas* de aprendizaje móvil que consiste en buscar cosas educativas que hacer con la tecnología, convirtiendo las escuelas en centros de producción, más que de consumo de conocimiento. La construcción de escuelas productoras de saberes no artificiosas será posible desde un enfoque en el que las tecnologías se planteen como revolución de las relaciones.

Un ejemplo de aplicación no artificiosa, descrita por el autor, es la realizada por el alumnado de un centro de educación secundaria, dentro de las materias de Historia, Lengua y Ciencias Sociales, en colaboración con la universidad y el ayuntamiento que consistía en la publicación de las historias reales de diferentes grupos de inmigrantes de la ciudad. El alumnado grababa las entrevistas en formato audiovisual, y, una vez finalizadas, se cargaron los archivos al servidor de la universidad a través de los móviles y se publicaron por medio de un enlace en el blog del proyecto, donde se incluyeron consultas, comentarios y/o ideas de todo el grupo de investigación.

El proceso de aprendizaje móvil, dentro de una escuela como centro productor de saber, se basa en un concepto de la educación como responsabilidad de toda la comunidad educativa, en un proceso de aprendizaje basado en el desarrollo de proyectos de resolución de problemas, en la tecnología como medio adicional de expresión para los estudiantes y en las relaciones entre la comunidad y la escuelas, entendiendo la primera como la fuente principal de información sobre qué es útil en el entorno más cercano del estudiante y en el ámbito laboral (Bigum, 2002, citado en Lankshear y Knobel, 2008: 130-204).

5.2.2. Modelo de aprendizaje móvil de Koole (2009)

El modelo de aprendizaje móvil de Koole (2009), denominado modelo FRAME (*Rational Analysis of Mobile Education – Análisis racional de la Educación móvil*) se fundamenta en la concepción del aprendizaje como resultado de la convergencia entre las tecnologías móviles, la interacción social y las capacidades de aprendizaje (estudiante). En definitiva, tres aspectos básicos: el dispositivo (D), el estudiante (L) y lo social (S). En el centro se sitúa la situación perfecta de aprendizaje móvil.

Estos tres aspectos interactuaran creando nuevos atributos:

Atendiendo a estos tres aspectos, es posible según el autor, diseñar una experiencia de aprendizaje móvil eficaz.

Dispositivo (D): Influyen las características físicas (hardware y software), técnicas (monitor y funcionalidades del dispositivo), características que determinarán la facilidad o dificultad de acceso a los contenidos, la rapidez y el grado de eficacia a la hora de hacerlo. Aspectos como la usabilidad y la accesibilidad son básicos para el aprendizaje.

Estudiante (L): Características «(...) cognitivas, la memoria, los conocimientos previos, las emociones, las motivaciones» (2009: 29). Aspectos como el procesamiento de la información, la transferencia de conceptos entre varios contextos, los sentimientos generados durante el proceso... son variables que determinan la interacción del estudiante con el medio que tendrá a través del móvil.

Contexto social (S): Para la adquisición de conocimientos destaca la importancia de los procesos de conversación y cooperación, así como la interacción social. Como dice Koole (2009: 31): «las normas de cooperación están determinadas por la cultura del estudiante o por la cultura en la que tiene lugar la interacción. En el aprendizaje móvil, esta cultura puede ser física o virtual».

La interacción de las tres dimensiones da como resultado los siguientes elementos:

Usabilidad, resultado de la interacción entre las características del *dispositivo* y las habilidades del *estudiante*. Describe, por tanto, la relación entre el alumno y el dispositivo. La usabilidad del dispositivo influirá directamente sobre el rendimiento del estudiante, así como sobre su capacidad de aprendizaje. Aspectos que contiene: disponibilidad de la información, portabilidad, comodidad psicológica (comprensible, intuitivo...) y satisfacción con el entorno móvil (interface, diseño).

Tecnología social, como respuesta a la intersección entre el dispositivo y el contexto social y describe «(...) cómo los dispositivos móviles permiten la comunicación y la colaboración entre varios individuos y sistemas» (Koole, 2009: 34), incluye aspectos como los dispositivos o aplicaciones de redes sociales, la conectividad o el acceso a Internet y las herramientas de comunicación.

El *aprendizaje interactivo*, producto de la interacción del estudiante con el medio. Es un concepto resultado de la combinación entre las teorías de la enseñanza y aprendizaje y el constructivismo social. Desde el constructivismo se entiende el aprendizaje como resultado de la interacción con los materiales, el lector contrasta su punto de vista con la perspectiva del autor. Desde otras perspectivas, se afirma que la interacción debe producirse directamente entre los participantes del proceso de aprendizaje. Ambos puntos de vista están recogidos en el planteamiento de Koole. Tres elementos están incluidos: interacción, cognición situada (autenticidad del contexto y audiencia) y comunidades de aprendizaje.

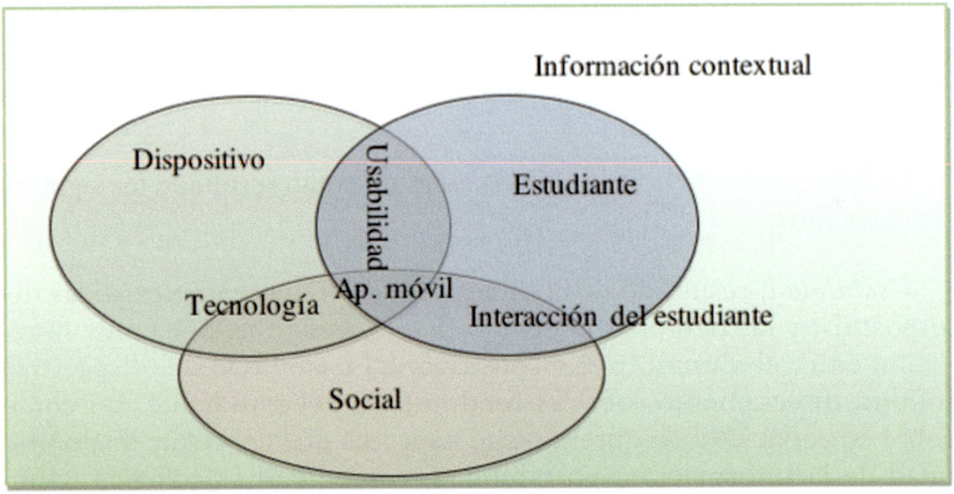

Fuente: Koole (2009: 27).

En síntesis, el aprendizaje móvil eficaz será aquel que ofrece al estudiante un entorno cognitivo optimizado, donde pueda interactuar con el profesorado, los materiales del curso, los entornos físicos y los virtuales.

5.2.3. Modelo de Kearney, Schuck, Burden y Aubusson (2012)

El modelo se desarrolla desde una perspectiva sociocultural que centra la noción de aprendizaje en el «(...) esfuerzo social, situado, facilitado y desarrollado a través de interacciones sociales y conversaciones» de Vygotsky (1978) y en el uso de herramientas de Wertsch (1991) (citados en Kearney *et al.*, 2012). Amplían el modelo de Koole, añadiendo una perspectiva de la pedagogía móvil sobre la base de elementos socioculturales. Consideran que tanto en el aprendizaje como en las herramientas utilizadas en el proceso hay una influencia mutua que modifica ambos aspectos. En la medida que las tecnologías han evolucionado, el proceso de aprendizaje se ha visto modificado. Sin embargo, la pedagogía es el elemento central, situado por encima de la tecnología.

El m-learning se define por: la *autenticidad, la colaboración y la personalización.* Tres características que configuran la base de su modelo y que, a su vez, se subdividen en otros constructos:

a) *Personalización*: Los estudiantes pueden disfrutar de un proceso de adaptación del aprendizaje. Cada estudiante decidirá el cuándo (tiempo), dónde (lugar físico o virtual), el ritmo y el contenido de aprendizaje. El *mlearning* permite la generación de actividades flexibles, individualizadas, adaptadas en cantidad y tiempo, y personalizadas («lo suficiente, justo a tiempo, solo para mí»). De esta forma se facilita la atención a los perfiles de aprendizaje.
b) *Autenticidad*: El aprendizaje móvil facilita el planteamiento de actividades y tareas didácticas auténticas, reales. Implica realismo en las tareas y actividades planteadas, así como en los procesos llevados a cabo. Los estudiantes no solo pueden participar en actividades donde los personajes, instrumentos utilizados y el contenido esté adaptado a la vida cotidiana, sino que, además, se pueden desarrollar en contextos relevantes, relacionados con la vida cotidiana del estudiante. Su autenticidad aporta un valor añadido al aprendizaje.
c) *Colaboración*: La colaboración es fundamental desde una perspectiva sociocultural. Aspectos como el debate, la comunicación e interacción social se consideran la base de los procesos de negociación y, por tanto, del aprendizaje (Vygotsky, 1978). La tecnología móvil posibilita estos procesos de interacción y comunicación entre todos los miembros de la comunidad educativa, aportando rapidez, espontaneidad y naturalidad al proceso de comunicación en la educación. Además de constituir un medio esencial y eficaz para el intercambio de información actualizada. Por tanto, la comunicación y el intercambio de información son los dos elementos fundamentales en la escala de colaboración.

5.2.4. Marco pedagógico de Ozdamli (2012)

El modelo parte de la necesidad de buscar la forma de integrar las tecnologías móviles en las actividades de enseñanza y destacan como elementos fundamentales para un modelo eficaz de aprendizaje móvil la integración de las herramientas, el enfoque pedagógico, la evaluación y la formación docente.

Las *herramientas* móviles pueden ser un soporte al aprendizaje (medio de comunicación e intercambio de información) y también pueden ser herramientas instruccionales (realización de las actividades a través de los dispositivos móviles).

Los *modelos teóricos* de los que parten son el constructivismo, *Blended Learning* (o aprendizaje mixto que combina el aprendizaje presencial —en el aula— y el elearning), el aprendizaje colaborativo (entendido como la gestión eficaz, con el apoyo de la tecnología móvil, por parte del grupo ante una tarea común) y el aprendizaje activo (definido como el proceso por el cual «los estudiantes participan en tareas de pensamiento de orden superior, como análisis, síntesis y evaluación»).

Las *técnicas de evaluación* se basan en el ordenador, procesos de autoevaluación y evaluación entre pares y la tutoría. Los ordenadores en general y los dispositivos móviles en particular, facilitan la implementación de actividades de evaluación que puedan realizarse en cualquier momento y lugar, permitiendo, además, el acceso continuo a estas tareas por parte del docente. La evaluación por pares se considera un proceso de evaluación formativa en el los estudiantes participan en la valoración de las actividades realizadas por otros.

Por último, el aprendizaje móvil facilita el trabajo del profesorado, la creación de contenidos y el sistema de evaluación, entre otros aspectos.

6. ENTONCES, ¿CUÁLES SON LOS PRINCIPIOS DE APRENDIZAJE?

El proyecto *MOBILearn European Project* ofreció un conjunto de paradigmas y un modelo pedagógico nuevo para el m-learning. Sharples, Taylor y Vavoula (2005: 5-6) resumen las principales ideas:

1. Más que a la tecnología se considera al estudiante como elemento móvil, ya que es el responsable de utilizar cualquier tecnología en los diferentes entornos.
2. *El aprendizaje se entrelaza con otras actividades como parte de la vida cotidiana*: Está en interrelación con las actividades cotidianas (comunicación, ver la televisión o leer un libro) por lo que llegan a convertirse en recursos y espacios de aprendizaje.

3. El *aprendizaje puede generar objetivos, así como satisfacerlos*: Genera objetivos (ej. plan de estudios), satisface necesidades y resuelve problemas a los estudiantes. También puede ser resultado de la curiosidad, dando como resultado nuevos objetivos que posteriormente podrán incorporarse a los programas formativos.
4. *El control y la gestión del aprendizaje son distribuidos*: No hay un entorno específico donde el profesorado tiene el control sobre el proceso de enseñanza y aprendizaje, surge un nuevo ámbito donde el control está distribuido entre estudiantes, profesorado, tecnologías, guías, entornos, etc.
5. *El contexto es construido por los alumnos a través de la interacción*: Es dinámico, y se construye por medio de la interacción entre el estudiante y el entorno.
6. El aprendizaje móvil puede complementar el aprendizaje formal pero también puede provocar disrupciones o interrupciones en el aula.
7. El aprendizaje móvil podría plantear problemas de propiedad y privacidad, al facilitar la grabación y el envío de datos a espacios abiertos.
8. La «tecnología móvil, que puede llegar a concebir la educación como una conversación en su contexto, habilitado por la interacción continua a través y con la tecnología personal y móvil»

Los autores consideran que es fundamental tener en cuenta el aprendizaje formal y el informal, analizar la dinámica del contexto de aprendizaje, teorizar desde un punto de vista constructivista y, analizar el aprendizaje como una actividad personal y situada mediada por la tecnología. Todos ellos aspectos que han sido estudiados en las investigaciones presentadas con anterioridad en este capítulo.

Lankshear y Knobel (2008: 195-199) describen tres principios de aprendizaje para la pedagogía móvil basados en una perspectiva sociocultural: *Principio de aprendizaje eficaz, aprendizaje integrado* y el *principio de apropiación y extensión productivas en el aprendizaje.*

El *Principio de aprendizaje eficaz* se adquiere cuando el contenido que se aprende tiene una conexión directa con la realidad, con el contexto social. Si lo que se aprende está dentro de un contexto cultural y social, adquiere significado y se convierte en un conocimiento relevante, facilitando de esta manera su adquisición.

El concepto de *aprendizaje integrado* tiene una relación tal con el anterior que, en muchas ocasiones, plantea dificultades para establecer los límites entre ambos. Se desarrolla sobre la base de tres condiciones: En primer lugar, el aprendizaje se facilita cuando tiene lugar dentro de un contexto social o está relacionado con este contexto social y/o cultural, en lugar de producirse de manera aislada, como algo externo a nuestras vidas. Un ejemplo claro es el aprendizaje de una lengua extranjera: es más fácil aprenderlo en su contexto natural que por medio de recursos didácticos en el aula. En segundo lugar, el aprendizaje se facilita cuando se relacionan todos los elementos (del contenido y la actividad didáctica) como un todo. Si se comprenden y conectan todas las piezas necesarias, todos lo elementos que forman el contenido, el concepto o la actividad didáctica, se aprende de manera más sencilla y duradera. Y, en tercer lugar, al integrar como un todo el concepto o contenido, es más difícil que entre en conflicto con nuestra identidad y pensamiento, puesto que este contenido no es criticado y es aceptado. Se entiende que nuestra identidad influye directamente en la adquisición de conocimiento: se aprende con más rapidez aquello que está en sintonía con lo que pensamos, puesto que se acepta sin resistencias.

El *principio de apropiación y extensión productivas en el aprendizaje* se fundamenta en el principio de aprendizaje integrado y sobre la base de los conocimientos adquiridos anteriormente. A partir de los conocimientos previos que posee el estudiante se facilita la adquisición de otros nuevos. Por ejemplo, si planteamos una actividad docente que implique tener conocimientos de edición de fotografías, probablemente el estudiante adquiera conocimiento de manera más fácil.

Heick (2012) considera al igual que otros autores, que el aprendizaje móvil solo puede estudiarse y entenderse dentro del contexto (local o digital) natural del estudiante. Describe brevemente doce principios del aprendizaje móvil:

1. Acceso. Un ambiente de aprendizaje móvil se caracteriza por el acceso constante a contenidos, otros estudiantes, especialistas, recursos y se realiza por medio de un dispositivo móvil.
2. La *Métrica* o *medidas* del rendimiento del aprendizaje serán digitales y físicas.

3. La *nube*: Todos los datos están disponibles a través de la nube, en la red.
4. *Transparente*: Como aspecto directamente relacionado con la conectividad, movilidad y la colaboración. Nuestra participación es visible y pública.
5. Juego: El aprendizaje móvil se produce en un entorno dinámico, no planificado, con un ambiente no académico y de juego permanente.
6. *Asíncrono*: El aprendizaje móvil se basa en la comunicación asíncrona, teniendo lugar en cualquier momento y lugar, dándose en el momento más adecuado para el estudiante.
7. *Autogestión*: La gestión del aprendizaje es responsabilidad del estudiante que decide la audiencia, la aplicación, la secuencia...
8. *Diversidad*: En el entorno de aprendizaje, las audiencias son diversas, cambian de manera constante.
9. *Curación de contenidos*: A través de los dispositivos y las aplicaciones móviles se hace posible la curación de contenidos. Todos los estudiantes pueden participar en el almacenamiento, publicación y difusión de contenidos.
10. *Mezcla*: El aprendizaje móvil mezcla elementos físicos, procesos de comunicación personal y de interacción digital.
11. *Siempre-Activo*: El aprendizaje se define como autogestionado, espontáneo, repetitivo y recurrente. Siempre podemos volver al contenido y/o a la comunicación. Existe una necesidad de tener acceso constante a la información, la reflexión cognitiva y la interacción entre los diferentes dispositivos móviles.
12. *Auténtico*: Los 11 principios descritos dan lugar a un aprendizaje auténtico que permite la personalización del proceso de enseñanza-aprendizaje y que no puede ser reproducido en el aula.

Para finalizar, se presentan algunos principios básicos para llevar a cabo un programa de m-learning desarrollado sobre la base de las aportaciones de diferentes autores (Lara, 2012; Moreno, 2011)

— Definir con claridad el objetivo de aprendizaje, la tecnología a utilizar, las habilidades de los participantes y la medida del rendimiento.
— Reforzar la autonomía del estudiante, los procesos de comunicación e interacción.

— Trabajar por medio de proyectos, experimentos y actividades enfocadas a la acción, con situaciones reales y no simuladas.
— Fomentar el aprendizaje audiovisual (uso de vídeos breves, no más de 5 minutos).
— Crear unidades breves de contenidos, denominadas «píldoras» de contenido, con el objetivo de facilitar su descarga, así como su consulta en cualquier comento. Los contenidos deben mostrarse de manera breve y segmentada.

7. Y PARA FINALIZAR... LAS CONCLUSIONES

Los dispositivos móviles permiten el acceso a los contenidos en el lugar que quieras, donde estés, dónde vayas, cuando quieras y las veces que desees, sin tener que esperar que el profesorado lo cuente de nuevo. Aporta la posibilidad de llevar a cabo un proceso de aprendizaje individualizado, espontáneo, informal, aportando ubicuidad. Ofrece verdaderas oportunidades de adaptación al ritmo y espacio del estudiante. Tareas activas con significado, conectado a su realidad y al contexto sociocultural, pueden llegar a mejorar el rendimiento y el compromiso académico. Incluso se ha observado que los niños más pequeños pueden aprender, a través de las videollamadas que facilitan la interacción al reproducir situaciones de la vida cotidiana. Parece que *lo móvil* amplifica las posibilidades del aprendizaje y lo acerca al momento inmediato en que se recibe la información, esta característica de inmediatez —junto con la ubicuidad— sitúan este aprendizaje en una posición privilegiada, presentando enormes ventajas para la educación.

Entonces, ¿por qué los resultados son contradictorios?

Por la escasez de respuestas aportadas, desde el ámbito educativo, a las dificultades particulares que presenta este tipo de aprendizaje. Por la falta de un marco teórico de referencia; ante tecnologías tan avanzadas, contrastan los planteamientos teóricos aún en desarrollo. Probablemente, la incorporación de un proceso de aprendizaje colaborativo y más activo neutralice en gran parte estos elementos distractores (y también enriquecedores) que incorporan los dispositivos móviles, transformándolos en aspectos motivadores y de participación. Un cambio de enfoque hacia las relaciones y las personas, los procesos de colaboración y participación en red, la reflexión y el debate; es decir, hacia procesos cada vez más flexibles y abiertos, pueden ser algunas de las claves en este campo.

Por las escasas experiencias de *mlearning* que han supuesto una verdadera innovación metodológica y, sobre todo, por la ausencia de un debate académico basado en el análisis reflexivo y profundo sobre las dificultades que atraviesa la educación, provocando la falta de compresión del paradigma social un aspecto mucho más complejo que el simple hecho tecnológico. Las aplicaciones del aprendizaje móvil en educación se han realizado de manera esporádica, sin tener en cuenta su contexto sociocultural, constructivo y conectivista, y, además, que se han desarrollado de una manera rígida bajo un prisma tradicional y no innovador. Por tanto, aunque que los soportes móviles ofrecen una amplia gama de opciones para la educación y es posible que permitan acercar la escuela al ámbito social del estudiante, es necesario seguir avanzando en el conocimiento y desarrollo de propuestas innovadoras, más que ahondar en el diseño de situaciones educativas artificiosas que busquen reproducir viejas metodologías dentro de nuevos entornos.

Como afirma Bacher (2016: 467), la suma de pantallas en el aula no facilitará el avance si no se logra «(...) identificar las crisis que atraviesa la escuela y que le dificultan encontrarse con su sociedad». El aula descontextualizada del marco sociocultural pierde sus fortalezas alfabetizadoras y su papel democratizador del conocimiento. Esto puede explicar por qué la ubicuidad que permite los nuevos dispositivos no ha conseguido los resultados esperados. Los procesos reflexivos implican superar los análisis simplistas del aprendizaje móvil que aporta un enfoque empobrecido del conocimiento sociocultural.

El acercamiento al aprendizaje móvil no es sencillo. La educación se sitúa en una posición complicada.

REFERENCIAS BIBLIOGRÁFICAS

Aguado, J.M.; José-Martínez, I. (2012). *Sociedad móvil: tecnología, identidad y cultura*. Madrid: Ensayo. Biblioteca Nueva.

Attewell, J.; Savil-Smith, C.; Douch, R.; Parker, G. (2010). Modernizing Education and Training: Mobilizing Technology for Learning. London. Mobile Learning Network (MoLeNET).

Ausubel, D. (1976). *Psicología educativa. Un punto de vista cognitivo*. México: Trillas.

Avci, H.; Adiguzel, T. (2017). A Case Study on Mobile-Blended Collaborative Learning in an English as a Foreign Language (EFL) Context. *International Review of Research in Open and Distributed Learning*, 18 (7), 45-58.

Azzato, M.; Rodríguez Illera, J.L. (2006). Relación entre la estructuración multimedia de los mensajes instructivos y la comprensión de libros electrónicos. *Argos*, 23 (45), 25-46.

Bacher, S. (2016). *Navegar entre culturas: educación, comunicación y ciudadanía digital* (versión Kindle). Argentina: Paidós.

Bates, A.W. (2013). *Teaching in a Digital Age*. Creative Commons Attribution-NonCommercial 4.0 International License.

Bellur, S.; Nowaka, K.L.; Hullb, K. S. (2015). Make it our time: In class multitaskers have lower academic performance. *Computers in Human Behavior*, 53, 63-70. https://doi.org/10.1016/j.chb.2015.06.027

Brown, H.T. (2005). Towards a model for MLearning. *International Journal on E-Learning*, 4 (3), 299-315.

Camacho, M. (2011). Mobile Learning: aproximación conceptual y prácticas colaborativas emergentes. UT. *Revista de Ciències de l»Educació*, 43-50.

Christakis, D.A. (2014). Interactive media use at younger than the age of 2 years: time to rethink the American Academy of Pediatrics guideline? *JAMA Pediatr*, 168(5), 399-400. doi: 10.1001/jamapediatrics.2013.5081

Evans, C. (2008). The effectiveness of m-learning in the form of podcast revision lectures in higher education. *Computers & Education*, 50 (2), 491-498, https://doi.org/10.1016/j.compedu.2007.09.016

Fried, C. B. (2008). In-class laptop use and its effects on student learning. *Computers & Education*, 50 (3), 906-914, https://doi.org/10.1016/j.compedu.2006.09.006

García-Aller, M. (2017). *El fin del mundo tal y como lo conocemos: Las grandes innovaciones que van a cambiar tu vida*. Madrid: Editorial Planeta (ebook).

Garrison, D.R.; Kanuka, H. (2004). Blended learning: uncovering its transformative potential in higher education. *The internet and higher education*, 7, 95-105.

Geddes, S.J. (2004). Mobile learning in the 21st century: benefit to learners. *The Knowledge Tree e-Journal*, 6.

Gee, J.P. (2004). *Lo que nos enseñan los videojuegos sobre el aprendizaje y el alfabetismo*. Málaga: Enseñanza Abierta de Andalucía. Ediciones Aljibe.

Gibbs, S. (2 de noviembre de 2016). Mobile web browsing overtakes desktop for the first time. *The Guardian*.

Gikas, J.; Grant, M. M. (2013). Mobile computing devices in higher education: Student perspectives on learning with cellphones, smartphones & social media. *The Internet and Higher Education, 19,* 18-26. https://doi.org/10.1016/j.iheduc.2013.06.002

Giunchigliaa, F.; Zenia, M.; Gobbib, E.; Bignottia, E.; Bisonb, I. (2018). Mobile social media usage and academic performance. *Computers in Human Behavior*, 5, 1-23.

Haag, J. (2011). From eLearning to mLearning: The Effectiveness of Mobile Course. Interservice/Industry Training, Simulation, and Education Conference (I/ITSEC).

Heick (2012). 12 Principles of Mobile Learning. TeachThought Staff.

Kearney, M.; Schuck, S.; Burden, K.; Aubusson, P. (2012). Viewing mobile learning from a pedagogical perspective. *Research in Learning Technology*, 1 (20), https://doi.org/10.3402/rlt.v20i0.14406

Kim, H.; Kim, G. J.; Park, H. W.; Rice, R.E. (2007). Configurations of Relationships in Different Media: FtF, Email, Instant Messenger, Mobile Phone, and SMS. *Journal of Computer-Mediated comunitación*, 12 (4). https://doi.org/10.1111/j.1083-6101.2007.00369.x

Koole, M. (2009). A Model for Framing Mobile Learning.

Kulesza, J.; DeHondt II, G.; Nezlek, G. (2011). More Technology, Less Learning? *Information Systems Education Journal* (ISEDJ), 9 (7), 4-13.

Lam, J.; Yau, J.; Cheung, S. K. (2010). A review of mobile learning in the mobile age. In P. Tsang, S.K.S. Cheung, V.S.K. Lee, and R. Huang (eds.), *Hybrid learning* (pp. 306-315). Berlin Heidelberg: Springer.

Lankshear, C.; Knobel, M. (2008). *Nuevos alfabetismos. Su práctica cotidiana y el aprendizaje en el aula*. Madrid. Morata.

Lara, T. (2012). M-Learning: *Cómo llevar el aprendizaje a cualquier parte*.

Ling, R. (2004). *The mobile connection. The cell phone's impacto on society*. San Francisco: Morgan Kaufmann.

Lu, J.; Yang, J.; Yu, C.-S. (2013). Is social capital effective for online learning? *Information & Management, 50*(7), 507-522.

MOBIlearn Project (2005). MOBILearn Next-generation Paradigms and Interfaces for Technology Supported Learning in a Mobile Environment Exploring the Potential of Ambient Intelligence.

Moreno, A. J. (2011). Móvil Learning. Observatorio Tecnológico. Ministerio de Educación, Cultura y Deporte.

Naismith, L.; Lonsdale, P.; Vavoula, G.; Sharples, M. (2004). Literature Review in Mobile Technologies and Learning, Report 11. A Report for NESTA Futurelab.

Ozdamli, F. (2012). Pedagogical framework of m-learning. *Procedia – Social and Behavioral Sciences, 31*, 927-931. http://dx.doi.org/10.1016/j.sbspro.2011.12.171

Pew Research Center: Internet & Technology (2017). Mobile Fact Sheet.

Piaget, J. (1977). *Psicología de la inteligencia*. Madrid: Siglo XXI.

Pimmer, C. y Mateescu, M.; Gröhbiela, U. (2016). Mobile and ubiquitous learning in higher education settings. A systematic review of empirical studies. *Computers in Human Behavior*, 63, 490-501. https://doi.org/10.1016/j.chb.2016.05.057

Quinn, C. (2007). Mobile magic: Think different by design. Ciclo de conferencias de la Escuela de Graduados en Education y Centro de lnnov@te del Tecnologico de Monterrey, 18 de septiembre. Podcast.

Quinn, C.N. (2012). Mobile Learning: The Time Is Now. e-Learning Guild Research.

Radesky, J.S.; Schumacher, J.; Zuckerman, B. (2015). Mobile and Interactive Media Use by Young Children: The Good, the Bad, and the Unknown. *Pediatrics*, 135 (1).

Roblyer, M. D.; McDaniel, M.; Webb, M.; Herman, J.; Witty, J. V. (2010). Findings on Facebook in higher education: A comparison of college faculty and student uses and perceptions of social networking sites. *The Internet and Higher Education, 13*(3), 134-140. https://doi.org/10.1016/j.iheduc.2010.03.002

Roseberry, S.; Hirsh-Pasek K.; Golinkoff , R.M. (2014). Skype me! Socially contingent interactions help toddlers learn language. *Child Dev*, 85(3), 956-970.

Santiago, R. (2013). Tecnología móvil e innovación en el aula: Nuevos retos y realidades educativas, en Goig, R. (dir.). *Formación del profesorado en la sociedad digital. Investigación, innovación y recursos didácticos*. Madrid: UNED.

Schwartz, J. (2 February, 2010). Professors Vie With Web for Class's Attention. *The New York Times*.

Sharples, M.; Taylor, J.; Vavoula, G. (2005). Towards a Theory of Mobile Learning. Ponencia presentada en mLearn 2005 4th World conference on mLearning.

Shen, C-W.; Kuo, C-J.; Ly, P.T.M. (2017). Analysis of Social Media Influencers and Trends on Online and Mobile Learning. *International Review of Research in Open and Distributed Learning,* 18 (1).

Shen, R.; Wang, M.; Gao, W.; Novak, D.; Tang, L. (2009). Mobile learning in a large blended computer science classroom: system function, pedagogies, and their impact on learning. IEEE Transactions on Education, 52, 538-546.

Shih, Y. E. (2007). Setting the new standard with mobile computing in online learning. *The International Review of Research in Open and Distributed Learning, 8*(2).

Sintonen, S.; Ohls, O.; Kumpulainen, K.; Lipponen, L. (2015). *Mobile learning and the playing child. Playful Learning Center*: University of Helsinki.

Tess, P. A. (2013). The role of social media in higher education classes (real and virtual) – A literature review. *Computers in Human Behavior, 29*(5), A60-A68, https://doi.org/10.1016/j.chb.2012.12.032

UNESCO (2012). Activando el Aprendizaje móvil: Temas globales. Políticas. Serie de documentos de trabajo de la UNESCO sobre aprendizaje móvil, Francia: UNESCO.

UNESCO (2012). Turning on Mobile Learning in Europe: Illustrative Initiatives and Policy Implications, en Serie UNESCO Working Paper Series on Mobile Learning: Europe.

UNESCO (2017). El aprendizaje móvil.

Vavoula, G. N. (2005). D4.4: A Study of Mobile Learning Practices: Internal report of MOBIlearn Project.

Vazhnov, A. (2015). *La Red de Todo: Internet de las Cosas y el Futuro de la Economía Conectada*. Andrei Vazhnov. Edición de Kindle.

Vicerrectorado de planificación académica y doctorado. Universidad Politécnica (2013). Guía para la implantación del MOBILE LEARNING.

Vygotsky, L. S. (1978). El *desarrollo de los procesos psicológicos superiores*. Barcelona, Crítica.

Wang, M.; Shen, R.; Novak, D.; Pan, X. (2009). The impact of mobile learning on students» learning behaviours and performance: report from a large blended classroom. *British Journal of Educational Technology,* 40, 673-695. https://doi.org/10.1111/j.1467-8535.2008.00846.x

Wei, F. Y. F.; Wang, Y. K.; Klausner, M. (2012). Rethinking college students» selfregulation and sustained attention: Does text messaging during class influence cognitive learning? *Communication Education*, 61(3), 185-204. http://dx.doi.org/10.1080/03634523.2012.672755

Weigel, V. (2001). *Deep learning for a digital age: Technology's untapped potential to enrich higher.* Jossey-Bass: San Francisco.

Weiser, M. (2014). The Computer for the 21st Century GE Minds and Machines Conference 2014, https://www.ics.uci.edu/~corps/phaseii/Weiser-Computer21stCentury-SciAm.pdf

X.
LOS PRINCIPIOS BÁSICOS PARA EL DISEÑO DE UN ENTORNO DE ENSEÑANZA Y DE APRENDIZAJE MULTIMEDIA

Pedro A. Tamayo

INTRODUCCIÓN

Uno de los objetivos de este capítulo es el de introducir en el conocimiento de los que son considerados como principios de demostrada eficacia para facilitar, a través de decisiones concretas en el diseño de materiales multimedia, el aprendizaje del estudiante. A tal fin, este capítulo se estructura en torno a:

— una exposición resumida de los principios del aprendizaje multimedia, tal y como los ha formulado el psicólogo educativo Richard E. Mayer[1] a partir de sus trabajos científicos, y de la denominada Teoría Cognitiva del Aprendizaje Multimedia (Mayer, 2009);
— los trabajos de quienes se han dedicado a evaluar y a verificar tales principios, recopilados principalmente en Mayer (2014b) y en Clark y Mayer (2011);
— y también desde la experiencia del autor del capítulo. Con más de dos década de dedicación a la enseñanza a distancia de asignaturas de introducción a la Economía en planes de estudio no económicos (Derecho, Trabajo Social, etc.), utilizando cuando ha sido posible los avances técnicos disponibles en cada momento para desarrollar materiales que sirvieran a sus alumnos para aprender, y para aprender mejor en la modalidad de e-learning, se ha procurado enriquecer la exposición de cada uno de

---

[1] Richard E. Mayer es un psicólogo educativo estadounidense, nacido en 1947, y que ha realizado contribuciones realmente trascendentales a las teorías de la cognición y del aprendizaje, muy especialmente en lo relacionado con el diseño de materiales educativos de carácter multimedia. En la actualidad desarrolla su actividad docente en la Universidad de Santa Bárbara, en California (EE.UU.).

esos principios con ejemplos de tales materiales. La finalidad de incorporar estos materiales es doble. Por un lado se trata de mostrar al lector cómo puede ser la aplicación práctica de los principios de Mayer a partir de casos que se han utilizado en la realidad (el estudiante encontrará sin duda mejores ejemplos en la Red). Y por otro lado se trata de presentar ejemplos que, en opinión del autor, han servido al logro de los objetivos de aprendizaje (y también de la enseñanza, en la medida en que la han enriquecido como actividad profesional y han permitido que continúe siendo una labor gratificante).

El objetivo principal de este capítulo es el de ofrecer al estudiante de este texto argumentos y ejemplos de tales principios para que conozca las razones que justifican la propuesta y la difusión de tales principios, con el fin de lograr que los incorpore a su caja de herramientas como docente y los aplique si en algún momento ha de diseñar o participar en el diseño de materiales multimedia para sus alumnos.

Aunque se verá con más detalle en los epígrafes correspondientes, existe cierta relación entre el contenido de este tema (los denominados principios multimedia de Mayer), y uno de los principales objetivos de la enseñanza de asignaturas de introducción a la Economía en Grados y planes de estudio de carácter no económico, y en general del estudio de esa ciencia social: se trata de las ideas de *escasez* y de *eficiencia*, esta última en su acepción económica. La Economía justifica su existencia como ciencia social porque las personas nos vemos obligados a tomar decisiones en un entorno de escasez, una regla aplicable tanto a las personas más ricas del mundo, porque ellas también están limitadas en cuanto a la utilización de un recursos como es el tiempo, como a las más pobres. Todos disponemos de veinticuatro horas cada día. Igualmente nuestros recursos monetarios son escasos, como lo son nuestros conocimientos, y nuestro capital físico. En definitiva, la escasez nos obliga a tomar decisiones diariamente sobre cómo y para qué emplear los recursos disponibles.

Y ese ha de ser también necesariamente el objetivo de quien diseñe materiales multimedia para el aprendizaje, y que quiera incorporar los principios de Mayer. Por un lado, siempre va a disponer de recursos escasos (espacio limitado para recoger una explicación, o una lección;

tiempo limitado de exposición; recursos gráficos limitados, que deben convivir con el texto, el audio, el vídeo...). Y por otro lado, se propone la utilización de estos principios para que esos materiales, cuando los incorporen, permitan que el estudiante pueda hacer un uso eficiente de sus recursos limitados para procesar la información.

Con todo lo anterior, el tema se inicia con una breve exposición de la que se conoce como *Teoría Cognitiva del Aprendizaje Multimedia*, como base para ordenar y para enunciar los principios de diseño multimedia propuestos por Mayer según la finalidad concreta de cada uno de ellos, y cuya eficacia ha sido verificada mediante experimentos[2]. Para ilustrar tales principios, para cada uno de ellos se utiliza un ejemplo, muchos de ellos tomados de la actividad docente del autor del capítulo, indicando qué se ha hecho y qué se ha evitado para que los materiales de aprendizaje sirvan de forma eficiente al aprendizaje del estudiante[3].

El contenido de este capítulo se orienta a proporcionar criterios que informen la actividad de quienes vayan a dedicar parte de su actividad profesional, como docentes o como formadores en el ámbito que sea, a pensar, y a diseñar materiales de enseñanza de carácter multimedia para que sean empleados como materiales multimedia de aprendizaje[4].

1. ¿QUÉ ES EL APRENDIZAJE MULTIMEDIA?

Por «*aprendizaje multimedia* se entiende el aprendizaje que tiene lugar a partir de palabras y de imágenes, mientras que por *enseñanza*

---

[2] En la redacción de este capítulo se ha primado la presentación de los principios, su justificación, y el análisis de los ejemplos de aplicación. Y se ha descartado de forma deliberada el aportar datos concretos sobre los resultados de los experimentos que han servido para validarlos como guía de las actividades de diseño. El lector dispone de las referencias bibliográficas concretas donde localizar tales resultados, así como para ampliar su conocimiento con diversos estudios y análisis sobre el tema objeto de este capítulo.

[3] Para los ejemplos se utilizan imágenes o ilustraciones de los mismos, en algunos casos acompañadas de la dirección web donde poder verlos, y de códigos QR que permiten acceder a ellos a través del dispositivo móvil del lector. En el ejemplo del asistente virtual o *chatbot* se ha incluido el código específico de la aplicación Messenger, de Facebook, y que debe leerse con la opción de lectura de código incluida en esa aplicación.

[4] Además, gran parte de lo expuesto a continuación, en espacial lo relativo a los principios de diseño, pueden servir para la preparación y el diseño de presentaciones no necesariamente de carácter educativo, como pueden ser las que se preparan para jornadas, congresos, o para su utilización en grupos de trabajo.

multimedia nos referimos a la presentación de material de enseñanza que emplee tanto palabras como imágenes, con la intención de promover el aprendizaje» (Mayer, 2009)[5], ya sea en la pantalla de un ordenador, de un dispositivo móvil o en las páginas de un libro de texto.

Y la lógica de aproximarnos al aprendizaje multimedia reside en la evidencia de que las personas aprendemos de forma más profunda o intensa (en realidad, más eficiente), cuando aprendemos con palabras e imágenes que cuando lo hacemos sólo con palabras (lo que se conoce como la *hipótesis del aprendizaje multimedia*, Mayer, 2014c). De ahí que resulte de interés para quienes se dedican a la enseñanza el conocer y comprender cómo pueden diseñarse materiales de aprendizaje que sirvan al objetivo de éste.

Para poder comprender correctamente lo que se exponga a continuación, es necesario precisar el contenido y significado de algunos términos que se van a emplear en adelante. Se trata de diferenciar entre qué se entiende por *multimedia*, qué por *aprendizaje multimedia*, y qué por *enseñanza multimedia*[6] (Mayer, 2014c):

— *Multimedia*: Utilización de **palabras** (tanto en texto escrito, como en narración de voz), y de **imágenes** (dibujos, fotografías, animaciones, o vídeo).
— *Aprendizaje multimedia*: Tal y como se ha presentado al inicio de este apartado, consiste en aprender con el usos de palabras y de imágenes, es decir, en construir representaciones mentales a partir de palabras y de imágenes. Esto es, se refiere a la construcción de conocimiento por parte del estudiante[7] a partir de palabras y de imágenes. Este proceso de construcción del conocimiento recoge el enfoque de la denominada **teoría cognitiva del aprendizaje multimedia** de Mayer (2009), cuyas características esenciales se exponen más adelante, y también de otras teorías que explican la «gestión» de la carga cognitiva.

---

[5] Las cursivas han sido añadidas por el autor de este capítulo.

[6] Los texto, en inglés, a los que se hace referencia en este capítulo emplean la expresión «*multimedia instruction*», y se ha optado por traducirla al castellano como «enseñanza multimedia» por considerar que es la acepción que mejor refleja el sentido de la expresión en inglés.

[7] Se ha optado por emplear el término «estudiante» para traducir el término original del inglés «*learner*», por considerar que es el que mejor expresa el sentido de éste en el contexto de este capítulo.

— *Enseñanza multimedia*[8]: Enseñar empleando palabras e imágenes para facilitar el aprendizaje.

A partir de estas definiciones se puede asumir que las actividades o procesos de aprendizaje y enseñanza multimedia resultan ser la cara y la cruz de una misma moneda, de modo que el diseño de ambas es compartido, y por tanto lo son también los principios o criterios para lograr la mayor eficiencia.

En la actualidad, la mayor parte de los materiales de aprendizaje tienen carácter de multimedia, incluso el material más elemental como pueden ser los textos básicos o manuales, que se diseñan empleando palabras e imágenes. Y con el estado actual de la tecnología accesible y disponible para la mayoría de las personas, y de los centros educativos; con el nivel actual de difusión y aceptación de las tecnologías y de los dispositivos móviles; y con la ubicua disponibilidad de redes de datos móviles o de accesos libre, puede afirmarse que es plausible considerar que seguirá siendo así, y que la enseñanza y el aprendizaje de cualquier materia podrá llevarse a cabo, en gran parte, mediante la utilización de materiales multimedia, abiertos, disponibles y accesibles en cualquier momento y casi en cualquier lugar, con independencia de la tecnología prevalente en cada momento.

2. UN ENTORNO PERSONAL PARA EL APRENDIZAJE Y LA ENSEÑANZA MULTIMEDIA

Una advertencia previa sobre el contenido de este apartado. En la serie de televisión *Misión imposible* que se emitió entre la década de los años sesenta y setenta del siglo XX (hubo varios remakes también en formato de series de televisión, y es el origen de una serie de películas numeradas hasta 4, al menos en el momento en que se redactaba este capítulo), uno de sus personajes principales, Jim Phelps, agente secreto de un muy secreto servicio de los EE.UU. que desarrollaba actividades encubiertas durante la Guerra Fría, recibía al inicio de cada capítulo las instrucciones de la misión a seguir, a través de una grabación contenida en una cinta magnetofónica. Invariablemente, la cinta terminaba con la

[8] También denominada «entorno de aprendizaje multimedia».

siguiente advertencia: «*Esta grabación se autodestruirá dentro de cinco segundos*», una medida de seguridad con la que se pretendía evitar dejar pistas de unas misiones que oficialmente no existían.

Pues bien, este apartado se inicia con una advertencia similar: «*Este entorno, o parte de él, dejará de ser útil en muy poco tiempo, un año, dos, cinco,...pronto en todo caso*». No se trata de que el autor haya decidido mostrar un entorno de aprendizaje construido con criterios de alta volatilidad, o de escasa relevancia, o de calidad menor, o claramente obsoleto, sino de aplicar lo que el tiempo le ha enseñado: que gran parte de las nuevas tecnologías, que intentan trasladarse a los procesos de enseñanza y de aprendizaje, tienen su propio *ciclo de sobrexpectación*[9], y que lo que en un principio eran expectativas racionales sobre su utilidad, con el tiempo se demuestra que no eran tanto. En todo caso, la innovación y el ritmo de avance en la creación de nuevas tecnologías, puede justificar ese aviso sobre la posible y pronta obsolescencia de las herramientas a las que hace referencia este capítulo.

Hecha esta advertencia, en la Imagen 1 se recoge de forma visual el entorno multimedia de enseñanza que en la actualidad utiliza el autor en su actividad como docente, en el marco de una institución de enseñanza superior a distancia, donde se emplea de forma desigual la modalidad de e-learning o de enseñanza / aprendizaje en línea.

Se trata de señalar las herramientas o los medios de enseñanza empleados, pero sobre todo para destacar el carácter multimedia de todos y cada uno de ellos, incluso las *redes sociales*, que también pueden utilizarse para la enseñanza incorporando imágenes (dibujos, gráficos, vídeos...), y en menor medida la sección de «*Preguntas más Frecuentes* o *FAQs* (aunque se procura incluir gráficos cuando la explicación de una duda frecuente así lo recomienda). Desde los materiales más clásicos y habituales, como una *guía de estudio* o de la asignatura, o el *texto básico* o *manual*, que utilizan texto e imágenes (especialmente en una asignatura como es la de introducción a la Economía) para trasladar al

---

[9] Expresión que hace referencia a las diferentes fases por las que se considera que transita una tecnología específica, normalmente de nueva aparición o difusión, a lo largo del tiempo, si bien se centra en la consideración del entusiasmo sobredimensionado que se suele atribuir a las nuevas tecnologías en los primeros momentos de su aparición. Ver en Wikipedia: https://es.wikipedia.org/wiki/Ciclo_de_sobreexpectación

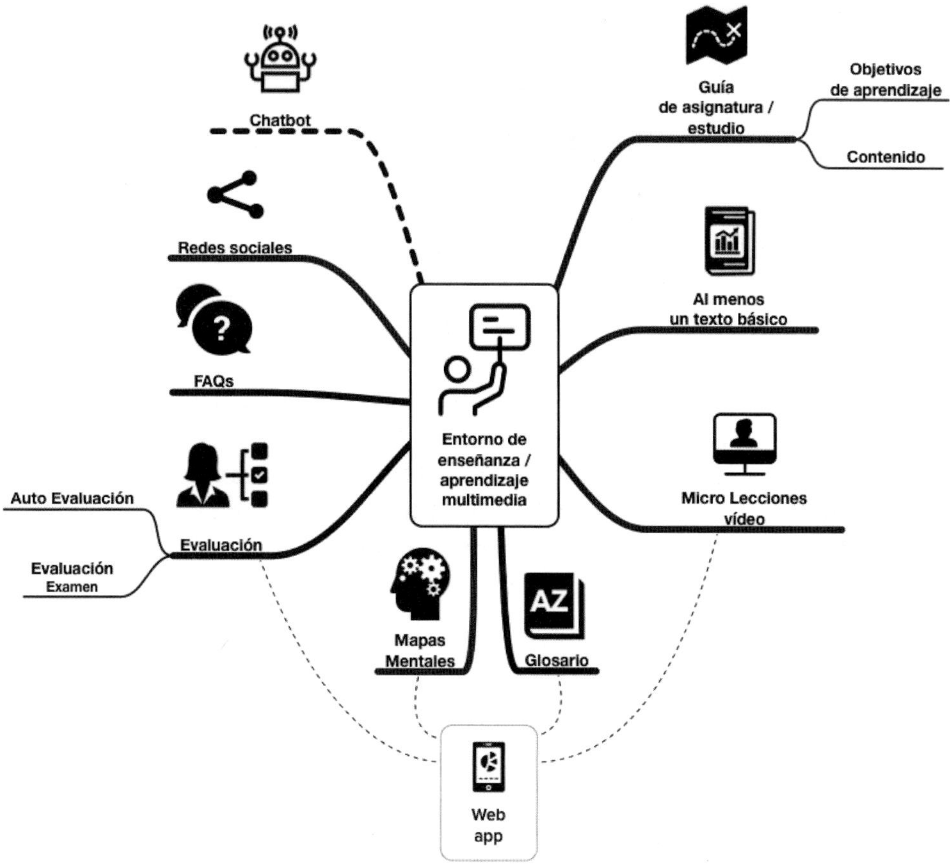

Imagen 1

estudiante conceptos, ideas, y relaciones que han de servirle para crear su conocimiento mediante la generación de modelos. En los últimos años se ha incorporado el *vídeo* como herramienta casi omnipresente en el ámbito educativo, especialmente por las facilidades para almacenar gran cantidad de ese material en servidores en principio gratuitos (en términos monetarios). Los *mapas mentales*, o los *mapas conceptuales*, son otra de las herramientas de enseñanza multimedia incorporadas cada vez con más frecuencia, por su naturaleza esencialmente visual (texto breve, ramas y sub ramas con colores y grosores diferentes, iconos...). El diseño y puesta a disposición de los estudiantes de una *web app* con gran parte del contenido multimedia disponible, junto con las opciones de *auto-eva-*

luación, convierte a esa herramienta para dispositivos móviles en una de las más eficientes. Y, aún en fase experimental (de ahí que se incluya con una línea discontinua) , el uso de un robot en forma de *chat bot* o robot conversacional[10] que complemente la asistencia del docente en cualquier momento, significa también un reto desde el punto de vista de su diseño multimedia.

Con todo, debe señalarse que el aprendizaje en línea, online o e-learning no exige, necesariamente, que el material de aprendizaje precise de vídeos, presentaciones, ejercicios de autoevaluación, esto es, lo que se ha considerado como material multimedia. Es más, un manual o libro de texto puede ser suficiente material multimedia con el que desarrollar la actividad docente. Además, sus perspectivas no se limitan a la incorporación de texto y de imágenes, sino que su publicación en cualquiera de las modalidades de formato electrónico existentes permite ampliar y enriquecer su carácter multimedia con la incorporación de vídeos, podcasts, presentaciones interactivas, o de realidad aumentada[11].

3. LA TEORÍA DEL APRENDIZAJE MULTIMEDIA

En este apartado se exponen de forma sintética las características esenciales de la que se ha denominado «*teoría cognitiva del aprendizaje multimedia*», tal y como la ha enunciado Mayer (2009 y 2014d), una teoría basada en evidencias, enmarcada en la ciencia del aprendizaje, para a continuación presentar los doce principios del diseño multimedia, con ejemplos basados en la experiencia del autor como docente universitario. En esencia, la teoría cognitiva del aprendizaje multimedia ha de servir para desarrollar e implantar métodos de enseñanza y de aprendizaje que sean consistentes con la forma en que aprendemos. Y cuando se trata de métodos multimedia (aquellos que emplean pala-

---

[10] *Chatbot* o bot o robot conversacional, es un programa informático que simula capacidad para mantener una conversación en lenguaje humano como si de una persona se tratara.

[11] En todo caso se hace difícil afirmar que el libro de texto haya quedado desfasado o que resulte prescindible en un entorno de variedad de medios. Al contrario, no sólo no debe considerarse como un medio a extinguir, sino que su futuro será el mismo que acompañe a la evolución y al desarrollo de las formas de aprendizaje electrónico. Y, hasta la fecha, el texto ha formado parte del diseño de cursos multimedia, e incluso se ha convertido en el punto de partida desde el que desarrollar tales cursos.

bras e imágenes), nos va a proporcionar guías para hacer que funcionen mejor aquellos métodos o materiales que se adecúen al funcionamiento de la mente humana.

Esta teoría se basa en tres principios del aprendizaje aportados por la ciencia cognitiva (en la Imagen 2 se ha representado el modelo cognitivo de aprendizaje multimedia basado en el sistema de procesamiento de la información del que disponemos las personas):

— *Dos canales*: Que el sistema de procesamiento de la información de que disponemos las personas incluye dos canales, uno para el procesamiento **visual**, otro para el procesamiento **verbal/auditivo**;
— *Capacidad limitada*: Cada uno de ellos dispone de una **capacidad limitada de procesamiento** (la idea de escasez o de recursos limitados, a la que se hacía referencia en la introducción);
— *Procesamiento activo*: El aprendizaje activo implica llevar a cabo un conjunto coordinado de procesos cognitivos.

Si bien es en la década de los años 50 del siglo XX donde se sitúan los inicios de lo que ha venido en conocerse como *ciencia cognitiva*[12], tanto en el área propia de la psicología, como en otras en principio menos afines como la Economía[13], será a finales de la década de los 80 cuando se genera uno de los desarrollos más relevantes de esa ciencia en el ámbito del aprendizaje. En 1988, el psicólogo educativo John Sweller, mientras estudia aspectos concretos de la resolución de problemas, desarrolla la que se ha convertido en el pilar del diseño eficiente de materiales de aprendizaje multimedia: la *teoría de la carga cognitiva*. La principal aportación de esta teoría, que como tal sirve para integrar el conocimiento disponible sobre las estructuras cognitiva de las personas, y un conjunto de principios sobre el diseño educativo, es la de proponer que en el diseño de materiales de aprendizaje se intente evitar el exceso o la sobreutilización de recursos de la memoria de trabajo para aprender.

---

[12] Por ciencia cognitiva se entiende la aproximación de carácter interdisciplinar al estudio de carácter científico de la mente y de sus procesos. Dentro de sus campos de investigación se consideran, entre otras, las funciones de lenguaje, memoria, y atención.

[13] De esta época son los primeros trabajos de Herbert Simon, economista y psicólogo, y premio Nobel de Economía en 1976, que con sus aportaciones en el área de la ciencia cognitiva sentó los pilares de lo que sería llamada más adelante como Economía Conductual.

Antes de continuar, resulta necesario presentar los tipos de memoria que se asumen en esta teoría: memoria sensorial; de trabajo; y a largo plazo.

4. TIPOS DE MEMORIA

En el modelo cognitivo de aprendizaje multimedia se asume que las personas disponemos de tres tipos de memoria donde almacenar la información: sensorial, de trabajo o a corto plazo, y a largo plazo.

— Memoria *sensorial*: constituye el primer nivel de la memoria, y es donde se mantiene de forma temporal cualquier sensación que registren nuestros sentidos: sonidos, olores, temperatura... No tiene gran importancia para el aprendizaje, o para el diseño de materiales multimedia. Su función será la de actuar como puerta de entrada a la memoria de trabajo o a corto plazo, cuando perciba alguna señal que llame la atención de la persona[14].

— Memoria *de trabajo o a corto plazo*: es la clase de memoria que más empleamos las personas en nuestra vida cotidiana, la que resultará clave en la teoría del aprendizaje multimedia, y a ella pasará (como memoria visual, o como memoria fonética, representadas en la Imagen 2 como carpetas de almacenamiento) la sensación o el estímulo que consiga captar la atención de una persona, y podrá hacerlo por varias razones: bien porque esa sensación le ha resultado llamativa, bien porque es precisamente lo que estaba buscando (por ejemplo, la indicación que le proporciona el navegador de su teléfono móvil para continuar con el trayecto que le está mostrando para llegar a un determinado destino). La capacidad de almacenamiento de este tipo de memoria es limitada[15], como lo es también el

[14] No obstante, se le puede atribuir cierta importancia para el diseño de materiales o de entornos de aprendizaje cuando se considera lo que denomina «fenómeno de habituación»: el acostumbrarse a un estímulo sensorial hasta el punto de no prestarle más atención, no responder a el mismo. Por ejemplo, puede ocurrir con recursos o materiales de referencia que se muestran al estudiante en un entorno de aprendizaje, respecto a cuya presencia puede llegar a acostumbrarse hasta el punto de no volver a prestarle atención.

[15] En este sentido, la denominada *Ley de Miller*, por el trabajo de Miller (1956) según la cual la capacidad de una persona adulta para recordar elementos que se le acaban de mostrar es de siete, con un margen de +/– 1 o 2 elementos. Trabajos posteriores, como Cowan (2001) rebajan ese número hasta cuatro.

tiempo durante el cuál puede almacenar información (unos pocos segundos). La mayoría de la información que pase por la memoria a corto plazo será desechada una vez empleada, y la restante será codificada y almacenada en la memoria a largo plazo. Por ejemplo, una información, para quien la desconozca, como puede ser la combinación de teclas en un ordenador Apple para marcar como cursiva o itálica un texto, (Cmd + i) puede permanecer en la memoria a corto plazo solo el tiempo necesario para emplearla. Pero será su repetición continua, o el uso constante de esa combinación, la que llevará a que esa información se actualice en la memoria de trabajo, y que finalmente se «instale» en la memoria a largo plazo. Los factores que van a determinar la permanencia o no de información en la memoria a corto plazo son el tamaño de ésta, y la relevancia que tenga para el receptor. Y se denomina **carga cognitiva** a la utilización de recursos de la llamada memoria de trabajo en un proceso de aprendizaje concreto, o en la resolución de un problema.

— Memoria *a largo plazo*: Donde se almacenan el conocimiento del estudiante, y a diferencia de la memoria de trabajo puede almacenar grandes cantidades de información durante también largos periodos de tiempo. Los modelos generados en la memoria de trabajo, con la información recibida del exterior, y junto con los modelos ya almacenados en la memoria a largo plazo (que se recuperan en el proceso de generar nuevo conocimiento), se almacenan aquí.

La Imagen 2 recoge de forma gráfica el funcionamiento de la teoría cognitiva del aprendizaje multimedia. La memoria sensorial recibe, y almacena por un tiempo muy reducido, la información visual y fonética que le llega por los dos canales. La que resulte relevante para el estudiante pasa a la memoria de trabajo, donde se almacena temporalmente, y se manipula de forma consciente, en sus dos modalidades, visual y fonética. ahí, junto con los modelos y la información ya almacenada en la memoria a largo plazo, donde se genera el nuevo conocimiento que, como información y en forma de nuevos modelos, se almacena en la memoria a largo plazo.

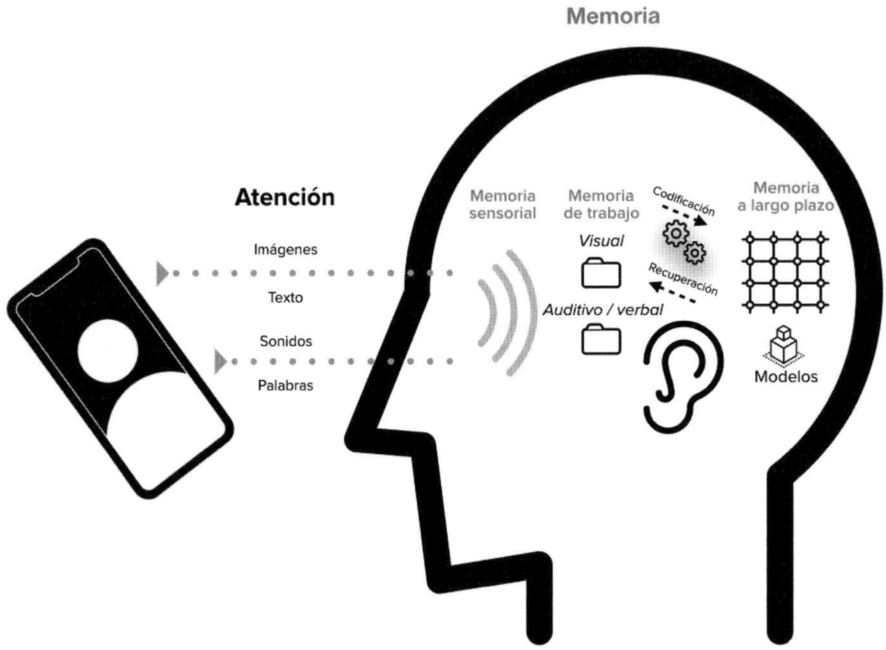

Imagen 2

En resumen, esta teoría parte del supuesto de que ese sistema de procesamiento de la información está formado por dos canales: uno visual para procesar los elementos visuales (texto escrito, e imágenes), y otro auditivo/verbal para los sonidos y las palabras habladas. Cada uno de esos dos canales tiene una capacidad limitada de procesamiento, dada nuestra a su vez limitada capacidad de carga cognitiva. Forma parte de esta teoría el considerar la existencia de tres tipos de memoria: sensorial (con capacidad de almacenamiento temporal muy limitado de imágenes y de texto escrito como elementos visuales, y de palabras y sonidos como elementos auditivos), de trabajo (el centro del aprendizaje multimedia, donde tiene lugar la gestión o creación de conocimiento de forma activa), y de largo plazo (donde almacenamos lo que hemos aprendido, con capacidad de almacenamiento temporal más amplia que la memoria de trabajo).

5. TIPOS DE PROCESAMIENTO COGNITIVO

El punto de partida o principio nuclear tanto de la teoría del aprendizaje multimedia como de la teoría de la carga cognitiva (Clark, Nguyen, y Sweller, 2006) consiste en considerar que los estudiantes pueden participar en tres categorías de procesamiento cognitivo durante su aprendizaje, y que cada una de esas categorías va a depender de la capacidad cognitiva disponible (Mayer, 2009). Esta taxonomía del procesamiento cognitivo, que DeLeeuw y Mayer (2008) han denominado *modelo triárquico de carga cognitiva*, y que diferencia entre procesos *irrelevantes*, *esenciales*, y *generadores*, ha de servir para proponer desde la evidencia prácticas o principios a emplear en el desarrollo de materiales multimedia destinados al aprendizaje. A continuación se detallan las características de cada uno de esos procesos, y su importancia en el aprendizaje:

— Proceso cognitivo *irrelevante extraño* o *ajeno*[16] (también denominado *carga cognitiva irrelevante*): se refiere a los procesos que no aportan nada al aprendizaje, de ahí su calificación. Se trata de procesos ineficientes, que obligan a destinar parte de nuestra limitada capacidad cognitiva y de procesamiento, sin que de ellos se deriven resultados en términos de construcción de modelos. En este contexto de la teoría cognitiva del aprendizaje multimedia sirve para identificar las prácticas que no están al servicio de los objetivos de aprendizaje, y que por lo general se derivan de diseños educativos erróneos. Aunque más adelante se presentarán las prácticas concretas dirigidas a eliminar o a reducir este tipo de carga irrelevante, un ejemplo que puede servir para ilustrar este proceso en este punto es el diseño que obliga al estudiante a escanear visualmente el material (Mayer, 2009) cuando en la pantalla del dispositivo que emplee el estudiante se coloca un imagen y su explicación separados físicamente. Ese tipo de diseño obliga a escanear la pantalla visualmente, consumiendo parte de la capacidad cognitiva del estudiante, y reduciendo con ello sus recursos disponibles para participar en desarrollar otras tareas enriquece-

[16] La primera acepción es la que más se aproxima al término originalmente empleado en inglés por Mayer, *extraneous*, dado que hace referencia a los procesos cognitivos que no aportan nada al proceso de aprendizaje.

doras del proceso de aprendizaje, como puede ser la selección de información, su organización y su integración en la memoria a largo plazo junto con los modelos de que dispone. Las soluciones a este tipo de proceso o carga ineficiente van a consistir, básicamente, en la utilización de prácticas dirigidas a su reducción, diseñando materiales en los que se observen los principios de *coherencia*, *señalización*, *redundancia*, y de *contigüidad espacial* y *temporal*.

— Proceso cognitivo *intrínseco* o *esencial*: se trata del proceso cognitivo que nos sirve para representar en nuestra memoria de trabajo el material esencial, y va a venir determinado fundamentalmente por el carácter más o menos complejo de ese material. Durante este proceso, las personas seleccionamos las imágenes, las palabras, y los sonidos que han accedido a nuestra memoria sensorial y con los que vamos a construir una representación del material de aprendizaje. Para este tipo de proceso, se van a proponer como prácticas o principios dirigidos a facilitar su gestión eficiente los de *segmentación*, *pre-conocimiento*, y *modalidad*.

— Proceso cognitivo *generador* o *relevante*: se trata del proceso por medio del cuál se intenta dar sentido al material esencial. Mayer (2009) señala que este tipo de proceso, que depende en gran parte del nivel de motivación del estudiante, puede potenciarse mediante la generación de un entorno de aprendizaje multimedia «atractivo», por ejemplo mediante la utilización de un estilo amigable y conversaciones cuando se emplee la narración como elemento multimedia. Las actividades o principios que sirve a este fin son los denominados *multimedia*, *personalización*, *voz*, e *imagen*.

Y el marco en el que deben encuadrarse estos tres procesos cognitivos, que tienen carácter aditivo (ocupan de forma simultánea el reducido «espacio» de la memoria de trabajo) es el formado por los que se consideran procesos esenciales del aprendizaje activo:

— selección del material relevante;
— organización del material seleccionado; e
— integración de ese material con el conocimiento ya existente.

mediante la aplicación de orientaciones basadas en la evidencia dirigidas a que en el diseño de materiales de aprendizaje *se reduzca la que se denomina carga cognitiva irrelevante, de modo que el aprendizaje se pueda reconducir hacia materiales generador.*

A continuación se expone la definición y la finalidad de cada uno de esos principios o actividades del aprendizaje multimedia, acompañados en su mayoría por ejemplos de buenas o malas prácticas. En la Imagen 3 se presentan de forma resumida estos principios, ordenados según el tipo de proceso al que sirve, y con una breve indicación de cómo se aplican.

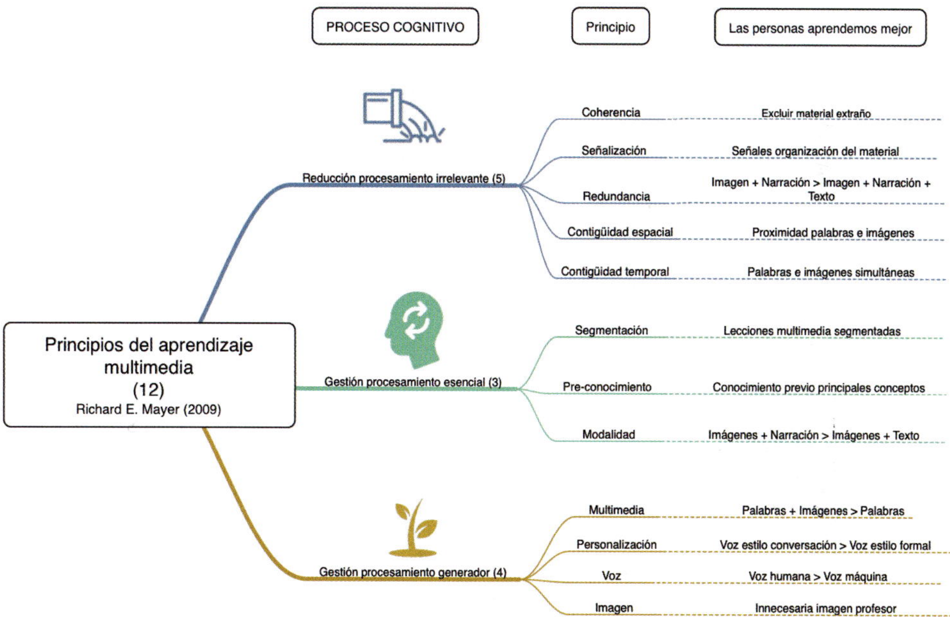

Imagen 3

6. PRINCIPIOS PARA LA REDUCCIÓN DEL PROCESAMIENTO EXTRAÑO

Se presentan aquí los cinco principios dirigidos a reducir o a eliminar el procesamiento irrelevante que ha de evitar la innecesaria sobrecarga de la memoria de trabajo. Posiblemente sean los más importantes de los doce que se exponen, y posiblemente sean también los menos observados en la práctica.

6.1. Principio de coherencia

De acuerdo con este principio, las personas aprendemos de forma más eficiente cuando se excluye material *extraño* o *irrelevante* que cuando se incluye. Puede descomponerse en tres expresiones del mismo, que en todo caso deben entenderse como complementarias. Se considera que el estudiante no va a despilfarrar capacidad de procesamiento, de modo que su aprendizaje mejorará, cuando en los materiales multimedia que se le proporcionen:

- — se excluyan palabras e imágenes que, a pesar de tener algún interés informativo, resultan irrelevantes para el objetivo de aprendizaje que se haya establecido.
- — se prescinde de sonidos que, a pesar de que puedan ser en sí mismos interesantes, resultan irrelevantes para el objetivo de aprendizaje de que se trate.
- — se prescinde de palabras o símbolos innecesarios.

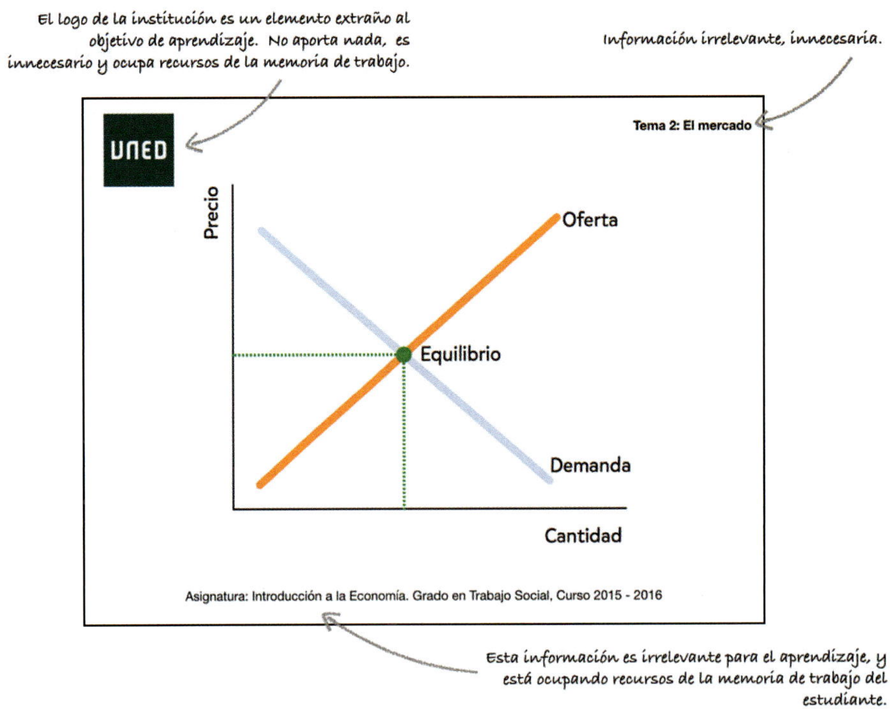

Imagen 4

En la Imagen 4 se ha representado un caso de «mala práctica», donde no se observa este principio: hay demasiados elementos decorativos, información irrelevante, que ocupa espacio en el canal visual del estudiante sin contribuir al aprendizaje.

6.2. Principio de señalización

De acuerdo con este principio, las personas aprendemos mejor cuando una presentación multimedia va acompañada de pistas sobre cómo se va a distribuir el material básico en la presentación.

Es este uno de los principios de más fácil cumplimiento, dado que sólo exige que el material multimedia vaya acompañado de algo parecido a un breve esquema —al que debe referirse el narrador— de lo que se va a exponer en él: secciones de la presentación, títulos de cada una de ellas, y expresiones y términos clave que se van a emplear.

Presentar al inicio los apartados o secciones del material, así como los términos básicos que se van a emplear en ella, por ejemplo mediante un mapa mental, sirve para reducir el procesamiento extraño del estudiante.

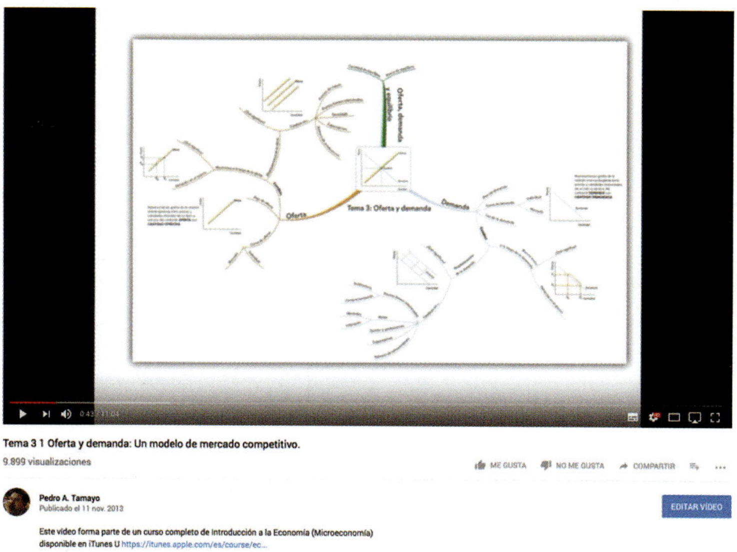

https://youtu.be/4uLONu_LwPo?t=37s

Imagen 5

De esta forma, se consigue reducir el procesamiento extraño permitiendo al estudiante centrarse en los elementos importantes del material, así como generar vínculos entre ellos.

En la Imagen 5 se muestra cómo una presentación multimedia en YouTube se inicia con la indicación de los apartados de la presentación, de los sub-apartados, así como de los términos o conceptos básicos que se van a tratar, todo ellos recogido en un mapa mental, que a su vez es un material de aprendizaje con un alto contenido visual (si lo estudiantes pueden disponer, además, de copia del mapa mental, es muy probable que su utilidad sea mayor).

6.3. Principio de redundancia

Por este principio las personas aprendemos mejor cuando se emplean de forma conjunta imágenes y narración que cuando se emplea imágenes, narración y texto impreso.

La razón en la que se basa la propuesta de esta práctica es la de no saturar el canal visual de que disponemos con imágenes y texto escrito (que no deja de ser una imagen), y aprovechar el canal auditivo para recoger a través de él la narración. De esta forma, se emplean de forma más eficiente ambos canales, en lugar de sobresaturar uno de ellos.

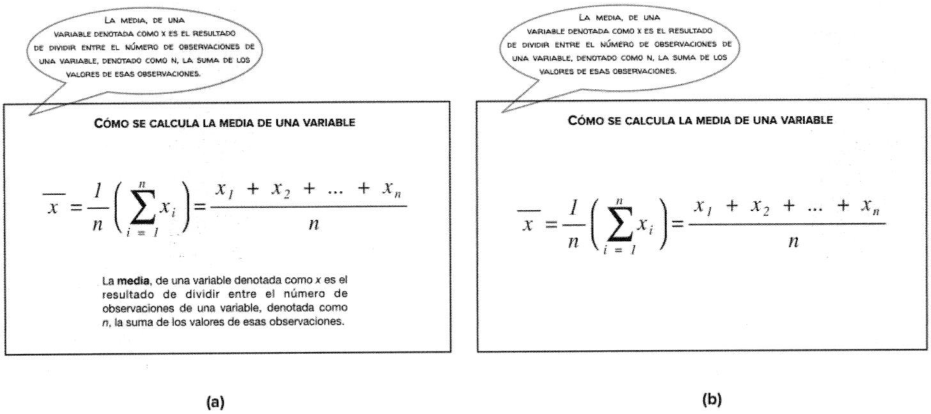

Imagen 6

En la Imagen 6 se han representado dos opciones de presentación multimedia, en esta caso del método de cálculo de la media aritmética, en las que se emplea de forma conjunta la expresión matemática de esa medida, la narración explicativa (el globo que sobresale de la imagen), y de texto en pantalla que reproduce el mismo texto que se está narrando. La presentación (a) genera lo que se ha denominado **carga cognitiva extraña**, porque el estudiante debe dividir su atención entre el texto y la imagen representada en la pantalla, al tiempo que realiza un esfuerzo adicional comparando el texto narrado que recibe con el texto escrito en pantalla. La presentación (b), para la que se ha aplicado este principio de redundancia, emplea solamente imagen (canal visual) y narración (canal auditivo).

6.4. Principio de contigüidad espacial

Este principio hace referencia a la necesidad de coordinar las imágenes y el texto que se emplee junto a ellas, a partir de la evidencia según la cual las personas aprendemos mejor cuando las imágenes y las palabras que están relacionadas se presentan próximas unas a otras en lugar de presentarse alejadas.

Al diseñar materiales de aprendizaje se puede optar por incorporar esos elementos multimedia de forma separada (*diseño separado*), o de forma integrada (*diseño integrado*). En el primer caso, texto e imágenes se ofrecen en lugares distintos. Por ejemplo, si se trata de un libro de texto, las palabras que describen un determinado proceso se presentan en una página, y las imágenes que con las que se pretende ilustrar o demostrar tal proceso se recogen en la siguiente página . En la Imagen 7 se ha representado este ejemplo de diseño separado. En ella se muestra lo que puede ser la representación de un libro de texto o manual de una materia (de nuevo, de Economía), en el que se ha optado por mostrar en una página el texto que describe el comportamiento de la demanda de un bien, mientras que los gráficos a los que hace referencia se muestran en una página propia, aparte del texto. De esta forma, el lector o estudiante debe dedicar parte de su limitada capacidad cognitiva a escanear una página para leer el texto, y a continuación tendrá que hacer lo mismo con la siguiente para incorporar los gráficos a la construcción de un modelo mental sobre esa cuestión. Esta acción de escanear dos páginas para incorporar texto e imágenes dificulta su capacidad para incorporar ambos elementos en su memoria de trabajo, empleando sus recursos visuales de forma ineficiente.

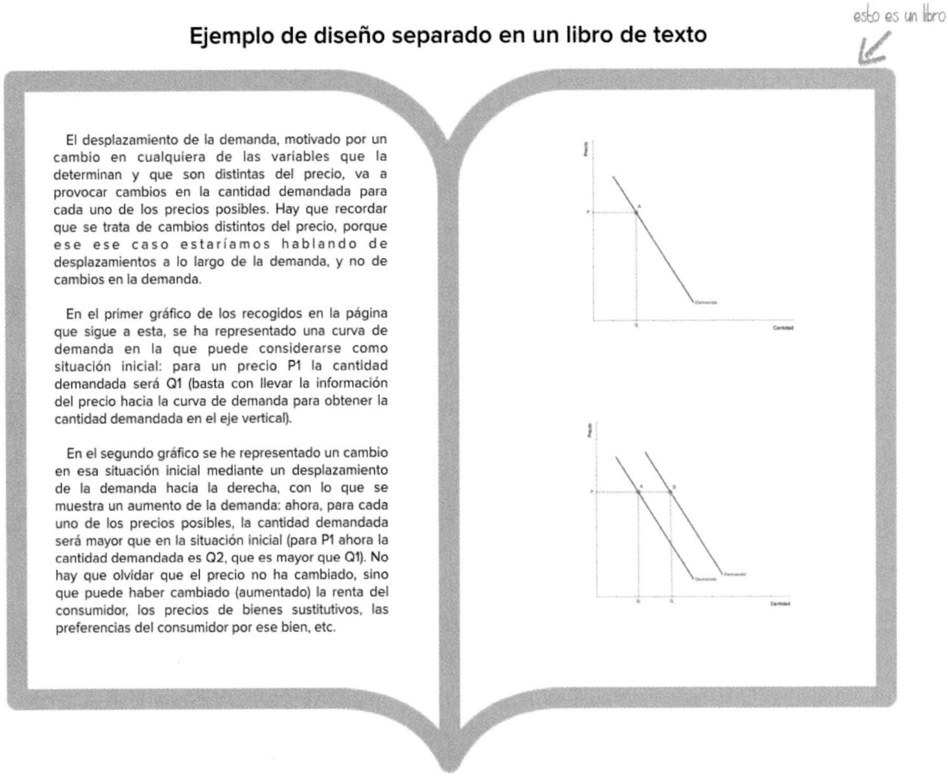

Imagen 7

En la Imagen 8 se muestra el mismo material multimedia de aprendizaje, pero ahora reconstruido aplicando el principio de contigüidad espacial: si bien en la página del texto se hace referencia a los gráficos, la siguiente página que recoge esas imágenes incorpora junto a cada uno de ellos la explicación en palabras. Se trata ahora de un ejemplo de diseño integrado, que permite emplear de forma más eficiente el limitado espacio que representa la página de un libro.

Ejemplo de diseño integrado en un libro de texto

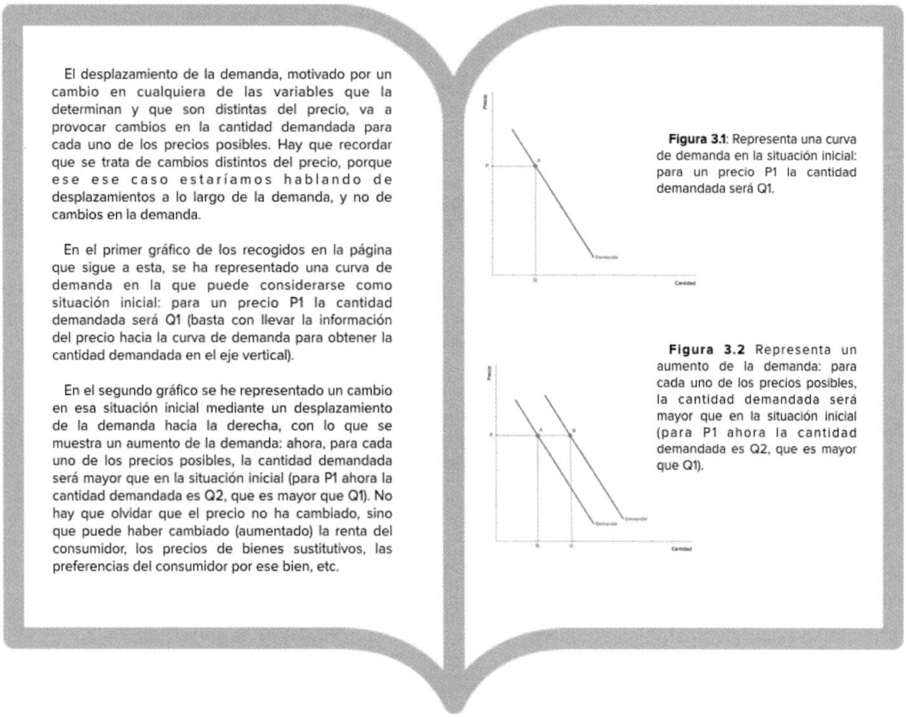

Imagen 8

Otro ejemplo de aplicación de este principio se recoge en la Imagen 9. Cuando se trate de una presentación multimedia para aprendizaje en la modalidad de *e-learning*, la observancia de este principio consiste igualmente en mostrar las imágenes próximas al texto que las explica. Dicho de otra forma, se trata de evitar, por ejemplo, que en una página web aparezcan un par de párrafos explicando cuál es la función de cada uno de los botones de que consta un *joystick*, y que más abajo se muestre el gráfico. De nuevo, se obligaría al usuario que quiere aprender a manejar ese dispositivo a desplazarse visualmente por la página web, dedicando también en este formato recursos visuales escasos a la búsqueda de la imagen. Para evitar esa utilización ineficiente de los recursos se puede acudir a lo que se recoge en la Imagen 9 para una presentación multimedia: explicar, incluso con señalización, con palabras próximas a cada uno de los elementos de la imagen o gráfico en qué consisten.

Cuando se trata de una presentación en pantalla, donde se muestren gráficos y palabras con las que se explican partes o elementos de aquéllos, es aconsejable que éstas se sitúen cerca de los elementos que explican.

Funcionamiento de un joystick básico para video juegos

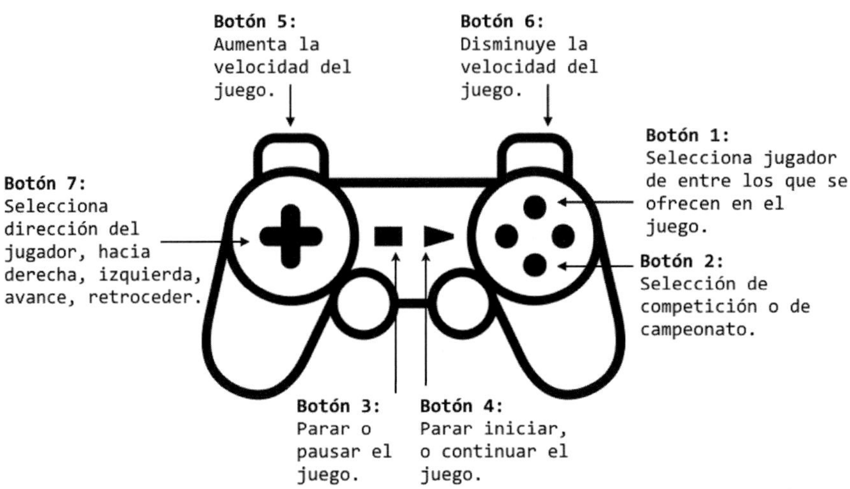

Imagen 9

Como señala Mayer (2009) «*la teoría cognitiva del aprendizaje multimedia se basa en la idea de que el aprendizaje es un proceso activo en el cuál el estudiante se esfuerza bordar sentido al material que se le presenta*». Y servirá para apoyar ese esfuerzo el que las palabras y las imágenes que se correspondan puedan integrarse mentalmente en la memoria de trabajo del estudiante. Así, si al estudiante se le ofrece una lección con una presentación integrada, se estará apoyando el proceso de construcción por parte del estudiante de conexiones mentales entre esas palabras y esas imágenes.

Es este uno de los principales principios del diseño de materiales multimedia para el aprendizaje, el que aconseja presentar la narración (texto o narración) y las imágenes próximas unas a otras. Por ejemplo, si el material consiste en un libro de texto, o en una guía de estudio o aprendizaje, esta recomendación se concreta en situar las imágenes junto a los párrafos que las expliquen[17].

6.5. Principio de contigüidad temporal

De acuerdo con este principio, las personas aprendemos de forma más eficiente cuando las imágenes y las palabras (texto o narración) que están relacionadas se presentan de forma **simultánea** en lugar de hacerlo de forma sucesiva.

Imagen 10

En la Imagen 10 se representado una supuesta presentación multimedia donde sonido e imagen en movimiento se inician a decisión del

[17] Por lo general, en los libros de texto las imágenes se explican o se hace referencia a ellas en las páginas previas, de modo que la explicación sobre ellas se encuentra repartida entre el texto. Lo que no quita para que las imágenes deban ir acompañadas de una breve explicación sobre lo que representan, para hacer más eficiente el aprendizaje del estudiante.

usuario (algo realmente poco usual, pero sobre lo que hay que advertir). Se considera que cuando al alumno se le proporcionan al mismo tiempo la narración y la animación que está relacionadas, es mayor la probabilidad de que pueda mantener en su memoria de trabajo las representaciones mentales de ambas al mismo tiempo, lo que le facilitará la construcción de conexiones mentales entre ambos tipos de representación (una visual, otra verbal). Por contra, si se le proporciona primero una de ellas, y después la otra, se reduce la probabilidad de que el estudiante puedan mantener al mismo tiempo amabas representaciones en su memoria de trabajo, lo que le dificultará la creación de las necesarias conexiones mentales.

7. PRINCIPIOS PARA GESTIONAR EL PROCESAMIENTO ESENCIAL

Se trata con estos tres principios de facilitar o de impulsar el procesamiento esencial, en el proceso de selección de imágenes, palabras, y de sonidos que han accedido a nuestra memoria sensorial y con los que se va a construir una representación del material de aprendizaje.

7.1. Principio de segmentación

De acuerdo con la evidencia disponible, nuestro aprendizaje mediante materiales multimedia resulta más eficiente cuando se nos presenta en unidades segmentadas ajustadas al ritmo del usuario en lugar de hacerlo como una unidad continua.

Así, al emplear como material de estudio una presentación multimedia que consiste en una narración donde se incluyen varias acciones o pasos, es probable que el estudiante no termine de comprender adecuadamente uno de esos pasos, mientras que la presentación avanza hacia los otros pasos o fases siguientes. De esta forma se puede estar dificultando que comprenda la conexión entre cada una de tales fases.

Al dividir dicho material en diferentes secuencias se facilita que el estudiante gestione de forma más eficiente su procesos cognitiva esencial.

Y se facilita aún más si permitimos que el estudiante maneje el ritmo de avance de una a otra secuencia.

La explicación de cómo se construye la curva de demanda a partir de un plan de demanda se ofrece en este vídeo exponiendo cada paso, cada punto con la que se va a formar esa línea.

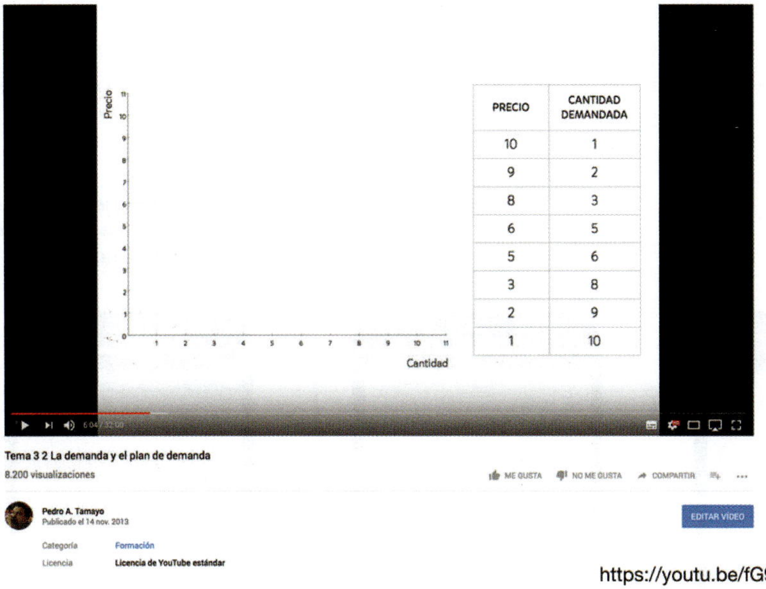

https://youtu.be/fG9uC02_-dA?t=5m45s

Imagen 11

En la Imagen 11 se recoge el vídeo con el que se muestra a estudiantes de un curso de introducción a la Economía cómo se construye la curva de demanda, uno de los conceptos elementales en esa rama del conocimiento. Para ello, se segmenta la presentación en la explicación de dónde se construye la curva, y cómo se traslada cada uno de los pares de datos del plan de demanda hacia el espacio comprendido entre los dos ejes. De esta forma, el estudiante va conociendo de forma progresiva el proceso de construcción, con la ventaja aportada por el uso del vídeo de que puede parar la reproducción, y retroceder hacia el punto que no haya comprendido bien.

7.2. Principio de preconocimiento

Según este principio, las personas aprendemos mejor de una lección multimedia cuando conocemos los nombres y las características básicas de los principales conceptos que se se presentan en ella. Por ejemplo, una lección multimedia sin pre-conocimiento sería aquella (de nuevo la Economía) en la que se explicara el primer tema de un programa de introducción a la Economía, sin proporcionar al estudiante un tema previo de Introducción, donde se explicara qué es y qué no es la Economía, cuál es su objeto de estudio, y se presentaran los términos o conceptos más elementales de ese tema.

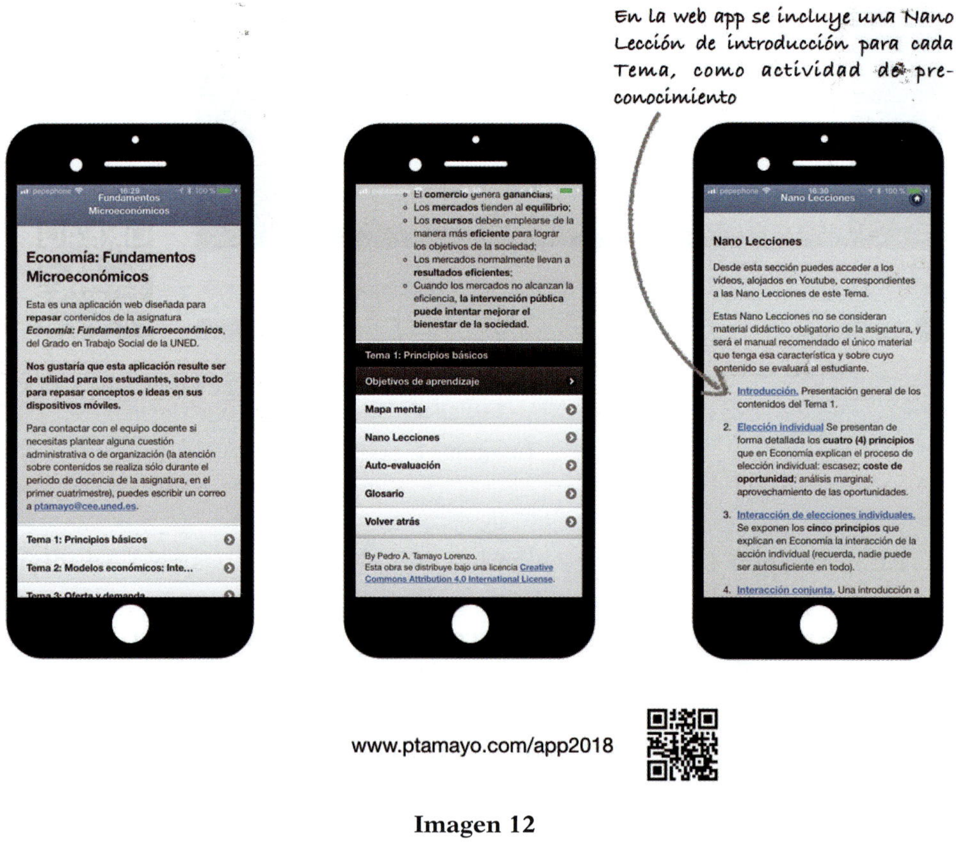

Imagen 12

En la Imagen 12 se recoge el ejemplo de aplicación de este principio en el contenido de una web app para dispositivos móviles[18]. Para cada uno de los temas del programa se ofrecen varias Nano lecciones, de carácter multimedia, y la primera de ellas tiene ese carácter introductorio o de presentación que ha de facilitar el procesamiento cognitiva esencial. De esta forma se le facilita al estudiante la construcción del modelo mental sobre el qué es la Economía, y los principios básicos del comportamiento económico, descargándole de la tarea de construir simultáneamente un modelo mental para cada una de esas funciones.

7.3. Principio de modalidad

Por el principio de modalidad se considera que las personas aprendemos de forma más eficiente de una presentación multimedia cuando se utilizan gráficos y narración que cuando se emplean gráficos y texto impreso.

La lógica de este principio reside en la sobre-utilización del canal visual del estudiante para hacer llegar a su sistema cognitivo la imagen y el texto escrito o impreso, que se consideran una forma también de imágenes. Si se prescinde del texto impreso, y se reemplaza por palabras habladas, lo escrito ya no satura el canal visual, y se facilita que el estudiante emplee ese canal para procesar exclusivamente las imágenes de que se trate, y para seleccionar de entre ellas.

En la Imagen 13 de muestra el ejemplo de utilización de una ilustración en un vídeo que incluye narración, con el fin de evitar texto impreso y de facilitar al estudiante el procesamiento esencial de las imágenes (si están bien seleccionadas por quien lo haya diseñado).

---

[18] Se trata de una web que emula ser una aplicación nativa. Esta modalidad tiene muchas ventajas para los docentes, que no necesitan aprender a programar para cada una de las plataformas móviles existentes, y el resultado es similar al de una aplicación de las que hay que comprar en las tiendas virtuales. Esta es otra ventaja, no hay que pagar por ella, ni pasar por el filtro de un proveedor.

Para evitar saturar el canal visual del estudiante, es preferible no emplear en una presentación multimedia imágenes + texto escrito, y en su lugar utilizar imágenes + narración, de modo que la voz del narrador llegue a la memoria de trabajo por el canal auditivo.

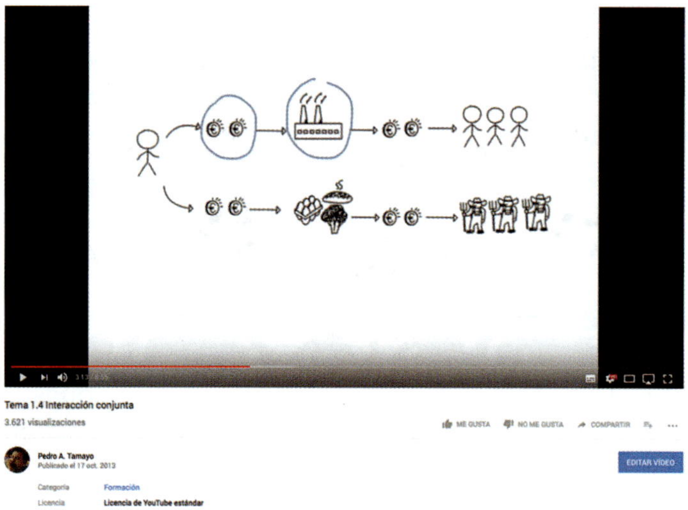

https://youtu.be/G8Jk3ZEyi-s

Imagen 13

8. PRINCIPIOS DE FOMENTO DE PROCESAMIENTO GENERADOR

Y, por último, se presentan los cuatro principios que han de servir para facilitar el proceso generador, el que va a crear conocimiento (aprendizaje).

8.1. Principio multimedia

Es este el principio básico de la teoría del aprendizaje multimedia, con el que se expresa que las personas aprendemos mejor cuando se emplean palabras e imágenes, que cuando se utilizan sólo palabras. Se trata de reconocer la existencia de los dos canales sensitivos de que disponemos, de acuerdo con la teoría del aprendizaje multimedia, y que nos permiten primero construir modelos mentales verbales (palabras), y visuales (imágenes), y a continuación establecer conexiones entre ellos.

Ahora bien, debe tenerse en cuenta que la principal limitación de este principio reside en que su aplicación resulta ser más efectiva cuando el estudiante o aprendiz tiene poco o ningún conocimiento sobre la materia de que se trate. La lógica de esta limitación es que alguien con un elevado conocimiento sobre una determinada materia es capaz de construir, por ejemplo mediante la lectura de un artículo científico sobre su especialidad, y en el que no se empleen imágenes, el modelo mental que le permita incrementar su conocimiento sobre el tema de lo expuesto en dicho artículo.

8.2. Principio de personalización

Por el principio de personalización se entiende que las personas aprendemos mejor cuando en el material multimedia de aprendizaje emplea en sus palabras un estilo conversacional frente a cuando emplea un tono o estilo más formal. Si esa presentación es capaz de transmitir al estudiante que el profesor o el autor del material se está dirigiendo a él, se puede crear un ambiente de confianza que propicie el que el estudiante preste más atención a lo que se le intenta transmitir.

En la Imagen 14 se muestra una aplicación de este principio, en esta ocasión en el diseño y construcción de un *chatbot* o robot conversacional basado en Facebook, que se emplea para asistir a los estudiantes de la asignatura de Economía durante los meses distintos de los de docencia, en los que los profesores no están obligados a atender a los estudiantes a través de las herramientas de comunicación habituales.

Uno de los consejos básicos de los desarrolladores de este tipo de medio de comunicación es el de intentar dotar al robot de un estilo conversacional normal, cálido, que logre conectar con el usuario (la mayoría de estos robots se emplean, por el momento, en negocios en la web, de modo que su finalidad, entre otras, es la de «cuidar al cliente»). En esencia es el mismo consejo que el principio de personalización, y así se ha intentado hacer con el diseño de «EconBot». El robot se dirige siempre al estudiante / usuario por el primer nombre con el que éste se ha registrado en Facebook, lo que supone emplear desde el principio un tono de proximidad. Y el resto de expresiones y formas de las que está dotado el robot están igualmente inspiradas en esa idea de generar un entorno que haga agradable su experiencia como usuario.

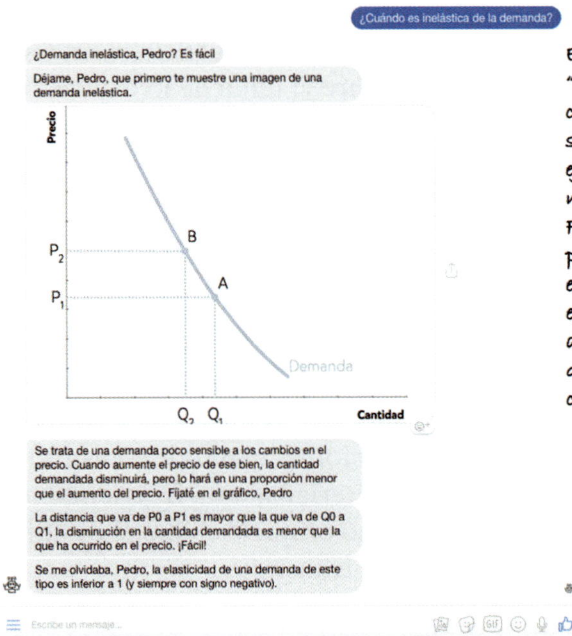

El robot conversacional (chatbot) "EconBot" ofrece un estilo de conversación informal y amigable, sin caer en la exageración. Por ejemplo, se dirige al usuario por el nombre con el que participa en Facebook. Además de ser uno de los principios del diseño multimedia, es una recomendación muy extendida sobre el diseño de este tipo de herramientas de comunicación, que también pueden emplearse como asistentes del aprendizaje.

https://www.facebook.com/econbotUNED/

Imagen 14

8.3. Principio de la voz (del presentador)

De acuerdo con la evidencia disponible, las personas aprendemos mejor cuando la narración que forma parte de una presentación multimedia la realiza una voz humana en lugar de una voz automatizada o de una máquina. El sentido de este principio es el de proporcionar al estudiante un entorno de aprendizaje de carácter más social, más próximo a la realidad, que transmita la sensación de que alguien con una voz humana, y acento normal, le está hablando, se está dirigiendo a él.

La alternativa a emplear una voz humana es la utilización de voces automatizadas, como las que proporcionan algunos paquetes de software educativos, o incluso los mismos sistemas operativos como OS. En la Imagen 15 se proporciona el acceso a un ejemplo de material educativo elaborado por el autor en un proyecto experimental, y en el que se ha usado una voz automatizada para hacer hablar a un supuesto robot.

En este material de aprendizaje, se utilizó de forma experimental la opción de voz de un robot precisamente para generar una animación de un robot que pudiera dirigirse a los estudiantes. Como se puede comprobar, la voz metalizada no genera ninguna sensación de proximidad, o de cercanía de un profesor humano.

https://youtu.be/6XIQZSNtUI8

Imagen 15

En la Imagen 16 se muestra una experiencia similar a la de la Imagen 15, con la diferencia de que en esta ocasión se ha intentado atribuir a la figura del personaje narrador (una imagen de Adam Smith) una voz mucho más personal, menos automatizada, empleando un software similar al utilizado para el otro ejemplo. Además, se ha procurado atribuirle movimientos más humanos con el fin de «personificar» al narrador más allá de su voz.

No obstante, no debe despreciarse las posibilidades que puede ofrecer la utilización de voces automatizadas en la actualidad, con el desarrollo de sonidos y simulaciones de voz cada vez más similares a las de los humanos, como en el futuro más próximo, a la vista de lo que la tecnología viene ofreciendo por medio de los que se ha dado en llamar «asistentes virtuales», tales como Siri, Google Assitant, o Cortana.

En esta presentación multimedia (puedes acceder a ella a través de la lectura del código QR que la acompaña) se ha intentado ir más allá de lo establecido por el principio de personalización, mediante la atribución de movimientos cuasi-humanos a la representación gráfica de Adam Smith. Existen varias aplicaciones en el mercado que permiten "dar vida" a imágenes.

https://youtu.be/ZNABYLltfk

Imagen 16

8.4. Principio de la imagen

Las personas no necesariamente aprendemos mejor cuando en una lección multimedia se añade en la pantalla la imagen de quien habla. Al contrario, si la imagen del profesor no proporciona información relevante desde el punto de vista formativo, se estará forzando al estudiante a despilfarrar recursos cognitivos en procesos que no le aportan nada.

En la Imagen 17 se muestra una ilustración de lo que puede ser una mala práctica, o una inobservancia de este principio. La imagen del profesor se mantiene durante la presentación multimedia, obligando al estudiante a descartarla de su memoria a corto plazo al tiempo que intenta procesar la información en imágenes que si puede ser relevante.

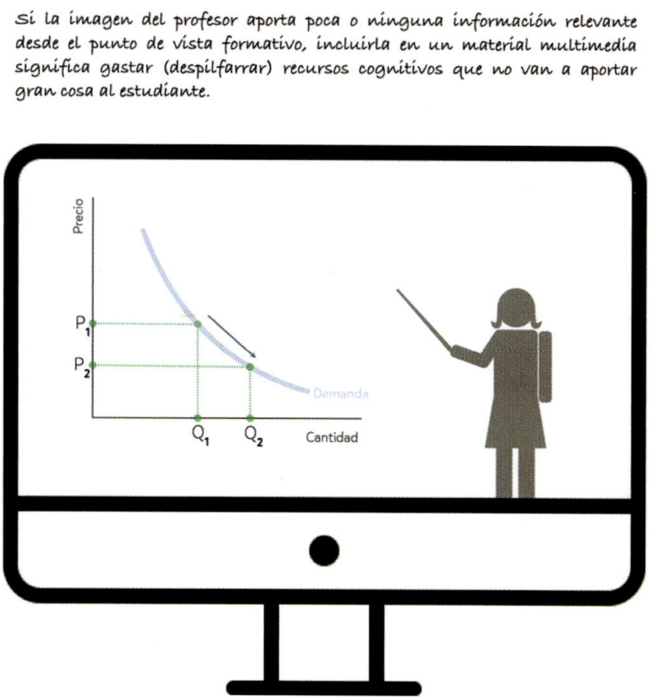

Imagen 17

A pesar de que se trata de un principio bien conocido, y bien establecido, es habitual que los paquetes de software específicos para el desarrollo de materiales multimedia para el aprendizaje incorporen como opción de diseño la de mostrar «imagen-sobre-imagen» al instructor sobre la imagen de lo que se pretende explicar. Del mismo modo, es también frecuente encontrar en muchos de los cursos MOOC[19] que ofrecen las plataformas más conocidas esa forma de presentación, posiblemente porque gran parte de su oferta de cursos se basa en la calidad docente e investigadora de los profesores que los imparten, de modo que su «presencia» en la pantalla resulte ser un elemento de calidad. A pesar de que la evidencia disponible demuestra que su aporte a los procesos esenciales de aprendizaje es muy escasa, cuando no nula. No obstante, tiene sentido

[19] Acrónimo de la expresión inglesa «massive open online course»,en español «curso abierto en línea masivo», con la que se hace referencia a los cursos formativos disponibles en Internet que, por su carácter en abierto, permiten ser seguidos por un elevado número de estudiantes (de ahí se caracterización como «masivos»).

y no puede entenderse como una violación de este principio el que el profesor o el instructor aparezca en los primeros minutos de la presentación, como forma de presentarse al estudiante.

9. A MODO DE CONCLUSIONES

En todo lo anterior se ha intentado exponer, de forma simplificada, los elementos de una teoría sobre cómo facilitar que los estudiantes aprendan mejor cuando se emplean materiales multimedia (es decir, casi siempre), junto con los principios formulados por el psicólogo Mayer para, a partir de las evidencias obtenidas de sus experimentos, lograr ese fin. Se trata en definitiva de consejos prácticos[20], basados en la investigación científica, y que deberán formar parte de la caja de herramientas de cualquier educador. La enseñanza en la modalidad de e-learning comienza a generalizarse, en todos los niveles de enseñanza, lo que significa que cada vez serán más las modalidades de materiales multimedia a emplear.

Si el educador asume estos principios, y los aplica en los materiales que genere para sus estudiantes, sin duda (así lo dice la evidencia) estará contribuyendo, también de esta forma, a facilitar el aprendizaje y en última instancia a enriquecerlo.

Para mostrar los que pueden ser ejemplos de buenas prácticas, y también de malas, se han proporcionado al lector ejemplos para cada uno de esos principios. Ahora le corresponde a él analizarlos e identificarlos, siempre con el mejor talante constructivo, en los materiales que prepare, o en aquellos que pueda usar como estudiante. Sin duda, la mejor forma de aprender.

---

[20] En general, el diseño de materiales multimedia debería estar informado por la frase que se atribuye al arquitecto alemán Mies van der Rohe, según la cuál «menos siempre es más». Gran parte de los principios aquí tratados responden a esa máxima.

REFERENCIAS BIBLIOGRÁFICAS

Armenteros Gallardo, Manuel (2012). «Diseño de materiales multimedia de aprendizaje. Principios de coherencia, contigüidad, señalización y redundancia», *Innovación Educativa*, 22, pp. 157-176.

Clark, Ruth C.; Mayer, Richard E. (2011). *e-Learning and the Science of Instruction: proven Guidelines for Consumers and Designers of Multimedia Learning*. E. Pfeiffer, 3.ª edición. Edición para Kindle.

Clark, Ruth C.; Nguyen, Frank; Sweller, John (2006). *Efficiency in learning: Evidence-based guidelines to manage cognitive load*. Pfeiffer. Edición para Kindle.

Cowan, Nelson (2001). «The magical number 4 in short-term memory: A reconsideration of mental storage capacity». *Behavioral and Brain Sciences*. 24 (1): pp. 87-114.

DeLeeuw, K.; Mayer, E. R. (2008). «A comparison of three measures of cognitive load: Evidence for separable measures of intrinsic, extraneous, and germane load». *Journal of Educational Psychology*, 100, pp. 223-234.

Mayer, Richard E. (2009). *Multimedia Learning*. Cambridge University Press, 2.ª ed. Edición para Kindle.

— (2014a). *Aprendizaje e Instrucción*. Alianza Editorial, Madrid, 2.ª ed. Edición para Kindle.

— (2014b). «Principles Based on Social Cues in Multimedia Learning: Personalization, Voice, Image, and Embodiment Principles», en Mayer, Richard E. (ed.): *The Cambridge Handbook of Multimedia Learning*. Cambridge Handbooks in Psychology. Cambridge University Press, 2.ª ed. Edición para Kindle.

— (2014c). «Introduction to Multimedia Learning», en Mayer, Richard E. (ed.): *The Cambridge Handbook of Multimedia Learning*. Cambridge Handbooks in Psychology. Cambridge University Press, 2.ª edición. Edición para Kindle.

— (2014d). «Cognitive Theory of Multimedia Learning», en Mayer, Richard E. (ed.): *The Cambridge Handbook of Multimedia Learning*. Cambridge Handbooks in Psychology. Cambridge University Press, 2.ª ed. Edición para Kindle.

Miller, George. A. (1956). «The magical number seven, plus or minus two: Some limits on our capacity for processing information». *Psychological Review*. 63 (2): pp: 81-97.

Sweller, John (1988). «Cognitive load during problem solving: Effects on learning». *Cognitive Science*. 12 (2), pp.: 257-285.